Robert B. Reich

THE FUTURE OF SUCCESS

ROBERT B. REICH

THE FUTURE OF SUCCESS

WIE WIR MORGEN ARBEITEN WERDEN

Mit einer Einleitung des Autors
zur deutschen Ausgabe

Aus dem amerikanischen Englisch
von Wolfgang Buchalla

Piper
München Zürich

Die Originalausgabe erschien 2000 unter dem Titel
»The Future of Success« bei Alfred A. Knopf, New York.

ISBN 3-492-04359-3

Gesetzt aus der Stempel-Garamond
Satz: Uwe Steffen, München
Druck und Bindung: Ebner, Ulm
Printed in Germany

www.piper.de

Für meine Studenten

Inhalt

TEIL 3 ENTSCHEIDUNGEN

Einleitung zur deutschen Ausgabe

EINE DER WICHTIGSTEN FRAGEN, denen Deutschland und ganz Europa gegenwärtig zu begegnen haben, zielt darauf ab, ob sie den Kapitalismus amerikanischer Prägung übernehmen wollen. Mit jener Spielart des Kapitalismus geht ein spezifisch amerikanischer Begriff von »Erfolg« einher. »Erfolgreich« ist, wer beträchtlichen Wohlstand anhäuft. Ein Unternehmen ist »erfolgreich«, wenn es den Wert seiner Anteile für seine Investoren maximal steigert. Eine »erfolgreiche« Volkswirtschaft läßt sich daran erkennen, daß sie, gemessen am monetären Wert der von ihr produzierten Waren und Dienstleitungen, schnell zu wachsen vermag.

Um diese Kriterien des »Erfolgs« erreichen zu können, müssen die Menschen lange arbeiten und innovativ sein. Unternehmen müssen äußerst schnell auf Investoren und Verbraucher reagieren. Investoren wiederum müssen das eingesetzte Kapital rasch aus Firmen abziehen, die nicht den höchsten Profit erzielen, und es in Unternehmen stecken, denen das gelingt. Verbraucher müssen aus einer großen Vielfalt von Gütern und Dienstleistungen auswählen können und bereit sein, nicht zufriedenstellende Verkäufer rasch fallenzulassen. Und alle Produktionsmittel – nicht nur Fabriken, Büros und Maschinen, sondern auch Arbeitskräfte und Gemeinden – müssen als Antwort auf veränderte Anforderungen seitens der Investoren und Verbraucher schnell umgestellt werden können.

Deutschland und Europa bewegen sich bereits zügig auf den Kapitalismus amerikanischer Prägung zu. Deutsche Unternehmen kämpfen mit anderen globalen Wettbewerbern um Verbraucher in aller Welt – sie bieten schnellere, billigere und bessere Produkte und Dienstleistungen an. Für Erfolge in diesem Kampf sind erhebliche Neuinvestitionen in Maschinen, Forschung und Entwicklung erforderlich. Dazu benötigen deutsche Unternehmen mehr Kapital, als die Gründerfamilien und die Banken bereitstellen können. In steigendem Umfang stützen sie sich auf das eingesammelte Kapital aus der Hand von privaten Sparern, die einen ständig wachsenden Anteil ihrer Ersparnisse in Unternehmensaktien stecken. Ende 2000 besaßen mehr als zwölf Millionen Deutsche (etwa 14 Prozent der Bevölkerung) Unternehmensanteile. Das waren 50 Prozent mehr deutsche Aktienbesitzer als 1999 und doppelt so viele wie 1997. Ein ähnliches Anwachsen des Aktienbesitzes findet in ganz Europa statt. In den USA sind heute fast die Hälfte aller Amerikaner Eigentümer von Firmenanteilen. Es ist nicht verwunderlich, daß diese privaten Aktienbesitzer für ihr eingesetztes Kapital hohe Renditen verlangen.

Mit der Verbreitung von Aktienbesitz liefern die Medien mehr Informationen über die Preise der Anteilscheine. Die mit besseren Informationen ausgestatteten Anteilseigner werden aktiver. Sie geben Beteiligungen an Unternehmen auf, deren Aktien stagnieren, und bevorzugen Firmen, deren Anteile im Preis steigen. Gleichzeitig bestehen Anteilseigner auf mehr Mitsprache bei den Unternehmen, in die sie investieren. Zunehmend entreißen sie die Kontrolle über Firmen kleinen Gruppen von Insidern mit umfangreichen Stimmrechten – häufig den Erben der Unternehmensgründer und den Banken, die ihnen Geld geliehen haben.

Diese Verschiebung zu größerer Aktivität der Anteilseigner in Deutschland wird sich beschleunigen, wenn Deutschland seine fünfzigprozentige Gewinnsteuer auf Veräußerungen von Kapitalbeteiligungen abschafft. Es ist zu erwarten, daß deutsche Banken die von ihnen angehäuften umfangreichen Aktienpakete großer Firmenkreditkunden verkaufen – einige davon stammen noch aus der Zeit vor dem Zweiten Weltkrieg. Große deutsche Unternehmen wie die Stahlwerke ThyssenKrupp, die Chemiegruppe Bayer und DaimlerChrysler – die weitgehend im Besitz deutscher Banken waren und von diesen kontrolliert wurden – werden künftig von privaten Anteilseignern kontrolliert werden. Die Zahl der Deutschen, die ihre Ersparnisse und Ruhestandsbezüge solchen Aktienbeteiligungen anvertrauen, wird um weitere Millionen zunehmen. Zudem wird ein immer größerer Anteil der deutschen Industrie im Besitz von Investoren außerhalb Deutschlands liegen, die ebenfalls fordern werden, daß die Unternehmen den Wert ihrer Beteiligungen mehren.

In ganz Europa konkurrieren Firmen immer aggressiver um die Verbraucher und um das Kapital, das sie brauchen, um Kunden zu gewinnen und zu halten. Unternehmen, die ihre Kunden enttäuschen, machen keine Gewinne. Firmen, die keine Gewinne machen, enttäuschen ihre Anteilseigner und haben es schwer, weiteres Kapital zu beschaffen. Solche Unternehmen werden entweder verschwinden oder von anderen Firmen übernommen, die sich für die Rendite ihrer Anteilseigner stärker einsetzen. Feindliche Übernahmeangebote – sie ermöglichen eher den Anteilseignern als den leitenden Angestellten die letzte Entscheidung, wer das Unternehmen führen soll – werden zunehmen. Tatsächlich sind die europäischen Führungsspitzen kürzlich übereingekommen, den Unternehmen ab 2006 feindliche Übernahmen über Landesgrenzen hinweg per Gesetz zu erleichtern.

Ist an diesem Trend irgend etwas falsch? Der Kapitalismus amerikanischer Prägung verschafft Anlegern und Verbrauchern sicherlich die bestmöglichen Abschlüsse. Damit erfüllt er seine »Erfolgskriterien«: wohlhabende Bürger, Firmen, welche die Gewinne der Anteilseigner maximieren, und Volkswirtschaften, die in Begriffen des Marktwerts der von ihnen produzierten Waren und Dienstleitungen schnell wachsen.

Doch die Menschen lassen sich nicht einfach auf Anleger und Verbraucher reduzieren. Sie sind auch Familienmitglieder, sie pflegen Freundschaften, und sie nehmen am Gemeinschaftsleben teil. Sollen diese Beziehungen für den Menschen weiterhin große Bedeutung haben, müssen sie stabil und dauerhaft sein. Für ein geordnetes Leben brauchen die Menschen außerdem ein gewisses Maß an Ruhe und Sicherheit. Der Kapitalismus amerikanischen Zuschnitts bietet nun aber fast keine Stabilität oder Kontinuität und nur wenig Ruhe oder Sicherheit. Im Gegenteil: Sollen Anleger wie Verbraucher zufriedengestellt werden, sind ständige Unruhe und Veränderung erforderlich.

Damit haben wir eine paradoxe Situation: Was die Deutschen (oder die Amerikaner) als Anleger und Verbraucher für sich gewinnen können – eingebettet in ein immer breiter werdendes Angebot an Wahlmöglichkeiten aus allen Ecken der Welt, mit immer schnellerem Zugang zu besseren Geschäften, wann und wo diese auch auftauchen mögen –, gerät in immer schärferen Widerspruch zu dem, was sie im Rahmen ihrer Möglichkeiten als Menschen innerhalb der Beziehungsnetze anstreben, woraus sie Zweck und Bedeutung ihres Lebens herleiten.

Zwischen diesen beiden Bereichen der Existenz – zwischen Anleger und Verbraucher auf der einen Seite und dem Menschen in seinen Beziehungen, für die eine gewisse Beständigkeit und Zuverlässigkeit erforderlich sind, auf der anderen – das richtige Gleichgewicht zu finden ist nicht einfach eine Frage der persönlichen Vorlieben oder individueller Entscheidungen. Diese Frage hat auch damit zu tun, wie eine Volkswirtschaft funktionieren und wie die Arbeit in ihr geregelt und belohnt werden sollte. Kurz gesagt, es geht darum, wie eine humanere Wirtschaftsweise und eine ausgewogenere Gesellschaft zu schaffen sind. Mit Hilfe der Globalisierung und der Technik stehen Anleger und Verbraucher vor ständig sich erweiternden Möglichkeiten. Werden diese Möglichkeiten jedoch nicht in irgendeiner Weise von der Gesellschaft gesteuert und eingeschränkt, dann sprengen sie die familiären und gemeinschaftlichen Bindungen und unterwerfen alle einer Gesellschaft, die in hohem Maß durch Streß und Unsicherheit geprägt ist.

Wie ich im vorliegenden Buch darlege, muß das richtige Gleichgewicht ohne Zweifel durch eine gesellschaftliche Entscheidung festgelegt werden. Es gehört in der Tat zu den zentralen Aufgaben jeder Gesellschaft, diese Balance zu finden. Geht man davon aus, daß eine Gesellschaft die spezifischen Werte ihrer Mitglieder widerspiegelt, gibt es keinen Grund für die Annahme, daß alle Gesellschaften diese beiden Bereiche in exakt derselben Weise miteinander vereinbaren. Die Art, in der Deutschland und ganz Europa diese beiden Lebensbereiche gegeneinander abzuwägen beschließen, kann sich durchaus von derjenigen unterscheiden, die Amerika für sich wählt. Was es *heißt*, Deutscher oder Europäer – und beispielsweise nicht Amerikaner – zu sein, bestimmt sich ja geradezu durch ein jeweils eigenes Gleichgewicht.

Der Kapitalismus amerikanischer Prägung verlagert die Gewichte fast ausschließlich in Richtung auf hohe Renditen für Anleger und hohe Verbraucherzufriedenheit. Doch das bedeutet nicht, daß Deutschland und Europa sich ebenso verhalten müssen. Sogar viele Amerikaner fragen sich, ob wir nicht zu weit gegangen sind – ob wir in diesem Prozeß nicht zuviel von unseren Familien, Freunden und der Gemeinschaft geopfert und uns selbst zuviel Belastungen auferlegt haben. Es ist durchaus möglich, daß Amerika sich in den kommenden Jahren zu einem anderen Gleichgewicht hinbewegt. Tatsächlich könnte eine solche Verschiebung, worauf ich in diesem Buch hinweise, bereits in Gang gekommen sein.

Um zum »richtigen« sozialen Gleichgewicht zu gelangen – oder besser: um eine fundierte Diskussion beginnen zu können, was diese Balance einschließen sollte –, müssen wir unbedingt begreifen, was auf dem Spiel steht. Man kann die Richtung des Wandels nicht beeinflussen, solange man nicht versteht, was sich verändert und aus welchem Grund das geschieht. Auf ein solches Verständnis zielt dieses Buch ab.

Die Welt, in der wir heute leben, empfindet sich als besonders gefährdet. Ein fürchterlicher terroristischer Angriff hat uns gezeigt, daß wir uns niemals völlig sicher fühlen können.

Gleichzeitig verläuft die globale Wirtschaft sehr viel turbulenter als noch ein Jahrzehnt zuvor. Das Geld läuft schneller um. Neue Branchen entstehen, florieren und sind im nächsten Augenblick wieder verschwunden. Arbeitsplätze sind vorhanden, dann sind sie es nicht mehr. Neue Ideen ziehen die Vorstellungskraft auf sich und werden augenblicklich durch noch neuere ersetzt. Es gibt mehr spekulative Aufgeregtheiten, die sich schnell zu Blasen aufblähen und dann ebenso plötzlich platzen, wie die Dotcoms, die das Silicon Valley und andere belagerte Örtlichkeiten verschandeln, deren Bewohner noch vor kurzem von schnellem Reichtum träumten. Einfälle, Gerüchte, Aufregungen, heißes Geld, »neueste Neuheiten«, Ruhm und Verrücktheiten aller Art schwirren um die Welt, gewinnen unterwegs an Schwung, ehe sie sich auflösen wie Wirbelstürme über Land.

Das ständige Auf und Ab hat globale Auswirkungen. Je nach den Umwälzungen bei einem wichtigen Handelspartner schwellen die Exporte eines Landes an oder stürzen ab. Finanzkapital flieht von einem Ort zum nächsten, je nachdem, welche Währungen steigen oder fallen oder wo Profite zu machen oder zu verlieren sind. Ausschläge in den Bilanzen ausländischer Tochterunternehmen tragen die Unbeständigkeit eher noch direkter in den eigenen Bereich hinein.

Trotz des politischen und wirtschaftlichen Aufruhrs leben in den entwickelten Ländern die meisten von uns materiell gesehen besser als wir (oder unsere Eltern) vor einem Vierteljahrhundert, also der Zeit, in der einige der für die »New Economy« grundlegenden Technologien – Mikrochip, PC, Internet – erstmals in Erscheinung traten. Man müßte deshalb eigentlich annehmen, daß es leichter und nicht schwieriger sein sollte, sich den Aspekten unseres Lebens zuzuwenden, die außerhalb der bezahlten Arbeit liegen. Doch in vielerlei Hinsicht arbeiten die Amerikaner – und auch die Deutschen – länger und hektischer als zuvor.

Womit könnte das zusammenhängen? Der englische Ökonom John Maynard Keynes sagte 1930, während der schlimmsten Zeit der großen Depression, in seinen Schriften freudig voraus, daß England in hundert Jahren wirtschaftlich achtmal besser dastehen werde, weshalb die Menschen beschließen würden, nur noch 15 Stunden pro Woche zu arbeiten. Da ihre materiellen Bedürfnisse dann vollkommen erfüllt seien, würden sie die Liebe zum Geld als eine jener »halb kriminellen, halb krankhaften Neigungen« betrachten, die durch den Wohlstand geheilt wären. Keynes dürfte mit großer Sicherheit insofern richtig gelegen haben, als die meisten Menschen im Jahre 2030 materiell tatsächlich weit besser gestellt sein werden. Möglicherweise wird er sich aber darin geirrt haben, was die Arbeitszeit angeht, zumindest wenn England weiterhin auf dem gleichen Weg bleibt wie Amerika.

Selbstverständlich geht es nicht allen, die in fortgeschrittenen Ländern leben und arbeiten, materiell weit besser als noch vor einem Vierteljahrhundert. Einige sind ganz und gar nicht besser gestellt. Und viele Menschen arbeiten härter, weil ihnen nichts anderes übrigbleibt. Doch genau hier finden wir das seltsame Phänomen: Je reicher jemand ist, desto wahrscheinlicher wird auch er lange und mühevolle Stunden mit Arbeit zubringen. Ein hektisches Arbeitsleben kann dazu führen, daß es einem bessergeht (oder auch nicht), aber eine bessere Position scheint definitiv größere Hektik mit sich zu bringen.

In Amerika verdienen Hochschulabsolventen durchschnittlich 70 bis 80 Prozent mehr als jene, die nur mittlere Schulabschlüsse besitzen – das heißt, ein Universitätsdiplom wird heute doppelt so hoch belohnt wie vor 25 Jahren. Man könnte also annehmen, ein Akademiker hätte die Freiheit, etwas weniger intensiv zu arbeiten als jemand mit einem mittleren Schulabschluß. Doch damit liegt man falsch. Tatsächlich sind es die Hochschulabsolventen, die länger arbeiten. Und möglicherweise könnte man auch glauben, daß die amerikanischen Studenten angesichts der verdoppelten Prämie weniger besorgt um ihre finanzielle Situation sein würden als vor 25 oder 30 Jahren. Doch auch das ist ein Irrtum. Umfragen zeigen, daß sie weit mehr auf finanziellen Erfolg ausgerichtet sind als je zuvor.

Auch die Deutschen arbeiten härter denn je, doch die Amerikaner schuften eher noch mehr als die Deutschen. Im

Vergleich zum typischen Europäer arbeitet ein typischer Amerikaner 350 Stunden mehr pro Jahr. Das übertrifft sogar die Stundenzahl der bekannt emsigen Japaner. Angesichts all dieser Mehrarbeit sollte man meinen, daß eine größere Anzahl von Amerikanern es vorziehen würde, ein wenig langsamer zu treten und auf einige Einkünfte zu verzichten. Doch nur 8 Prozent der Amerikaner erklären, sie würden weniger Arbeitsstunden und geringere Bezahlung vorziehen; bei den Deutschen sind das 38 Prozent, bei den Japanern und Engländern 30 Prozent. Woran könnte das liegen?

Aus Amerika ist ein anschwellender Chor von Stimmen zu vernehmen, die zu dem Schluß kommen, man solle langsamer treten. Doch in Wahrheit scheinen die Amerikaner sogar noch Tempo zuzulegen. Da Deutschland den Kapitalismus amerikanischer Prägung übernimmt, fragt man sich mit einigem Recht: Sieht so auch die Zukunft Deutschlands aus? Die Amerikaner behaupten mit wachsendem Nachdruck, daß sie die Familie hochhalten. Doch die Familien in Amerika schrumpfen, und die Familienbande werden fadenscheinig – weniger oder gar keine Kinder, weniger Eheschließungen, mehr zeitlich begrenzte Lebensgemeinschaften, zunehmende Auslagerung der Familienfunktionen an Köche, Therapeuten, Berater und Anbieter von Kinderbetreuung. Die Amerikaner reden leidenschaftlicher denn je über die Vorzüge der »Gemeinschaft«. Doch die Gemeinden Amerikas zerfallen in Enklaven, in denen Menschen mit vergleichbaren Einkommen leben – die Wohlhabenderen hinter Mauern und bewachten Toren, die Armen isoliert und unbeachtet.

Wie kann das sein? Was erfahren wir daraus über die Richtung, die Deutschland einschlägt, wenn es den Kapitalismus amerikanischer Prägung übernimmt?

Hier meine Meinung in Kürze: Langfristig bieten uns die neuen Technologien zusammen mit der Globalisierung noch nie dagewesene Möglichkeiten – eine ständig wachsende Auswahl sagenhafter Geschäftsabschlüsse, fabelhafter Produkte, guter Geldanlagen und großartiger Jobs für die Leute mit den richtigen Gaben und Fertigkeiten. Nie zuvor in der Geschichte der Menschheit haben so viele so leicht Zugang zu so vielen Dingen gehabt.

Die technologische Entwicklung ist der Motor. Im Kommunikations- und Transportwesen sowie in der Informationsverarbeitung eilen die neuen Technologien, die in den achtziger und neunziger Jahren Schwung aufgenommen hatten, mit atemberaubendem Tempo voran. Sie erleichtern es uns, bessere Geschäfte in aller Welt aufzuspüren und abzuschließen, und sie geben uns die Möglichkeit, fast augenblicklich auf noch bessere umzusteigen. Diese technischen Einrichtungen verschärfen den Wettbewerb zwischen Verkäufern radikal, was wiederum eine schwindelerregende Welle der Innovation auslöst. Um zu überleben, müssen alle Unternehmen ständig und dramatisch besser werden – Kosten beschneiden, bessere Angebote machen, neue Produkte hervorbringen. Diese Unruhe führt zu höherer Produktivität – zu besseren, schnelleren und billigeren Produkten und Dienstleistungen jeder Art.

Wirtschaftlich gesehen ist all das zu unserem großen und unbestrittenen Vorteil. Doch was es für unser übriges Leben bedeutet – für jene Bereiche, die auf festen Beziehungen, Dauer und Stabilität beruhen –, ist derzeit fraglich. Es gibt hier keine diabolische Verschwörung, keine bösen Unternehmen, keine gierigen Kapitalisten. Es ist alles eine Frage der schlichten Logik.

Je leichter es für uns als *Käufer* ist, auf ein besseres Produkt umzusteigen, desto härter müssen wir als *Verkäufer* darum kämpfen, jeden Kunden und jeden Klienten zu halten, jede Gelegenheit zu ergreifen und jeden Vertrag an Land zu ziehen. Damit wird unser Leben aber immer hektischer.

Je schneller die Wirtschaft sich *wandelt* – mit ständigen Innovationen und Chancen, die ihrerseits zu immer schnelleren Verlagerungen bei Kunden und Anlegern führen –, desto schwerer wird es, sich darauf zu verlassen, *was jeder einzelne von uns im nächsten Jahr oder auch nur im nächsten Monat verdienen wird*, oder darauf, was und wo wir das tun. Damit wird unser Leben weniger vorhersagbar.

Je schärfer der Wettbewerb wird, bessere Produkte und Dienstleistungen anzubieten, desto größer wird die Nachfrage nach Menschen werden, die über Einsichten und Einfälle verfügen, wie das zu bewerkstelligen ist. Und weil die Nachfrage nach solchen Leuten schneller wächst als der Bestand, werden deren Einkünfte immer weiter *erhöht*. Derselbe Wettbewerb führt jedoch auch dazu, daß die Bezahlung für jene *abgesenkt* wird, die einfache Arbeiten verrichten, welche mit Hilfe von Hardware und Software oder Arbeitskräften an anderen Orten des Globus schneller und billiger zu schaffen sind. Damit entwickeln die Einkünfte sich auseinander.

Je größer die Auswahl und je leichter ein Umsteigen, desto weniger schwierig wird es schließlich für die Menschen, sich mit jenen *zusammenzutun*, die ebenso gut ausgebildet, wohlhabend und gesund sind wie sie selbst – in separaten Wohngemeinden, Branchen, Schulen, Universitäten und Versicherungsgesellschaften. Und desto leichter wird es für sie auch, die langsameren, schlechter ausgebildeten, ärmeren, weniger gesunden oder sonstwie kostspieligeren Zeitgenossen *auszugrenzen*. Damit wird unsere Gesellschaft stärker zersplittert.

Kurz gesagt, die Belohnungen der »New Economy« gehen auf Kosten eines hektischeren, unsichereren, wirtschaftlich stärker zersplitterten und sozial ausgeprägter geschichteten Lebens. Wenn Käufer leichter auf bessere Geschäfte umsteigen, haben wir alle kaum eine andere Wahl, als härter zu arbeiten, um sie zufriedenzustellen. Wenn unsere Einkünfte weniger vorhersehbar sind, stürzen wir uns auf jede Chance, um das Heu zu machen, solange die Sonne scheint. Wenn mehr auf dem Spiel steht – größerer Wohlstand oder relative Armut, höchst wünschenswerte Gemeinschaften oder offensichtlich unerfreuliche –, werden wir unser Möglichstes tun, um bei den Siegern zu sein und auch unsere Kinder sicher in diesen Kreis mitzunehmen.

Aus all diesen Gründen arbeiten die meisten Menschen in den fortgeschrittenen Ländern härter und hektischer als zu der Zeit, in der diese Entwicklung erst begann. Und da Länder wie Deutschland damit fortfahren, den Kapitalismus amerikanischer Prägung zu übernehmen, werden auch die Deutschen künftig härter und schneller arbeiten.

Vielleicht ist es seinen Preis wert. Die großartigen Einkaufsmöglichkeiten sind in vielfacher Weise nützlich. Doch auch wenn der Preis heute annehmbar scheint: Wird er es auch künftig noch sein, wenn zunehmend mehr auf dem Spiel steht?

Ich schreibe dies aus persönlicher Erfahrung und Überzeugung. Vor einigen Jahren hatte ich einen Job, der mich auffraß. Ich war nicht danach süchtig – »Sucht« impliziert eine irrationale Abhängigkeit, die leicht masochistisch und triebhaft ist. Mein Problem bestand darin, daß ich meine Arbeit liebte und von ihr nicht genug bekommen konnte. Der Regierung von Präsident Clinton anzugehören war besser als alles andere, was ich je getan hatte. Morgens konnte ich es kaum erwarten, ins Büro zu kommen. Abends verließ ich es nur widerstrebend. Selbst zu Hause arbeitete ein Teil von mir weiter.

So war es kein Wunder, daß mein übriges Leben verkümmerte. Ich verlor den Kontakt zu meiner Familie und sah nichts von meiner Frau oder meinen beiden Söhnen. Die Verbindung zu meinen alten Freunden riß ab. Ich fing sogar an, den Kontakt zu mir selbst zu verlieren – zu allen Aspekten meiner Persönlichkeit außer jenen, die für meine Aufgabe erforderlich waren. Eines Morgens dann ging ich, ehe ich mich ins Büro aufmachte, ins Zimmer meines jüngeren Sohnes, um ihm wie an allen Tagen, an denen ich zu Hause war, zum Abschied einen Kuß zu geben. Ohne die Augen ganz aufzumachen, bat er mich, ihn zu wecken, wenn ich abends nach Hause käme. Ich erklärte ihm, ich würde so spät zurück sein, daß er schon lange im Bett sein würde; es wäre wahrscheinlich besser, wenn ich ihn erst am nächsten Morgen begrüßte. Doch er bestand darauf. Auf meine Frage nach dem Grund antwortete er, er wolle einfach wissen, daß ich zu Hause sei. Bis heute kann ich nicht genau erklären, was in jenem Augenblick mit mir geschah. Doch ich wußte auf einmal, daß ich meinen Job aufgeben mußte.

Als ich meinen Rücktritt bekanntgab, erhielt ich viele Briefe. Die meisten waren verständnisvoll, doch ein paar der Briefschreiber waren verärgert. Sie waren der Meinung, mein Ausscheiden vermittle eine schreckliche Botschaft; es lasse glauben, daß ein ausgewogenes Leben nicht mit einem hochkarätigen Job in Einklang zu bringen wäre. Viele Karrierefrauen hätten schon gegen eine Kultur anzukämpfen, die ihnen zu verstehen gebe, daß sie zuviel opferten – und da kam ich, sagten sie, und erzählte den Leuten das gleiche. Andere beschwerten sich, es sei vielleicht für mich leicht, meinen Job aufzugeben und einen anderen zu finden, der etwa das gleiche einbrachte – was mir größere Freiräume für mein übriges Leben gab –, doch sie hätten diese Option nicht. Sie müßten viele lange Stunden arbeiten, sonst könnten sie die Miete nicht bezahlen, und es käme kein Essen auf den Tisch. Demnach vermittelte ich auch Leuten wie diesen die falsche Botschaft. Auch bekam ich Zuschriften, die mich ungnädig wissen ließen, ich solle mich nicht für moralisch überlegen halten. Hart zu arbeiten sei tugendhaft, doch einen wichtigen Job aufzugeben, um mehr Zeit mit der Familie zubringen zu können, sei keineswegs vorbildlich.

Möglicherweise hätte ich damit rechnen müssen, daß meine Karriereentscheidung symbolbefrachtet sein würde. Schließlich war ich der Minister für *Arbeit*. Doch in Wahrheit hatte ich in keiner Weise beabsichtigt, *irgend etwas* darüber zu äußern, wie die Menschen ihr Leben führen sollten. Jedenfalls hatte ich sicher nicht geglaubt, daß meiner Entscheidung eine moralische Vorbildfunktion zukäme. Bis zu jenem Zeitpunkt aber hatte ich allein durch mein Verhalten eine andere Wahl getroffen, ohne mir das einzugestehen. Genau da lag das Problem. Als mein Sohn mich bat, ihn zu wecken, war das auch ein Weckruf für mich, eine bewußte Entscheidung zu treffen.

Diese Erfahrung ließ mich vieles wahrnehmen, was ich zuvor nicht bemerkt hatte, obwohl ich den größten Teil meines Lebens als Erwachsener damit zugebracht habe, Arbeit und Wirtschaft zu erforschen. Ich richtete meine Aufmerksamkeit auf die Konflikte, die viele Amerikaner – und eine wachsende Zahl von Deutschen – wegen der bezahlten Arbeit und ihres übrigen Lebens haben. Das schließt Männer wie Frauen ein, junge Leute am Anfang ihrer Karriere wie jene im mittleren Alter, die diese Dinge für sich schon gelöst hatten – mit Entscheidungen, die manchmal hart, häufiger aber unterschwellig ablaufen und in vielfältigen Verkleidungen auftreten. Die Erfahrung weckte in mir den Wunsch, meine Beobachtungen zu den Veränderungen, die im großen Maßstab in der globalen Ökonomie ablaufen, mit jenen Dramen in Verbindung zu bringen, die im Kleinen auf der persönlichen Ebene stattfinden und für so viele von uns die neue Welt der Arbeit bestimmen. Daraus ist dieses Buch entstanden.

An der »New Economy« ist vieles zu rühmen. Trotz aller Turbulenzen und Ungewißheiten hat der amerikanische Kapitalismus vieles an sich, was ihn empfiehlt. Die neuen Maschinenstürmer, die behaupten, mit den fortschreitenden Technologien würden Jobs vernichtet und die meisten von uns in die Armut entlassen, sind im Unrecht, wenn nicht dumm. Isolationisten und Fremdenfeinde, die die Tore schließen und Handel sowie Einwanderung reduzieren wollen, irren sich, oft sogar in gefährlicher Weise. Paranoide Populisten, die behaupten, globale Firmen und internationales Kapital hätten sich gegen uns verschworen, unterliegen einer Illusion oder gar einem Wahn. Wir – Sie und ich, die meisten Amerikaner und die meisten Deutschen – profitieren gewaltig von der »New Economy«. Wir ernten die Vorteile ihrer neuen Erfindungen, ihrer niedrigeren Preise, ihres entfesselten Wettbewerbs. Wir profitieren von den großartigen Kaufmöglichkeiten, die sie uns in unserer Eigenschaft als Verbraucher und einer großen und weiter wachsenden Zahl von uns in unserer Eigenschaft als Anleger bietet. Wir treiben die »New Economy« voran.

Und doch ... So wunderbar diese »New Economy« auch ist, wir verlieren auch Teile unseres Lebens an sie – Aspekte unseres Familienlebens, unser Freundschaften, unserer Gemeinden, unserer Persönlichkeit. Amerika ist auf diesem Weg schon weiter vorangekommen als Deutschland, aber es besteht wenig Zweifel, daß, falls Deutschland dem Vorbild Amerikas weiter folgt, die Erfahrungen diesseits des Atlantiks eine Vorschau auf das liefern, was Sie in Deutschland zu erwarten haben.

Die Verluste entsprechen den Vorteilen, die wir gewinnen. Die Medaille hat in einem bedeutenden Sinn zwei Seiten. Und während die »New Economy« weiter beschleunigt, dürften sowohl die Gewinne wie auch die Verluste weiter zunehmen. Wir arbeiten immer härter, um in einem System mit zunehmend heftigerem Wettbewerb bestehen zu können; wir vermarkten uns in einem System, das fast jeden in seinen eigenen Werbechef verwandelt, mit wachsender Entschlossenheit selbst; wir separieren uns nach Wohlstand, Ausbildung und Gesundheit in einem System, das es immer leichter macht, die Menschen zu sortieren: All diese Erscheinungen halten sich selbst in Gang. Je mehr Menschen sich einbringen, desto mehr gerät die Situation aus dem Gleichgewicht, und desto schwerer wird es für jeden einzelnen, sich aus eigenem Entschluß herauszuhalten.

Auf den folgenden Seiten erkunde ich diese Trends und deren implizite Auswirkungen im einzelnen. Der erste Teil des Buches handelt von der neuen Art der Arbeit. Dort erläutere ich, wie die Organisation und die Entlohung der Arbeit durch die neuen Technologien verändert werden. Der zweite Teil behandelt die neue Art zu leben. An dieser Stelle setze ich mich mit den Folgen auseinander, die die neue Art der Arbeit für uns persönlich, unsere Familien und unsere Gemeinden mit sich bringt. Im dritten Teil befasse ich mich mit den persönlichen und gesellschaftlichen Entscheidungen, die aus alldem folgen.

Die von mir behandelten Trends sind in der Tat sehr ausgeprägt – doch sie sind nicht unumkehrbar, zumindest nicht unabänderlich. Jede Gesellschaft kann, wenn sie will, ihre Maßstäbe für Erfolg neu bewerten. Sie kann ihre Prioritäten ändern und anerkennen, daß die Beziehungen zur Familie, zu Freunden sowie zur Gemeinschaft den eigentlichen Kern des Lebens ausmachen. Sie kann geltend machen, daß der Wert eines Lebens sich nicht nach dem Nettogehalt eines Menschen bemißt, daß die Qualität einer Gesellschaft sich vom Bruttosozialprodukt unterscheidet. Eine Gesellschaft kann, wenn sie das wünscht, einen Weg einschlagen, der ihren Mitgliedern ein erfüllteres und ausgewogeneres Leben bietet.

Ich bin kein Deutscher, und ich möchte nicht für so anmaßend gehalten werden, Deutschland vorschlagen zu wollen, wie es sich angesichts der kritischen Entscheidung verhalten soll, vielleicht den Weg des Kapitalismus amerikanischer Prägung einzuschlagen. Ich hoffe jedoch, daß Sie aus diesen Seiten eine Vorstellung davon gewinnen können, was diese Entscheidung mit sich bringt und wo der Weg hinführt, und daß Sie sich damit besser dafür gerüstet fühlen, diese Wahl wohlüberlegt zu treffen.

Robert B. Reich *Cambridge, Massachusetts*

TEIL 1

Die neue Arbeit

KAPITEL 1

DAS ZEITALTER DER GUTEN GESCHÄFTE

WIR BEFINDEN UNS in der Anfangsphase des Zeitalters der guten Geschäfte, in dem die Auswahl fast unbegrenzt und der Wechsel zu einem besseren Angebot kinderleicht ist. Das ist das Grundprinzip der neuen Wirtschaft, aus dem sich alles andere ergibt. Erst wenn wir das begreifen, verstehen wir, was mit unserem übrigen Leben geschieht.

Und wer will kein besseres Geschäft machen? Nur träge, verrückte oder von Natur aus selbstzufriedene Menschen würden ein besseres Angebot ausschlagen: ein Produkt, das eindeutig besser (aber nicht teurer) oder billiger (aber genauso gut) ist, eine Investition, die mehr Gewinn abwirft, ein besser bezahlter Job, ein angenehmeres soziales Umfeld. Man ist es sich selbst und seiner Familie schuldig, so ein Angebot anzunehmen.

Und man schuldet es dem Kapitalismus. Das System funktioniert nur, wenn die Menschen stets auf das beste Geschäft aus sind. Sonst haben die Hersteller keine Investitionen und Innovationen mehr nötig und vergeuden womöglich Geld und Mühe für die falschen Dinge. Wenn Millionen Menschen ständig auf der Suche nach etwas Besserem sind, diszipliniert der Markt alle Beteiligten. Jeder muß sein Bestes tun, um jeden anderen zufriedenzustellen. Alle Ressourcen werden optimal genutzt. Die Menschen arbeiten hart. Die Wirtschaft wächst und entwickelt sich weiter.

Dies war traditionell das amerikanische System. Nun wird

es rapide von der restlichen Welt übernommen. Amerika wurde von Menschen gegründet, die auf der Suche nach einer besseren Zukunft ihre Heimat verließen und alte Lebensweisen aufgaben. Und wenn es dort, wo sie landeten, nicht besser war, zogen sie weiter, bis sie einen besseren Platz fanden. Nachfolgende Generationen von Einwanderern ließen dieses rastlose Völkchen weiter wachsen. Die Freiheit, wegzugehen, ist zwar nicht ausdrücklich in unserem Grundgesetz verankert, sie ist uns jedoch heilig.[1]

Wir sind immer noch rastlos. Die Antwort auf die Frage »Woher kommst du?« fällt oft kompliziert aus. Jedes Jahr ändern 17 Prozent der Amerikaner ihren Wohnsitz. Fast 40 Prozent der amerikanischen Schulkinder haben, wenn sie in die zweite Klasse kommen, schon mehr als eine Schule besucht. Fast 3 Prozent der Familien ziehen jedes Jahr in einen anderen Bundesstaat. Ungefähr 20 Prozent aller Arbeitskräfte wechseln ihren Arbeitsplatz.[2] Immer mehr Menschen wechseln ihre Ehe- oder Lebenspartner, wenn auch nicht unbedingt jedes Jahr. Immer mehr lassen sich das Gesicht liften, den Busen vergrößern oder sich zu neuer Potenz verhelfen. Die bloße Idee des Stillstands – sich zur Ruhe zu setzen, sich mit den Gegebenheiten abzufinden, sich mit dem Zweitbesten zufriedenzugeben – geht den Amerikanern gegen den Strich.

Im Ausland werde ich oft gefragt: Warum seid ihr Amerikaner nie zufrieden mit dem, was ihr habt? Dann sage ich, das läge in den Genen, vielleicht auch im Urin. Der amerikanische Historiker Frederick Jackson Turner betrachtete das Überschreiten der Grenze zum Wilden Westen als »die große Flucht aus den Zwängen der Vergangenheit« und bedauerte die Schließung dieser Siedlungsgrenze im letzten Jahrzehnt des 19. Jahrhunderts als eine Beschränkung des amerikanischen Geistes.[3] Aber Turner erlebte weder das erste amerikanische Auto noch den wirtschaftlichen Aufstieg der sogenannten Sunbelt-Staaten im Süden der USA, noch die Entwicklung der amerikanischen Vorstädte, noch das Fernsehen, noch den Cyberspace. Die Amerikaner sind nicht zu bremsen.

Wir hören nie auf, vom »Gehen« zu reden. »Gehen Sie nach

Westen, junger Mann!« drängte Horace Greeley, der Herausgeber der *New York Tribune*, vor anderthalb Jahrhunderten aufstrebende junge Amerikaner.[4] Vor einer Generation sagte man von einem ehrgeizigen Menschen, er habe »get-up-and-go« (Unternehmungsgeist) – das war ein großes Kompliment. Ein »go-getter« (ein risikobereiter Tatmensch) wird bewundert. Er wartet nicht darauf, daß sich eine Gelegenheit ergibt. Wer offensichtlich zögert, ein ehrgeiziges Vorhaben zu verwirklichen, und sei es noch so überstürzt, bekommt mit Sicherheit von jemandem zu hören: »Go for it!« (»Worauf wartest du!«) (Einmal spielte ich kurz mit dem Gedanken, einen Bungeesprung zu wagen. Der Teil meines Gehirns, in dem die Vernunft sitzt, gewann nach ein paar Sekunden. Doch in dem kurzen Augenblick der Unentschlossenheit rief jemand so laut »Go for it!«, daß ich beinahe in den Abgrund gestürzt wäre – ohne Seil.) Nicht zu »gehen«, solange der Zeitpunkt günstig ist, ist ein Zeichen moralischer Schwäche, ein Mangel an Mumm und Grips. Die Charaktere aus Horatio Algers beliebten Romanen gingen ihren Weg und brachten es vom armen Schlucker zum reichen Mann.

Das Streben nach einem besseren Geschäft begann nicht in Amerika und ist kein auf diesen Kulturkreis beschränktes Phänomen. Es nimmt hier nur extremere Ausmaße an. Die Menschheit lebte während des größten Teils ihrer Geschichte in kleinen Dörfern, die von dichten Wäldern, weiten Savannen, Wüsten, schwer zu überwindenden Gebirgen oder anderem gefährlichem und unbekanntem Gelände umgeben waren. Reisen waren gefahrvoll, Informationen spärlich. Die meisten Menschen starben in dem Dorf, in dem sie geboren wurden. Die Geschichte der modernen westlichen Kultur – die großen Wellen der Entdeckungen, der Expansion und der Erfindungen, die im 15. Jahrhundert begannen, können teilweise mit der ständigen Suche nach besseren Geschäften erklärt werden.

Angetrieben von einer Mischung aus Neugier und Habgier wuchs der westliche Kapitalismus und breitete sich aus. Die historischen Schritte sind wohlbekannte Kapitel in den Geschichtsbüchern: das Zeitalter der Entdeckungen, das Zeitalter des Imperialismus, die erste industrielle Revolution und das Zeitalter der Massenproduktion, das Anfang des 20. Jahrhunderts die großen Unternehmenszusammenschlüsse mit sich brachte. Doch die Geschichte verlief nie so konsequent und friedlich, wie diese Kapitelüberschriften glauben machen. Es gab Zeiten des Chaos und des Rückschritts, der Reaktion und der blutigen Unterdrückung. Alles, was sich mit Sicherheit sagen läßt, ist, daß diejenigen, die etwas Besseres wollten und die die besten Werkzeuge zur Verfügung hatten, um es zu bekommen, sich durchsetzten. Die Geschichte wird von Gewinnern geschrieben und von den Ehrgeizigsten gemacht.

HEUTE BEFINDET SICH die Welt mitten in einem weiteren großen Umbruch, in der Anfangsphase des »Zeitalters der guten Geschäfte«, das vor ein paar Jahrzehnten in Amerika begann. Neue Technologien und Visionen leiteten Entwicklungen ein, deren Bedeutung und Tempo seither ständig zunahmen und in der Zukunft noch schneller zunehmen werden. Das Internet, Kommunikationssatelliten, die Glasfaseroptik, immer leistungsfähigere Computer (mit Schaltungen, die nicht größer sind als ein paar Atome), die entscheidende Ausweitung der Breitbandkommunikation (die immer schnellere Übertragung von immer mehr digitalen Daten über Glasfaserleitungen und Satellitennetze), eine Karte des Humangenoms und Verfahren, um Gene und sogar Moleküle auszuwählen und zu kombinieren – wenn man all das zusammennimmt, erhält man einen riesigen globalen »Echtzeit-Markt«, der ein fast unbegrenztes Angebot und ungeahnte Möglichkeiten bietet.

Etwas Besseres zu finden und zu einem besseren Angebot zu wechseln ist heute einfacher als je zuvor in der Menschheitsgeschichte, und in ein paar Jahren wird es noch einfacher sein. Wir sind auf dem Weg, genau das, was wir wollen, sofort und zum günstigsten Preis von irgendwoher zu bekommen.

GENAU DAS, WAS MAN WILL

Das größte Hindernis, genau das zu bekommen, was man wollte, war bisher oft der höhere Preis von Maßanfertigungen. Ich bin nur einen Meter achtundvierzig groß und habe einen wesentlich größeren Taillenumfang als ein Zehnjähriger. Das bedeutet, daß alles, was ich trage, maßgeschneidert sein muß, wenn ich einigermaßen anständig angezogen sein will. Das ist ein Aufwand, der mir oft zu groß ist. Doch neulich entdeckte ich die Webseite eines Herrenausstatters, auf der ich meine Maße eingeben und die gewünschten Hemden und Hosen (auch den Stoff und den Stil) auswählen kann. Innerhalb weniger Tage treffen die Kleidungsstücke bei mir zu Hause ein. Bei meiner ersten Bestellung rechnete ich damit, daß der Schneider, der meine ungewöhnlichen Maße erhielt, sie für einen Irrtum halten und ändern würde (das kam schon vor). Doch das Hemd und die Hose paßten perfekt. Dann kam mir die Erkenntnis, daß meine Maße gar nicht an einen Schneider gingen, sondern direkt an einen Computer, der zu keinem unabhängigen Urteil fähig war.

Im vorindustriellen Zeitalter fertigten Handwerker fast alles nach Maß an, aber das war teuer. Dann kam die Massenproduktion – mit elektrischem Strom angetriebene gewaltige Maschinen, große Webstühle, die breite Stoffbahnen weben konnten, Maschinen, die Zehntausende von Streichhölzern, Zigaretten und Nägeln ausspuckten, riesige Fässer, in denen Erdöl, Zucker, Alkohol und Chemikalien destilliert und raffiniert wurden, gewaltige Hochöfen zur Stahlerzeugung, große Form- und Stanzmaschinen, die Autoteile produzierten – und schließlich die Fließbandfertigung. Mit den steigenden Stückzahlen sanken die Kosten pro Stück.

Doch die Logik der Massenproduktion verlangt Gleichheit. Die ersten serienmäßig hergestellten Schuhe in Amerika wurden »straights«, die Geraden, genannt, weil zwischen dem linken und dem rechten Schuh kein Unterschied bestand. Henry Fords Fließband senkte die Kosten und machte das Auto zum Massenverkehrsmittel – aber durch eine radikale Einschränkung der Auswahl. »Jeder Kunde kann ein Auto in jeder gewünschten Farbe haben, solange die Farbe Schwarz ist«, lautet ein berühmtes Zitat des Autoproduzenten.

Um Geld zu verdienen, mußten die Hersteller von Massenware zuerst Geld investieren und dann abschätzen, wie viele identische Artikel sie zu welchem Preis verkaufen konnten. Richtige Schätzungen brachten große Gewinne, falsche konnten den Bankrott bedeuten. Die Geschäftsrisiken durch eine Stabilisierung des Marktes zu verringern wurde zur wichtigsten unternehmerischen Aufgabe des 20. Jahrhunderts. Es gab im Grunde vier Regeln: 1. Um zu verhindern, daß Lieferanten die Preise überraschend erhöhten und Konkurrenten ihr Produkt durch neue Erfindungen entscheidend verbesserten, kauften Hersteller andere Hersteller auf oder schlossen sich mit ihnen zusammen – so daß die wenigen verbliebenen Hersteller eines Industriezweigs dann inoffizielle Absprachen treffen konnten. Um die Mitte des 20. Jahrhunderts sprachen Wirtschaftswissenschaftler mit Furcht und großem Unbehagen über »Oligopole« wie beispielsweise die drei großen Autohersteller oder die fünf großen Stahlproduzenten Amerikas. 2. In Bereichen der Industrie, in denen sich keine Oligopole bildeten, legten Regulierungsbehörden die Preise und Standards fest. Daß solche Behörden die Verbraucher vor zweifelhaften Unternehmern und unberechenbarem Geschäftsgebaren schützten, stand nicht im Widerspruch zu ihrer gleichzeitigen Rolle als Hüter der wirtschaftlichen Stabilität und Bollwerke gegen einen übermäßigen Wettbewerb. 3. Um wilde Streiks und Arbeitsniederlegungen zu vermeiden, akzeptierten die Hersteller schließlich widerwillig die Einführung der Gewerkschaften. Um die Mitte des 20. Jahrhunderts gehörten fast 40 Prozent der amerikanischen Arbeiterschaft Gewerkschaften an, die oft von der Industrie eingerichtet wurden. So hatte kein Unternehmen einem anderen gegenüber Wettbewerbsvorteile – und höhere Löhne und Sozialleistungen konnten einfach in Form von höheren Preisen an die Kunden weitergegeben werden. 4. Um das Risiko zu verringern, daß die Verbraucher weniger Artikel kauften als geplant, starteten die Unternehmen schließlich Werbekampagnen, die möglichst viele zum Kauf ihrer Produkte animierten. In der Madison Avenue wurde mit Reklame aller Art um Kunden geworben, und um die Mitte des Jahrhunderts brachte der amerikanische Erfindergeist den 30 Sekunden langen Fernsehwerbespot hervor. So wurden die Verbraucher in Amerika – und schließlich auf der ganzen Welt – dazu verführt, das zu wollen, was in großen Mengen auf den Markt gebracht wurde. Die Massenverführung funktionierte zwar nicht immer – man denke nur an das Ford-Modell Edsel oder das New Coke –, doch gelegentliche Fehlschläge taten dem Erfolg des Gesamtkonzepts keinen Abbruch.[5]

All diese Bemühungen, einen großen und stabilen Markt für Massenware zu schaffen, hatten für die Verbraucher zur Folge, daß sie mehr Dinge zu günstigeren Preisen bekamen. Es war ein Teufelskreis: Mit der Massenproduktion begann das Massenmarketing, das wiederum den Massenkonsum anheizte, so daß das System der Massenproduktion weiter wuchs. Um allerdings die Vorteile dieses Systems voll auszunutzen, schränkten die Hersteller die Auswahl ihrer Produkte ein und veränderten sie im Laufe der Jahre kaum. Doch das war ein geringer Preis für die Segnungen der Massenproduktion.

Das System, das sich zur Zeit herausbildet, ist ganz anders. Ich beschrieb bereits an anderer Stelle ausführlich den seit den siebziger Jahren zu beobachtenden Trend von der Massenware zur Qualitätsware, von standardisierten Produkten und Dienstleistungen zu solchen, die stärker auf individuelle Kundenwünsche abgestimmt sind. Dieser Wandel vollzieht sich in der Stahl-, der Chemie- und der Kunststoffindustrie, im Transport- und im Finanzwesen, auf dem Gebiet der Telekommunikation, in der Unterhaltungsbranche und in vielen anderen Bereichen der Wirtschaft.[6] Die Digitaltechnik ermöglicht es den Unternehmen in zunehmendem Maße, maßgeschneiderte Produkte für einen speziellen Kundenkreis herzustellen und dabei die Produktionskosten niedrig zu halten. Es besteht keine Notwendigkeit mehr, jedem Artikel einen großen stabilen Markt zu sichern.

Ich bekam meine maßgeschneiderten Hemden und Hosen

so billig, weil es inzwischen programmierbare Roboter, computergesteuerte Werkzeugmaschinen, Datenroutingsysteme und das Internet gibt. Im Gegensatz zu den alten Maschinen und Fließbändern, die immer nur einen Artikel serienweise produzieren konnten, können diese neuen Systeme mindestens ebenso schnell ein Einzelstück nach dem anderen anfertigen. Meine Bestellung ging direkt an einen Computer, der sie in digitale Symbole umwandelte und dann an eine Maschine weiterleitete, die ein Stück Stoff nahm, es nach meinen Maßangaben zuschnitt und sofort zusammennähte. Dann wurde mir das Endprodukt direkt ins Haus geliefert. An diesem Prozeß waren Menschen maßgeblich beteiligt. Sie programmierten die Roboter, entwickelten die Software, entwarfen die Webseite und vermarkteten sie. Und ich vermute, daß einige Teile immer noch von Hand zugeschnitten und genäht werden, unter kaum zumutbaren Bedingungen und zu Dritte-Welt-Löhnen.

Auf dem neuen globalen Basar finden Käufer, die spezielle Produkte suchen, Verkäufer, die die Nachfrage nach diesen speziellen Produkten direkt befriedigen können – ohne den Umweg über die Massenproduktion. Auf Bestellung angefertigte Produkte werden die Regel. Man kann bereits einen Computer oder ein Auto nach eigenen Vorgaben bestellen und sich täglich (oder stündlich) Nachrichten zu selbst ausgewählten Themen schicken lassen. Letztes Weihnachten bot *nordstrom.com* mehrere Millionen Schuhvarianten an, aus denen der Kunde seine Wunschschuhe zusammenstellen konnte. Ein Bauunternehmer aus meinem Freundeskreis läßt die Türen und Fenster, die er braucht, nach Maß anfertigen. Die Fabrik am anderen Ende der Leitung verfügt über lasergesteuerte Maschinen, die das Holz nach den genauen Vorgaben meines Freundes zuschneiden. Bald wird das »Printing-on-Demand« jedes vergriffene Buch erhältlich machen, das in der Datenbank des Verlags gespeichert ist. Außerdem wird es bald Elektrogeräte nach den speziellen Wünschen der Kunden, individuell zusammengestellte Musik, dem persönlichen Bedarf entsprechende Vitamincocktails und auf die eigenen Gene abgestimmte Medikamente geben.

Massenproduktionsvorteile spielen nach wie vor eine Rolle, aber keine so entscheidende wie früher. Und der Trend geht weg von der serienmäßigen Herstellung des immer gleichen Produkts. In einem Zeitalter, in dem die Kunden das Neue und Besondere wünschen, kann Massenproduktion sogar riskant sein. Jedes Unternehmen, das sich auf ein kleines Sortiment von Produkten beschränkt, läuft Gefahr, früher oder später nicht mehr wettbewerbsfähig zu sein. Die Zeitspanne, nach der Produkte aus den Regalen genommen werden, wird immer kürzer. Neue Software ersetzt die alte. Sogenannte »killer apps« – grundlegend neue Ideen, Produkte und Verfahren, Geschäfte abzuwickeln – verändern die Wettbewerbsbedingungen in ganzen Wirtschaftsbereichen schlagartig, ohne Vorwarnung.

Gewiß, Unternehmen schließen sich zu mächtigen Telekommunikations-, Unterhaltungs-, Internet- und Finanzgiganten zusammen, und die Zahl der Einzelhandelsgeschäfte sinkt weiter. Doch bei den meisten Fusionen dieser Art liegt der Vorteil nicht in der Massenproduktion, sondern im Bereich des Marketing und im Renommee von Marken – ein Thema, auf das ich im nächsten Kapitel zu sprechen komme. Größe und ein stabiler Markt sind nicht länger Grundvoraussetzungen für niedrige Produktionskosten. Nur wenige Unternehmen verfolgen noch das Ziel, feste Mengen von irgend etwas zu verkaufen. Das heißt, die Unternehmen sind weniger abhängig von regelmäßigen Materiallieferungen und einem berechenbaren Markt für Massenware. Und weniger Branchen werden von Oligopolen beherrscht. Im Wettbewerb setzen sich zunehmend Unternehmen durch, die besser, schneller und billiger sind als die Konkurrenz. Im Bereich des Marketing und der Werbung werden Strategien zur Steigerung des Massenkonsums von Massenware von differenzierteren Strategien abgelöst, die auf bestimmte Zielgruppen zugeschnitten sind (zum Beispiel auf kleinwüchsige Männer mittleren Alters). Das Publikum der großen Fernsehanstalten schrumpft, Zeitschriften für den Massenmarkt verlieren Leser.

Flexible Unternehmen steigen nun in neue Märkte ein, weil

sie keine großen Mengen mehr produzieren müssen, um erfolgreich zu sein. Musiker umgehen die großen Plattenfirmen und bringen ihre Werke über das World Wide Web direkt an die Hörer. Verkäufer von Antiquitäten und Trödel aller Art finden ihre Käufer über »elektronische Auktionshäuser«. Etliche Wertpapierhändler umgehen die Börsen und die Broker und wickeln ihre Geschäfte zu Hause über den Computer ab; wenn sie wollen, können sie sich vom Rest der Menschheit zurückziehen und 24 Stunden am Tag online handeln. Es gibt Zeitschriften für jeden Geschmack – einige davon sind absolut geschmacklos –, und jeden Tag kommen zirka drei neue hinzu. Immer mehr Produkte werden auf Bestellung hergestellt: Musik aus Wales, dem östlichen Kentucky oder dem Korea des 18. Jahrhunderts oder Liebesgedichte aus der Renaissance, die den Namen Clare enthalten. Unlängst las ich eine Webseite mit Photos von schönen Models, die ihre Eizellen versteigerten (die amerikanischen Gesetze verbieten zwar den Handel mit menschlichen Organen, doch nicht den Verkauf von Eizellen, zumindest noch nicht).

Die kleinsten Firmen lassen sich von Webdesignern Webseiten einrichten und von Internet-Dienstanbietern gegen eine monatliche Gebühr hosten; sie mieten Software für die Abwicklung und Abrechnung von Aufträgen, schließen Lieferverträge ab, mieten eine »secure-server line« für das Kreditkartengeschäft und beauftragen eine Bank mit der Abwicklung. Wenn solche Firmen fachmännischen Rat benötigen, können sie ein globales Wissensreservoir anzapfen. All diese Dienstleistungen finden sie im Internet – und ihre Kunden ebenfalls.

Von den Regulierungsorganen errichtete Schranken sind hauptsächlich deshalb verschwunden, weil emporgekommene Unternehmen und die innovative Elite ins Netz wollen – und genug wirtschaftliche Macht besitzen, um solche Schranken zu öffnen oder sich über sie hinwegzusetzen. Clevere Billigflugunternehmen, innovative Banken und Geldinstitute, zukunftsorientierte Unternehmen aus den verschiedenen Bereichen der Telekommunikation – sie alle sehen Möglichkeiten, vom Internet zu profitieren. Die alten Mauern stürzen ein.

Das soll nicht heißen, daß alle Unternehmen, die Massenware produzieren – und die ganze Routinearbeit, die sie aufrechterhält –, verschwinden werden. Ich will nur die Richtung des Wandels aufzeigen. Neue Kommunikations-, Transport- und Informationstechnologien verändern die Wettbewerbsbedingungen. Die Vorteile bloßer Massenproduktion verringern sich, und Hersteller, die in der Lage sind, Produkte und Dienstleistungen schnell zu verbessern und neue zu erfinden, die die Kunden noch mehr begeistern, werden belohnt. Die Käufer erhalten viel leichter genau das, was sie wollen.

VON IRGENDWOHER

Die Entfernung war bisher das zweite große Hindernis. Früher kauften die Menschen fast alles, was sie brauchten, in ihrer näheren Umgebung, und wenn sie weit weg von anderen Menschen wohnten, mußten sie die meisten Dinge selbst herstellen. Adam Smith schrieb im 18. Jahrhundert: »Auf Einzelhöfen und in kleinen Dörfern, die verstreut in einer so verlassenen Gegend wie dem schottischen Hochland liegen, muß jeder Bauer zugleich sein eigener Metzger, Bäcker und Brauer sein.«[7] Selbst Mitte des 19. Jahrhunderts kamen die meisten Güter noch aus der Region. Die Verbindungen waren schlecht. Ein Brief von New York nach Chicago war zehn Tage unterwegs.

Dann kam das moderne industrielle Zeitalter der Dampfmaschinen, der Eisenbahnen (mit Kühlwaggons) und des Telegraphen. Nun war es möglich, verderbliche Lebensmittel über größere Entfernungen zu transportieren, Nachrichten in Minuten quer durchs Land zu schicken und Materialien von mehreren tausend Meilen entfernten Orten zu den Produktionszentren zu befördern, wo sie in großen Mengen verarbeitet, gekocht, geformt und zusammenmontiert sowie schließlich als Fertigprodukte in alle Himmelsrichtungen versandt wurden.

Das 20. Jahrhundert brachte Frachtdampfer und Schnellstraßen, auf denen riesige Sattelschlepper von einem Bundesstaat in den anderen donnerten, Jumbojets, die die Fracht in Containern von der Größe von Eisenbahnwaggons transportierten, Überseeleitungen und schließlich Glasfaserkabel und Satelliten, die elektronische Signale von einem Kontinent zum anderen übertrugen. Riesige Fabriken konnten überall errichtet werden, wo die Arbeitskräfte billig waren und eine ausreichende Anbindung an das Güterverkehrsnetz bestand. Tante-Emma-Läden wichen Kaufhäusern, dann Handelsketten, riesigen Discountgeschäften, Supermärkten und 0180-Nummern auf bunten Katalogen, deren Artikel – auf Wunsch über Nacht – von Paketdiensten wie UPS oder Fedex frei Haus geliefert werden.

Auf dem entstehenden globalen Markt spielen Entfernungen eine immer geringere Rolle. Das Angebot verlagert sich inzwischen von materiellen Gütern auf immaterielle Dienstleistungen, die zu minimalen Kosten an jeden Ort der Erde übermittelt werden können. Der größere Teil des Marktwerts fast aller Produkte bewegt sich mit Lichtgeschwindigkeit durch Glasfaserleitungen und Satellitensysteme. 1984 entfielen von den Kosten eines neuen Computers 80 Prozent auf die Hardware und 20 Prozent auf die Software. Heute ist das Verhältnis genau umgekehrt, und der Anteil der Software steigt weiter. Schließlich wird die Hardware nur noch aus hauchdünnen kleinen Geräten bestehen, die kaum mehr sind als irgendwo heruntergeladene und aktualisierte Software.

Der wahre Wert meines Auftrags über ein Hemd und eine Hose liegt in dem System, das ihn unterwegs in digitale Anweisungen umwandelt, die rasche und korrekte Ausführung jedes Arbeitsschritts überwacht und mir das fertige Produkt blitzschnell zukommen läßt. Die amerikanische Bekleidungsindustrie, die in der ersten Hälfte des 20. Jahrhunderts auf der Suche nach billigen Arbeitskräften von Neuengland in den Süden der USA umzog und dann erneut nach Südostasien, wo die Arbeitskräfte noch billiger waren, wird heute weitgehend in Design-, Marketing- und Software-Systeme umgewandelt, die dort eingerichtet werden, wo die Designer, Marketingstrategen und Software-Entwickler wohnen. Nur ein kleiner Bruchteil vom Preis des fertigen Kleidungsstücks hat noch etwas mit dem Zuschneiden und Nähen zu tun. Ich bezahle vor allem immaterielle Dienstleistungen.[8]

Wenn alles nur noch einen Mausklick entfernt ist, gibt es weniger Gründe, in der Nähe einzukaufen. Die lokalen Märkte werden nicht so bald verschwinden, aber das Internet wird sie weiter schrumpfen lassen. Früher erhielt man nur Bücher, die die örtliche Buchhandlung auf Lager hatte oder bestellen konnte. Dann kamen die riesigen Handelsketten mit einer größeren Auswahl, Sonderangeboten und einem schnelleren und besseren Bestellservice und schließlich Internet-Buchhändler wie Amazon.com, von denen man buchstäblich jedes lieferbare Buch innerhalb weniger Tage bekommen kann, selbst wenn man 1000 Meilen von der nächsten Buchhandlung entfernt wohnt. Inzwischen gehen »elektronische Bücher« vom Autor direkt an die Computer der Leser. Bald kann der Inhalt von Büchern aus dem Web in das eigene »digitale Buch« heruntergeladen werden, so daß man abends gemütlich darin herumschmökern kann.

Man braucht keinen örtlichen Apotheker mehr, der einem eine Arznei zubereitet, ja nicht einmal einen örtlichen Arzt, der einem ein Rezept ausstellt. Webbasierte Cyber-Docs beraten billiger und geben Medikamente billiger ab (auch wenn der Gesundheitszustand des Patienten sie manchmal weniger interessiert als das Guthaben auf seiner Kreditkarte). Und wenn der Cyber-Doc einem das gewünschte Medikament nicht verschreiben will, kann man ergänzende Hormone, Steroide, Aphrodisiaka und fast jede andere Pille, die der Körper oder der Geist begehrt, ohne Rezept über das World Wide Web bekommen (eine Aussicht, die weder die Behörde für Nahrungsmittel- und Medikamentenkontrolle noch die Eltern rebellischer Teenager begeistern dürfte).

Filme und Videos werden zukünftig direkt vom Schneideraum über das Internet auf den heimischen Bildschirm überspielt werden. Manche gelangen bereits auf diesem Weg in die Kinos. Vorlesungen, Seminare, Bücher, Unterrichtsmaterialien und Prüfungsbögen werden von Bildungseinrichtungen irgendwo auf der Welt an Studenten verschickt werden, die ganz woanders wohnen.

Autofahrer werden immer weniger auf örtliche Autohändler und -werkstätten angewiesen sein. Winzige elektronische Bauteile, die dem Auto mitteilen, wie es die Anweisungen des Fahrers am besten umzusetzen hat, wenn dieser aus Versehen Gas gibt oder am Lenkrad dreht, machen schon heute einen großen Teil des Wertes eines Neuwagens aus. Der Rest ist ein Gehäuse aus Plastik und Stahl – ein Körper ohne Gehirn. In ein paar Jahren werden Automechaniker in der Lage sein, diese winzigen Autogehirne von überall aus zu reparieren – so wie Fernmeldetechniker heute schon Störungen in Telephonleitungen über Fernwartung beheben können. Der Autofahrer wird die Möglichkeit haben, das Gehirn seines Autos nachzurüsten – seine Leistung zu erhöhen, den Treibstoffverbrauch zu senken und die Fahreigenschaften insgesamt zu verbessern –, ohne es zu einer Gehirntransplantation in die Werkstatt bringen zu müssen. Er erhält über das Internet ein Upgrade mit neuen Funktionen, klickt diejenigen an, die er haben will, und hokuspokus steht ein funktionell neues Auto in seiner Auffahrt. Es mag aussehen wie das alte, doch sein aktualisiertes Gehirn macht es besser. Die Kosten für die Lieferung dieser neuen Version von irgendwoher sind minimal.

Dank ähnlicher Technologien werden Kühlschränke bei Funktionsstörungen elektronische Warnsignale aussenden und können dann online repariert werden. Computersysteme werden über das Internet repariert, neu konfiguriert und aktualisiert. Die Meßdaten von winzigen elektronischen EKG-Geräten, die in die Brust des Patienten implantiert sind, werden von Online-Ärzten überprüft.

Früher borgten oder verliehen die Menschen Geld innerhalb der eigenen Stadt. Das illustriert die amüsante Szene aus dem Film *Ist das Leben nicht schön?*. In dieser versucht James Stewart, der einen Bankier spielt, panischen Spareinlegern, die ihr Geld abheben wollen, zu erklären, daß ihre Ersparnisse nicht in der Bank sind, sondern zur Finanzierung der Häuser oder Geschäfte anderer Menschen benutzt werden. »Das Geld ist nicht hier! Euer Geld steckt im Haus eures Nachbarn Joe!« So war es früher. Heute investieren die Bewohner von Bedford Falls ihre Ersparnisse in ein riesiges Reservoir internationalen Kapitals, das auf der Suche nach der höchsten Rendite zum geringsten Risiko auf der ganzen Welt hin und her bewegt wird. In den letzten Jahren nahm der Umfang des weltweiten Handels mit Wertpapieren wesentlich schneller zu als das Sozialprodukt reicher Länder. Den größten Gewinn erzielt, wer richtig rät, wohin das ganze Geld das nächste Mal fließt.

HANDELSSCHRANKEN FALLEN SCHON seit Jahrzehnten, doch der bedeutendere Trend ist die Zunahme des Handels mit immateriellen Gütern im Verhältnis zu dem mit materiellen Gütern. Ein immer größerer Anteil des internationalen Geschäfts wird mit Videos, Filmen, Musik, Fernsehshows, Nachrichten, Designs, Software und Dienstleistungen für Firmen (Unternehmens- und Rechtsberatung, Finanzdienstleistungen, Marketing, Produktentwicklung) gemacht, deren Anbieter nicht mehr in der Nähe ihrer Kunden wohnen müssen.[9] Am Ende des 20. Jahrhunderts hatten Importe und Exporte im Wert von einem Dollar durchschnittlich nur noch rund 30 Prozent des Transportgewichts, das sie 30 Jahre davor hatten.[10] Und ihr Gewicht sinkt weiterhin rapide.

Oft wird über den technologischen Fortschritt und die Globalisierung geredet, als handele es sich um zwei getrennte Entwicklungen, doch sie werden zu einer einzigen. Der Welthandel und die globale Finanzwirtschaft hängen von hochentwickelten Technologien ab, mit denen digitale Symbole sofort übermittelt werden können. Und Technologien werden ständig weiterentwickelt, weil der sich verschärfende internationale Wettbewerb die Unternehmen zwingt, alle möglichen Dinge besser, schneller und billiger zu machen. Sowohl die englische Sprache als auch international etablierte Software-Standards entwickeln sich zu universellen Systemen der weltweiten Kommunikation, weil sich so viele neue Technologien auf sie stützen.

Manchen bodenständigen Menschen bereitet es Unbehagen, daß in einer modernen Wirtschaft mehr Geld für immaterielle Güter ausgegeben wird als für dreidimensionale Dinge, aber diese Entwicklung ist kein Grund zur Besorgnis. Die meisten Menschen, die in hochentwickelten Wirtschaftssystemen leben, haben keine ernsthaften Schwierigkeiten, sich mit Nahrung, Kleidung, Wohnraum und anderen lebensnotwendigen materiellen Gütern zu versorgen. Viel lieber geben sie ihr Geld jedoch für Dinge aus, deren Wert eher im psychischen Bereich liegt: Geschwindigkeit und Bequemlichkeit, Unterhaltung, geistige Anregung, Wohlbefinden, das Gefühl finanzieller Sicherheit. Davon können die meisten Menschen nicht genug bekommen; größerer Wohlstand macht nur Appetit auf mehr.

Eine meiner Nachbarinnen hat nun eine Satellitenschüssel auf der Garage und angeblich 1500 Fernsehkanäle zur Auswahl. Ich weiß nicht, wie sie dieses Riesenangebot bewältigt. Sie braucht sicher mehrere Tage, um in alle Programme hineinzuschauen, und den größten Teil des Tages, um sich einen Überblick zu verschaffen, was wann auf welchem Kanal läuft. Trotzdem scheint sie von ihrer neuen Errungenschaft begeistert zu sein. Als ich diese Zeilen schrieb, gab es 2,8 Millionen Webseiten mit insgesamt 800 Millionen Seiten. Selbst die leistungsfähigste Suchmaschine erfaßt nur 16 Prozent von ihnen.[11] Bis zur Veröffentlichung dieses Buches hat sich die Zahl der Webseiten vielleicht bereits verdreifacht. Jeder, der durch diesen Ozean zu surfen versucht, läuft Gefahr, zu ertrinken. Doch Teenager wie mein jüngerer Sohn und seine Freunde surfen mehrere Stunden am Tag durchs Internet, laden sich Musik herunter, tauschen Videoclips aus und chatten unaufhörlich miteinander – alles gleichzeitig und so schnell, daß Menschen über Dreißig nicht mehr mitkommen.

ZUM GÜNSTIGSTEN PREIS UND IN DER BESTEN QUALITÄT

Das dritte alte Hindernis, das allmählich verschwindet, ist der Mangel an Informationen, wo ein besseres Geschäft zu machen ist. Früher waren Preis- und Qualitätsvergleiche beim Einkaufen mühsam. Ich weiß noch, wie ich Anfang der fünfziger Jahre an einem heißen Samstagnachmittag im Hochsommer meinen Eltern durch Peekskill, New York, hinterherlatschte, als sie auf der Suche nach dem bestmöglichen Angebot für eine Limousine alle Autohändler abklapperten. Immer wenn sie kurz vor einer Entscheidung standen, wollte mein Vater noch »ein letztes Mal« versuchen, bei einem Konkurrenten einen besseren Preis zu bekommen. Am Abend waren meine Eltern ratlos und erschöpft, und ich hatte Kopfschmerzen. Wie jeder wußte, war der Listenpreis des Herstellers nur die Ausgangsbasis fürs Feilschen, das noch lange nicht zu Ende war, wenn der Händler klagte: »Bedaure, aber weiter kann ich wirklich nicht heruntergehen.« Bei weniger kostspieligen Dingen wie Elektrogeräten, Haushaltswaren oder Wäsche konnte man im Anzeigenteil der Lokalzeitungen nach Sonderangeboten suchen, doch die galten nur eine begrenzte Zeit und nur solange der Vorrat reichte. Große Discountläden versprachen zwar, sie seien unschlagbar günstig und würden jedes Sonderangebot der Konkurrenz unterbieten, doch wer sie beim Wort nehmen wollte, mußte dieses bessere Konkurrenzangebot erst finden.

Qualitätsvergleiche waren noch schwieriger. Dank der Massenproduktion und der Oligopole glichen sich teurere Dinge in vielerlei Hinsicht, doch sie waren mit unterschiedlichen Extras und Kinkerlitzchen und in unterschiedlichen Ausführungen erhältlich. Autohändler waren dafür bekannt, in Anzeigen preisgünstig Autos anzubieten, die nur mit dem Allernotwendigsten ausgestattet waren. Eine Pauschalreise, die fünf Nächte in einem »Luxusbadeort« auf den Bermudas einschloß, blieb hinter den Erwartungen zurück: Das Flugzeug war eine uralte DC-9, die unterwegs zweimal aufgetankt werden mußte; der

Badeort war 1948 zum letztenmal renoviert worden, und die Bettfedern waren kaputt. In jüngerer Zeit erwies sich eine Health Maintenance Organization, eine Art private Krankenversicherung mit eigenem medizinischen Personal, die im Prospekt wie ein Gesundheitsfürsorgeparadies aussah, als weniger paradiesisch, sobald man Mitglied wurde: Das Verhalten der Ärzte am Krankenbett erinnerte an das eines Kochs in einem Schnellimbiß. Und sie überwiesen einen Patienten erst an einen Spezialisten, wenn er bereits Symptome zeigte, die sein baldiges Ableben ankündigten.

Nicht einmal ein sehr preis- und qualitätsbewußter Käufer konnte mehr als eine Handvoll Angebote vergleichen – gewöhnlich von Anbietern aus der Umgebung, die in der Lokalzeitung inserierten oder in den Gelben Seiten standen oder ihm von Nachbarn und Freunden empfohlen wurden. Man wußte, daß man nicht viel falsch machen konnte, wenn man sich an die bekannten amerikanischen Marken hielt. Doch Produkte oder Dienstleistungen, die spezieller oder einmalig oder Geschmackssache waren, suchte man lieber in der eigenen Umgebung, wo man die Ware selbst inspizieren konnte und Informationen aus erster Hand erhielt.

Vor noch nicht allzulanger Zeit gingen High-School-Absolventen, die sich zu einem Studium entschlossen hatten, auf das örtliche College oder, wenn sie ehrgeiziger waren, auf die Universität des Bundesstaats, in dem sie wohnten. Selbst diejenigen, die Stipendien für die Eliteuniversitäten der Welt bekommen hätten, wagten sich nicht allzuweit weg von zu Hause. Sie und ihre Eltern wußten einfach nicht genug, um die Vor- und Nachteile abwägen zu können. Nach dem gleichen Prinzip suchte man ein Krankenhaus aus: Man ging in das nächstgelegene oder eines in der Region – selbst wenn man einen Herzbypass brauchte. Das galt auch für die Wahl eines Anwalts, eines Hypothekars oder eines Autohändlers.

Doch all das verändert sich, seit neue Kommunikations-, Transport- und Informationstechnologien Vergleiche einfacher machen. Über das Internet erhalten die Verbraucher inzwischen zuverlässige Informationen über die Preise und die Qualität einer breiten Palette von Produkten und Dienstleistungen, die innerhalb und außerhalb ihrer Region angeboten werden. Universitäten, Krankenhäuser, Anwaltskanzleien, Banken und Autohändler konkurrieren auf überregionaler, teilweise nationaler, gelegentlich sogar internationaler Ebene miteinander. Es ist, als wären plötzlich alle Anbieter von allen Produkten und Dienstleistungen nebeneinander auf einem globalen Basar versammelt, auf dem alle Kunden sofort alle Preise erfahren und alle Informationen über die Qualität aller Produkte erhalten können. Je mehr Anbieter ihre Produkte auf diesem Markt präsentieren – eine eigene Webseite ins Internet stellen, Waren und Dienstleistungen online anbieten, an Internet-Auktionen teilnehmen, verschiedenen Portalen Informationen liefern –, desto mehr werden die, die das nicht tun, isoliert und marginalisiert. Sichere dir einen Platz auf dem Marktplatz oder stirb. Doch wer sich auf diesen Basar begibt, läßt sich auf einen knallharten direkten Wettbewerb ein.

Man kann über das Internet einen Kredit für ein Auto aufnehmen oder die Bedingungen eines Hypothekarkredits aushandeln. Mehrere Studenten erzählten mir, daß sie (oder ihre Eltern) sich letztendlich für das College entschieden hatten, das ihnen das beste Ausbildungsangebot gemacht hatte – das Web erleichterte die Verhandlungen. Unternehmen fordern ihre Zulieferer auf, auf Internet-Auktionen gegeneinander zu bieten. Und »Internet-Clearinghäuser« werden so üblich wie Garagenflohmärkte im Sommer. Verkäufer beginnen zu Tiefstpreisen Restposten anzubieten, die sie sonst nicht mehr loswürden. Bevor Flugzeuge mit leeren Plätzen losfliegen, Lastwagen von einer Fahrt fast leer zurückkehren, Hotelzimmer über Nacht freistehen, Werbezeit im Rundfunk ungenutzt bleibt oder Colleges das Semester mit zu wenigen Studenten beginnen müssen, werden in letzter Minute hohe Preisnachlässe gewährt.

Immer mehr Webseiten liefern den Verbrauchern nützliche Informationen und Vergleichsdaten, zum Beispiel über Versicherungen (die Höhe der Prämien und Auszahlungen), Universitäten (den Unterricht, die Gebühren und die Aussichten der Absolventen auf einen guten Job), Krankenhäuser (die Anzahl und Art der durchgeführten Operationen, die Sterblichkeitsziffern und die Kosten), Anwaltskanzleien (das Verhältnis zwischen den gewonnenen und den verlorenen Prozessen, die Beträge, die sie im Durchschnitt bei Vergleichen erzielen, die Honorarsätze), die Löhne von Menschen mit bestimmten Fertigkeiten oder den Preis und die Qualität von zahllosen digitalen, molekularen und genetischen Neuschöpfungen.

Eines Tages werden wir unsere persönlichen »Bots« haben. Das sind »elektronische Spürhunde«, die darauf programmiert werden können, im Cyberspace herumzurennen und die besten Angebote für uns aufzuspüren. Und da immer mehr von uns ihre Dienste auf diesem Marktplatz anbieten, können potentielle Kunden dort Vergleichsdaten über unseren Hintergrund, unsere Fertigkeiten und unsere bisherigen Leistungen finden. *Wir* werden das sein, was aufgespürt wird.

ANGEBOTE UND GESCHÄFTE, bei denen uns die Augen übergehen, Möglichkeiten, die wir uns nie hätten träumen lassen, genau das, was wir wollen, von irgendwoher, zum günstigsten Preis und in der besten Qualität – noch sind wir nicht an diesem Punkt, und vielleicht werden wir ihn nie ganz erreichen, doch wir bewegen uns immer schneller auf ihn zu, weil wir dank neuer Technologien eine immer größere Auswahl haben und immer leichter und schneller etwas Besseres finden können. Die größere Auswahl und die zunehmende Leichtigkeit, sich für ein besseres Angebot zu entscheiden, verschärfen den Wettbewerb unter den Anbietern. Dies wiederum führt zu einem steigenden Druck, noch attraktivere Angebote zu machen. Das Ergebnis ist eine breitere und verbesserte Auswahl. Die Geschäfte werden immer noch lukrativer, die Gelegenheiten wachsen, und die Möglichkeiten scheinen grenzenlos. Es ist ein Teufelskreis, und wir Käufer sind die Nutznießer.

Wenn das die ganze Geschichte wäre, könnten wir glücklich und zufrieden sein, und dieses Buch wäre sehr kurz. Doch tolle Geschäfte zu machen ist nicht alles im Leben. Wir sind nicht nur Käufer und Investoren. Die meisten von uns müssen ihren Lebensunterhalt mit Arbeit verdienen. Außerdem haben wir Beziehungen, die uns wichtig sind und die Einfluß darauf haben, wer wir sind und was wir im Leben wollen – unsere Familien, unsere Freunde, unsere sozialen Kontakte. Die entstehende neue Wirtschaft verändert auch unser Arbeitsleben und unser Privatleben, und nicht in jeder Hinsicht zum Besseren. Das »Zeitalter der guten Geschäfte« bringt auch Verluste mit sich. Das ist das Dilemma unserer Zeit.

KAPITEL 2

DER INNOVATIONSGEIST

WENN DIE NEUEN TECHNOLOGIEN allen Käufern eine größere Auswahl bieten und es ihnen erleichtern, etwas Besseres zu finden, wird die Situation der Verkäufer unsicherer. Die meisten Menschen fühlen sich lieber sicher als unsicher, doch für die Wirtschaft ist Unsicherheit nicht schlecht, da sie zu Innovationen anspornt. Innovation ist ein weiteres wichtiges Prinzip der neuen Wirtschaft, das wir begreifen müssen, um zu verstehen, was mit unserem restlichen Leben geschieht.

DER IRRTUM DER NEOLUDDITEN

Doch zuerst müssen wir einen Irrtum ausräumen. Einige verwechseln Unsicherheit mit Arbeitslosigkeit und befürchten, daß die technologischen Fortschritte am Ende Arbeitsplätze vernichten.[1] Sie erliegen dem gleichen Irrtum wie ihre maschinenstürmerischen Vorgänger, die Ludditen, die Anfang des 19. Jahrhunderts in England die mechanischen Webstühle zerstörten, die die Handweber arbeitslos machten. Natürlich werden die neuen Technologien Menschen zwingen, ihren Arbeitsplatz zu wechseln oder ihre Arbeitsweise zu ändern, aber den Gesamtbedarf an Arbeitskräften werden sie nicht verringern. Das menschliche Verlangen nach allen möglichen Dingen – Produkten und Dienstleistungen – ist ebensowenig eingeschränkt wie das, was sie dafür zu zahlen bereit sind. Und die menschliche Intelligenz und Phantasie kennen keine Grenzen, wenn es darum geht, herauszufinden, was machbar ist und was besser gemacht werden kann.

Wenn der allgemeine Wohlstand wächst und durch neue Technologien alle möglichen Dinge erschwinglicher und leichter erhältlich werden, werden die Menschen einen immer größeren Teil ihres Einkommens für Wünsche und Bedürfnisse ausgeben, die über die Grundbedürfnisse wie Nahrung, Kleidung und Wohnraum hinausgehen. Wie viele dieser nicht unbedingt lebensnotwendigen Dinge sie sich auch gönnen, sie werden immer mehr davon wollen. In diesen Bereichen wird die Wirtschaft wachsen und die Zahl der Arbeitsplätze sich vervielfachen.

GESUNDHEIT. Ganz gleich, wie wohl die Menschen sich fühlen und wie lange sie leben, sie wollen sich immer noch gesünder fühlen und noch länger leben. Daher wird die Nachfrage nach medizinischer Beratung und Behandlung und nach Arzneimitteln, Geräten und Trainingsprogrammen, die die Gesundheit fördern und das Leben verlängern, weiter steigen.

UNTERHALTUNG. Wie sehr die Menschen ihr Leben auch bereits genießen, sie wollen stets noch mehr Spaß, Spiel, Spannung, Abenteuer, Nervenkitzel, Stimulation und Vergnügen haben. Daher wird die Nachfrage nach unterhaltsamen Filmen, Videos, Theaterstücken und Geschichten, nach Musik, Sportveranstaltungen und Reisen, nach aufregenden Erfahrungen wie Drachenfliegen und Bungeespringen oder auch nach Themenparks, die man mit kleinen Kindern besuchen kann, grenzenlos sein.

ATTRAKTIVITÄT. Ganz gleich, wie gut die Menschen aussehen, die meisten wollen noch attraktiver sein. Daher wächst auch der Markt für modische Kleidung, Kosmetik, makellose Zähne, Figurformer, Bräunungscremes, Haarfärbemittel, Diäten und alle Tips, wie man schöner, charmanter, verführerischer oder in anderer Hinsicht anziehender wird.

GEISTIGE ANREGUNG. Trotz des psychischen Schadens, den die langweiligen Jahre traditioneller Schulerziehung hinterlassen, verlangen die meisten menschlichen Gehirne nach

Anregung. Daher besteht ein unerschöpfliches Interesse an Nachrichten, Informationen, geschichtlichen Darstellungen, Erklärungen und Erkenntnissen, warum Dinge so geschehen, wie sie geschehen.

KONTAKT. Abgesehen von Einsiedlern und Misanthropen sind Menschen gesellige Wesen mit einem unstillbaren Bedürfnis nach menschlichen Kontakten. Daher entsteht ein riesiger Markt für schnellere, billigere und bequemere Wege, Kontakte zu schließen, und für alle Möglichkeiten, sich verwöhnen, pflegen oder massieren zu lassen oder sich sexuelle Genüsse zu verschaffen.

DAS WOHL DER FAMILIE. Die Menschen sind darauf programmiert, ihre Nächsten zu lieben, vor allem diejenigen, deren Gene ihren eigenen am ähnlichsten sind. Allen Familienfehden zum Trotz liegt den meisten Menschen das Glück ihrer Kinder und ihrer nächsten Angehörigen besonders am Herzen. Daher wächst auch die Nachfrage nach Produkten und Dienstleistungen, die das Wohl der Familie fördern – wie gute Betreuung, Ausbildung und Krankenvorsorge –, um es abzusichern.

FINANZIELLE SICHERHEIT. Geld macht nicht glücklich, aber es ist ein Mittel, all die oben erwähnten Dinge zu erwerben, die glücklich machen können. Daher wird der Markt für Dienstleistungen wie Finanz- und Anlageberatung oder Versicherungen weiter wachsen.

DIESE BEDÜRFNISSE LASSEN sich nicht im gleichen Sinne »befriedigen« wie Hunger, Schlaf oder gar Ehrgeiz. Doch um sie sich erfüllen zu können – vom Wunsch nach mehr Attraktivität vielleicht abgesehen –, muß man nicht unbedingt wohlhabender sein als andere. Und da das Angebot an diesen Dingen eher von Ideen als von knappen Ressourcen abhängt, steigt die Lebensqualität der Menschen, die sich diese Dinge leisten können, nicht unbedingt auf Kosten anderer Menschen.

Diese sieben Bereiche stellen schnell wachsende Märkte dar, auf denen in den kommenden Jahrzehnten viele Menschen Arbeit finden werden. Ein großer Teil von ihnen wird spezielle Produkte und Dienstleistungen erfinden und vermarkten.

Ihre Arbeitskraft wird beispielsweise in die Software- und Produktentwicklung, in Finanzdienstleistungen, statistische Analysen, Webseiten, Partituren, Drehbücher und in die Werbung fließen. Neue Technologien, die ständig weiterentwickelt werden, werden Menschen mit Ideen helfen, ihre kreativen Tätigkeiten besser und schneller zu verrichten, und ihnen mehr Raum für ihre Phantasie geben.

Ein anderer Teil der Arbeitskräfte wird sich persönlich um das körperliche und seelische Wohl der Kunden kümmern – zum Beispiel als Freizeitspezialisten, Aerobiclehrer, Fitneßtrainer, Masseure, Reiseleiter, Psychotherapeuten, Privatlehrer, Chauffeure oder Kellner. Zu Dienstleistungen dieser Art gehört auch die Betreuung von Kindern jedes Alters, von Kranken und geistig Behinderten und in zunehmendem Maße von älteren Menschen. Ab dem zweiten Jahrzehnt des 21. Jahrhunderts werden die alternden geburtenstarken Jahrgänge viel persönliche Betreuung brauchen, denn diese Generation wird nicht einfach abtreten. Sicher gibt es bis dahin »Med-Meds« – Club Meds für Senioren mit integrierten medizinischen Einrichtungen. Am Morgen ein Tauchkurs und am Nachmittag eine Sauerstoffbehandlung in der Notaufnahme.

Der größte Unterschied zwischen der alten und der neuen Art zu arbeiten liegt in dem ständig wachsenden Druck, alles besser, schneller und billiger zu machen. Wieviel besser, schneller und billiger? Es gibt dabei keine absolute Grenze. Selbst in der Wissenschaft werden inzwischen Grenzen überschritten, die früher als absolut galten.

DIE NOTWENDIGKEIT, ALLES BESSER, SCHNELLER UND BILLIGER ZU MACHEN

Das Wirtschaftssystem, das sich im 20. Jahrhundert durchsetzte, ermöglichte den Herstellern und den Verbrauchern ein relativ entspanntes Dasein. Massenproduktionsvorteile und stabile Märkte (mit ihren jeweiligen Oligopolen und Regulierungsorganen) schützten große Unternehmen vor einem allzu harten Wettbewerb. Und kleine regionale Anbieter von Produkten oder Dienstleistungen konkurrierten nur mit anderen regionalen Anbietern.

Ein bequemes Leben verringert gewöhnlich die Motivation, hart zu arbeiten – das gilt für Menschen wie für Unternehmen. Das alte industrielle Wirtschaftssystem förderte die Innovationsbereitschaft kaum. Große Unternehmen hatten zwar Abteilungen für Forschung und Entwicklung, die ihre Produkte im Laufe der Zeit verbesserten und eine respektable Zahl von Patenten anmeldeten, doch große Durchbrüche wurden selten erzielt und auch nicht angestrebt. Zu viele Veränderungen hätten die Planung erschweren und die Stabilität des Systems gefährden können. Zu Innovationen kam es nur am Rande, und meistens handelte es sich eher um kosmetische Veränderungen als um grundlegend neue Erfindungen. Die Heckflossen der Autos wurden länger, doch die Qualität der Motoren und Fahrwerke steigerte sich nur langsam. Es wurden regelmäßig »neue und verbesserte« Spülmittel und Elektrogeräte auf den Markt gebracht, doch sie waren nie wirklich neu oder wesentlich besser.

Um die Mitte des 20. Jahrhunderts hatten die Unternehmen es nicht nötig, ihre Kosten so gering wie möglich zu halten. Da die Gewerkschaften die Löhne für ganze Industriezweige aushandelten, konnten Lohnerhöhungen in Form von höheren Preisen an die Verbraucher weitergegeben werden, ohne daß irgendein Unternehmen gefährdet wurde. Die Unternehmen hatten auch kein Interesse, ihren Zulieferern durch Preisdrückerei das Leben schwerzumachen. Jeder Wechsel eines Zulieferers gefährdete die Effizienz der Massenproduktion. Damit es reibungslos funktionierte, bedurfte es langfristiger Verträge und stabiler Geschäftsbeziehungen.

Aufgrund dieser Konzilianz der Unternehmen gegenüber ihren Mitarbeitern und Lieferanten entwickelte sich eine Lohn-Preis-Spirale. Preiserhöhungen bewirkten einen Anstieg der Lebenshaltungskosten, der wiederum Forderungen nach weiteren Lohnerhöhungen nach sich zog. Dann und wann versuchte die Regierung, die Löhne und Preise direkt zu kontrollieren, indem sie offizielle Höchstgrenzen festlegte oder an Wirtschafts- und Gewerkschaftsführer appellierte, sich bei Preiserhöhungen und Lohnforderungen zu mäßigen, doch ohne großen Erfolg. Inflationäre Tendenzen verstärkten sich, bis der Zentralbankrat die Zinssätze erhöhte und die Wirtschaft in eine Rezession stürzte.

Die entstehende neue Wirtschaft unterscheidet sich stark von der alten. Wie bereits erwähnt, ist die Auswahl für den Käufer nicht mehr so stark eingeschränkt wie durch die Notwendigkeit, große Stückzahlen zu produzieren, durch die Entfernung oder durch einen Mangel an Informationen. Heute haben sie Zugang zu einem wachsenden Angebot an Produkten und Dienstleistungen, die aus fast allen Teilen der Erde kommen, und zu mehr Informationen, die ihnen Preis- und Qualitätsvergleiche erleichtern, so daß sie schneller ein besseres Angebot finden können. Je einfacher es für die Verbraucher ist, zu etwas Besserem zu wechseln, desto mehr müssen sich die Anbieter anstrengen, Kunden zu gewinnen und zu halten.

Manche Wirtschaftswissenschaftler führen die Innovationswellen und Produktivitätssteigerungen der letzten Zeit einfach und ausschließlich auf die neuen Technologien zurück. Damit lassen sie jedoch die entscheidenden Schritte aus, die erklären, *warum* Anbieter sich inzwischen viel stärker zu Innovationen gezwungen fühlen. Neue Kommunikations-, Transport- und Informationstechnologien ermöglichen es den Verbrauchern, schnell etwas Besseres zu finden und sich für das bessere Angebot zu entscheiden, was wiederum die Anbieter unter einen wachsenden Druck setzt, besser zu produzieren. Um zu überleben und Erfolg zu haben, müssen sie ständig ihre Kosten senken und die Qualität ihrer Produkte steigern, und das schneller als die Konkurrenz. Sie müssen nicht nur hochwertigere Produkte und Dienstleistungen anbieten, sondern auch ihre Organisationsstrukturen ständig effizienter gestalten, um schneller als die Konkurrenz ein ganzes Sortiment besserer Produkte und Dienstleistungen auf den Markt bringen zu können.[2]

Das ist ein Grund, warum die Inflation heute keine so große Bedrohung mehr darstellt, nicht einmal in Phasen niedriger Arbeitslosigkeit. Die Anbieter müssen ständig neue Wege finden, ihre Kosten so gering wie möglich zu halten und ihre Preise zu senken, um wettbewerbsfähig zu bleiben. Diese Entwicklung erklärt auch, warum die Produktivität (der Ausstoß pro Arbeitseinheit) nach einem starken Rückgang in den siebziger Jahren wieder ansteigt. Die Unternehmen stehen unter einem wachsenden Druck, aus weniger mehr zu machen.*

Der schärfere Wettbewerb hat inzwischen auch die gemeinnützigen Einrichtungen erreicht. Selbst die muffigsten und konservativsten Universitäten, Krankenhäuser, Museen und Stiftungen sind inzwischen zu Innovationen gezwungen, da sie der gleichen Dynamik unterworfen sind wie die übrige Wirtschaft. Studenten, Patienten, Mäzene und Spender haben inzwischen eine größere Auswahl, erhalten bessere Informationen über die einzelnen Einrichtungen und können leichter zu derjenigen wechseln, die ihnen am meisten zusagt. Daher

* Die Produktivität stieg in den siebziger Jahren um nur 1 % pro Jahr, erhöhte sich in den achtziger Jahren etwas, steigerte sich zwischen 1990 und 1995 auf 1,5 % jährlich und zwischen 1996 und 2000 auf fast 3 % jährlich. Möglicherweise sind selbst diese offiziellen Zahlen über die Produktivitätssteigerungen der letzten Jahre zu niedrig angesetzt. In einer industriellen Wirtschaft, in der sich die Produkte von Jahr zu Jahr kaum veränderten, waren Produktivitätssteigerungen leichter zu messen; man mußte nur die Differenz der Stückzahlen pro Arbeitseinheit zwischen einem Jahr und dem nächsten errechnen. Doch diese einfache Rechnung berücksichtigt nicht, wieviel mehr an Wert die Käufer erhalten – denn heute sind viele neue Produkte besser, schneller und billiger als die, die sie ersetzen. Andererseits ist es auch möglich, daß die Produktivitätssteigerungen der letzten Jahre etwas überbewertet wurden, da, wie wir noch sehen werden, die meisten Amerikaner heute mehr Stunden arbeiten als früher – insbesondere Führungskräfte, Fachkräfte und »Kreative«, die zu Hause und auf Reisen weitere Überstunden leisten. Je mehr dieser Überstunden in der Berechnung des Ausstoßes pro Arbeitszeiteinheit unberücksichtigt bleiben, desto höher fallen die Produktivitätsraten aus.

müssen auch gemeinnützige Einrichtungen besser, schneller und billiger werden.

DIE LOGIK DER INNOVATION

Um diese Dynamik zu verstehen, ist es hilfreich, sich an die Theorien von Joseph Alois Schumpeter zu erinnern. Schumpeter war Professor für Nationalökonomie, zuerst in Graz, dann in Bonn und später in Harvard, und nach dem Ersten Weltkrieg österreichischer Finanzminister. Er war eine imposante Persönlichkeit, die überall großen Eindruck hinterließ – er war kultiviert, romantisch und litt nicht gerade unter übermäßiger Bescheidenheit. (Als älterer Mann sagte er einmal, er hätte immer drei Wünsche gehabt – ein hervorragender Liebhaber, ein hervorragender Reiter und ein hervorragender Wirtschaftswissenschaftler zu sein – und zwei davon seien in Erfüllung gegangen.[3]). In seinem 1912 erschienenen Werk *Theorie der wirtschaftlichen Entwicklung* entwarf er eine Welt, in der der Unternehmer eine zentrale Rolle spielte.

Bis heute beschäftigen sich die meisten Wirtschaftswissenschaftler vor allem mit der Frage, wie man ein Gleichgewicht zwischen Angebot und Nachfrage schafft und knappe Ressourcen optimal einsetzt. In ihrem Modell vom perfekten Wettbewerb ist ein Ungleichgewicht zwischen Angebot und Nachfrage eine unerwünschte Ausnahmesituation, die durch äußere Umstände wie eine Naturkatastrophe, eine Seuche oder die Politik verursacht wird. Doch Schumpeter ging davon aus, daß sich eine gesunde Wirtschaft nie in einem stabilen Gleichgewicht befindet, weil neue Erfindungen und Veränderungen dies ständig verhindern. Die Innovationsbereitschaft der Unternehmer wächst, wenn sie für ihren Mut zum Risiko und ihre innovativen Anstrengungen belohnt werden, indem sie vorübergehend das Monopol auf etwas erwerben, für das die Verbraucher mehr zu zahlen bereit sind – aber eben nur vorübergehend. Solange die Unternehmer sich nicht von neuen Konkurrenten bedroht fühlen, besteht für sie kein Anreiz, weiterhin innovativ zu sein. Daher können Wirtschaften sich nur dann weiterentwickeln, wenn unternehmerischer Innovationsdrang immer wieder »Stürme schöpferischer Zerstörung« auslöst.

Als sich im weiteren Verlauf des 20. Jahrhunderts in den modernen Wirtschaften die Massenproduktion durchsetzte, sah Schumpeter schwarz, was die Zukunft des risiko- und innovationsbereiten Unternehmertums betraf. Wo er auch hinblickte, sah er Unternehmen, die mehr an Stabilität als an Veränderungen interessiert waren. Er übersah oder unterschätzte die Vorteile der Massenproduktion und des Massenmarketing. Statt dessen ließ er sich zynisch über farblose Manager und risikoscheue Aktenwälzer aus, die Großunternehmen leiteten, und prophezeite voller Pessimismus, daß der Kapitalismus im Sumpf eines unflexiblen und bürokratischen Sozialismus versinken würde.[4]

Doch heute, am Anfang des 21. Jahrhunderts, erweist sich Schumpeters düstere Prophezeiung als falsch. Wir bewegen uns immer schneller in eine »neoschumpeterianische« Welt.

Das soll das folgende Denkspiel verdeutlichen: Stellen Sie sich vor, Sie bieten X zum Preis von Y Dollar an und wissen bereits, wie Sie X besser, schneller und billiger machen können als die Konkurrenz. Vielleicht sind Sie sogar der erste, der X anbietet, weil Sie als erster erkannten, daß ein Markt für X vorhanden ist. Die Käufer beginnen sich um Sie zu scharen, weil Sie Ihnen ein tolles Geschäft anbieten, und Sie verdienen immer mehr Geld. Schumpeter wäre stolz auf Sie.

Doch nun erfahren nicht nur immer mehr Käufer von dem Geschäft, das Sie anbieten, sondern auch andere Verkäufer. Ihre zukünftigen Konkurrenten wissen vielleicht nicht genau, wieviel Sie verdienen, aber sie können es wahrscheinlich abschätzen, weil sie in Erfahrung bringen können, wieviel Sie für die »Zutaten« und die Arbeit bezahlen, die in X stecken. Informationen werden immer billiger und immer leichter erhältlich. Bald taucht ein Konkurrent auf, der den Käufern das gleiche Geschäft anbietet wie Sie, und dann noch einer und noch einer, bis Sie fast keine Gewinne mehr machen.

Sie könnten versuchen, das von Ihnen erfundene X durch die Eintragung von Patenten oder Urheberrechten zu schützen. Diese gesetzlichen Vorkehrungen zum Schutz »geistigen Eigentums« ähneln denen zum Schutz »beweglichen Eigentums«, sind jedoch in der entstehenden neuen Wirtschaft keine allzugroße Hilfe. Schon indem Sie X produzieren und gut verkaufen, zeigen Sie Ihren Konkurrenten, daß ein Markt für X vorhanden ist – und diese Information ist oft wertvoller als jede andere. Daher wird einer von ihnen früher, als Ihnen lieb ist, herausfinden, wie er X genauso billig anbieten kann, ohne Ihr geistiges Eigentum anzutasten. (Vielleicht nimmt er Ihr X auseinander, verändert es etwas und baut es anders zusammen, so daß er Ihr Patent nicht verletzt. Oder – falls X eine Software oder ein Rezept oder eine künstlerische Komposition ist – er schreibt X so um, daß seine Version nicht gegen Ihr Urheberrecht verstößt.) Vielleicht mißachtet er auch all Ihre gesetzlichen Rechte und läßt es auf einen Prozeß ankommen. Er ist viel reicher als Sie und kann sich einen langwierigen Rechtsstreit leisten. Doch selbst wenn Sie sich einen teuren Rechtsstreit ebenfalls leisten können, haben Sie nicht die Gewißheit, daß Sie ihn gewinnen werden: Der Diebstahl einer Idee läßt sich nie so zweifelsfrei nachweisen wie der Diebstahl eines Autos. Rechtsstreitigkeiten darüber, wer wann was erfand, nehmen so rapide zu, daß die zuständigen Gerichte bereits völlig überlastet sind.[5] (Calvin Klein behauptet zum Beispiel, Ralph Laurens Duftwasser *Romance* sei eine Imitation seines Verkaufsschlagers *Eternity* – doch was genau ist ein Duft, und ist es möglich, einen zu besitzen? Ein Duft ist auch eine Stimmung, ein Image, ein Stil. Wie soll man ihn von diesem ganzen Drumherum trennen und in Eigentum verwandeln?)

Ihre Gewinne schrumpfen. Nun haben Sie drei Möglichkeiten: 1. Sie finden einen Weg, Ihre Kosten zu senken, damit Sie X billiger als Y anbieten können. 2. Sie überlegen sich, wie Sie zu den gleichen Kosten ein viel besseres X produzieren können. 3. Sie nutzen Ihre unternehmerische Erfahrung, um als erster ein völlig neues Produkt (Z) auf den Markt zu bringen – etwas, das den Käufern noch besser gefällt als X und für das sie bereitwillig mehr zahlen. Jede dieser Strategien macht Sie wieder zum Marktführer – für eine Weile. Sie sollten es mit allen dreien versuchen, weil Sie nicht im voraus wissen können, welche am besten funktioniert. Doch Vorsicht: Alle drei sind kostspielig und riskant.

Die erste Strategie – die Kosten zu senken – birgt das geringste Risiko, aber sie ist mit kurzfristigen Ausgaben verbunden, weil Sie Fachleute für die Erarbeitung eines Rationalisierungsprogramms für Ihr Unternehmen bezahlen müssen. Sie heuern also einen Unternehmensberater an, der Ihnen empfiehlt, eine neue Software zu installieren, die mit weniger Arbeitsschritten und weniger Personal mehr leisten kann, oder ein anderes Produkt, das ein Subunternehmer billiger herstellen kann, auszulagern und die Löhne der verbliebenen Mitarbeiter zu kürzen – sie statt dessen vielleicht am Gewinn zu beteiligen oder ihnen Aktienbezugsrechte einzuräumen. Sie akzeptieren seine Vorschläge und bezahlen seine Rechnung – und denken insgeheim, daß Sie Unternehmensberater hätten werden sollen.

Die zweite Strategie – die Produktqualität zu steigern – erfordert Mittel für die Forschung und Entwicklung und dann für das Marketing. Sie ist riskanter als die erste, weil Sie nicht sicher sein können, daß das, was Sie für eine verbesserte Version von X halten, von den Kunden ebenfalls als besser empfunden wird. Selbst Coca-Cola mißlangen schon Versuche, ihr Produkt weiterzuentwickeln. Doch Sie wissen zumindest, daß X Ihren Kunden zusagt, daher können Sie zuversichtlich sein, daß ein schnelleres, leistungsfähigeres, leichteres, schmackhafteres oder optisch ansprechenderes X-Plus gut ankommen wird.

Die dritte Strategie – ein völlig neues Produkt Z auf den Markt zu bringen – ist die kostspieligste und riskanteste. Sie erfordert mehr Grundlagenforschung, die am Ende womöglich keine brauchbaren Ergebnisse liefert. Z ist so anders als X, daß Sie nicht einmal sicher sein können, daß ein Markt dafür vorhanden ist. Doch wenn Ihre Rechnung aufgeht, verdienen Sie mit Z am meisten. Wahrscheinlich werden Sie den Markt für Z eine lange Zeit allein bedienen können, bevor Ihre Konkurrenten Mittel und Wege finden, ihre eigenen Versionen von Z herzustellen.

Hoffentlich verdienen Sie zumindest mit einer dieser Strategien lange genug so viel, daß Sie die Kosten decken können, die die Verfolgung der anderen beiden Ihnen verursacht, und trotzdem weiterhin vorn liegen. Doch nun kommt die schlechte Nachricht, die ich Ihnen bis jetzt verschwiegen habe, um Sie nicht zu entmutigen: Sie werden nie einen Punkt erreichen, an dem Sie sich entspannt zurücklehnen können. Selbst wenn Sie Erfolg haben, ist dieser nur vorübergehend, da Ihre Konkurrenten mit Sicherheit bald nachziehen werden. Früher, im industriellen Zeitalter, setzten die Zwänge der Massenproduktion dem Wettbewerb Grenzen. Doch nun, da die Konkurrenz schneller und flexibler reagieren kann, gibt es keine Perioden mehr, in denen das Geschäft von allein läuft. Vielleicht geht es eine Zeitlang ganz gut, doch um zu überleben, müssen Sie den größten Teil Ihrer Gewinne wieder in die drei Strategien investieren.

Wenn Sie sich in diesem Wettbewerb gut halten – Ihre Kosten weiter senken, Ihre Produkte weiter verbessern und innovativ bleiben –, werden Sie leicht Geschäftspartner und Investoren finden. Vielleicht schaffen Sie es sogar, durch die Emission von Aktien reich zu werden, aber rechnen Sie lieber nicht damit. Wahrscheinlicher ist, daß Sie von Ihren neuen Partnern und Investoren gerade so viel Kapital erhalten, daß Sie auf ein größeres Sortiment neuer Produkte setzen können. Je mehr innovative Projekte Sie verfolgen können, desto größer ist die Wahrscheinlichkeit, daß Ihnen eine neue Erfindung so hohe Gewinne einbringt, daß Sie die anderen Projekte weiterfinanzieren und Ihren Konkurrenten einen Schritt voraus bleiben können.

Doch auch mit dem zusätzlichen Kapital geht das Wettrennen weiter. Das gefiel Schumpeter daran. Jeder Hersteller und Verkäufer hat Angst – setzt auf neue Produkte, arbeitet wie besessen und ist ständig auf der Hut vor der Konkurrenz. Der redegewandte Intel-Chef Andrew Grove witzelte, daß in der neuen Wirtschaft »nur die Paranoiden überleben«. Er hätte hinzufügen können: die Besessenen und Getriebenen. Sie können sich völlig übernehmen, aber dank ihrer unermüdlichen Anstrengungen erlebt die Wirtschaft einen Innovationsboom. Die Verbraucher sind da wesentlich besser dran.

DIE NEUE ROLLE VON MARKEN

Selbst wenn Sie das beste X zum niedrigsten Preis anbieten, können Sie vielleicht nicht davon leben, weil auf dem Markt so viele Konkurrenten um die besten Plätze kämpfen, so viele Produkte und Dienstleistungen Sie in dem Gedränge vielleicht gar nicht finden. Sie haben nur einen kleinen Stand auf dem riesigen globalen Basar, auf dem zehn Millionen andere Verkäufer versuchen, Kunden anzulocken. Es gibt Millionen von Webseiten, 1500 Satellitenfernsehprogramme und unzählige andere Ablenkungen wie Instant-messaging, E-Mails, Mailings, Faxe, Handys und Videos, fast unbegrenzte Möglichkeiten der Kundenwerbung, und über Breitband wird es bald noch viel mehr von alledem. Wie können Sie in diesem Getümmel auf sich aufmerksam machen? Wie können Sie erreichen, daß möglichst viele Menschen Sie im Internet finden und Ihre Webseite besuchen?

Ihre potentiellen Kunden haben das gleiche Problem wie Sie, nur im umgekehrten Sinn. Sie sind mit einer Flut von Informationen konfrontiert – Angeboten, Produktvarianten, Preislisten, Werbung, optischen und akustischen Reizen. Die entstehende neue Wirtschaft ermöglicht es ihnen, genau das zu bekommen, was sie wollen – wenn sie es entdecken. Mit der immer größeren Auswahl wächst ihre Verwirrung. Sie brauchen zuverlässige Orientierungshilfen, um das, was sie wollen, auch zu finden.

Mundpropaganda ist für alle Beteiligten hilfreich. Wenn eine zufriedene Kundin ihrer besten Freundin oder ihrer Cousine von dem tollen Geschäft erzählt, das sie mit Ihnen gemacht hat, kann diese Unterhaltung zu weiteren Geschäften führen. Manchmal zieht Internet-Klatsch weite Kreise und steigert in kurzer Zeit die Nachfrage nach einem bestimmten Film oder einer bestimmten CD. Doch Klatsch ist keine besonders zuverlässige Informationsquelle. Und wenn sich auf diese Weise herumspricht, daß Ihr Angebot gut ist, werden Ihre Konkurrenten sofort aktiv, denn sie erfahren alles genauso schnell wie die Verbraucher.

Massenmarketing wäre für Sie unwirtschaftlich, da wahrscheinlich kein Massenmarkt für Ihre Produkte vorhanden ist. Sie könnten es mit Endkundenmarketing versuchen – also an Orten Werbung machen, an denen sich die potentiellen Käufer von X und Y am ehesten aufhalten. Oder Sie entscheiden sich fürs Telephonmarketing und rufen gezielt Menschen an, die laut Computerstatistiken in der Vergangenheit ähnliche Produkte gekauft haben. Doch diese Methoden haben den Nachteil, daß Sie viele Menschen ansprechen, die kein Interesse an Ihrem Angebot haben, und viele andere, die daran interessiert wären, nicht erreichen.

Die sicherste Methode, die Kunden für Ihre Produkte zu erreichen – und es potentiellen Kunden zu erleichtern, Sie zu finden –, ist die Zusammenarbeit mit einem renommierten Unternehmen. Renommierte Marken werden für die Verbraucher inzwischen zu Orientierungshilfen im Dschungel der neuen Wirtschaft. Und diese renommierten Unternehmen profitieren von der Zusammenarbeit mit kleineren Anbietern wie Ihnen, indem sie einen gewissen Anteil vom Preis der Produkte erhalten, die die Verbraucher über sie kaufen.

Hinter einem sehr bekannten Markennamen (dazu gehören heute auch bekannte Internet-Portale und Webseiten) stand früher gewöhnlich eine große Organisation, doch in der neuen Wirtschaft müssen bekannte Unternehmen nicht unbedingt viele Beschäftigte und reale Vermögenswerte haben – unter Umständen sogar überhaupt keine. In der alten Wirtschaft kontrollierten Großunternehmen Massenproduktionssysteme und profitierten von Massenproduktionsvorteilen. In der neuen Wirtschaft profitieren Unternehmen von ihrem guten Namen. Ihr wirtschaftlicher Wert liegt nicht im Vermögen, das sie besitzen, oder im Personal, das sie beschäftigen, sondern im

Vertrauen, das sie sich bei den Käufern erworben haben. Das einzige, was das neue »große« Unternehmen im Auge behalten und ständig verbessern muß, ist sein Ruf, seinen Kunden zum besten Geschäft zu verhelfen. Dieses Renommee ist sein wertvollster Aktivposten. Je mehr Käufer der Marke vertrauen und je zufriedener sie mit den erhaltenen Produkten sind, desto schneller wächst der Ruf des Unternehmens, seinen Käufern die besten Geschäfte zu vermitteln – und damit auch die Zahl der Neukunden.

Die »größten« Unternehmen werden daher diejenigen sein, die das größte Vertrauen genießen, was sich in höheren Gewinnen und einem höheren Marktwert niederschlägt. Als ich diese Zeilen schrieb, betrug der Firmenwert von General Motors – einem Unternehmen, das immer noch hauptsächlich auf Massenproduktion ausgelegt ist – weniger als 100 000 Dollar pro Beschäftigtem. Doch bei Microsoft, einem Unternehmen, das sich inzwischen zu einem Markenportal entwickelt hat und auf sein Renommee vertraut, beläuft sich der Firmenwert pro Beschäftigtem auf über 12 Millionen Dollar. Bei Yahoo, einem reinen Markenportal, liegt er sogar bei über 22 Millionen Dollar.[6] Auch wenn viele »dot.com-Unternehmen« inzwischen weniger wert sind als zu der Zeit, in der der Enthusiasmus der Investoren keine Grenzen kannte, wird der Firmenwert pro Beschäftigtem bei den führenden Unternehmen weiter steigen.

Disney hat sich zum Beispiel auf dem Gebiet der Unterhaltung für die ganze Familie einen Namen gemacht. Sein Markenportal führt diese zu Filmen, Videos, Büchern, Musik, Sportveranstaltungen, Freizeitangeboten und Online-Aktivitäten. Doch nur ein Teil der dort angebotenen Produkte oder Dienstleistungen wird von Disney selbst hergestellt oder erbracht, und dieser Anteil wird immer kleiner werden. In der Zukunft werden unter dem Markennamen Disney überwiegend Produkte und Dienstleistungen anderer Unternehmen angeboten werden. Disney wird nur mit Unternehmen zusammenarbeiten, die Produkte oder Dienstleistungen in der von Disney gewohnten Qualität anbieten können – also Disneys guten Ruf fördern – und für alles, was sie verkaufen, eine kleine Provision (oder eine Lizenzgebühr oder einen Preisaufschlag) kassieren. Wenn das Markenportal von Disney gut gemanagt wird, wird Disney in zunehmendem Maße vom Vertrauen der Kunden profitieren und von der eigenen Massenproduktion unabhängiger werden.

Dell ist zu einem Markenportal für Computer geworden und könnte seine Franchise ohne weiteres auf andere Telekommunikationsmittel und Büroausrüstungsgegenstände ausdehnen, die den Käufern ein effizienteres Arbeiten ermöglichen. Dell stellt die angebotenen Computer nicht selbst her, sondern vermittelt seine Kunden über das Internet an seine Lieferanten weiter, die die gewünschten Computer auf Bestellung zusammenbauen. Dell lockt nur die Kunden an, überwacht die Qualität und erhält für jeden verkauften Computer eine Provision. Die Zahl seiner Kunden und Lieferanten wächst ständig.

Die meisten Filme werden heute von kleinen Unternehmen produziert, die Verträge mit »großen« Hollywood-Studios eingehen, um ihre Werke unter deren Namen vermarkten und verleihen zu können. CBS/Viacom besitzt inzwischen Nickelodeon, das die beliebten frechen *Rugrats*-Cartoons produziert. Doch geschaffen werden diese Cartoons von einer unabhängigen kleinen Gruppe von Trickfilmzeichnern, die einen Vertrag mit Nickelodeon hat. Das gilt auch für den *Rugrats*-Film, das *Rugrats*-Buch, die *Rugrats*-Webseite und zahllose andere *Rugrats*-Artikel. Solche unabhängigen Kleinunternehmen stellen auch fast alle anderen Produkte der Unterhaltungsindustrie her. Über 90 Prozent der rund 7000 Unterhaltungsproduzenten im Raum Los Angeles beschäftigen weniger als zehn Mitarbeiter.[7]

Bald werden Plattenfirmen keine Platten oder CDs mehr produzieren und vertreiben. Wozu auch, wenn Musik durch das Internet fließt wie Wasser durch die Leitung? Wenn große Marken wie Warner Music, EMI und Sony überleben wollen, müssen sie sich darauf spezialisieren, gute Musiker und Toningenieure zu finden, und sich als gute Adresse für gute Musik vermarkten.

Jede große Marke ist auf dem Weg, eine Webseite oder ein

Portal zu werden, das die richtigen Kunden auf elektronischem Wege mit den richtigen Anbietern zusammenbringt. Yahoo ist ein großes »Tor« zu Internet-Inhalten, Charles Schwab zu Finanzdienstleistungen, Amazon.com zu Büchern und Musik (und in Zukunft wahrscheinlich auch zu allen möglichen anderen Produkten, die unterhalten oder den Geist anregen und sich leicht verpacken und verschicken lassen). Andere »große« Unternehmen, die früher Dinge herstellten, verwandeln sich in Marken, die als Vermittler fungieren. IBM stellt einen immer geringeren Teil dessen, was es verkauft, selbst her. Sein Geschäft verlagert sich auf die technische Beratung und Betreuung der Kunden und wird zum großen Teil über das Internet abgewikkelt. Ciscos Vertragspartner erhalten ihre Aufträge direkt von Ciscos Kunden und versenden Netzwerkprodukte, ohne daß ein Cisco-Mitarbeiter die Produkte zu Gesicht bekommt.

Die Harvard University wird zum renommiertesten Markenportal der Welt für Bildung. Harvard ist nach Coca-Cola die bekannteste Marke der Welt, allerdings dicht gefolgt von McDonald's. Zu den Franchisenehmern der Eliteuniversität gehören diverse Forschungszentren und Institute, Anbieter von Management- und Fitneßprogrammen, Hemden, Hüten, Kissenbezügen und Stofftieren, eine Krankenhausgruppe, Magazine, Zeitungen und ein Verlagshaus. Nur ein kleiner Teil der Menschen, die diese Dienstleistungen erbringen oder diese Produkte herstellen, ist direkt bei Harvard beschäftigt. An der Arbeit aller anderen verdient die Universität, indem sie Lizenzgebühren oder Provisionen kassiert.

Vor einigen Jahren schrieb ich ein Buch, das die Harvard University Press verlegte, und ich erhalte immer noch dann und wann bescheidene Gewinnbeteiligungen aus seinem Verkauf. Von Zeit zu Zeit schreibe ich Artikel für den *Harvard Business Review*, für die ich ebenfalls ein kleines Honorar erhalte. In diesem Sinne verkaufe ich immer noch einige meiner Dienstleistungen unter dem Markennamen Harvard. Harvard behält den größten Teil der Einkünfte aus meiner Arbeit als Autor und überweist mir den Rest. Meine Einkünfte aus dieser Tätigkeit sind zwar nicht hoch und nicht so regelmäßig wie zu der Zeit, als ich in Harvard lehrte, aber nichtsdestotrotz profitiere ich von der Universität.

Da gemeinnützige Unternehmen inzwischen zu Markenportalen für ein breites Spektrum von gewinnorientierten Unternehmen werden, macht die Einteilung in »gemeinnützige« und »gewinnorientierte« Unternehmen immer weniger Sinn – was das Finanzamt jedoch noch nicht erkannt hat. Gemeinnützige Einrichtungen wie Museen verpachten Ladengeschäfte und Restaurants und machen auf ihren Webseiten Werbung für gewerbliche Anbieter von Geschenkartikeln und anderem Krimskrams, der von gewinnorientierten Unternehmen hergestellt wird. Gewinnorientierte Unternehmen können Museumsräume für Veranstaltungen mieten oder eine Lizenz erwerben, um ihre Produkte unter dem vertrauenswürdigen Namen eines Museums zu verkaufen. Die Eliteuniversität Harvard ist als *harvard.com* ein führendes Markenportal für eine breite Palette von Dienstleistungen auf dem Gebiet der Aus- und Weiterbildung und vermittelt Interessenten aus aller Welt, die dem Namen Harvard vertrauen, an (teilweise gewinnorientierte) Bildungseinrichtungen auf der ganzen Welt weiter, die solche Dienstleistungen über das Internet anbieten.[8] Einige gemeinnützige Marken legen ihren gemeinnützigen Deckmantel ab und legen offen dar, was sie wirklich verkaufen. Die seit ihrer Gründung gemeinnützige New Yorker Börse wird in ein gewinnorientiertes Unternehmen und Markenportal umgewandelt, denn da sie immer mehr Kunden an die elektronischen Märkte verliert, muß sie, um wettbewerbsfähig zu bleiben, selbst zu einem E-Markt werden.

WARNUNG: VERTRAUEN IST ZERBRECHLICH

In der alten Wirtschaft standen Marken für bestimmte Produkte oder Dienstleistungen. Jeder wußte, daß Nivea eine Hautcreme und Disney ein Trickfilmproduzent war. Der Markenname sollte die Kunden zum Kauf bestimmter Produkte veranlassen. Wenn eine Firma mit einem bekannten Markennamen ihr Produktsortiment vergrößerte, benutzten die Käufer den Markennamen weiterhin zur Bezeichnung bestimmter Produkte. Doch in der entstehenden neuen Wirtschaft – mit ihrem verwirrend großen und vielfältigen Angebot – wissen die Käufer oft nicht, was sie wollen, und benutzen ein Markenportal, um sich darüber klar zu werden. Große Markenportale bieten eher Lösungen als bestimmte Produkte an. Disney steht nicht mehr für eine bestimmte Art von Trickfilm, sondern ist ein Wegweiser zu guter Unterhaltung für die ganze Familie geworden – ein Angebot, das viele verschiedene Anbieter machen. Markenportale können sich ihren guten Ruf bei den Käufern nur bewahren, wenn sie stets als deren Agenten handeln und nicht als Agenten der Verkäufer. Sie können keine Doppelagenten sein. Wenn ein Markenportal Käufern ein schlechtes Geschäft vermittelt oder ein gutes, das aber wesentlich schlechter ist als ein anderswo Angebotenes, verlieren die Käufer das Vertrauen in das Markenportal – und unter diesem Vertrauensverlust leiden dann alle Verkäufer, die über dieses Markenportal Käufer ansprechen. Natürlich sucht jeder Anbieter Anschluß an ein renommiertes Markenportal, doch ein Markenportal, das auf seinen guten Ruf bedacht ist, arbeitet nur mit Anbietern zusammen, die Qualität liefern können. Das Ansehen eines Markenportals sinkt, wenn es nicht länger eine gute Adresse für gute Geschäfte ist.

Ein Markenportal kann natürlich für bestimmte Produkte und Dienstleistungen werben, um ihren Verkauf zu fördern. Doch wenn es sich das Vertrauen der Kunden bewahren will, muß es zwischen Werbung und Beratung unterscheiden. Als Amazon.com bestimmte Bücher als Meisterwerke oder als »das, was wir lesen«, anpries, weil die Verleger dieser Bücher dem Unternehmen eine stattliche Summe für solche lobhudelnden Kritiken zahlten, hatten die Kunden allen Grund zur Skepsis gegenüber den anderen Empfehlungen von Amazon.com. Wenn die Suchmaschine AltaVista bestimmte Webseiten ganz oben auf die Liste der Suchergebnisse setzt, weil sie Geld dafür erhält, untergräbt sie das Vertrauen ihrer Kunden in die Qualität der Suche. Als *drkoop.com* – »Ihr bewährtes Gesundheitsnetz« – bestimmte Krankenhäuser und Gesundheitszentren empfahl, weil diese *drkoop.com* dafür bezahlten, mögen den Besuchern von *drkoop.com* berechtigte Zweifel gekommen sein, ob sie dort die beste medizinische Beratung erhalten würden. Selbst die Marke Harvard würde an Glanz verlieren, wenn sie in den Verdacht geriete, sich für einen bestimmten Preis von Anbietern benutzen zu lassen. Harvards Anwälte, die auf den guten Ruf der Marke bedacht sind, wissen, daß Harvard-Bier und eine Harvard-Diät dem Image von Harvard nicht förderlich wären.

Ein Markenportal kann auch seine Identität und das Vertrauen der Verbraucher verlieren, wenn sein Angebot so vielfältig wird, daß die Verbraucher nicht mehr wissen, wofür die Marke eigentlich steht. Disney kann sich mit Unterhaltungsangeboten für die ganze Familie profilieren, aber nicht mit Bier und alkoholfreien Getränken. Amazon.com könnte Videos und Musik in sein Angebot aufnehmen, ohne für die Kunden an Vertrauenswürdigkeit einzubüßen, aber nicht unbedingt Vitamine und Zahnbürsten. Wenige Menschen würden Microsoft mit der Verwaltung ihres Familienvermögens betrauen (auch wenn sie Microsoft als Anbieter von Finanzsoftware vielleicht durchaus schätzen).

GROSS ODER KLEIN?

Die Dynamik, die ich beschreibe – die neue Wettbewerbssituation, die es erforderlich macht, daß kleine Anbieter mit großen renommierten Markenportalen zusammenarbeiten und daß große Markenportale, statt selbsthergestellte Produkte anzubieten, zu Agenten der Kunden werden, die über sie bestimmte Produkte suchen –, erklärt ein scheinbares Paradoxon der modernen Wirtschaft: die explosionsartige Vermehrung kleiner »Nischenunternehmen« einerseits und die neue Fusionswelle andererseits.

Tatsächlich ergänzen sich die beiden Trends perfekt. Kleine Unternehmen finden ständig neue Wege, für weniger Geld bessere Produkte herzustellen und neue zu erfinden. Die kleinen Unternehmen sind der Motor des »schumpeterianischen« Innovationsprozesses. Gleichzeitig werden die großen Markenportale für die Verbraucher zu Anlaufstellen und Orientierungshilfen im immer dichter werdenden Dschungel aus Produkten und Dienstleistungen. Um überleben und wachsen zu können, müssen auch Markenportale immer bessere Wege finden, den Kunden die Orientierung zu erleichtern und gute Geschäfte zu vermitteln.

Der Fusionsboom der letzten Jahre unterscheidet sich grundlegend von dem, der zwischen 1885 und 1910 herrschte und zur Bildung von General Motors, General Electric, AT&T, U.S. Steel und ähnlichen Großkonzernen in den USA und im Ausland – zum Beispiel Siemens in Deutschland – führte. Das Ziel war damals, den Markt zu stabilisieren und sich Massenproduktionsvorteile zu sichern. Heute ist das Hauptziel die Vermarktung von Weltmarken. Die heutigen Medien-, Telekommunikations- und Finanzgiganten werden in dem Maße erfolgreich sein, in dem es ihnen gelingt, die Benutzerfreundlichkeit, Bekanntheit und Vertrauenswürdigkeit ihrer Markenportale zu erhöhen – den Käufern den Zugang und die Orientierung zu erleichtern sowie kontrollierte Qualität anzubieten und den Verkäufern mehr Informationen über die Wünsche und Bedürfnisse der Käufer zu liefern. Fusionen werden sich als weniger erfolgreich, vielleicht sogar als völliger Mißerfolg erweisen, wenn ihr Hauptziel die Sicherung von Massenproduktionsvorteilen ist. Viel wichtiger als die Produktion sind heute Schnelligkeit und Flexibilität. Und darin ist ein kleines Unternehmen einer riesigen bürokratischen Organisation überlegen.

Zwischen den kleinen Unternehmen und den relativ wenigen großen Marken (die nicht unbedingt viele reale Vermögenswerte oder Beschäftigte haben müssen) entwickelt sich eine symbiotische Beziehung. Die einen spezialisieren sich auf die Entwicklung großartiger Produkte, und die anderen fungieren als vertrauenswürdige Verbraucherberater. Es ist natürlich möglich, daß ein kleines Unternehmen durch ein hervorragendes Produkt so bekannt wird, daß sich die Beziehung umkehrt. Der amerikanische Sportsender ESPN bezahlte früher Kabelfernsehgesellschaften für die Ausstrahlung. Heute bezahlen die Kabelfernsehgesellschaften den Sportsender für dieses Privileg. ESPN ist praktisch ein eigenes Markenportal geworden. Doch meistens ergänzen die kleinen und die großen Unternehmen einander – die ersten liefern die Inhalte, die zweiten locken die Kunden an. Diese Allianzen sind die organisatorischen Bausteine der neuen Wirtschaft.

DER HARTE KAMPF UM DIE KUNDEN

Selbst wenn Sie Kunden gewinnen, sind Sie als Anbieter noch nicht am Ziel. Sie müssen sie auch halten. Ein Kunde kann Sie von einer Minute auf die andere verlassen – klicken, surfen, suchen, vergleichen, zu einem anderen Anbieter wechseln, und Sie sind ihn los. Sie sind stärker auf Ihre Kunden angewiesen als Ihre Kunden auf Sie, denn es kostet Sie viel mehr, neue Kunden zu gewinnen, als es Ihre Kunden kostet, einen neuen Anbieter zu finden. Der Textdichter Oscar Hammerstein formulierte es knapper als jeder moderne Marketingstratege: »Wenn du sie erst gefunden hast, laß sie nie mehr gehen.« Überlegen Sie sich, wie Sie Ihre Kunden an sich binden können.

Es gibt mehrere Methoden der Kundenbindung. Die einfachste ist, Ihre Preise weiter zu senken oder Ihre Produkte weiter zu verbessern, so daß Ihre Kunden keinen Grund haben, den Anbieter zu wechseln. Behalten Sie Ihre Konkurrenten im Auge. Wenn diese neue Wege gehen, die Kosten zu senken oder die Qualität zu verbessern, oder etwas Besseres erfinden, müssen Sie es ihnen sofort nachtun. Vor allem müssen Sie Ihre Kunden verwöhnen. Erfreuen Sie sie. Überraschen Sie sie mit besonderen Aufmerksamkeiten. Bieten Sie ihnen Vergünstigungen an, wenn sie Ihnen treu bleiben. In den fünfziger Jahren erhielten treue Kunden Unmengen von Rabattmarken, die sie fleißig sammelten und in Heftchen klebten. Und für genügend volle Heftchen erhielten sie dann einen Toaster oder Teppichkehrer. Heute bietet das Internet den Anbietern viel mehr Möglichkeiten, Kunden für ihre Treue zu belohnen. Sie können ihnen Sonderrabatte auf alles mögliche verschaffen, indem Sie mit anderen Anbietern wie Fluggesellschaften, Autovermietungen, Hotels oder Theatern Daten austauschen. Die Harvard University dankt ehemaligen Studenten, die ihr verbunden bleiben (sprich: sie durch regelmäßige Spenden unterstützen), mit besonderen Exkursionen, Seminaren und Besuchen bei altgedienten Professoren. Treue Mitglieder des Metropolitan Museum (sprich: Mäzene) erhalten Sondereinladungen zur Vorbesichtigung der nächsten Impressionisten- oder Antiquitätenausstellung. Stammgäste von Hotels müssen nicht an der Rezeption Schlange stehen, sondern dürfen sich beim Portier anmelden.

Ermuntern Sie Ihre Kunden, Ihnen mehr Einzelheiten über sich mitzuteilen, damit Sie Produkte und Dienstleistungen besser auf ihre Bedürfnisse abstimmen können. Je mehr Informationen sie Ihnen geben und je besser Sie diese Informationen nutzen, desto fester wird die Bindung zwischen Ihnen und Ihren Kunden – und desto schwieriger wird es für einen Konkurrenten, Ihnen Ihre Kunden abspenstig zu machen. Mein Herrenausstatter (daß ich von »meinem« Herrenausstatter spreche, ist das beste Zeichen für eine »feste Bindung«) kennt inzwischen den Umfang meines Kopfes, meines Halses, meiner Brust und meiner Taille, meine Schuhgröße, meine Lieblingsstoffe, meine Lieblingsfarben, die von mir bevorzugten Muster, Kleidungsstile und Freizeitbeschäftigungen sowie meinen Beruf, und er weiß, wo ich früher eingekauft habe. Mit jeder Bestellung »lernt« die Software der Firma mehr über mich – und kann das nächste Mal besser auf meine Bedürfnisse reagieren oder sie sogar vorhersehen. Ich bleibe nicht aus Anhänglichkeit oder Sympathie bei meinem Herrenausstatter, sondern weil er meinen individuellen Wünschen immer besser gerecht wird.

British Airways begrüßt Stammgäste mit den Getränken und Zeitungen, die sie auf früheren Flügen wählten. Ein Online-Florist führt eine Liste der Geburtstage und Jahrestage, die seine Kunden in der Vergangenheit mit Blumen feierten, erinnert sie per E-Mail rechtzeitig an diese Termine, weiß sogar, welche Blumen sie beim letzten Mal bestellten, und läßt sie per Mausklick einen anderen Blumenstrauß schicken. Eine Hotelkette vermerkt es, wenn ein Gast in einer hoteleigenen Anlage Golf spielt, und wenn er ein Zimmer in einem anderen Hotel der Kette reserviert, wird er automatisch gefragt, ob er eine Runde Golf buchen möchte.

Sogenannte »intelligent-agent«-Software kann die Beziehung zwischen dem Anbieter und seinem Kunden weiter festigen. Amazon.com empfiehlt auf seiner Webseiten seinen Stammkunden individuell Bücher und Musik-CDs, die ihnen gefallen könnten; diese auf den Kunden zugeschnittenen Tips basieren auf den Analysen früherer Bestellungen. Mit Hilfe zusätzlicher Informationen kann ein »intelligenter Agent« Vorlieben für eine ganze Reihe von Produkten ermitteln. Wenn ein Kunde zum Beispiel eine Vorliebe für eine bestimmte Art von Musik, Essen und Lektüre zeigt, kann der Agent ihm einen Film vorschlagen, der ihm ebenfalls gefallen könnte, indem er die über diesen Kunden gespeicherten Daten mit denen anderer Kunden vergleicht, die in puncto Musik, Essen und Lektüre einen ähnlichen Geschmack haben. Dann ermittelt er, welche Filme den anderen Kunden gefielen, und zieht daraus Rückschlüsse, welche Filme diesem Kunden ebenfalls gefallen könnten. Kein Kunde ist so einzigartig, wie er vielleicht gerne glaubt. Irgendwo im Cyberland gibt es noch jemanden mit den gleichen Vorlieben. Je mehr Informationen die Software über den Kunden sammeln kann, desto eher findet sie noch jemanden mit dem gleichen Geschmack.

Große Marken haben ideale Voraussetzungen für das Sammeln solcher Daten. Kundendatenbanken werden für sie ein weiterer wertvoller Aktivposten werden. Mit ihrer Hilfe können sie Stammkunden an die Anbieter weitervermitteln, die ihre Wünsche am ehesten befriedigen können. Sollten die Kunden Angst vor einem Mißbrauch persönlicher Daten haben, wird der Markt darauf wahrscheinlich auch reagieren, zumindest ein Teil des Marktes. Vermutlich werden Kunden, denen es lieber ist, daß nur ein bestimmter Teil ihrer Daten genutzt wird – und nur zu bestimmten Zwecken –, Markenportale bevorzugen, die diese Wünsche respektieren. Und Markenportale, die ihre Kundendaten vor einem möglichen Mißbrauch schützen, werden einen Wettbewerbsvorteil gegenüber anderen erlangen.*

Für einen Anbieter ist es natürlich gut, wenn sich zwischen ihm und seinen Kunden eine »feste Bindung« entwickelt, doch für seine Kunden nicht unbedingt. Dank der Informationen, die sie ihm über sich geben, kann er ihnen zwar Produkte und Dienstleistungen anbieten, die immer genauer auf ihre individuellen Wünsche und Bedürfnisse abgestimmt sind, doch aufgrund ihrer »festen Bindung« an ihn fällt es den Kunden schwerer, zu einem Konkurrenten zu wechseln. Genau das bezweckt der Anbieter natürlich. Hätten seine Konkurrenten so viele Informationen über seine Kunden wie er, könnten sie ihnen vielleicht noch bessere Geschäfte anbieten. Wahrscheinlich werden die Verbraucher irgendwann erkennen, welchen kommerziellen Wert ihre persönlichen Daten haben, und sie in selbstzusammengestellten Datenbanken – »ich.coms« – speichern. Dann können sie jedem Verkäufer die Möglichkeit geben, diese Daten herunterzuladen, um von ihm das bestmögliche Angebot zu erhalten. Die Verbraucher haben keinen Grund, die Macht abzugeben, die ihnen die neue Wirtschaft verleiht. Und die Konkurrenten der Anbieter, bei denen sie kaufen, werden dafür sorgen, daß sie das auch nicht tun.

* Das soll nicht heißen, daß Datenschutzgesetze unnötig sind, sondern nur, daß Wettbewerbsmechanismen die Anbieter dazu bewegen werden, die Ängste der Kunden vor einem Mißbrauch persönlicher Daten ernster zu nehmen. Damit der Markt von selbst funktioniert, müßte den Verbrauchern natürlich bewußt sein, wie persönliche Informationen über sie genutzt werden. Doch es ist kaum anzunehmen, daß sie das immer wissen werden.

DIE BESTE METHODE DER KUNDENBINDUNG

Wenn alles andere nicht klappt, gibt es noch eine letzte Methode, Kunden an sich zu binden: Schaffen Sie ein Kommunikationssystem, das von so vielen Menschen angewandt wird, daß einerseits allen Verkäufern nichts anderes übrigbleibt, als es zu benutzen, und daß andererseits alle Käufer, die Zugang haben wollen, kaum eine andere Wahl haben, als darüber einzukaufen. Solche fest etablierten Systeme sind wie Sprachen: Wenn viele Menschen sie verwenden, müssen andere Menschen in ihrer Umgebung sie auch benutzen, wenn sie erfolgreich kommunizieren wollen. Die englische Sprache wird allmählich zur ersten Weltsprache, weil so viele Käufer und Verkäufer sie einsetzen, daß andere Käufer und Verkäufer aus allen Teilen der Welt sie auch verwenden müssen, um auf dem Weltmarkt einkaufen und verkaufen zu können. Im Gegensatz zu echten Sprachen befinden sich solche fest etablierten Kommunikationssysteme jedoch im Besitz von Privatunternehmen, die für ihre Benutzung eine Gebühr verlangen können.

Ursprünglich wollte AOL ein geschlossenes System schaffen, dessen Inhalte (Nachrichten, Unterhaltung und so weiter) nur Menschen zugänglich sein sollten, die für sie bezahlten. Es stellte sich jedoch heraus, daß die Kunden von AOL weniger an den Inhalten von AOL interessiert waren als an der schnellen und einfachen Übermittlung eigener Inhalte über die »chat rooms« und am »instant-messaging«-System von AOL, das E-Mail-Benutzern meldet, wenn ihre Freunde auch gerade online sind, so daß sie sofort mit ihnen chatten können. Daher änderte AOL seine Strategie, verband sein geschlossenes System mit dem Internet und gewährte seinen Kunden für eine feste monatliche Gebühr unbegrenzten Zugang. Bald wurde das System von AOL zu einem Standardsystem der Online-Kommunikation. Und je mehr Menschen es benutzten, desto fester etablierte es sich als Standardsystem. AOL-Kunden blieben aus dem einfachen Grund bei AOL: Sie konnten nicht so leicht massenweise zu einem anderen E-Kommunikationssystem wechseln – auch nicht zu einem, das vielleicht besser war.

Mit Marktplätzen verhält es sich genauso. Wenn sich genug Käufer und Verkäufer an einem bestimmten Ort versammeln, müssen andere Käufer und Verkäufer sich auch dorthin begeben, wenn sie Geschäfte machen wollen. Dieses alte Prinzip führte zur Entstehung von Städten an natürlichen Häfen, Flußgabelungen und Gebirgspässen und zu speziellen Handelsplätzen für bestimmte Dinge (Aktien und festverzinsliche Wertpapiere in der Wall Street, Diamanten in Amsterdam, Schweinebäuche in Chicago). Es gilt auch im Cyberspace. Wenn genug Käufer und Verkäufer von Memorabilien, Raritäten und Trödel sich in eBays Internet-Auktionshaus versammeln, zieht diese Webseite weitere Händler an, weil sie der beste Platz ist, um gute Geschäfte zu machen. Viele tausend andere Webseiten wetteifern darum, Markplätze für bestimmte Dinge zu werden – von Wertpapieren über Autos und Häuser bis zum Sex.

Doch selbst diese beste Methode der Kundenbindung hat ihre Grenzen. Ihre Konkurrenten werden versuchen, Ihnen Kunden abspenstig zu machen, indem sie ihnen bessere, billigere oder sogar kostenlose Kommunikationsmöglichkeiten anbieten. Im Sommer 1999 begannen Yahoo und Microsoft eine Software zu vertreiben, die ihren Kunden den Zugang zu AOLs beliebtem »instant-messaging«-System ermöglichte, ohne AOL dafür zu bezahlen, und machte die Verbraucher dadurch von AOL unabhängiger. AOL-Manager behaupteten, Yahoo und Microsoft würden ihre Eigentumsrechte verletzen, und murmelten etwas von einem Prozeß. Doch am Ende gab AOL nach. Die Finanzkraft von Yahoo und Microsoft machte einen Rechtsstreit zu kostspielig; außerdem wollten viele Kunden von AOL mit denen von Yahoo und Microsoft kommunizieren.

SELBST WENN DIE KONKURRENZ Ihnen keine Kunden abspenstig macht, sorgt die Regierung dafür, daß sie nicht allzulange an Sie gebunden bleiben. Eine zu große Abhängigkeit der Verbraucher von einem Anbieter kann Innovationen verhindern. Aus diesem Grund verlieren Inhaber von eingetragenen Warenzeichen nach den Gesetzen der Vereinigten Staaten und der meisten anderen kapitalistischen Länder ihren Markenschutz, wenn der geschützte Markenname so häufig benutzt wird, daß er als fester Begriff in den allgemeinen Sprachgebrauch eingeht. Sonst würde der Markenschutz Konkurrenten des Warenzeicheninhabers davon abhalten, vergleichbare Produkte anzubieten, da sie nicht wüßten, wie sie sie bezeichnen sollen. »Aspirin« war einst ein Warenzeichen, doch als die Verbraucher begannen, den Markennamen als Oberbegriff für eine bestimmte Art von Schmerzmitteln zu verwenden, wurde er Teil des allgemeinen Wortschatzes, so daß schließlich jeder Konkurrent seine eigene Aspirinmarke verkaufen konnte.

Die amerikanischen Kartellbehörden achten inzwischen nicht mehr in erster Linie darauf, wie groß ein Konzern wird oder ob er einen bestimmten Markt beherrscht, sondern ob er eine Monopolstellung erlangt. Die Wirtschaft verändert sich so schnell, daß Größe und Marktdominanz ein geringeres Risiko darstellen als der Besitz eines Kommunikationssystems. Ein einschlägiges Beispiel dafür ist Microsoft. Das Unternehmen besitzt derzeit das Grundbetriebssystem, mit dem fast alle Computer ausgerüstet sind: Windows. Wenn es Windows verkauft, liefert es andere Software wie Browser und E-Mail-Server gratis mit. 1998 verklagte das Justizministerium Microsoft wegen Monopolisierung. Microsoft erhob Einspruch. Ein Standardbetriebssystem sei für die Verbraucher doch bequemer als viele verschiedene, nicht miteinander kompatible Standards, argumentierte Microsoft. Und außerdem, was sollte falsch daran sein, Browser, Server und andere Software kostenlos abzugeben? Auf diese Weise bekämen die Verbraucher eine ganze Menge für ihr Geld.

Das Problem war, daß Windows von Microsoft inzwischen so obligatorisch geworden war, daß Käufer und Verkäufer von Computern, Browsern und anderer Software fast keine andere Wahl hatten, als von Microsoft die Lizenz dafür zu erwerben, wenn sie Zugang zu allem anderen haben wollten. Das gab

Microsoft die Macht, neue Produkte, die mit einem anderen Betriebssystem arbeiteten, praktisch zu blockieren. Man kann durchaus die Meinung vertreten – und das war die eigentliche Sorge –, daß Microsoft damit die Macht besaß, Innovationen durch Konkurrenten zu verhindern. So entschied jedenfalls ein amerikanischer Bundesrichter.

Um zu verstehen warum, stelle man sich vor, was vor einem Jahrhundert geschehen wäre, wenn eine Firma namens Electrosoft sich das Design von Steckdosen und Steckern hätte patentieren lassen: Sagen wir, ihre Stecker haben vier vertikal angeordnete Stifte – vielleicht nicht das bestmögliche Design, doch Electrosoft ist das erste und größte Unternehmen auf diesem neuen Markt für Elektrozubehör, daher wird sein Steckerdesign mit den vier vertikal angeordneten Stiften der Standard. Bald haben alle Häuser Steckdosen von Electrosoft in den Wänden, und alle Hersteller von Elektrogeräten müssen Stecker von Electrosoft benutzen.

Der Vorteil eines einheitlichen Standards ist offensichtlich. Im Elektrohandel würde Chaos herrschen, wenn es verschiedene Arten von Steckern und Steckdosen gäbe – welche mit zwei und welche mit fünf Stiften, welche mit horizontal und welche mit diagonal angeordneten Stiften. Die Häuser müßten mit allen Versionen ausgerüstet werden. Die Hersteller müßten alle produzieren und die Händler alle auf Lager haben. Vielleicht würden die Verbraucher sogar zögern, sich neue Toaster oder Lampen anzuschaffen, weil sie beim Kauf ständig darauf achten müßten, daß die Stecker zu den Steckdosen passen. Electrosofts Standardstecker mit den vier vertikal angeordneten Stiften verhindert diese ganze Verwirrung und beschert der sich entwickelnden Elektrogeräteindustrie schnell steigende Verkaufszahlen.

Da Electrosoft das Patent besitzt, müssen alle Elektrogerätehersteller und alle Elektroinstallateure der Firma für jeden Stecker, den sie produzieren, und für jede Steckdose, die sie installieren, eine Gebühr bezahlen. Da diese Gebühren sich schnell summieren, wird Electrosoft zu einer der profitabelsten Firmen Amerikas. Das Nettoeinkommen des Firmenchefs entspricht bald in etwa dem gesamten Nettoeinkommen der ärmeren Hälfte aller amerikanischen Familien. Aber lassen wir keinen Neid aufkommen. Electrosoft hat etwas erfunden, das unser Leben bequemer macht, und erntet den Lohn dafür. Schumpeter würde das auch so sehen.

Angenommen, Electrosoft beginnt nun selbst Elektrogeräte und die dazugehörigen Stecker und Steckdosen herzustellen. Die Firma kann es sich dank ihrer hohen Gewinne leisten, ihre Elektrogeräte extrem billig zu verkaufen oder sogar jedem Käufer eines Electrosoft-Steckers oder einer Electrosoft-Steckdose einen Toaster oder eine Lampe zu schenken. Für andere Hersteller von Toastern und Lampen bedeutet das den Ruin. Und potentielle Erfinder von neuen Elektrogeräten geben auf, weil mit Innovationen in diesem Bereich kein Geld zu verdienen ist (sie könnten ihre Erfindungen höchstens an Electrosoft verkaufen, würden dafür jedoch nur einen Bruchteil dessen erhalten, was sie sonst hätten verdienen können).

Ein paar Jahre später beginnen die Preise für Toaster und Lampen von Electrosoft zu steigen, weil die Firma keine Konkurrenz mehr hat. Die Verbraucher haben keine andere Wahl, als die höheren Preise zu bezahlen. Und es wird auch nicht mehr viel Neues erfunden. Zwei Jahrhunderte lang gibt es weder Kühlschränke noch Elektroherde, und als sie schließlich auf den Markt kommen, kosten sie ein kleines Vermögen. Die Lehre dürfte klar sein. Was als ein bequemer Standard begann, kann am Ende Innovationen verhindern.

Daher die Erkenntnis: Das Betriebssystem Windows ist als etablierter Standard ein Segen für die Verbraucher und die von Microsoft kostenlos mitgelieferte Software wie E-Mail-Server und Internet-Browser ebenfalls. Doch wenn sie Konkurrenzprodukte vom Markt verdrängen, werden diese Microsoft-Produkte langfristig kein Segen mehr sein. Und die Strategie von Microsoft wird uns noch teurer zu stehen kommen, wenn sie zukünftige Unternehmer davon abhält, noch bessere und billigere Software-Anwendungen zu entwickeln: Spracherkennungsgeräte, Video-Mail, das dreidimensionale Internet oder was sonst noch so alles vorstellbar ist.

Diese Erkenntnis ist nicht neu. In jeder Phase schnellen technologischen Wandels entsteht ein Markt für neue Produkte, die den Menschen helfen, neue Erfindungen anzuwenden und das Beste aus ihnen zu machen. Nach der Erfindung der Glühbirne Anfang der achtziger Jahre des 19. Jahrhunderts waren Glühbirnen und Fassungen in 175 verschiedenen Größen erhältlich. Die Gewinde an Schläuchen, Schrauben und anderen industriell gefertigten Einzelteilen, die ineinanderpassen sollten, waren ebenfalls sehr unterschiedlich. So erkannte die Stadtverwaltung von Baltimore erst, als ein Teil der Stadt bereits in Flammen stand, daß die meisten ihrer Hydranten und Feuerwehrschläuche nicht zusammenpaßten.

Man brauchte allgemein gültige Standards. Bislang wurden sie jedoch nicht von einer Firma aufgestellt, sondern von den entstehenden Industrien gemeinsam festgelegt und allen Interessenten frei zugänglich gemacht. 1884 wurden Normen für Glühbirnen und Fassungen eingeführt; kurz darauf wurden Stecker mit zwei Stiften und die dazu gehörenden Steckdosen zum Standard. Im ersten Jahrzehnt des 20. Jahrhunderts gab es dann auch Normen für industriell hergestellte Gewinde (ein bißchen zu spät für den vom Brand betroffenen Teil Baltimores). Anfang der zwanziger Jahre gründete Herbert Hoover, der damals Handelsminister war, das National Bureau of Standards, um die Einführung aller möglichen Industrienormen zu beschleunigen. Das war eine von Hoovers größten Leistungen (einige Jahre später hatte er das Pech, während des großen Börsenkrachs an der Wall Street Präsident zu sein, und blieb vor allem deswegen in Erinnerung). So mußte Amerika weder auf das eine noch auf das andere verzichten. Einheitliche Standards einerseits und viel Innovationsfreude und Wettbewerb andererseits sorgten dafür, daß ständig neue Erfindungen gemacht wurden, die heute aus unserem Privat- und Arbeitsleben nicht mehr wegzudenken sind.

Die Abhängigkeit der Verbraucher von einem Anbieter kann so groß werden, daß sie den technologischen Fortschritt verlangsamt. Daher muß es Gesetze geben, die das verhindern. Selbst ohne das Antitrust-Urteil würde Microsoft seine Machtposition verlieren, wenn immer mehr Menschen eine andere Programmiersprache (wie Java) oder ein anderes Betriebssystem (wie Linux) benutzen würden. Doch solange das nicht der Fall ist, macht es Sinn, daß die Lizenz für Windows, das zu einem Standardbetriebssystem geworden ist, nicht vom selben Unternehmen vergeben werden soll, das die über dieses Betriebssystem laufenden Software-Anwendungen verkauft, oder daß Windows jedem kostenlos zur Verfügung gestellt werden soll. Es ist wie Aspirin Teil unserer Sprache geworden.[9]

ZUSAMMENFASSUNG: SEI INNOVATIV ODER STIRB

Ein kurzes Resümee erscheint sinnvoll. Das erste Prinzip der neuen Wirtschaft ist, daß sich die Auswahl vergrößert und es für die Käufer immer leichter wird, zu einem anderen Anbieter zu wechseln, bei dem sie ein besseres Geschäft machen. Das zweite Prinzip ist, daß die riesige Auswahl und der mühelose Wechsel für die Anbieter weniger Sicherheit und einen härteren Wettbewerb bedeuten, was wiederum zu Innovationen anspornt.

Die amerikanische Wirtschaft entwickelt sich von einem System stabiler Massenproduktion zu einem System schneller und ständiger Innovation. Große Marken führen die Käufer zu den Verkäufern, die ihnen die besten Geschäfte anbieten. Konkurrenten tun, was sie können, um die Kunden diesen Verkäufern durch noch attraktivere Angebote abspenstig zu machen. Die Kartellbehörden richten ihr Augenmerk auf Anbieter von praktisch konkurrenzlosen Produkten – Kommunikationsstandards und -protokollen, die so universell werden, daß sie neue Ideen im Keim ersticken.

Die erfolgreichsten Wettbewerber sind die, die über vertrauenswürdige Marken am schnellsten bessere Produkte zu günstigeren Preisen anbieten können. Doch ihr Erfolg ist nur vorübergehend, und das Rennen geht immer weiter. Aus Angst, zurückzufallen, bemühen sich auch die Marktführer weiterhin um Innovationen. Das Ergebnis kommt an das Ideal heran, das Schumpeter vorschwebte, bevor das Zeitalter der Massenproduktion ihn in bezug auf das Unternehmertum zynisch werden ließ. Wir erleben einen regelrechten Innovationsboom, der zu immer weiterentwickelten Produkten und Dienstleistungen führt. Die Produktivität steigt, und die Inflation schwächt sich ab. Die Verbraucher können sich über niedrigere Preise und hochwertigere Produkte freuen.

Der Trend sollte allerdings nicht überbewertet werden. In vielen Bereichen der Wirtschaft herrscht immer noch die Massenproduktion vor, und in einigen werden Massenproduktionsvorteile wahrscheinlich immer eine Rolle spielen. Am schnellsten vollzieht sich der Innovationsprozeß in Bereichen, in denen neue Technologien den Kunden die größte Auswahl ermöglichen und ihnen den Wechsel zu einem besseren Angebot besonders leichtmachen: in der Unterhaltungsbranche, dem Finanzwesen, den neuen Medien, der webbasierten Kommunikation und auf dem Software-Markt. Es ist kein Zufall, daß diese Bereiche der Wirtschaft am schnellsten wachsen. Doch andere sind ebenfalls im Wandel begriffen. Der Einzelhandel beginnt sich durch das Internet grundlegend zu verändern. Alte Großindustrien wie die Auto-, Chemie- und Stahlindustrie stellen sich von der Massenproduktion auf die Anfertigung spezieller Produkte für spezielle Kunden um und veranstalten webbasierte »Business-to-Business«-Auktionen, um die besten Lieferanten zu finden. Das Bau-, Gesundheits-, Verlags- und Bildungswesen (die höhere Bildung eingeschlossen) gehören immer noch zu den Nachzüglern, was Innovationen betrifft.

Es muß auch davor gewarnt werden, die längerfristige Entwicklung, die ich beschreibe, mit der Expansionsphase eines Konjunkturzyklus oder mit Gewinnen am Aktienmarkt zu verwechseln. Ich schreibe dieses Buch in einer Zeit, in der die amerikanische Wirtschaft nach den verfügbaren historischen Aufzeichnungen die längste Expansionsphase in ihrer Geschichte erlebt, und die Börsenkurse sind immer noch hoch. Wenn Sie dieses Buch lesen, ist diese Expansionsphase vielleicht schon zu Ende, und vielleicht hat der Aktienmarkt sich bis dahin durch empfindliche Kurseinbrüche korrigiert. Doch der grundlegende Strukturwandel, mit dem ich mich auf diesen Seiten beschäftige, wird sich wahrscheinlich nichtsdestotrotz fortsetzen. Er hängt weniger von der generellen Entwicklung von Angebot und Nachfrage oder vom Enthusiasmus der Investoren ab als von technologischen Neuerungen.

Da der technologische Fortschritt unaufhaltsam ist, wird der Innovationsgeist schließlich die gesamte amerikanische Wirtschaft und andere Wirtschaftssysteme auf der ganzen Welt erfassen. Für jeden Käufer, der ein besseres Geschäft sucht, ist das eindeutig eine gute Nachricht. Problematischer sind – wie ich noch aufzeigen werde – die Auswirkungen, die diese Entwicklung auf andere Bereiche unseres Lebens hat. Die Technologie gibt ihr Tempo an, doch wir können sie steuern.

KAPITEL 3

Von Tüftlern und Spürnasen

Unlängst erhielt ich eine E-Mail von einer ehemaligen Studentin, die inzwischen für eine kleine Firma in New York arbeitet und dort Spiele erfindet, die Tausende von Menschen simultan im Internet miteinander spielen können. »Sechs Stunden pro Tag verbringe ich damit, mir neue Ideen auszudenken, und zwölf Stunden damit, sie zu verkaufen«, schrieb sie mir begeistert. »Prima Sache! Wenn sich die Dinge weiter so entwickeln, werde ich mit Hilfe meiner Aktienoptionen in drei Jahren wahrscheinlich Multimillionärin sein! Alles Gute für Sie!«

Zwar könnte meine Studentin in drei Jahren durchaus enttäuscht sein, doch zweifellos steigt die Nachfrage nach kreativen und erfinderischen Menschen wie ihr weiter an, da Verbesserungen und Innovationen für die Wirtschaft eine immer größere Bedeutung bekommen. Unternehmen, deren Mitarbeiter die kreativsten Dinge austüfteln, für die wiederum die größte Nachfrage herrscht, generieren die höchsten Profite – zumindest so lange, bis die Konkurrenz aufgeholt hat. Die Internet-Markenportale dieser Unternehmen erzeugen das größte Vertrauen, was sich in einer hohen Kundenbindung widerspiegelt. Und diejenigen, die durch ihre Arbeit den Großteil dazu beitragen, haben die lukrativsten und oftmals interessantesten Jobs – oder haben zumindest die Option darauf.

Die Nachfrage nach kreativen Innovatoren übersteigt immer noch deren Angebot. Da Kunden immer leichter zu besseren

Angeboten wechseln können, verbreitert und verschärft sich der Wettbewerb, so daß an immer mehr Orten, bei immer mehr Produkten und in immer mehr Organisationen Innovationen stattfinden. Überall dort, wo sie auftreten, schaffen sie unter den Konkurrenten die Wettbewerbsnotwendigkeit, ebenfalls Innovationen einzuführen, so daß das Angebot an kreativen Innovatoren eine noch größere Nachfrage nach ihnen in Gang setzt. Und gemeinsam mit der ansteigenden Nachfrage steigen auch ihre Löhne und Gehälter, denn das Angebot kann die Nachfrage nicht befriedigen.[1] Die direkte und unmittelbare Nutznießerin dieser Entwicklung ist meine ehemalige Studentin und mit ihr unzählige Zwanzig- bis Dreißigjährige.

Der weitverbreitete Glaube, daß die Innovatoren von heute besondere Fähigkeiten im Umgang mit neuen Informationstechnologien, insbesondere Computern, hätten, unterliegt einer Fehleinschätzung, zu der ich unabsichtlich vielleicht selbst beigetragen habe, als ich den Begriff »Symbolanalyst« prägte. Damit wollte ich die oberste Schicht der Arbeitnehmer beschreiben, die fast ausnahmslos sehr gebildet ist und mittels systematischen Denkens Probleme identifizieren und lösen kann. Da die neuen Technologien die Analyse von Symbolen und Datenübertragungsgeschwindigkeiten erfordern und der PC ungefähr zu der Zeit aufkam, als das Einkommen gut ausgebildeter Arbeitnehmer im Vergleich zu dem der weniger gut ausgebildeten Beschäftigten rasch anstieg, läßt sich daraus logisch folgern, Computer und die entsprechenden Technologien seien direkt für diese Entwicklungen verantwortlich. Des weiteren erscheint es auch als wahrscheinlich, daß eine Ausbildung, die insbesondere die analytischen Fähigkeiten fördert, die für den Umgang mit den neuen Technologien bestens geeignet sind, eine erstklassige Vorbereitung für die Arbeit der Zukunft ist. Doch diese Annahmen waren und sind falsch.

Tatsächlich sind viele Menschen, die enorm von der neuen Wirtschaft profitieren, im Umgang mit Computern oder anderer Informationstechnologie nicht besonders geschult; ihr Wert als Arbeitnehmer hängt nur peripher mit ihrem computertechnischen Können oder ihrer Fähigkeit zusammen, komplexe

Probleme zu lösen. Auch trifft die Bezeichnung »Wissensarbeiter« nicht mehr länger exakt auf sie zu, da jedes Spezialwissen inzwischen leicht in Software kodiert werden kann. Der wirkliche Mehrwert dieser Menschen für die Wirtschaft besteht in ihrer Kreativität, ihrem Verständnis, was mit und in einer spezifischen Sparte (Software, Finanzrecht, Unterhaltung, Musik, Physik etc.) geleistet werden kann und wie sich das für einen speziellen Markt auszahlt. Sie wissen zudem genau, wie man Arbeit am besten organisiert, um beide Perspektiven zusammenzubringen. Diese Arbeitnehmer sind die Kreativen der Wirtschaft.

Auch meine ehemalige Studentin hat keine besonderen technischen Kenntnisse – sie hat ihren Hochschulabschluß in Kunst gemacht. Doch augenscheinlich hat sie viele gute Ideen, wie die Menschen durch gigantische Spiele, die man im Cyberspace gemeinsam spielen kann, miteinander Kontakt aufnehmen wollen. Ihre Erfindungsgabe und ihr Marktverständnis machen sie so wertvoll, nicht ihre Kenntnis der digitalen Technologie.

Die neuen Informationstechnologien sind wichtig, sie wirken sich jedoch indirekt aus: Sie verhelfen guten Ideen zu großer Wirkung. Der Wert der Kreativität wird durch die Technologie erhöht, da mit ihrer Hilfe kreative Ideen nun rasch an alle Punkte im Netzwerk einer Organisation gelangen können und somit letzten Endes auch zum Kunden. Wie schon erwähnt, gewährt die Technologie den Konsumenten mehr Auswahlmöglichkeiten und verstärkt so den Druck auf alle Anbieter, Innovationen einzuführen. Hervorragende Ideen sind die neue Währung dieses Reiches, und die Informationstechnologie ist die Bank, die die Münzen dieser Währung immer effizienter im Umlauf hält.[2]

Vielleicht sind einige Menschen kreativer als andere, eventuell aufgrund besonderer Begabungen. Diese könnten ihre Ursache in den Genen haben, die mit dem kreativen Verständnis verknüpft sind. Ein Großteil der Kreativität hat jedoch mit der Familie und den Lebensumständen zu tun, in die man hineingeboren wird; Kindheit und elterliche Zuwendung spielen eine wichtige Rolle. Später werde ich anhand von Beispielen die Langzeitauswirkungen bei Kindern und Kleinkindern aufzeigen, die sehr viel oder sehr wenig elterliche Zuwendung bekommen haben. Und ich werde Ihnen vorsichtig einige Beispiele für die Bedeutung aufzeigen, die die Gemeinschaft hat, in der ein Kind großgezogen wird. Sicherlich ist die Ausbildung entscheidend. Trotz der traurigen Tatsache, daß die meisten Schulen immer noch dem alten Grundsatz der industriellen Zeit folgen, Kinder müßten wie unfertige Autoteile behandelt werden, die auf einem Fließband einzelne Stationen durchlaufen und auf ihrem Weg von den Lehrern zurechtgeklopft, gebogen und in Formen gepreßt werden, lernen sie jedoch alle zumindest das Lesen. Das öffnet ihnen die Welt der Ideen. Die Schule führt sie auch an die Geschichte heran und an Methoden der Argumentation und des Experimentierens, die allesamt dem Ersinnen und Entwickeln neuer Ideen nützen. Einige von uns hatten vielleicht das Glück, von einem großartigen Lehrer inspiriert worden zu sein, der unseren Geist und unsere Augen für die neuen Möglichkeiten in und um uns herum öffnete. Gehobene Schulbildung verleiht uns das Handwerkszeug, sogar noch weit mehr zu entdecken. Wie ich später detailliert ausführen werde, kann uns eine gute Universität in Kontakt mit den Menschen bringen, die unsere Ideen umsetzen und unsere Energien gewinnbringend lenken können. Mit Sicherheit wird auch weiterhin das Einkommen der Arbeitnehmer mit längerer Schulbildung im Vergleich zum Einkommen der Beschäftigten mit kürzerer Schulbildung ansteigen.

Tüftler

Im Zentrum der Innovationen befinden sich zwei unterschiedliche Persönlichkeiten mit verschiedenen Neigungen, Begabungen und Sichtweisen der Welt. Die erste Persönlichkeit ist die des Künstlers oder Erfinders, des Designers, Ingenieurs, des Finanzgenies, des Tüftlers, des Wissenschaftlers, des Schriftstellers oder Musikers. Kurzum: die Persönlichkeit, die in einer speziellen Sparte neue Kapazitäten und Möglichkeiten erkennen kann und diese dann mit Freude erforscht und weiterentwickelt. Diese kann hochspeziell sein, wie zum Beispiel Computer-Software oder Finanzwesen, oder eher vage wie etwa die Kunst. Eine solche Persönlichkeit findet Gefallen daran, jeden Bereich so weit wie möglich auszureizen, seine Grenzen zu testen und innerhalb dieser Grenzen neue Rätsel zu entdecken und zu lösen. Ich nenne diese Person den Tüftler, da sie in der neuen Wirtschaft oft so karikiert wird. In Wirklichkeit ist der Tüftler weit mehr als das: Er ist ein Träumer, ein Visionär und manchmal auch ein Revolutionär, dessen Visionen nicht auf Technologie beschränkt sind. Ein echter Tüftler wird inspiriert durch alle Möglichkeiten, neue und innovative Ideen auszudrücken.

Wenn ein Tüftler eine Software in höchsten Tönen lobt, sie als cool bezeichnet, fällt er damit ein ästhetisches Urteil. Die Software ist deshalb cool, weil sie einzigartig und wunderbar ist, konventionelle Grenzen überschritten und ein Problem auf überraschende und neue Weise gelöst hat. Coole Software ist vielleicht einfach nur elegant und schnörkellos oder kann einen Vorgang durchführen, an den vorher noch niemand gedacht hat. Vielleicht ist sie auch phantastisch auf eine Art und Weise, die nur jemand vollkommen zu schätzen weiß, der sich ständig mit Software-Design beschäftigt. Sie spiegelt das Verständnis und die Geschicklichkeit ihres Designers wider. Das Vergnügen, sie zu entwickeln und später zu bestaunen, hat nichts mit ihrem späteren Marktwert zu tun, sondern nur mit ihrer Virtuosität: damit, was sie alles kann, wie clever und scharfsinnig sie ist und wie perfekt sie arbeitet. Das gleiche Vergnügen verspürt ein Künstler (oder ein Kunstkritiker) beim Betrachten eines Bildes, das zugleich einzigartig und kraftvoll ist, oder ein Musiker bei einem Musikstück (oder dessen Aufführung), welches das Medium Musik auf eine neue Ebene der Intensität, Anmut und Meisterhaftigkeit hebt. Es bleibt jedoch die Einschätzung eines Insiders. Strenggenommen war »cool« die Eigenschaft, mit der die Jazzmusiker der Bebop-Generation ihre Musik bezeichneten, die die Harmoniekonventionen der damaligen Zeit durchbrach und eine neue Ästhetik von Rhythmus und Klang einführte.

Ein Tüftler geht vollkommen auf im Neuen und in der Entdeckung. Die Harvard-Psychologin Ellen Langer, eine Expertin auf dem Gebiet der Kreativität, nennt diese Haltung »aufmerksam«. Jemand, der eher analytisch als aufmerksam ist, wird aktuelle Optionen skizzieren und versuchen, die Ergebnisse zu optimieren. Eine aufmerksame Person jedoch sucht nach neuen Möglichkeiten. »Aus der aufmerksamen Perspektive gesehen«, so schreibt Langer, »reagiert eine Person auf eine spezielle Situation nicht mit dem Versuch, aus vorhandenen Möglichkeiten die beste Wahl zu treffen, sondern damit neue Möglichkeiten zu schaffen.«[3]

Etwas Neues und wirklich Schönes oder »Cooles« zu schaffen bedeutet eine Art Entdeckungsreise: Man macht sich auf, etwas zu finden; was man finden wird, weiß man vorher nie genau, man ist aber auch nicht völlig ahnungslos. Die Schriftstellerin Annie Dillard erklärt dieses Phänomen folgendermaßen:

»Zuerst versuchst du dir vorzustellen, wie das angestrebte Kunstwerk aussehen soll. Die Vorstellung, betone ich, ist kein wunderbares Ding: Es ist die intellektuelle Struktur und die ästhetische Oberfläche des Werkes. Es ist ein Geistessplitter, ein gefälliger intellektueller Gegenstand [...] Es ist ein leuchtendes Ding, ein verschwommenes Stück Schönheit [...]

Viele Aspekte des Werkes sind natürlich noch unsicher, weißt du. Du weißt, daß du Dinge verändern und Dinge lernen wirst, wenn du voranschreitest, daß die Form im Laufe der Arbeit wachsen und neue und leuchtendere Blüten treiben wird, doch diese Veränderung wird die Vorstellung oder ihre tiefen Strukturen nicht verändern; sie wird sie nur bereichern.«[4]

Die Schaffung neuer Möglichkeiten kann einen ganz und gar vereinnahmen. Ein Tüftler wird eins mit der Software, die er entwickelt, ein Musiker ist hingerissen von den Klängen und dem Tempo eines Stückes, und ein Forscher hat seinen Kopf voller Proben und Meßwerte. Setzt man jeden einzelnen mit der richtigen Ausrüstung allein in einen Raum, dann legen sie einen fast unerschöpflichen Enthusiasmus an den Tag, neue Möglichkeiten zu entdecken. Erfinder sind keine asozialen Wesen und bestimmt keine Misanthropen, doch Einfühlungsvermögen ist nicht gerade ihre Stärke. Oft sind sie im Umgang mit Technologie oder Musik, Film oder einem anderen Medium schon viel zufriedener. Ihr Vergnügen an zwischenmenschlichen Beziehungen basiert auf dem gemeinsamen Arbeiten; es entsteht aus der Begeisterung, sich mit derselben Sache zu beschäftigen, neue Erkenntnisse zu teilen und Geistesblitze untereinander auszutauschen. Es ist die Kunstfertigkeit eines musikalischen Ensembles, einer Theatergruppe, eines Forscherteams, eines Autorenworkshops, deren Freude aus dem gemeinsamen Können und der Zusammenarbeit auf ein gemeinschaftliches Ziel resultiert, dem Wunsch, etwas noch Schöneres und »Ultracooles« zu erreichen.

SPÜRNASEN

Der Tüftler ist ein notwendiger Quell kommerzieller Innovationen, reicht allein jedoch nicht aus. Noch eine zweite Persönlichkeit ist erforderlich: die des Händlers, des Talentsuchers, des »Regenmachers«, des Trendscouts, des Produzenten, des Beraters, des umtriebigen Verkäufers. Eine Person also, die die Marktpotentiale dessen, was andere Menschen vielleicht haben, sehen oder erfahren möchten, erkennen kann und es zudem versteht, dieses Verlangen zu bedienen.

Diese zweite Persönlichkeit ist nicht minder kreativ als der Künstler, Erfinder oder Tüftler, ihre Kreativität ist jedoch anders gelagert. Statt alle Möglichkeiten eines bestimmten Bereichs auszureizen und Gefallen daran zu finden, dessen Grenzen zu überschreiten, liegt die Einzigartigkeit der Spürnase darin, die möglichen Wünsche und verborgenen Sehnsüchte der Menschen zu identifizieren: Wünsche, von denen die betreffenden Menschen noch nicht einmal geahnt haben, daß sie existieren – und darüber hinaus ihre Wünsche nach Produkten zu entfachen, die es noch gar nicht gibt. Diese Persönlichkeit ist nicht weniger Experte als der Tüftler, doch ihr Geschick liegt auf einem anderen Gebiet: Sie beschäftigt sich nicht so sehr mit dem Innenleben einer Sache oder eines Mediums, sondern eher mit den Geschäftskunden einer bestimmten Industrie oder eines Wirtschaftszweigs, einer bestimmten Klientel oder einer Gruppe junger Internet-User, vermutlich sogar mit Wählern. Dieses Geschick baut die Spürnase aus, indem sie neue Wege entwirft, diese Personengruppen zu erfreuen und zu befriedigen. Sie geht in ihrer Tätigkeit genauso auf wie der Tüftler, doch ihre Freude besteht darin, herauszufinden, was die Menschen wollen, und nicht zu entdecken, was in einem bestimmten Bereich alles möglich ist.

Diese Begabung sollte man nicht mit dem Talent konventioneller Vermarkter oder Verkäufer verwechseln, die bestimmte Produkte verkaufen müssen und deren Aufgabe darin besteht, die Kunden zum Kauf dieser Produkte zu bewegen. Ihre Kunst – und es ist eine Kunst (selbst große Betrüger haben eine gewisse Kunstfertigkeit) – liegt darin, daß sie genau wissen, wie man überzeugt, wie man die emotionalen Bedürfnisse eines Kunden geschickt ausnutzt, wie man ein greifbares Produkt überhöht, indem man es mit nicht greifbaren Eigenschaften ausstattet, die sich der Kunde selbst wünscht (wie zum Beispiel Glamour, Attraktivität, Selbstachtung, größere Akzeptanz bei anderen). In Amerika ist der Verkäufer mit seiner aalglatten Persönlichkeit, seinem Register an manipulativen Strategien und sogar mit seinen gelegentlichen Mißerfolgen zu einer Ikone geworden wie zum Beispiel Sammy Glick, Willie Loman, die Werbefachleute der Madison Avenue sowie Frauen und Männer, die auf jeden wirtschaftlichen Vorteil bedacht sind.

Doch die Person, von der ich jetzt spreche – der zweite Typus des kreativen Innovators –, hat kein bestimmtes Produkt zu verkaufen. Wie schon erwähnt, können immer mehr Waren auf Bestellung produziert werden, Dienstleistung auf den Kunden zugeschnitten und Software gemäß speziellen Geschäftsanforderungen benutzerdefiniert programmiert werden. Statt also Kunden zum Kauf eines bestimmten Gegenstands zu bewegen, besteht die Aufgabe dieser Person darin, sich zu überlegen, welche Dinge Kunden kaufen würden, wenn es sie denn gäbe, und dann herauszufinden, wie man sie erzeugt und vertreibt.

Meine ehemalige Studentin, die gigantische Internet-Spiele erfindet, entwickelt auch ein Gespür für diejenigen interaktiven Erfahrungen im Internet, die junge Menschen aufregend finden und die ihnen Spaß machen würden. Sie begleitet »Zielgruppen«, führt Interviews mit Hunderten von 20- bis 30jährigen durch, studiert deren Spielverhalten bei verschiedenen Spielen und arbeitet mit Programmierern zusammen, um Wege zu finden, wie solche Spieler ihre eigenen Spiele entwickeln und so andere Spieler aus der ganzen Welt zum Mitmachen anregen können. Ihre Kunstfertigkeit besteht darin, die richtigen Fragen zu stellen, Antworten genau und aufmerksam aufzunehmen, bestimmte wichtige Indizien im Verhalten zu beobachten und sich anhand all dieser Erkenntnisse zu überlegen, was der Kunde wohl am ansprechendsten oder nützlichsten fände. In diesem Sinne arbeitet sie eher für den Kunden als für den Verkäufer eines speziellen Produkts. Sie ist vielmehr die Agentin des Kunden, seine Beraterin, sein Konsultant und seine Stimme.

Der Architekt Thierry Despont entwirft Häuser für die Superreichen. Er bezeichnet sich selbst nicht als den weltbesten Architekten und auch nicht als Trendsetter oder Visionär. Seine Begabung liegt darin, die Persönlichkeitsstrukturen seiner Kunden zu entdecken und ihre individuellen Wünsche dann in dreidimensionaler Form umzusetzen. »Um in meinem Job erfolgreich zu sein«, sagt Despont, »muß man nicht nur sehr gut die Bedürfnisse der Kunden verstehen können, sondern auch deren Träume und Erinnerungen. Man muß wissen, woher ein Kunde kommt, was sein sozialer Hintergrund ist und was er sich ersehnt. Teil dieser Kunst ist, zu lernen, Menschen ›lesen‹ zu können – die Dinge zu sehen, mit denen sie sich sicher fühlen, ebenso wie die, die sie verunsichern, also alles, was sie nicht verbal artikulieren, jedoch durch ihre Lebenswelt zum Ausdruck bringen.«[5]

In vielerlei Hinsicht ähnelt die zweite Persönlichkeit einem Berater oder sogar einem Psychotherapeuten, obwohl sie niemals behaupten würde, deren Fachkompetenz zu besitzen noch deren Motive vollständig zu teilen. Dennoch besitzt sie die der therapeutischen Fähigkeiten, herauszufinden und intuitiv erfassen zu können, was Menschen wollen oder brauchen. Mangels einer besseren Bezeichnung und aufgrund der Bedeutung, die sie dem zwischenmenschlichen Aspekt ihrer Arbeit beimessen und um sie zugleich von den traditionellen Verkaufs- oder Marketingaufgaben abzugrenzen, nenne ich diese zweite Persönlichkeit »Spürnase«.

Der Tüftler geht in seiner endlosen Begeisterung für eine Sparte auf – eine Technologie, eine Wissenschaft, eine bildende Kunst, eine Literaturform, ein Symbolsystem mit seinen jeweils eigenen Regeln und inneren Logik. Die Spürnase lebt jedoch in ihrer Begeisterung für Menschen auf – deren Sehnsüchte und Ängste, deren Wünsche, Bedürfnisse und ihren vagen Vorstellungen. Die Spürnase ist dort emphatisch, wo der Tüftler analytisch ist. Der Tüftler versteht es – die Möglichkeiten zu Innovationen innerhalb eines bestimmten Bereichs. Die Spürnase versteht sie – die Menschen und was sie möglicherweise wollen oder brauchen.

DAS UNTERNEHMERISCHE GANZE

Vielleicht ist Ihnen aufgefallen, daß ich für Tüftler das männliche und für Spürnasen das weibliche Pronomen verwendet habe. Damit wollte ich einfach die merkwürdige Konvention der heutigen Zeit umgehen, ständig die Schreibweise »sie/er« verwenden zu müssen. Keineswegs wollte ich damit andeuten, daß Tüftler nur männlich und Spürnasen nur weiblich sind; sicherlich gibt es weibliche Tüftler und männliche Spürnasen, dennoch war meine Wahl der Pronomen nicht rein zufällig. Ganz gleich, ob es an der Erbinformation in unseren Genen liegt oder ob es sich durch unsere Sozialisation herausbildet, Männer scheinen eher dazu zu neigen, sich mit Dingen auseinanderzusetzen und Frauen mehr mit zwischenmenschlichen Beziehungen.

Jeder große Unternehmer ist Spürnase und Tüftler in einer Person. Unternehmerische Visionen hängen davon ab, die Erkenntnisse des Tüftlers über die Potentiale einer Sache mit den Intuitionen der Spürnasen über die Wünsche der Menschen zu verknüpfen. Ein unternehmerisches Genie, das mit diesen beiden Augen sieht, hat einen fast perfekten Blick. Thomas Alva Edison war zum Beispiel ein brillanter Tüftler, der das Potential des elektrischen Stroms erkannte, das den Erfindern seiner Zeit vollkommen entgangen war. Zugleich war er aber auch eine glänzende Spürnase mit einem profunden Gespür dafür, was die Menschen als Konsumenten erfreuen würde – Musik von einer CD abzuspielen oder einen Raum mit einer hellen Glühbirne ausleuchten zu können sind Innovationen, die für uns heute selbstverständlich sind. Im nachhinein kann man leicht sagen, daß die Menschen damals stark nach diesen Innovationen verlangten und der Markt entsprechend vorbereitet war. Das war jedoch nicht der Fall. Denken Sie einige Jahre zurück, bevor Sie etwas von der Existenz von E-Mail, Internet und Mobiltelephonen wußten, geschweige denn diese Dinge selbst benutzten. Sie alle befanden sich jenseits unserer Vorstellungskraft und hatten noch keinen festen Platz in unserem Leben. Nun, selbst wenn Sie nicht alle Aspekte dieser Dinge mögen (und sich sogar darüber ärgern, daß Sie sie tatsächlich brauchen), so sind Sie dennoch von ihnen abhängig. Wenn Ihre eigenen Kinder erwachsen sind, werden sie mit größter Wahrscheinlichkeit diese Dinge für ganz selbstverständlich halten und vielleicht sogar annehmen, daß es bereits vor ihrem ersten Auftauchen einen fest etablierten Markt für sie gab. Edison konnte sich überhaupt nicht sicher sein, ob für seine Innovationen ein Markt bestand, er stellte sich nur vor, daß es ihn geben könnte. Das Geniale an ihm war, daß er sein technisches Verständnis mit seiner Vorstellung von Marketing kombinierte.

Die Geschichte ist reich an solchen unternehmerischen Genies, die überragende wissenschaftliche oder künstlerische

Vorstellungskraft mit exzellenten Marketingideen verbanden. Für Sie sind sie wahrscheinlich weder große Händler noch Künstler, doch ihre große Kunstfertigkeit war kombiniert mit einem kraftvollen Instinkt dafür, was die Öffentlichkeit bewegen würde. Sollte ich eine Liste derartiger Genies anfertigen, enthielte sie William Shakespeare, Isaac Newton, Benjamin Franklin, Claude Monet und Henry Ford. Über jüngere Kandidaten hat die Geschichte noch kein endgültiges Urteil gefällt, ich würde jedoch durchaus auf technologische Impresarios tippen wie Bill Gates, den Gründer von Microsoft, und Jim Clark, den Gründer von Netscape und Silicon Graphics. Des weiteren zähle ich den Filmproduzenten und Regisseur Steven Spielberg, den unlängst verstorbenen Modemogul Gianni Versace, die aus Argentinien stammende Pianistin Martha Argerich, den Komponisten Leonard Bernstein, die Schriftsteller Toni Morrison und Stephen King und die großen Fernsehikonen Oprah Winfrey und Martha Stewart dazu. Selbst wenn sie alle nicht an Shakespeare und Newton heranreichen, so haben sie die untrügliche Fähigkeit, Dinge zu erfinden, die die Menschen in Zukunft wollen.

Nur wenige von uns sind brillante Tüftler oder Spürnasen, doch wir besitzen fast alle, unabhängig von unserem Geschlecht, Neigungen in die eine oder andere Richtung. Sie können das leicht selbst herausfinden: Wenn Sie stundenlang allein an einem Problem arbeiten können, ohne zu merken, wie die Zeit vergeht, wenn Sie gerne Puzzles lösen oder Spaß daran haben, »um Ecken herum« zu denken (also Freude daran haben, neue Wege zur Lösung von Aufgaben zu ersinnen, von denen Sie noch nicht einmal wußten, daß sie überhaupt gelöst werden könnten), dann neigen Sie eher zu einem Tüftler. Wenn Sie allerdings lieber Ihre Zeit im Gespräch mit Menschen über ein Thema verbringen, liebend gerne lebhafte Diskussionen führen (selbst wenn Sie am Schluß nicht recht haben), und wenn es Sie befriedigt, anderen Tips zu geben, sie zu beraten, ihnen eine Freude zu machen oder mit ihnen Geschäfte auszuhandeln und abzuwickeln, dann deutet vieles darauf hin, daß Sie die Neigungen und vielleicht sogar die Begabung zu einer Spürnase haben.

Personalwerber und Personalmanager, die den Unterschied zwischen beiden Neigungen nicht bemerken, können schwere Fehler machen. Ich selbst habe brillante Tüftler angestellt, die ich damals irrtümlicherweise auch für begabte Spürnasen gehalten habe. Als ich meinen Irrtum erkannte, mußte ich bereits vieles bei den Menschen in deren Umfeld kitten, die unabsichtlich ignoriert oder beleidigt worden waren. Tüftler können wundervolle Ideen und Ergebnisse hervorbringen, doch im Bereich der zwischenmenschlichen Beziehungen sind sie nicht besonders begabt. Ich habe auch den umgekehrten Fehler begangen: Spürnasen können ihrerseits die subtilsten zwischenmenschlichen Signale empfangen und »lesen«, haben sich jedoch nicht immer gründlich das Fachwissen angeeignet. Erfolgreiche Manager (zu denen ich mich nicht zähle) erkennen intuitiv diesen Unterschied und setzen talentierte Menschen dort ein, wo sie am wertvollsten sind.

Die Kombination beider Persönlichkeiten ist in dem bezaubernden Film *Big Night* aus dem Jahre 1996 deutlich, wenn nicht sogar überspitzt zu sehen. Sie erinnern sich vielleicht an die Brüder Primo und Secondo, die nach Amerika ausgewandert waren, um dort ein italienisches Restaurant zu eröffnen. Primo ist ein begabter, doch launischer und reizbarer Chefkoch mit dem festen Willen, sein Genie nicht im Zubereiten der Standardgerichte zu verschwenden, die die Gäste immer erwarten. Secondo ist der charmante Kellner mit geschulter Rhetorik, der das Restaurant am Laufen hält und die wenigen Gäste davon überzeugt, daß sie genau das bekommen, was sie wollen. Das zentrale Ereignis des Films entsteht aus der Übereinkunft der Brüder, im Restaurant ein besonderes Benefizdiner zu veranstalten, bei dem Primo seine Meisterwerke zubereiten und Secondo seine erstaunlichen Marketingtalente einsetzen wird, um möglichst viele Gäste anzulocken. Dieses Vorhaben ist jedoch von Anfang an zum Scheitern verurteilt, da keiner der Brüder dem anderen zugehört oder von ihm gelernt hat.

Tüftler und Spürnase – Künstler und Agent, Erfinder und Geschäftsmann, Ingenieur und Verkäufer, Modedesigner und

Vermarkter, Regisseur und Produzent, Anbieter von Internet-Inhalt und Internet-Infrastruktur, Politiker und politischer Berater, Talent und »PR-Mann« und so weiter – jedes dieser Pärchen stellt die beiden Hälften des unternehmerischen Ganzen dar. Sie existieren als Symbiose und müssen voneinander lernen, um Innovationen zu ermöglichen. Ohne den Beitrag des jeweils anderen würde kein Team zu wirklichen unternehmerischen Erkenntnissen gelangen. Der Tüftler könnte allein wohl »coole« Technologien erschaffen, sie hätten jedoch keinen wirtschaftlichen Wert. Denn ohne die Eigenschaften, die sie nur durch die Kenntnis der Wünsche der Menschen erhalten, liefen sie Gefahr, kommerziell irrelevant zu sein. Die Spürnase könnte Wege ersinnen, Kunden zu erfreuen und ihren tiefsten Bedürfnissen und innersten Sehnsüchten zu entsprechen, doch ihre Überlegungen wären ohne Bedeutung, da sie ohne Kenntnis des technisch Machbaren nur »geistlos« und konventionell wären oder impraktikable Spinnereien blieben.

In der Tat sind Fragen wie »Was ist denn möglich?« und »Was wünscht sich der Kunde?« die zentralen Fragestellungen jedes Unternehmens. Wenn sich die Wettbewerbsbedingungen verschieben – von der Herstellung und dem Verkauf großer Mengen identischer Produkte hin zu raschen Innovationen und einem Ruf von Vertrauenswürdigkeit –, sind Tüftler und Spürnasen dabei absolut notwendig. Gewinne sind von beidem abhängig: der Kenntnis eines bestimmten Fachgebiets (Software, Musik, Recht, Finanzen, Physik, Film etc.) und der Kenntnis eines bestimmten Marktes.

Käufer zahlen mehr für Innovationen – die Leistungen der Tüftler und Spürnasen – und weniger für die Reproduktion und Verteilung der Kreationen. Die Kosten für die Herstellung einer CD, eines Transistors oder einer Schmerztablette sind minimal. Der Großteil des Verkaufspreises geht in die Forschung, das Design, das Marketing und die Werbung eines ständigen Stroms neuer Dinge – das heißt in die Arbeitsbereiche der Tüftler und Spürnasen. Ein immer größerer Anteil des Händlerpreises eines Neuwagens fließt in sein Design und Marketing sowie in das Design und Marketing der Software und der Computer, die das Lager, die Produktion, das Rechnungswesen, die Löhne und Gehälter und die Verteilung kontrollieren. Die Herstellungskosten für das Buch, das Sie gerade in Händen halten, machen nur einen Bruchteil des Preises aus, den Sie dafür gezahlt haben; der Löwenanteil geht an den Verlag: an die Redakteure und Lektoren, die Designer des Buchumschlags, den Vertrieb, die Händler und Werbeleute. Auch mein Honorar ist nur ein bescheidener Teil des Gesamtpreises. Und in der Welt des Internets dreht sich sowieso alles um »Inhalt« und »Verkehr«. Hier sind Tüftler und Spürnasen fast ausschließlich unter sich.

VOM INFORMATIONSMAKLER ZUM WISSENSMAKLER

Den gleichen Trend kann man auch im Informationssektor erkennen. Bis vor ein paar Jahren investierten Finanzhäuser stark in die Forschung und die Informationstechnologie. Sie erzeugten so brandaktuelle Daten über Aktien und Wertpapiere und wickelten im Auftrag der Kunden effizient Geschäfte ab. Inzwischen können die Kunden mit Hilfe des Computers zu Hause selbst annähernd die gleichen Daten abrufen und eigenständig im Internet entsprechende Transaktionen durchführen. Was hat die Wall Street also noch zu verkaufen? Mit steigender Tendenz: Beratung. Diese Beratung stützt sich auf die gleichen zwei Kenntnisbereiche, die ich eingehend geschildert habe: das Wissen über es und sie, also die Kenntnis, wie sich Finanzmärkte in der Zukunft verhalten werden, und das Wissen, welche Portfolios einzelne Kunden bevorzugen werden.

Wall-Street-»Makler« werden in »Finanzberater« umgetauft, doch die Veränderungen sind weitreichender als der Wechsel der Berufsbezeichnung. Ich brauche meinen Finanzmakler nicht mehr, um Transaktionen und Geschäfte zu tätigen, doch ich brauche ihn dringend, um mich beraten zu lassen, wie ich meine Spareinlagen am besten anlege. Und ich baue sehr darauf, daß er ausreichend über mich, meine Familie und meine

Finanzen informiert ist, damit er mich gut berät. Die neuen Stars der Wall Street sind die Research-Analysten, die das technische Wissen über die Finanzmärkte mit der speziellen Kenntnis der Investoren perfekt kombinieren und somit in der Lage sind, sowohl Emittenten als auch Institutionen zu beraten. Sie verkaufen eine Hochleistungsversion der Beratung, die ich von meinem Finanzberater bekomme.[6]

Ähnlich sieht es bei den Fachleuten aus, die einst mit Informationen gehandelt haben – Immobilienmakler, Hypothekenmakler, Versicherungsmakler, Reisefachkräfte, Medieneinkäufer, Buchhalter, sogar bei Ärzten und Rechtsanwälten, die Routinediagnosen und Falleinschätzungen abgaben und Medizin »von der Stange« anboten. Sie alle waren einmal Informationsmakler, die spezifische Daten über ihre Klienten, Patienten oder Kunden mit Experteninformationen abglichen, die nur ihnen als Spezialisten zugänglich waren. Mit Hilfe von Computern wurde dieser Abgleich immer exakter möglich: Immobilienmakler fragten Mehrfachlisten ab, Geldverleiher prüften in den Datenbanken die Kreditwürdigkeit der Kunden, Versicherungsmakler erhielten Risikoeinschätzungen über bestimmte Computertools und konnten somit die Preise verschiedener Policen festlegen. Reisefachleute griffen auf Datenbanken zu, die sie über die Verfügbarkeit von Flügen und Hotels informierten, und Buchhalter, Ärzte und Rechtsanwälte hatten eine breite Palette an professionellen Werkzeugen zur Verfügung, mit denen sie unzählige Standardfragen klären konnten. Da jedoch ihre Klienten, Patienten und Kunden inzwischen ebenfalls Online-Zugang zu den gleichen Experteninformationen haben, werden diese Informationsmakler überflüssig.

Sie werden ähnlich wie ihre Kollegen von der Börse reagieren und sich vom Makeln mit *Informationen* auf das Makeln von *Wissen* verlegen müssen, indem sie ihre Kenntnisse über das Machbare mit ihren Kenntnissen über die Wünsche oder Bedürfnisse ihrer Kunden kombinieren. Meine Familie und ich fahren einmal pro Jahr in den Urlaub, für den ich alle Reservierungen und Buchungen selbst mit ein paar Mausklicks vornehmen kann. Im Laufe der Jahre hat meine Reisefachkraft jedoch so viel Detailwissen über unsere unterschiedlichen Reiseerfahrungen und auch über uns gesammelt, daß ich mich weiterhin auf ihre Vorschläge, wo wir hinfahren und was wir dort erleben könnten, verlasse.

Doch selbst Informationsmakler können sich in ihrer neuen Rolle nicht ausruhen. Denn auch Beratung wird immer stärker online verfügbar sein, und sie wird zudem, basierend auf der Auswertung der Kundenantworten auf Online-Fragebögen, immer besser auf den Benutzer zugeschnitten sein. Finanzsoftware wird bald die Beratung über die sinnvolle Vermögensverteilung zwischen Aktien, Wertpapieren und Anlageklassen übernehmen – je nach den Antworten des Investors auf die online gestellten Fragen zu seiner finanziellen Situation, seiner Risikobereitschaft, seinem Alter und seinen mittelfristigen Bedürfnissen. Software für die Urlaubsplanung wird uns automatisch beraten, wo wir hinfahren und was wir dort machen sollten – ebenfalls auf der Grundlage unserer Antworten auf Online-Fragebögen über die Interessen der Familienmitglieder und unserer Angaben zu früheren erholsamen Ferien. Man wird Software abrufen können, die die Beratung von Rechtsanwälten, Finanziers, Ingenieuren, Architekten, Ärzten, Buchhaltern, Steuerspezialisten oder Finanzberatern übernimmt – je nach den Antworten, die man in den entsprechenden Internet-Fragebögen gegeben hat. Was wird da aus den Dienstleistern dieser Bereiche? Einige von ihnen werden zu Tüftlern und Spürnasen werden, die derartige Software entwerfen, vermarkten und sie somit ständig weiterentwickeln. Andere werden zu Spezialisten, die sich nur mit Einzelfällen beschäftigen, die die Software nicht abdeckt. Wieder andere werden zu Beratern und Therapeuten für all die Kunden, die bereit sind, für ein beruhigendes persönliches Beratungsgespräch gerne etwas mehr zu bezahlen (über diese Rolle später mehr).

Im Einzelhandel wird sich eine ähnliche Verlagerung vom Informations- zum Wissensmakler abzeichnen. Einige der Beschäftigten im Einzelhandel werden vom Internet ersetzt werden (genauer gesagt, von den Tüftlern und Spürnasen, die

die Webseiten entwerfen und vermarkten, und von denen, die die Software entwickeln, welche die Bestellungen mit dem Lagerbestand und der Rechnungsabteilung verknüpft, sowie von den Mitarbeitern, die die Bestellungen verpacken und verschicken). Doch der Verkäufer hat trotzdem nicht ausgedient, denn viele Kunden werden weiterhin seine persönliche Beratung und Hilfe bei der Entscheidung benötigen, was sie wollen oder brauchen. Ein Teil dieser Beratung wird über das Internet oder von Telephonistinnen in Callcentern geleistet werden, die Hunderte oder Tausende Kilometer entfernt sind, ein anderer Teil – der oftmals teurere – findet persönlich statt (auch dazu später mehr).

VONEINANDER LERNEN

Jede große Organisation findet Mittel und Wege, die beiden Typen kreativer Mitarbeiter zu kombinieren – damit sie sich sozusagen gegenseitig befruchten. So erfahren die Tüftler genügend von potentiellen Märkten, um ihre Erfindungskraft dorthin zu lenken, wo sie wahrscheinlich am meisten gewünscht ist, und die Spürnasen lernen ihrerseits genügend über technische Möglichkeiten und andere Bereiche, um ihre Kunden dorthin zu leiten, wo man sie am wahrscheinlichsten zufriedenstellt. Filmstudios brauchen talentierte Schauspieler und Regisseure sowie Produzenten, die wissen, wie man einen Film dreht, den die Menschen auch wirklich sehen wollen. Verlagshäuser bringen talentierte Autoren mit Lektoren und Herausgebern zusammen, die wissen, wie man Texte vermarktet. Die besten Manager im Risikokapitalgeschäft suchen sowohl nach brillanten Tüftlern als auch nach fähigen Spürnasen und verstehen es, beide Spezialisten im selben Unternehmen zusammenarbeiten zu lassen. Modehäuser benötigen ihre Designer und Stilberater, die immer nahe am Marktgeschehen sind, die herausfinden, was sich in anderen Designstudios abspielt, und mit dem Einzelhandel und den Trendscouts aus der Branche in engem Kontakt stehen, um immer genau zu spüren, wohin sich der Markt bewegt. Dies funktioniert in fast allen Wirtschaftsbereichen nach dem gleichen Schema.

Spürnasen können unerwartete kommerzielle Nutzungsmöglichkeiten für Dinge finden, die sich der Tüftler ausgedacht hat. Das Medikament Minoxidil wurde beispielsweise entwickelt, um den Blutdruck zu senken. Obwohl es sich als sehr effektiv erwies, hatte es eine für Frauen peinliche Nebenwirkung: Es förderte den Haarwuchs. Erst jetzt erkannten Spürnasen, indem sie das Ganze aus einer anderen Perspektive betrachteten, die Marktchancen des Präparats als Mittel gegen Haarausfall. Innovationen funktionieren oft genau auf diese Weise. Durchbrüche ereignen sich nicht nur durch wissenschaftliche, technische und künstlerische Entdeckungen, sondern auch durch die Erkenntnis, wie derartige Entdeckungen am besten genutzt werden können.

Ebenso können Tüftler auf neue Anwendungen für bereits weitverbreitete Technologien stoßen, indem sie mehr über potentielle Märkte erfahren. Vor einigen Jahren benötigten Krankenhäuser bessere Möglichkeiten, die Wege ihrer Patienten durch das Gesundheitssystem verfolgen zu können. Zu viele Patienten gingen irgendwo zwischen der Health Maintenance Organization, den Hausärzten und den Spezialisten verloren. Die Krankenhausakten waren daher unvollständig. Ein Tüftler, der sich mit einer Software beschäftigt hatte, die von Speditionen zur Nachverfolgung der Pakete durch die einzelnen Stationen des Versands verwendet wurde, kam auf die Idee, diese – nur geringfügig veränderte – Software zur Nachverfolgung der Patienten einsetzen zu können. Er paßte die Software erfolgreich an die speziellen Anforderungen der Krankenhäuser und Dienstleister im Gesundheitswesen an.

Je mehr Tüftler und Spürnasen voneinander lernen können, um so mehr Innovationen wird es geben. Doch die typischen großen Verwaltungsapparate der Industrie isolierten die Tüftler in Entwicklungs- und Forschungslabors und schotteten die Spürnasen in den Verkaufs- und Marketingabteilungen ab. Das Ergebnis waren sporadische neue Erkenntnisse in der Technologie und vereinzelte neue Einblicke in die Wünsche der

Kunden. Zwischen den beiden Bereichen gab es jedoch keine oder nur geringe Verbindungen. Die Folge davon waren spärliche Innovationen. Viele Jahre lang war das berühmte Forschungszentrum von Xerox in Palo Alto ein Treibhaus für neue Ideen in der Elektronikindustrie. Doch Xerox selbst hatte sich nie überlegt, diese Ideen zu nutzen, da die Zentrale des Unternehmens in Stamford, Connecticut, viel zu sehr darauf fixiert war, die Bedürfnisse der derzeitigen Kunden im Bereich von Dokumentenkopie und Dokumentenabruf zu befriedigen. Man sah nie das Marktpotential, das die Entdeckungen der Erfinder aus Kalifornien hatten. Eine der wenigen Innovationen, die es von Palo Alto nach Stamford schafften, war die Laserbildbearbeitung. Das lag zum Großteil daran, daß ein Manager namens Robert Adams im Hause Xerox zufällig diese neue Technologie und ihren potentiellen Wert auf dem Markt hoch genug einschätzte, um beide zu kombinieren und sich innerhalb von Xerox für das neue Produkt stark zu machen.

Gegenseitiges Lernen, das zu ständigen Innovationen führt, verläuft eher informell und spontan und beruht auf dem Zufall; daher belohnt die neue Wirtschaft auch eher kleine unternehmerische Gruppen von Tüftlern und Spürnasen als große, hierarchische Verwaltungen. Die besten dieser Gruppen sind daher lose organisiert und arbeiten in offenen Büros, wo man sich gegenseitig sieht und sich innerhalb von Sekunden findet. Die zwanglose Arbeitsatmosphäre, die in diesen Unternehmen herrscht – offene Hemdkragen, Jeans und Turnschuhe –, ist nicht nur Show: Menschen sind am spontansten und kreativsten und tauschen sich dann am liebsten miteinander über ihre Ideen aus, wenn sie sich im Büro so wohl und entspannt fühlen wie bei einem Treffen mit guten Freunden.

Unternehmerische Regionen eines Landes – Orte, die eine unverhältnismäßig große Zahl an innovativen Branchen hervorbringen – besitzen typischerweise Pools an talentierten Tüftlern und Spürnasen, die sich ständig vermischen. Die High-Tech-Region um Boston hat davon profitiert, daß sowohl das Massachusetts Institute of Technology mit seinem technischen Schwerpunkt als auch die Harvard Business School mit ihrem

Marketingwissen dort angesiedelt sind. Harvard genießt keinen großen Ruf im Bereich Technologie, ebensowenig kann sich das MIT eines besonderen Scharfsinns im Marketing rühmen. Die Studienabgänger beider Institutionen, die in der Region bleiben, lernen jedoch in der Folge voneinander, und der Wissensaustausch und diese gegenseitige Befruchtung haben der gesamten Region zu einem Boom verholfen.

Für das Silicon Valley hat sich die Anhäufung von Tüftlern (viele von ihnen Absolventen der Stanford University in Palo Alto) und Managern im Risikokapitalgeschäft, die ein scharfes Gespür dafür haben, was man tun muß, um Ideen kommerziell erfolgreich zu machen, ähnlich ausgezahlt. Die unternehmerischen Wurzeln des Silicon Valley gehen zurück in die späten dreißiger Jahre, als Fred Terman, damals Professor für Ingenieurwesen in Stanford, zwei seiner Studenten, William Hewlett und David Packard, überzeugen konnte, eine Firma zu gründen. Er brachte die Universitätsverwaltung dazu, einige ihrer Orangenbaumhaine zu opfern, um dort einen High-Tech-Industriepark entstehen zu lassen. Aber der spätere durchschlagende Erfolg dieser Region war cleveren Männern aus dem Risikokapitalgeschäft und Händlern zu verdanken, die aus diesem Tüftlerparadies Firmen wie Sun Microsystems, Cisco, Silicon Graphics und Yahoo machten.

Seit über 70 Jahren ist Hollywood das Mekka für Künstler, die wissen, wie man das Medium Film nutzt (Drehbuchautoren, Schauspieler, Regisseure, Kostümbildner, Kameraleute), aber auch für Marketinggenies, die ebenfalls genau wissen, wie man den Puls der Öffentlichkeit exakt erreicht (Agenten, Publizisten, Studioleiter, Produzenten) – eine perfekte Verbindung von Talenten und Vermarktern. In der Wall Street haben Tüftler direkten Kontakt mit Finanzhändlern, das Ergebnis ist ein Strom an finanzwirtschaftlichen Innovationen.

Diese Regionen bringen nicht vermehrt Innovationen hervor, weil sie jeweils über eine Fülle an Tüftlern oder Spürnasen verfügen, sondern weil es dort beide Persönlichkeiten in der richtigen Ausgewogenheit gibt. Wenn diese Ausgewogenheit sich zur einen oder anderen Seite verschiebt, büßen diese

Regionen an Unternehmertum ein, verlieren ihren Vorsprung und werden entweder unbedeutend oder »ausgebrannt«. Einige sind inzwischen der Meinung, Hollywood habe bereits zu viele Spürnasen und nicht mehr genügend echte Künstler, um wirklich innovativ zu sein. Was es hervorbringe, sei formelhaft und vorhersehbar geworden. Andere behaupten, die »literarische Szene« New Yorks sei ebenfalls aus dem Gleichgewicht geraten, allerdings mit einer Neigung in die andere Richtung: Man sei zu verbohrt und selbstverliebt, zu besessen von der eigenen Intelligenz und viel zu gleichgültig gegenüber dem Geschmack des Publikums, um noch weiterhin Trends bei literarischen Neuerungen zu setzen. Israel ist ein bedeutendes Zentrum technologischer Innovation – voller überaus fähiger Ingenieure, Techniker und Programmierer, von denen viele aus der ehemaligen Sowjetunion eingewandert sind –, doch was dem Land fehlt, ist der Biß im Marketing, um unternehmerisch auf eigenen Beinen stehen zu können. Israels Tüftler brauchen immer noch globale Unternehmen und deren Spürnasen, die wissen, was sich verkaufen wird.

EINE WARNENDE BEMERKUNG ZU INTEGRITÄT UND MARKTFÄHIGKEIT

Nichts von dem, was ich eben gesagt habe, sollte so verstanden werden, daß eine Erfindung oder Kunstfertigkeit kommerzielle Popularität benötigt, um wirklich großartig, schön oder wertvoll zu sein. Software kann immer noch »cool« sein, selbst wenn sie niemand außerhalb der Tüftlergemeinde schätzt. Ein Film kann eines Oscars würdig sein, selbst wenn seine Zuschauerzahlen enttäuschend sind, und ein Roman kann den National Book Award verdienen, selbst wenn ihn nur wenige Leser mögen. Der Kunde hat nicht *immer* recht, im Gegenteil: Zu starke Konzentration auf die Befriedigung des Kunden kann die Kreativität ihrer wahren Seele berauben.

Man kann ein Werk von zwei verschiedenen Blickpunkten aus beurteilen: nach seiner Ästhetik im Umgang mit dem

Medium und nach seiner Beliebtheit beim Publikum. Filmkritiker, Literaturkritiker und alle diejenigen, die neue Software oder andere Erfindungen kritisch beurteilen, setzen vermutlich beide Maßstäbe an. Die Aussage »Das ist ein toller Film« kann bedeuten, daß seine talentierten Schöpfer die Kunst des Filmemachens auf eine neue Ebene des Geschmacks, der Subtilität und der Schönheit gehoben haben, selbst wenn der Film an den Kinokassen ein Flop wird. Diese Aussage kann aber auch bedeuten, daß die Öffentlichkeit den Film wahrscheinlich sehr unterhaltsam finden wird, obwohl er nur Geschwätz präsentiert.

Diese Unterscheidungen werden selten explizit gemacht, so daß mitunter großer Schaden entsteht. Da die Wirtschaft einen immer unerbittlicheren Wettkampf betreibt, kann eine kommerzielle Einschätzung (ein »Volltreffer«) die ästhetische Kritik zum Verstummen bringen. Konsumenten haben so viele Wahlmöglichkeiten zur Verfügung, daß sie immer mehr Wert auf Tips legen, was wohl für sie lustig oder befriedigend sein könnte. In diesem Zusammenhang besteht natürlich wenig Interesse an ästhetischer Kritik, die den Konsumenten signalisiert, was sie schätzen sollten oder schätzen würden, hätten sie nur einen besseren Geschmack.

Dennoch braucht eine Gesellschaft sowohl Ästhetik als auch Popularität. Dem Publikum sind Kritiken eine große Hilfe, die sie auf Software, Filme oder jede x-beliebige Erfindung aufmerksam machen, die ihnen gefallen könnte. Und vernünftigerweise müssen Tüftler und andere kreative Menschen genauso Bescheid wissen, was der Öffentlichkeit am besten gefallen könnte. Dennoch besteht auch ein großer Wert darin, die Öffentlichkeit über die ästhetischen Standards eines Mediums, einmal abgesehen von seinem potentiellen Genußwert, aufzuklären. In einer Kultur, die von dem besessen ist, was sich verkauft, können Erfinder und Künstler von ästhetischer Kritik nur profitieren. Die Gesellschaft läuft andernfalls Gefahr, das zu verlieren, was die Menschen provoziert und verärgert, ihnen schmeichelt, sie herausfordert oder sonstwie dazu veranlaßt, Tatsachen ins Auge zu sehen, vor denen sie sonst fliehen würden.

Noch vor einigen Jahrzehnten, bevor der Wettbewerb so erbittert und intensiv wurde, gab es innerhalb der Berufsstände »Richter des guten Geschmacks« wie zum Beispiel Kunstkritiker, Buchrezensenten, Essayisten und Erzieher, die unablässig die Qualität der geleisteten Arbeit bewerteten. Einige dieser »Richter« waren beschränkt und überheblich, ihre Ergüsse voller konventioneller Doktrinen und abgenutzter Formalismen, andere jedoch waren mutig, verständnisvoll und einsichtig. Sie alle hielten eine ständige Diskussion über Standards in Gang, die die Gesellschaft immer an den Unterschied zwischen dem Guten und dem Populären erinnerte.

Doch in einer Welt des sich verschärfenden Wettbewerbs, in der Verbraucher genau das bekommen können, was sie wollen, in einer Welt, in der Software sogar das Einkaufsverhalten der Kunden analysieren kann, und sie berät, was sie sonst noch genießen und interessant finden könnten, erscheinen solche Verfechter von Qualitätsstandards zunehmend überflüssig. Der einzig legitime Wertmaßstab scheint darin zu liegen, was gewünscht wird, und das beste Indiz dafür ist, was sich verkauft. Alles andere wird als willkürlich erachtet. Wenn jedoch nur noch das Marketing ausschlaggebend ist, wird der Raum für professionelle oder künstlerische Integrität immer kleiner.

Jason Epstein, der Ende der fünfziger Jahre als Lektor zum Verlag Random House kam, berichtet, daß er und seine Kollegen damals dachten, sie wären in erster Linie »die Bewahrer einer Tradition, ähnlich wie die Schneider in London oder die Sammler von chinesischem Porzellan«, und erst in zweiter Linie Geschäftsleute. »Es war immer ein großes Vergnügen, wenn eines unserer Bücher ein Bestseller wurde, doch was mehr zählte, war ein Buch, das das Zeug dazu hatte, zu einem dauerhaften Kulturgut zu werden.«[7] Der verschärfte Wettbewerb, angetrieben durch die neue Macht des Konsumenten, zwingt heute jeden Verleger dazu, sich immer mehr Gedanken über die Geschäftsbilanz zu machen. Wenn Autoren, Schauspieler und Musiker für globale Medienkonzerne und Kommunikationskonglomerate arbeiten, die in einem heftigen Wettbewerb miteinander stehen, wer wird es dann noch wagen, Konventionen zu mißachten und etwas Aufsehenerregendes oder Beunruhigendes zu schaffen? Wenn jeder Tüftler für Unternehmen arbeitet, die erbarmungslos auf Kommerz ausgerichtet sind, wer übernimmt dann die Grundlagenforschung, die zunächst keinen direkten oder sichtbaren kommerziellen Wert hat?

Besonders groß ist die Gefahr für freie Berufe, die einst von der Nachfrage auf dem Marktplatz abgeschirmt waren und die eine besondere Verantwortung haben, Wahrheiten auf vielleicht unpopuläre Art und Weise aufzuzeigen und zu enthüllen. Ihr Lebensunterhalt hängt jetzt immer stärker von ihrer Beliebtheit ab. Journalisten stehen unter wachsendem Druck, das zu schreiben oder zu senden, was sich verkauft, egal wie ungenau es recherchiert oder wie polemisch es aufbereitet ist. Da die neuen Technologien fast sofortiges Feedback ermöglichen, wissen Online-Magazine sofort, wie viele Menschen einen Beitrag angeklickt haben, und das wissen auch ihre Investoren und Werbekunden. Angesichts immer ausgeklügelterer Mittel, die Reaktionen des Marktes festzustellen, nimmt der Druck zu, den Kunden exakt das zu liefern, was sie wollen.

Die Welt der gemeinnützigen Organisationen bietet da kaum mehr Sicherheit, Dinge zu tun oder zu sagen, die provokant, jedoch unpopulär sind. Ein Freund, Programmdirektor einer gemeinnützigen Stiftung, berichtet mir von dem Druck, Zuschüsse in die Bereiche zu lenken, von denen die Geldgeber der Organisationen glauben, daß sie für die Öffentlichkeitsarbeit von Vorteil wären, und nicht in die Bereiche, die eventuell kontrovers betrachtet werden oder Menschen vor den Kopf stoßen könnten. Nicht wenige Universitätsprofessoren richten ihre Forschungsthemen auf die Interessen von gut situierten Organisationen aus (hoffentlich nicht auch noch ihre Forschungsergebnisse), damit ihre Projekte finanziell gesichert sind. Museumsdirektoren wollen Ausstellungen, die Knüller sind, Menschenmassen anziehen und die Mäzene befriedigen – was fast immer bedeutet, daß man einen weiteren Aufguß der Impressionisten oder alter Meister zu sehen bekommt.

Natürlich ist es möglich, daß der äußerst genaue Zuschnitt von Produkten auf einzelne Geschmäcker, der durch die neuen

Technologien möglich wird, talentierten Tüftlern und Spürnasen neue Foren für ihre exzentrischeren Bemühungen bietet. Sie werden sich mit ebenso exzentrischen Käufern zusammenschließen können, ohne sich über die Akzeptanz auf einem Massenmarkt Gedanken machen zu müssen. In diesem Fall darf die Integrität nicht zu stark der Marktfähigkeit untergeordnet werden, denn es wird immer irgendwo einen Markt geben, selbst wenn er ganz klein ist. Mindestens einer der 1500 Fernsehkanäle wird eine kleine Nische für ein reichlich provokantes Fernsehprogramm bieten. Mindestens ein kleiner Online-Verlag wird faszinierende Bücher verlegen, für die nur eine kleine Leserschaft existiert. Und dennoch muß die Frage gestellt werden, ob diese kleinen Bastionen künstlerischen Trotzes irgendeinen Einfluß auf eine Kultur haben werden, die effizienter und gezielter als je zuvor der Popularität Vorschub leistet. Oder ob diese kleinen Abspaltungen nur weit entfernte und harmlose Inseln für diejenigen sind, die von den konventionellen Märkten zunehmend ignoriert werden.

In vielen modernen Gesellschaften wird die Redefreiheit nicht am stärksten von der offenen Zensur eines diktatorischen Regimes bedroht, sondern weitaus stärker von einem immer härter umkämpften Markt, in dem die Kunden kinderleicht zu etwas wechseln können, was ihnen passender erscheint. Solch ein Marktplatz diktiert mit zunehmender Härte, was geschrieben, gesendet und erforscht wird. Die Öffentlichkeit, überschwemmt mit allem, was sie belustigt, und zugleich geschützt vor allem, was ihr vielleicht Unbehagen bereiten könnte, ist somit gut abgeschirmt von allem, was sie vielleicht wissen sollte.

DIE NACHFRAGE NACH KREATIVEN MITARBEITERN – nach Tüftlern und Spürnasen, wie ich sie genannt habe – wird weiter ansteigen, denn sie sind die Meister der Innovation. Und Neuerungen sind das Herzstück der neuen Wirtschaft. Diese Arbeitnehmer können rasch Produkte erzeugen, die besser und billiger sind als alles bisher Dagewesene. Sie stehen im Wettbewerb mit anderen Gruppen von Tüftlern und Spürnasen, die ebenso in ungeheurer Geschwindigkeit noch bessere und billigere Produkte erzeugen und dabei vielleicht sogar noch schneller sind. Je mehr sich dieser Wettlauf verschärft, um so stärker treibt er die Nachfrage nach den Dienstleistungen solcher kreativen Geister voran, deren Arbeit dann logischerweise immer besser honoriert wird. Diese Jobs werden wahrscheinlich intellektuell oder künstlerisch immer anspruchsvoller, emotional ausfüllender, persönlich befriedigender und manchmal auch unglaublich frustrierend sein. Sicherlich aber kosten sie eine Menge Zeit – selbst außerhalb des Büros –, denn das Gehirn eines kreativen Tüftlers oder einer Spürnase hört nie ganz auf zu arbeiten.

KAPITEL 4

LOYALITÄT – EIN VERALTETER BEGRIFF

INNOVATIVE TÜFTLER UND SPÜRNASEN sind immer begehrter, doch Arbeitnehmer, die ihren Lohn für Routinearbeiten erhalten, also für Arbeiten, die billiger von einer Maschine, einer Computersoftware oder Arbeitskräften irgendwo auf der Welt ausgeführt werden können, werden wahrscheinlich an wirtschaftlichem Boden verlieren. Das liegt am zunehmenden Druck auf die Unternehmen, Kosten einzudämmen, und an den besseren Möglichkeiten, dies durch den Einsatz von Technologien mit globaler Reichweite auch zu erreichen. Die meisten dieser Arbeiter werden zwar beschäftigt bleiben, doch nur noch wenige werden Routinearbeiten verrichten. Viele von ihnen werden dann die persönliche Beratung leisten, die Computer nicht erledigen können, weil sie ein persönliches Gespräch mit den Kunden erfordern und auch ausländische Arbeitnehmer nicht übernehmen können, weil sie für den direkten Kontakt viel zu weit entfernt wohnen.*

* Seit 1950 hat das US-Bundesamt für Statistik Arbeitnehmer in »Hauptberufsgruppen« unterteilt, wie »unternehmerische und freiberufliche Tätigkeit«, »Technik, Verlauf und Verwaltung«, »Dienstleistungsberufe«, »Maschinisten, Produktion und ungelernte Arbeit« sowie »Transport und Materialbewegung«. Diese Kategorien haben jedoch für die neuen Arbeitsformen wenig Gültigkeit. In *Die neue Weltwirtschaft* (Frankfurt/Berlin: Ullstein 1993) habe ich die Arbeitnehmer in drei geeignetere Kategorien unterteilt: »Symbol-Analysten«, »Arbeiter in routinemäßigen Pro-

Das Problem der meisten Menschen, denen es wirtschaftlich nicht besonders gutgeht, besteht nicht darin, daß sie keine Arbeit haben – wenn sie in den USA wohnen, finden sie höchstwahrscheinlich einen Job, wenn sie wollen –, sondern eher darin, daß sie nicht viel verdienen. In Europa, Japan und fast der gesamten restlichen Welt, wo die Lohnniveaus immer noch unflexibler sind als in den USA, sind Arbeitnehmer, die nicht sehr gefragt sind, entweder arbeitslos und leben von der Sozialhilfe (wie in Europa) oder verrichten Arbeiten von geringem Wert, nur damit sie beschäftigt sind. In diesem Fall sind sie von der Gnade der Firmen abhängig, die ihnen mehr als den Marktwert ihrer Arbeit bezahlen (wie in Japan). Die rosigen Zeiten großzügiger Arbeitslosengelder und wohlwollender Vergünstigungen von Unternehmensseite neigen sich sogar in Europa und Japan ihrem Ende zu. Diese Staaten passen sich langsam, aber sicher dem amerikanischen System an, da die globalen Investoren und Verbraucher darauf bestehen.

Sogar erfolgreiche amerikanische Unternehmen haben »verkleinert«, »verjüngt«, »umorganisiert«, »ausgestellt« oder wie immer man den häßlichen Begriff »Entlassung« sonst noch beschönigend umschreibt. Während diese Unternehmen nach begabten Tüftlern und Spürnasen suchen, kürzen sie zugleich die Zahl der Stellen oder die Gehälter der Routinearbeiter, streichen oder reduzieren deren Gesundheitsleistungen, kürzen die

duktionsdiensten« und »kundenbezogene Dienstleistende«. Die restlichen Arbeitsplätze teilen sich auf in Angehörige des Staatsdienstes, Landwirte, Bergleute und andere Beschäftigte im Bereich des Abbaus von Bodenschätzen. Nach einer Auswertung der Arbeitsmarktdaten zu Beginn des 21. Jahrhunderts würde ich die bestbezahlten 25 Prozent aller Arbeitnehmer der Kategorie »kreative Arbeitnehmer« zuordnen. Wie ich bereits im vorherigen Kapitel angedeutet habe, scheint diese Bezeichnung ihre derzeitigen und zukünftigen Tätigkeiten genauer zu beschreiben. Rund 20 Prozent der Arbeitnehmer arbeiten in der routinemäßigen Produktion und knapp über 30 Prozent im kundenbezogenen Dienstleistungssektor. Mitarbeiter im Staatsdienst und andere Berufsgruppen bilden auch hier den Rest.

Rentenbeiträge und schließen Unterverträge mit anderen Firmen mit niedrigeren Löhnen und weniger Sozialleistungen, um Arbeitsbereiche dorthin auszulagern. In zunehmendem Maße bedienen sie sich auch der Internet-Auktionen im Business-to-Business-Bereich, um unter den dort konkurrierenden Zulieferern die besten Schnäppchen zu ergattern. Diese Firmen müssen nun wiederum ihre Kosten drücken, um noch wettbewerbsfähig zu bleiben. Auch der gemeinnützige Bereich sieht sich momentan einem ähnlichen Druck ausgesetzt: Krankenhäuser, Museen, ja sogar Wohlfahrtseinrichtungen drehen derart an der Kostenschraube, daß es noch vor 30 Jahren selbst der Privatwirtschaft als brutal erschienen wäre. Universitäten lichten die Reihen der Vollprofessoren und arbeiten immer stärker mit akademischen »Nomaden« zusammen, denen man Jahresverträge mit niedrigen Gehältern ohne Sozialleistungen anbietet. Ein Großteil der Routinearbeiten beim Gebäudeunterhalt, Gebäudeschutz und in den Kantinen – und auch weitere Aufgabenbereiche – werden an kommerzielle Anbieter übertragen, die diese billiger ausführen können.

Unternehmen sind auch nicht mehr länger besonders loyal gegenüber ihren Heimatstädten, was daran liegt, daß nur wenige Unternehmen überhaupt noch Heimatstädte *haben*. Lange vorbei sind die Tage, in denen man darauf zählen konnte, daß große Unternehmen in den Regionen oder Städten, wo sie ihre Zentrale hatten, die größten Arbeitgeber und Gönner waren wie zum Beispiel Kodak in Rochester (New York), Procter & Gamble in Cincinnati, Coca-Cola in Atlanta oder Levi-Strauss in San Francisco. All diese Firmen verkleinern, verlagern und streuen inzwischen.[1] Die Zentralen internationaler Konzerne liegen heutzutage typischerweise in gepflegten Büroparks, ganz in der Nähe eines internationalen Flughafens, und die dazugehörenden Fabriken und Labors sind über den gesamten Globus verstreut. Die Zulieferer und Partner sind auf keinen bestimmten Ort festgelegt und wechseln im übrigen sowieso ständig. Als die Dodgers in den fünfziger Jahren des 20. Jahrhunderts Brooklyn verließen, weinten die Menschen. Wie konnte diese Baseballmannschaft so etwas tun?

Inzwischen ist es an der Tagesordnung, daß Mannschaften eine Stadt verlassen und in eine andere gehen, die ihnen ein neues Stadion mit mehr Rängen anbietet. Fans sprechen immer noch von »ihren« Heimmannschaften, doch die Bedeutung des Pronomens ist inzwischen nicht mehr klar. Die Florida Marlins, ebenfalls eine Baseballmannschaft, deren Name selbst auf keine Heimatstadt hinweist, gewannen die World Series 1997 mit einer Interimsmannschaft, die von einem Spielerbesitzer zusammengewürfelt worden war, der die meisten Spieler erst im Winter zuvor gekauft hatte. Kurz nach dem Sieg drohte er damit, alle Spieler freizustellen und die gesamte Mannschaft zu verkaufen, wenn Miami ihm nicht ein neues Stadion bauen würde.

Angesichts all dieser Beispiele ist es verlockend, zu dem Schluß zu kommen, daß die Unternehmen immer härter und Führungskräfte immer unerbittlicher werden. Gerne würde man diese Entwicklung einer Ethik zügelloser Gier zuschreiben, die sich in den letzten Jahren etabliert zu haben scheint und offensichtlich sogar noch zunimmt. Solche Schlußfolgerungen würden jedoch an der Wahrheit vorbeigehen. Die Ursache liegt nicht in einer charakterlichen Veränderung der Amerikaner, sondern in der zunehmenden Geschwindigkeit und der Leichtigkeit, mit der Käufer und Investoren bessere Geschäfte machen können, und dem damit zusammenhängenden Wettbewerbsdruck, dem alle Unternehmen ausgesetzt sind. Nimmt dieser Druck zu, werden die institutionellen Verpflichtungen flüchtiger.

Vor Jahren, als das Angebot weitaus begrenzter und der Wechsel erheblich schwieriger war, neigten Konsumenten und Investoren dazu, sich langfristig aneinander zu binden – mit dem Ergebnis insgesamt stärkerer institutioneller Verpflichtungen. Der noch zahme Wettbewerb gestattete einen impliziten sozialen Pakt, bei dem Angestellte regelmäßig und zuverlässig arbeiteten und im Gegenzug von ihren Arbeitgebern so lange eine dauerhafte Arbeit zugesichert bekamen, solange das Unternehmen noch Gewinne erwirtschaftete. Genauso verhielt es sich im örtlichen Einzelhandel und im Dienstleistungsbereich, die ebenfalls nur dem überschaubaren Wettbewerb in ihrer Region ausgesetzt waren. Universitäten, deren Zustrom an Studenten und Spendengeldern nicht abriß, gewährten dem Großteil ihrer Professoren unkündbare Anstellungen; Krankenhäuser, die mit einer planbaren Zahl von Patienten sowie gesicherten Budgets rechnen konnten, vergrößerten regelmäßig ihre Ärzteschaft und das Pflegepersonal. Das alles hatte zur Folge, daß sich die Löhne und Gehälter fast aller Arbeitnehmer nach oben entwickelten.

Mitte des 20. Jahrhunderts war die Vorstandsetage einer amerikanischen Massenproduktionsfirma ein ruhiger, erlesener Platz mit viel Mahagoni und Glas, Veloursteppichboden und orientalischen Wandteppichen, an dem Männer in Anzügen mit nicht übertriebener Eile ihrer Tätigkeit nachgingen. Die für die Massenproduktion typische Stabilität verlieh den Verantwortlichen Ruhe und Sicherheit. Investoren und Kunden waren bekannt und zuverlässig, so daß sich der Firmenchef allen gegenüber großherzig verhalten konnte. Frank Abrams, Vorsitzender von Standard Oil in New Jersey, erklärte 1951 wohlwollend in einer für dieses Wirtschaftsklima typischen Rede, daß »die Arbeit des Managements darin besteht, ein unparteiisches und funktionierendes Gleichgewicht zwischen den Forderungen der verschiedenen Gruppen mit direkten Interessen … Aktionären, Mitarbeitern, Kunden und der allgemeinen Öffentlichkeit zu gewährleisten«. Aus dieser Perspektive betrachtet, waren große Firmen quasiöffentliche Unternehmen mit Verantwortung gegenüber jedem. Und diejenigen, die diesen Verantwortlichkeiten vorstanden, erreichten laut Abrams den Rang von Fachleuten, da »sie in ihrer Arbeit die Grundverantwortlichkeiten [gegenüber der Öffentlichkeit] sehen, die andere in Fachberufen Tätige schon lange in ihren Arbeiten erkannt haben«.[2]

Solcher Edelmut gewährte Männern wie Abrams einen großen Spielraum, Unternehmenserträge zu verwenden, wie es ihnen beliebte, und Forderungen so abzuwägen, wie es ihnen am geeignetsten erschien. Eine Forderung, die bezeichnenderweise nicht auf Abrams' Liste stand, doch oftmals als die wichtigste überhaupt galt, war die Forderung der Führungskräfte nach einem komfortablen Leben, eine, die keiner ihrer Kollegen über Gebühr kritisierte. Mitte des 20. Jahrhunderts war ein Unternehmensleiter in einer Reihe betrieblicher und gemeinnütziger Vorstände vertreten, spielte jede Woche einige Runden Golf, gab ausschweifende Feste, pflegte deutlich sichtbar seine Rolle als Gönner von Wohltätigkeitsveranstaltungen und mischte manchmal sogar noch ein wenig in öffentlichen Angelegenheiten mit. Ein ähnlich unbeschwertes Leben führten auch Universitätspräsidenten und Vorsitzende von Stiftungen.*

Zu Beginn des 21. Jahrhunderts jedoch sieht die Sache für leitende Führungskräfte ganz anders aus: Unternehmen sind nicht länger ihren Arbeitnehmern, dem Gemeinwesen und der Öffentlichkeit verpflichtet. Sie sehen ihre einzige Aufgabe darin, den Wert der Investorenanteile zu steigern – was ihnen

* Die großen Freiheiten, die Geschäftsführer Mitte des 20. Jahrhunderts genossen, waren bereits einige Jahrzehnte lang Thema beträchtlicher Auseinandersetzungen und Kommentare gewesen. Bereits 1932 legten der Rechtsanwalt Adolf A. Berle und der Wirtschaftsprofessor Gardiner C. Means in *The Modern Corporation and Private Property* (New York: Macmillan 1932), einem Buch mit weitreichendem Einfluß, dar, wie oberste Führungskräfte Unternehmen »in ihrem eigenen Interesse führten und ... einen Teil der Aktiva für ihre eigenen Zwecke abzweigen«. Doch um dieser Plutokratie Herr zu werden, schlugen Berle und Means nicht vor, den Aktionären mehr Einfluß zu geben, sondern empfahlen stattdessen, die Macht aller vom Unternehmen betroffenen Personengruppen zu verstärken. »Weder die Forderungen des Eigentums noch die der Kontrolle können sich den immensen Interessen der Gesellschaft entgegenstemmen«, schrieben sie. »Daher müssen ausschließlich die Forderungen der Gesellschaft mit klarer und deutlicher Stimme vorangetrieben werden.« Führungskräfte sollten zu »rein neutralen Technokraten werden, die auf der Grundlage öffentlicher Politik statt privater Habgier eine Vielzahl von Forderungen unterschiedlicher Gruppen in der Gesellschaft ausbalancieren und jeder Gruppe einen Teil des hereinfließenden Einkommens zuweisen sollten« (S. 300, 312).

auch durch drastische Kostenreduktion und Mehrwertschaffung gelingt. Robert C. Goizueta, ehemaliger Generaldirektor von Coca-Cola, beschrieb die neue Logik besonders deutlich: »Unternehmen werden gegründet, um wirtschaftliche Bedürfnisse zu erfüllen«, sagte er. Wenn sie »versuchen, auf allen Hochzeiten zu tanzen, werden sie scheitern... Wir haben eine Aufgabe: für unsere Eigentümer eine gute Rendite zu erwirtschaften... Wir müssen uns weiterhin auf unsere zentrale Pflicht konzentrieren: Werte über die Zeit zu schaffen.«[3] Universitätspräsidenten, Krankenhausleiter, Museumsdirektoren und Vorsitzende großer Wohlfahrtsverbände sind inzwischen ähnlich stark damit beschäftigt, ihre Stiftungsgelder gut einzusetzen und angemessene Renditen zu sichern.

DIE NEUE LOGIK DER UNTREUE

Wen trifft nun die Schuld für die zunehmend einseitige Konzentration Amerikas auf Gewinnmaximierung? Indirekt, und zu einem großen Teil, trifft die Schuld mich und wahrscheinlich auch Sie. Das liegt nicht daran, daß wir mit voller Absicht darauf gedrängt hätten, daß diese Entwicklungen so eintreffen. Die neue Logik der Untreue ist das unbeabsichtigte Nebenprodukt der zunehmenden Leichtigkeit, mit der wir alle bessere Geschäfte machen können. Sie beginnt also, mit anderen Worten, bei uns zu Hause. Betrachten Sie sich die großen Unternehmen genauer, die den Großteil der Kürzungen und Einsparungen durchgeführt haben, und Sie werden verstehen, warum sie dies taten.

Beginnen Sie mit einem Aktienanteil, der buchstäblich ein Anrecht auf zukünftige Gewinne darstellt. Aktienkurse spiegeln in bezug auf den gegenwärtigen Wert jener in Zukunft zu erwartenden Profite zu jeder Zeit die besten Prognosen vieler Investoren wider, die sich durch alle verfügbaren Informationen gewühlt haben. Börsenkurse sind keine zuverlässigen Vorhersagen, denn Investoren können sich übertrieben enthusiastisch oder zu pessimistisch verhalten. Doch über einen etwas längeren Zeitraum sind die Aktienkurse einer Firma die besten verfügbaren Prognosen, wie profitabel das Unternehmen in Zukunft sein wird, und stellen daher seinen aktuellen Wert dar. So gesehen fungieren Aktienkurse wie ein Frühwarnsystem: Treffen Unternehmensleiter Entscheidungen, von denen die meisten Investoren befürchten, daß sie die zu erwartenden Profite verringern werden, verkaufen sie ihre Anteile, und die Preise fallen. Fallen sie zu weit nach unten, wird es das Unternehmen schwer haben, das nötige Geld für zukünftige Innovationen zu beschaffen, da die Investoren dann den momentan verantwortlichen Managern schlicht und ergreifend nicht zutrauen, mit dem Geld sinnvoll zu wirtschaften. Ein niedriger Aktienkurs lädt gerade dazu ein, diese Manager zu entlassen und sie durch solche zu ersetzen, die es vermutlich besser machen.

In dieser Funktion haben die Investoren immer mehr Macht bekommen, was mit ihrer gestiegenen Bereitschaft und Fähigkeit zusammenhängt, sich schnell lukrativeren Geschäften zuzuwenden. Diese Entwicklung begann im Jahre 1974, als die International Nickel Company ohne großes Aufsehen und fast unbemerkt genügend Anteile der Electric Storage Battery Company aufkaufte, um die Unternehmensmehrheit zu erlangen, und als erste Amtshandlung prompt die alten Manager von Electric Storage entließ. Vor diesem Vorfall galt an der Wall Street ein derart aggressives Verhalten als eher unwahrscheinlich, wenn nicht sogar als unmoralisch. Doch dann hatte der Präzedenzfall stattgefunden, und bald wurde das, was zunächst unerhört schien, zur Regel. In den nächsten sechs Jahren, von 1974 bis 1980, fanden zwölf feindliche Übernahmen von Unternehmen im Gesamtwert von einer Milliarde Dollar oder mehr statt. In den gesamten achtziger Jahren waren es schon über 150 Milliarden Dollar.

Die »Angreifer«, wie man sie in den Vorstandsetagen der Unternehmen mit Ehrfurcht und Bestürzung zu bezeichnen pflegte, sahen Chancen für große Erträge durch die Übernahme von Unternehmen und die Senkung von Kosten. Man kann auch sagen, daß diese Angreifer die Möglichkeiten erkannt hatten, die den bequem zurückgelehnten Chefs, die immer noch von der ruhigen Welt der stabilen Marktbeherrschung träumten, entgangen waren. Man kann aber ebenso sagen, daß sie bereit waren, weit skrupelloser zu sein, sich auf »Teufel komm heraus« Geld zu beschaffen, um ihre Übernahmen durchführen zu können (mit Hilfe von Risikoanleihen, sogenannten »Junk Bonds«, als Fremdkapital zum Spekulationskauf eines Unternehmens), ihre Zulieferer unter Druck zu setzen, die Gewerkschaften zu bekämpfen, Löhne drastisch zu kürzen und Arbeiten an billigere Subunternehmer in aller Welt auszulagern. Beide Einschätzungen sind gleichermaßen korrekt. Das Ergebnis waren höhere Erträge, also höhere Aktienkurse. Einige der Übernahmekrieger und »Junk-Bond-Könige«, die in den achtziger Jahren für ihre Kaltschnäuzigkeit verachtet wurden, sind heute die Helden im Kampf für eine bessere »Wettbewerbsfähigkeit« amerikanischer Unternehmen. Daran ist auch nichts auszusetzen, obwohl ihre Strategien selten wirklich so funktionierten, wie sie geplant waren. Als die Preise der Junk Bonds in den späten achtziger Jahren in den Keller fielen, gingen Spar- und Darlehensunternehmen, die sie nur zu gerne gekauft hatten, als die Preise noch höher waren, mit Glanz und Gloria bankrott, und der amerikanische Steuerzahler mußte schließlich eine sehr hohe Rechnung begleichen. So wurde im Jahre 1999 RJR Nabisco, der größte Spekulationsverkauf der achtziger Jahre, ganz leise zergliedert.

Die pure Möglichkeit einer feindlichen Übernahme hat das Verhalten der Unternehmensbosse und der Investoren sehr verändert. Investoren – einschließlich Rentenfonds und offener Investmentfonds, in die die meisten von uns fast ihre gesamten Ersparnisse eingezahlt haben – verlangen und erwarten mehr. Diese Institutionen sind stark gewachsen, denn sie können so in unserem Auftrag Anlagen effizient auswählen und verschieben. Und sie sind auch bereit, aggressiv agierenden Vorständen, die Kosten senken, größere Erträge erwirtschaften und somit die Börsenkurse nach oben treiben, Vergütungen zu gewähren, bei denen einem die Augen herausfallen. Verstärkt sind »Bonuspakete« von Führungskräften – wenn die Unternehmensziele erreicht oder sogar überschritten werden – durch großzügige Bezugsrechte auf Aktien und reichhaltige Extrazahlungen an die Aktienkurse des Unternehmens gekoppelt. Meine Kollegen und ich haben als Mitarbeiter in der Clinton-Regierung unabsichtlich zu dieser Entwicklung beigetragen. Als wir 1993 unsere Arbeit in Washington aufnahmen, empfahlen wir, ganz im Sinne der Zusicherung des Präsidenten, daß kein Unternehmen von seiner Körperschaftssteuer mehr als eine Million Dollar für Prämien von Führungskräften abziehen dürfe, steuerliche Absetzungen auch in größerer Höhe zu gestatten, wenn die »Extraportion« mit der »Unternehmensperformance« zusammenhing, wenn also der Kurs der Unternehmensaktien nach oben ging. Sofort explodierten Aktienoptionen und Extrazahlungen, und das Hauptaugenmerk lag ab jetzt darauf, den Börsenkurs des Unternehmens nach oben zu treiben – ganz gleich mit welchen Mitteln. 1980 bezog der typische Geschäftsführer einer großen amerikanischen Firma ein etwa 40faches Jahresgehalt eines durchschnittlichen Arbeiters. 1990 betrug dieses Verhältnis schon 85:1, und zwischen 1990 und dem Ende des 20. Jahrhunderts stiegen die Extrazahlungen aller Führungskräfte von durchschnittlich 1,8 Millionen Dollar auf durchschnittlich 12 Millionen Dollar – ein Zuwachs von über 600 Prozent. Die finanziellen Zusatzleistungen waren 419mal so hoch wie das Jahresgehalt eines typischen Produktionsarbeiters.[4]

Andererseits riskieren Geschäftsführer, die die Börsenkurse ihres Unternehmens nicht steigern können, ihren Job.[5] Zwischen 1990 und 2000 rollten bei IBM, AT&T, Sears, General Motors, Xerox, Coca-Cola, Aetna und anderen börsennotierten amerikanischen Unternehmen hochbezahlte Köpfe. Solche »Hinrichtungen« finden häufig schnell statt, ohne großes »Blutvergießen«, und markieren das Ende einer oft nur wenige Monate alten Position. Infolge der für die Wall Street im ersten Quartal 1999 enttäuschenden Ergebnisse und der nach unten absackenden Aktienkurse hat der Vorstand der Compaq-Computer sofort seinen Hauptgeschäftsführer entlassen. »Einige unserer Wettbewerber haben es deutlich besser geschafft, sich [im Internet] zu positionieren«, erklärte der Vorstandsvorsitzende von Compaq der *New York Times*.[6] Sprich: Wir mußten unbedingt einen neuen Hauptgeschäftsführer einstellen, der schneller Kosten senken und zu den neuen Technologien wechseln – und der Wall Street eindrucksvoll beweisen würde, daß wir wieder im Spiel waren.

Traditionelle Unternehmensvorstände bestanden oft aus handverlesenen alten Kumpels des Firmenleiters. Doch unter dem Motto »Gute Verwaltungsstruktur in den Unternehmen« haben Rentenfonds und offene Investmentfonds sowie andere institutionelle Anleger größere Unabhängigkeit der Vorstände gefordert. Entläßt ein Vorstand nicht die Geschäftsführer, die nur eine schwache Vorstellung abliefern, können die Anleger unter Umständen dem gesamten Vorstand den Laufpaß geben. Das war im Mai 1998 der Fall, als der gigantische Rentenfonds, der die gesamte Altersvorsorge der meisten Professoren verwaltet, meine eingeschlossen, den neunköpfigen Vorstand von Furr's/Bishop's, Inc. entließ, einer Firma, die im Süden und Mittleren Westen der USA eine Cafeteria-Kette betreibt. Eines der entlassenen Vorstandsmitglieder nannte den Coup »verblüffend«.[7]

Jeder der von mir beschriebenen Schritte war »verblüffend«, als er zum ersten Mal stattfand: die erste feindliche Übernahme, der erste durch »Junk Bonds« finanzierte Spekulationskauf, der erste Generaldirektor, der in einem Jahr mehrere Zehnmillionen Dollar in Form von Aktienoptionen erhielt, der erste Hauptgeschäftsführer, der offen vom Vorstand gefeuert wurde, und der erste Vorstand, der komplett entlassen wurde. Verblüffend waren diese Schritte deshalb, weil sie, jeder für sich, die damals herrschenden Normen der Stabilität und Vorhersehbarkeit in wirtschaftlichen Beziehungen brachen. Doch jeder dieser Schritte veränderte die Spielregeln in der Folge, indem er für die Investoren immer mehr Wert erwirtschaftete und die Direktoren zwang, sich immer stärker damit zu befassen, welchen Preis die Unternehmensaktien auf dem Aktienmarkt erzielen würden.

DIE KONSEQUENZEN

Nichts beschäftigt die Gedanken eines Geschäftsführers, und in dieser Hinsicht wohl auch die Gedanken jedes x-beliebigen Menschen, mehr als die Vorstellung von immensem Reichtum und zugleich die Angst vor einer Entlassung. Die zunehmende Fixierung der Spitzenführungskräfte, die Börsenkurse ihrer Firma durch Kostensenkungen und Weiterentwicklung der Produkte nach oben zu treiben, kennzeichnet die gesamte Wirtschaft. Die gute Nachricht in diesem Zusammenhang ist, daß amerikanische Firmen produktiver geworden sind und deutlich bessere Produkte und Dienstleistungen anbieten; die weniger gute Nachricht ist, daß alle Arbeitsplätze und Gehälter unsicherer geworden sind und Löhne und Vergünstigungen der Routinearbeiter sinken werden.[8]

In wirtschaftlich mageren Zeiten sind Arbeitnehmer immer wieder ausgestellt worden, wurden jedoch, wenn sich die Gesamtwirtschaft und die Nachfrage nach Produkten wieder erholt hatten, nach der alten Praxis, wieder eingestellt. Nach der Rezession von 1991/92 war das zum ersten Mal anders. Als die Unternehmensinvestitionen in die Informationstechnologie wieder nach oben gingen und sich der Boom der neunziger Jahre abzeichnete, fanden weiterhin Entlassungen in hohem Tempo statt, selbst noch zu einem Zeitpunkt, als die nationale Arbeitslosenrate sank. Nachdem bei Xerox und IBM Führungskräfte hatten gehen müssen, kürzten beide Unternehmen ihr Personal drastisch. Ein Finanzanalyst beschrieb den Aderlaß von Xerox Ende der neunziger Jahre als »heroische Tat«, ein anderer sah »hier einen echten Paradigmenwechsel von einer Firma mit Technikschwerpunkt zu einem Unternehmen, das wirklich weiß, wie man Infrastruktur verändert, um Kosten zu senken«.[9] Kurze Zeit, nachdem im Januar 2000 der neue Generaldirektor von Coca-Cola seine Tätigkeit aufgenommen hatte, kündigte das Unternehmen, das in Atlanta lange für seine großzügigen Vergünstigungen und sicheren Arbeitsplätze bekannt war, an, die Hälfte der in Atlanta ansässigen Mitarbeiter zu entlassen. Der neue Chef begründete diesen Schritt damit, daß »sich die Welt, in der wir tätig sind, dramatisch verändert hat und wir den Kurs ändern müssen, um erfolgreich zu bleiben«.[10]

Die Mehrzahl der Menschen, die in den letzten Jahren ihren Job verloren hat, fand relativ rasch neue Arbeit, da die Wirtschaft weiterhin robust wächst. Während ich diese Zeilen schreibe, ist der Arbeitsmarkt stabiler als in den vergangenen 30 Jahren. In so einer Situation haben Menschen, die entlassen werden, viele andere Jobmöglichkeiten – was sie allerdings für immer einbüßen, ist das Gefühl eines sicheren Arbeitsplatzes.

Große Unternehmen entfernen komplette Verwaltungen und setzen statt dessen Computersoftware ein, um das gesamte Rechnungswesen, die Materialbeschaffung und die Lagerverwaltung zu beschleunigen. Sie verlagern den Bereich Customer Service in das Internet, mieten Firmengelände und Ausrüstung, anstatt sie zu kaufen, und verlassen sich auf Internet-Auktionen, um fast alle Betriebsbereiche an den billigsten und zuverlässigsten Anbieter per Untervertrag auszulagern. Die alte betriebliche Organisation in Form einer Pyramide ist zu einer Legende geworden! Sollte die momentane Entwicklung anhalten, dann werden die Firmen von morgen nicht viel mehr sein als eine Kette von Verträgen – mit zwischengeschalteten Anbieterauktionen an jeder Verknüpfung, um für jeden Schritt im Unternehmensprozeß den günstigsten Geschäftspartner zu bekommen. Hierzu ein Beispiel: Weyerhausers Türenfabrik in Marshfield (Wisconsin) hielt die Columbia Forest Products Company für einen ihrer besten Lieferanten von Holzfurnieren, bis man bei Weyerhauser durch das Internet herausfand, daß einige von Columbias Konkurrenten diese Leistungen besser und billiger anboten. Weyerhauser konfrontierte Columbia mit diesen Daten und gab der Firma sechs Monate Zeit, sich entsprechend zu verbessern, oder Weyerhauser würde seine Furniere woanders einkaufen. Columbia verstand, drückte die Kosten und verbesserte die Produktqualität, um mit den Konkurrenten mitzuhalten oder sie sogar zu überholen und somit Weyerhauser ebenfalls zu einem Wettbewerbsvorteil zu verhelfen.[11]

Einige Veränderungen waren besonders abrupt. In den neunziger Jahren verringerte die 230 Jahre alte *Encyclopaedia Britannica* ihre berühmte »Klingelputzertruppe« von 2300 Mitarbeitern auf null, und zwar aus einem einfachen Grund: Wer würde heutzutage noch ein Lexikon mit 32 Bänden für über 1250 Dollar kaufen, wenn man den Großteil der darin enthaltenen Informationen sowieso im Internet finden kann? 1999 stellte die *Encyclopaedia Britannica* ihr gesamtes Nachschlagewerk von A bis Z ins Internet – angefangen bei »a-ak« (eine alte ostasiatische Musik) bis zu »Żywiec« (eine Stadt in Polen).

Ganze Industrien sind inzwischen in sich zusammengebrochen. Noch bis 1980 erforderte die Produktion einer einzigen Tonne Stahl zehn Stunden menschlicher Arbeit. Amerika hatte zu diesem Zeitpunkt 400 000 Stahlarbeiter. 20 Jahre später kann ein »Miniwalzwerk« eine Tonne Stahl in zwei Stunden produzieren, und nur noch 150 000 Stahlarbeiter sind beschäftigt. Der Wert der gesamten amerikanischen Stahlindustrie betrug zu der Zeit etwa die Hälfte des Aktienwerts einer einzigen Internet-Firma, nämlich Amazon.com.

Mit immer größerem Eifer wandern Unternehmen in ausländische Billiglohnländer ab oder schließen zumindest mit dort ansässigen Firmen Unterverträge ab, insbesondere in Südostasien und Lateinamerika. Einer der beliebtesten Sätze von John F. Welch, dem Generaldirektor von General Electric, lautet: »Preß die Zitrone aus!« Das hat General Electric auch eifrig getan, indem es seine Zulieferer dazu trieb, ihre Betriebe nach Mexiko zu verlegen.[12] Mehr als eine Million Mexikaner arbeiten nun in sogenannten »Maquiladoras«, Handelszonen entlang der amerikanisch-mexikanischen Grenze – 1990 waren es noch 400 000. Innerhalb nur weniger Jahre werden Hunderttausende von indischen und chinesischen Technikern, Programmierern und Software-Ingenieuren via Internet für amerikanische Unternehmen arbeiten, und zwar direkt von ihren Computern in Asien aus. Im Jahre 2000 verrichteten bereits zirka 50 000 Inder sogenannte »Hinterzimmer-Tätigkeiten« für weltweite Unternehmen, deren Geschäftssitze ganz woanders liegen. Ihre Arbeit bestand in der Eingabe und der

Abfrage von Internet-Daten, der Katalog- und Listenerfassung, dem Bearbeiten von Anrufen in Customer Service Call-Centers sowie der Online-Buchhaltung.

Unternehmen kämpfen verbissener denn je gegen Gewerkschaften, ersetzen streikende Arbeitnehmer und entlassen Arbeitnehmer, die sich besonders in den Gewerkschaften engagieren. Entlassungen solcher Mitarbeiter waren bis in die dreißiger Jahre illegal und bis vor kurzem zumindest noch sehr unüblich. 1950 kam auf zwanzig Gewerkschaftswahlen nur eine solche Entlassung, in den neunziger Jahren stellte die Bundesbehörde für Arbeitsbeziehungen solche Entlassungen bereits bei jeder dritten Gewerkschaftswahl fest.[13] Die Mitgliederzahlen in den Gewerkschaften sackten dementsprechend von 30 Prozent aller Arbeitnehmer im Privatsektor im Jahre 1973 auf 9,6 Prozent im Jahre 2000 ab.

Woher kommt der Anstoß für all diese Entwicklungen? Hier sind wir nun wieder da, wo wir begonnen haben: Wir stehen vor meiner und vor Ihrer eigenen Tür. Zu den aktivsten Investoren, die solch deutliche kostensenkende Schachzüge fordern, zählen große wohltätige Stiftungen, Altersvorsorgefonds von Universitätsprofessoren sowie die Rentenfonds der Gewerkschaften. Menschen wie Sie und ich, die ihre Ersparnisse in diesen Organisationen anlegen, sind sich höchstwahrscheinlich gar nicht im klaren darüber, was sie in Gang setzen, doch der Wettbewerb um unsere Ersparnisse ist das Antriebsrad für alle anderen Entwicklungen. Auch ich habe wohl, auf meine kleine, bescheidene Weise, dazu beigetragen, daß einige dieser schrecklichen Entwicklungen passieren mußten. Ich bin mir dessen noch nicht einmal vollständig bewußt. Doch wenn ein Vermögensverwalter, der für meinen Altersvorsorgefonds als Professor verantwortlich ist, nicht die optimale Rendite für meine Ersparnisse herausholt, werde ich den Fonds wechseln. Das geht ja heutzutage leichter als je zuvor, und das weiß er und agiert daher entsprechend.

In unserer Rolle als Konsumenten treiben Sie und ich diese Entwicklungen unabsichtlich weiter voran. Wir sind uns nicht im klaren darüber, daß wir Lohneinschnitte und Kampfansagen an die Gewerkschaften verlangen – das ist jedoch der von uns verursachte Effekt, wenn wir das billigste Produkt oder die günstigste Dienstleistung wählen. Unternehmen können Lohnerhöhungen nicht mehr so leicht an uns Kunden in Form von höheren Preisen weitergeben, wie es in der alten Wirtschaft mit ihren Oligopolen, Regulationen und Handelsbeschränkungen noch möglich war. Wir Verbraucher haben nun mehr Wahlmöglichkeiten und müssen eben nicht die höheren Löhne mitbezahlen. Wir entscheiden uns ganz einfach für billigere Produkte, die ganz oder teilweise von Menschen auf der ganzen Welt gefertigt werden, die dafür weniger Lohn erhalten als die Amerikaner. Oder wir wählen Produkte, die von amerikanischen Arbeitern hergestellt wurden, die eben nicht gewerkschaftlich organisiert sind, oder Produkte, die nur noch von vollautomatischen Maschinen und Robotern gefertigt werden. Wir Verbraucher wollen vielleicht gar keine Gewerkschaften sprengen oder den Lohn der Arbeitnehmer in der Routineproduktion drücken, doch indem wir unsere größeren Auswahlmöglichkeiten einsetzen und die Leichtigkeit, zu besseren Geschäften zu wechseln, tun wir genau das. Wir tragen dazu bei, daß nicht gewerkschaftlich organisierte Wirtschaftsbereiche schneller wachsen als die gewerkschaftlich organisierten und ermutigen indirekt die Unternehmen dazu, noch härter gegen die Gewerkschaften vorzugehen, als es in der Zeit der Oligopole und der Massenproduktion der Fall war.[14]

Einige von uns würden sich vielleicht als Verbraucher und Investoren anders verhalten, wenn sie besser über die Konsequenzen ihrer Auswahl informiert wären. Man könnte zum Beispiel bevorzugt Waren mit einem »Gewerkschaftsaufkleber« kaufen oder eine Händlergarantie verlangen, die ausweist, daß ein bestimmtes Produkt nicht von einem sechsjährigen Kind in Südostasien gefertigt wurde, das Woche für Woche den ganzen Tag arbeiten muß. Wir könnten unsere Ersparnisse nur noch »sozial verantwortlichen« offenen Investmentfonds anvertrauen, die nur in Unternehmen investieren, die sich für uns akzeptabel verhalten. Alle diese Schritte und noch viele mehr könnten wir tun, selbst wenn wir als Folge ein bißchen mehr bezahlen müßten und zugleich eventuell auch etwas weniger Rendite auf unsere Investitionen erhalten würden. (In der Tat haben sogar einige »sozial verantwortliche« Investmentfonds die regulären offenen Investmentfonds in den letzten Jahren überholt.) Wir könnten einfach der Meinung sein, daß wir dieses Opfer gerne bringen. Wenn die soziale Konsequenz der Wahl eines bestimmten Produkts oder einer Investition uns als besonders verabscheuenswert erscheint, könnten wir uns mit anderen Bürgern zusammentun und auf ein Gesetz drängen, das es jedem verbietet, sich weiterhin so zu verhalten. Schließlich erlauben wir ja auch keine Kinderarbeit in den USA und treiben auch keinen Handel mit den Schurkenstaaten dieser Welt oder investieren dort, selbst wenn uns durch derartige Beschränkungen einige gute Geschäfte durch die Lappen gehen. Es gibt keinen verfassungsmäßigen Rechtsanspruch auf das beste oder billigste Produkt oder die höchste Investitionsrendite. Doch jede derartige Einschränkung unserer Wahlmöglichkeiten würde uns wahrscheinlich etwas kosten, und da stellt sich nun wiederum die Frage, ob es uns dieses Opfer wert ist.

WAS SIE UND ICH IM AUSLAND BEWIRKEN

Selbst in Kulturen, in denen die traditionellen Bande zwischen Unternehmen, Mitarbeitern und dem Gemeinwesen stark gewesen sind – wie fast in ganz Kontinentaleuropa, Japan und Südostasien –, zerbrechen sie, weil globale Investoren (wie ich und wahrscheinlich auch Sie) es tatsächlich fordern. Ausländische Firmen brauchen amerikanisches Kapital, und amerikanische Investoren sind gerne bereit, ihre Anlagen über den Globus zu verteilen. Während der neunziger Jahre schossen amerikanische Beteiligungen an ausländischen Aktien von sechs Prozent der gesamten amerikanischen Kapitalbeteiligung auf fast zehn Prozent nach oben.[15]

Auf dem ersten Platz rangieren ganz still und leise die großen institutionellen Anleger Amerikas. Klaus Pohle, Leiter der Finanzabteilung der deutschen Schering AG, verriet unlängst der Öffentlichkeit in Berlin, wie er Finanzentscheidungen trifft: »Ich fahre nach Boston und besuche dort Mrs. Firestone (eine Vermögensverwalterin bei Fidelity Investments). Sie sagt mir dann, was ich tun soll.«[16] Als Alcatel, ein Telekommunikationsunternehmen, 1998 ankündigte, daß sein Jahresgewinn die Prognosen nicht erreichen würde, fiel der Börsenkurs des Unternehmens um 55 Prozent. Sechs Monate später schnellte die Aktie wieder hoch, was nicht unwesentlich an den umfassenden Kostensenkungen lag, einschließlich der Einsparung von 12 000 Arbeitsplätzen. Das wiederum veranlaßte den französischen Staatspräsidenten Jacques Chirac ein Jahr später in seiner Rede zum Jahrestag der Französischen Revolution, die verschiedenen Faktoren und Auslöser für diese Entwicklung zu erklären. »Die kalifornischen Rentner haben sich plötzlich entschlossen, Alcatel zu verkaufen«, bemerkte er säuerlich und spielte damit auf den großen Rentenfonds der ehemaligen Angestellten des öffentlichen Dienstes in Kalifornien an.

Diese Rentner – Zehntausende von liebenswerten älteren Mitbürgern, die ihr Leben lang für den Staat gearbeitet haben und daher kaum als wütende Antreiber des Kapitalismus und der freien Marktwirtschaft gelten dürften – haben ihre Ersparnisse alle in einem gigantischen Rentenfonds angelegt, der eifrig Wertpapiere zwischen Unternehmen, Arbeitnehmern und Gemeinwesen in der ganzen Welt hin und her schiebt. Als sich der Fonds unlängst beklagte, daß der deutsche Energieversorger RWE den Städten, die er belieferte, zuviel Mitbestimmung und Kontrolle über sein Management gebe und somit den Wert der RWE-Aktien schmälerte, die den kalifornischen Rentnern gehörten, argumentierte RWE, daß die Aktienstruktur zwischen dem Unternehmen und seinen Kunden ein wichtiges Band darstelle. Doch als der Fonds, augenscheinlich unbeeindruckt von dieser Aussage, RWE damit drohte, die Anteile zu veräußern, verwarf RWE sein System der Mitbestimmung sofort.[17]

Man sollte jedoch nicht die ganze Schuld auf amerikanische Investoren schieben. Europäische Investoren haben schon fast aufgeschlossen und lenken ihre Ersparnisse ebenfalls dorthin, wo sie die besten Renditen bekommen, und treiben somit europäische Unternehmen auf den amerikanischen Weg: Feindliche Übernahmen finden statt, Führungskräfte, die die Börsenkurse nicht maximieren können, werden entlassen, und ganze Betriebe werden in Billiglohnländer verlagert. Die hohen Lohnkosten in Deutschland haben einheimische Firmen dazu bewogen, nach Asien und sogar nach South Carolina umzuziehen, wo beispielsweise BMW eine Produktionsstätte errichtet hat. Schwedens Telekommunikationsgigant (und größter Arbeitgeber) Ericsson verlegte seine Weltzentrale vom kostenintensiven Schweden in das weniger teure London. 1999 erklärte der neue Präsident von DaimlerChrysler, Jürgen Schrempp, einem transatlantischen Zwitter, unverblümt, daß sein wichtigstes Ziel darin bestünde, »den ›shareholder value‹ zu maximieren«. Dementsprechend schloß er auch gleich einige deutsche Standorte und wechselte zu asiatischen Zulieferern. Bald danach tat Édouard Michelin, Sproß des französischen Reifenherstellers, das Unvorstellbare: Er sprach von Plänen, im Laufe von drei Jahren in Europa 7500 Arbeitsplätze zu streichen, obwohl Michelins Gewinne während der vorangegangenen Monate gerade um 20 Prozent gestiegen waren. Kompetente europäische Führungskräfte werden inzwischen von amerikanischen Unternehmen abgeworben, die weit bessere Gehälter bieten. »Wenn die Politiker nicht bald handeln«, warnte Jean-René Fourtou, Vorstandsvorsitzender von Rhône-Poulenc SA, einem französischen Chemie- und Pharmagiganten, »dann werden die Unternehmen Europa verlassen… Schritt für Schritt werden sie ihre Investitionen außerhalb Europas verlagern.«[18]

Auch japanische Unternehmen werden zunehmend abhängiger von globalen Investoren, die genau auf Bonitätseinschätzung und Kapitalrendite achten. Daher beginnen auch die Japaner inzwischen, das vor einigen Jahren noch Unmögliche umzusetzen: Sie streichen Arbeitsplätze, schließen Unterverträge ab und verlagern ihre Produktion in billiger produzierende Standorte in Südostasien. Damit beenden sie die herkömmliche Praxis der »lebenslangen Beschäftigung«. Ende des Jahres 1999 kündigte Nissan an, 21000 Arbeitsplätze zu streichen, den Großteil davon in Japan. NEC kündigte die Entlassung von 15 000 und Sony die Entlassung von 17 000 Arbeitnehmern an.[19]

Glauben Sie ja nicht, daß diese Entwicklungen unvermeidlich wären. Jede Gesellschaft kann sich immer noch dafür entscheiden, herkömmliche Arbeitsverhältnisse aufrechtzuerhalten, ehrwürdige Unternehmen mit starken Wurzeln in den traditionellen Umgebungen zu unterstützen oder das globale Kapital daran zu hindern, sich rasch zu bewegen oder eine derartige Macht zu haben, wie es derzeit der Fall ist. Doch so eine Gesellschaft müßte dafür einen Preis bezahlen: Ihre Innovationen gingen langsamer vonstatten als in weniger verknüpften Gesellschaften, und ihre Bürger hätten nicht mehr so schnellen Zugang zu besseren Produkten oder zum weltweiten Kapital. Ich möchte diese Wahl nicht als Schwarzweißszenario beschreiben, denn zwischen dem Aufrechterhalten des Alten und dem begeisterten Annehmen des Neuen gibt es vielerlei Abstufungen. Auch will ich an dieser Stelle nicht zu weit vorgreifen, da ich später noch einmal zu diesem Thema kommen werde.

WANN SICH LOYALITÄT AUSZAHLT

Einige Leser werden nun einwenden, daß ich die grundlegendsten positiven Effekte der institutionellen Loyalität gar nicht erwähnt habe. Zweifellos zahlt sich ein nettes und aufrichtiges Verhalten gegenüber Mitarbeitern und Zulieferern aus, denn vieles deutet darauf hin, daß Mitarbeiter, die sich geschätzt fühlen, gerne bereit sind, härter und besser zu arbeiten. Mitarbeiterfluktuation kann teuer werden. Manchmal kann eine Gewerkschaft die Sorgen und Vorschläge der Arbeitnehmer so deutlich formulieren, daß die Produktivität gesteigert wird. Zulieferer, die wie Partner behandelt werden anstatt als reine Verkäufer, aus denen das letzte Quentchen Kostensenkung herausgepreßt wird, sind ebenfalls oft eher bereit, Informationen über ihre Kunden zu teilen und in Innovationen zu investieren, die die Effizienz an allen Stellen der Zulieferkette steigern. Ein deutliches Signal einer guten »Unternehmensgemeinschaft« kann das öffentliche Image aufpolieren und den Absatz fördern. Nicht wenige »sozial verantwortliche« Investmentfonds erwirtschaften genau deshalb hohe Renditen für ihre Anleger, weil sich gewisse Arten von sozialem Gewissen eben auszahlen.

Welche finanziellen Erträge auch immer durch nettes Geschäftsgebaren verursacht werden, bedeutet das jedoch noch lange keine *weitergehenden* Verbindlichkeiten gegenüber Mitarbeitern, Lieferanten oder dem Gemeinwesen über die Notwendigkeit hinaus, Investorenrenditen zu maximieren (im Falle eines Privatunternehmens also genügend Renditen zu erwirtschaften, um reinvestieren zu können und wettbewerbsfähig zu bleiben, und im Falle gemeinnütziger Organisationen, die Renditen zu maximieren, um die gesetzten Ziele besser zu erreichen). In dem Maße, wie ein netter Umgang mit anderen diese grundlegenden Ziele eher fördert, ist so ein Verhalten auch gut für den Geschäftssinn, jedoch *nur* im Hinblick auf die oben genannten Ziele. Wenn der Umsatz gesteigert werden kann, indem man diese Beziehungen kappt, dann wird das auch getan. Selbst Levi-Strauss, Kleiderfabrikant mit bewährtem Ruf für soziale Verantwortung (während der Depression stand der Großteil seiner arbeitslosen Beschäftigten weiterhin auf der Lohnliste), kappte gegen Ende des 20. Jahrhunderts seine Bande mit dem Gemeinwesen und seinen Arbeitern. Er schloß die Hälfte seiner Fabriken in Nordamerika und entließ fast 50 Prozent seiner Arbeitskräfte. Zugleich verlagerte er die Produktion durch den Abschluß von Unterverträgen in diejenigen ausländischen Staaten, in denen geringere Lohnkosten herrschten. Natürlich hat Levi-Strauss alles versucht, diesen Schritt möglichst schonend über die Bühne zu bringen, hat seinen Mitarbeitern großzügige Abfindungen gezahlt und ihnen zum Teil Umschulungen mitfinanziert. Doch letzten Endes hatte Levi-Strauss keine andere Wahl, als die alten Bande zu durchschneiden, da seine Konkurrenten das bereits getan hatten und ihre niedrigeren Kosten ihnen so einen Wettbewerbsvorteil verschafften, der die Zukunft des Unternehmens Levi-Strauss gefährdete.

In der neuen Wirtschaft wird kein Platz mehr sein für andere Gesten der Großzügigkeit gegenüber Mitarbeitern, Lieferanten oder dem Gemeinwesen als die, welche sich direkt positiv auf die Unternehmensbilanz auswirken. Sollte ein »sozial verantwortliches« Verhalten diese positive Wirkung haben, indem es die Mitarbeiter, Zulieferer oder die Öffentlichkeit im allgemeinen zu mehr Engagement veranlaßt, ist dieses Verhalten vom unternehmerischen Standpunkt aus gesehen absolut sinnvoll. Die neue Logik des Wettbewerbs schreibt den Führungskräften derartige Handlungen geradezu vor. Sollte jedoch »sozial verantwortliches« Verhalten von der Prämisse der Gewinnmaximierung wegführen – und somit das Unternehmen behindern, da es Ressourcen abzieht oder eine Produktion, die besser, schneller und billiger als die der Konkurrenten ist, sonstwie einschränkt –, entsteht dadurch die Gefahr, daß Konsumenten und Anteilseigner schnell zu erfolgversprechenderen Geschäften wechseln. Gemäß der neuen Logik werden Bestrebungen in dieser Richtung dann zum eigenen Fallstrick für die Unternehmensleiter.

DIE ABNORMITÄT VON TREUE

Das Unerwartete oder sogar Abscheuliche wird irgendwann, wenn es nur oft genug wiederholt wird, akzeptiert, und das Akzeptierte wird schließlich die Norm. Unternehmensgebaren, das einst als Verrat am Vertrauen und der Loyalität betrachtet wurde, ist inzwischen gängige Praxis geworden. Als AT&T Anfang 1996 ankündigte, Zehntausende von Arbeitnehmern zu entlassen, und zugleich seinem Generaldirektor einen fetten Bonus zusprach, hagelte es von der gesamten Presse ausnahmslos vernichtende Kritik. Nachdem sich einige andere große Unternehmen ähnlich verhielten, verurteilte ein Präsidentschaftskandidat der Republikaner die Perfidie der großen Unternehmen, und auf der Titelseite einer bekannten amerikanischen Wochenzeitung prangte unter dem Photo einiger Generaldirektoren die Schlagzeile »Unternehmenskiller«. Gegen Ende der achtziger Jahre waren Entlassungen immer noch überall an der Tagesordnung, obwohl die Unternehmen im Vergleich zur Mitte der neunziger Jahre mehr Profite erwirtschafteten und die Prämien für die Unternehmensleiter natürlich auch beträchtlich höher waren. Doch inzwischen sprach niemand mehr von Schande oder verurteilte gar dieses Verhalten – diese Praktiken waren inzwischen zu einem alltäglichen Aspekt im amerikanischen Geschäftsleben geworden.

Eine Generation zuvor signalisierte eine Entlassung ein moralisches Scheitern, einen persönlichen Defekt oder einen tiefgreifenden Makel seitens des Arbeitnehmers. Ein Mitarbeiter konnte in wirtschaftlichen Dürreperioden vorübergehend durchaus entlassen werden, doch wäre er auf keinen Fall endgültig gefeuert worden – denn welchen Sinn hätte es für einen Arbeitgeber gehabt, jemanden zu entlassen, der seine Arbeit ordentlich verrichtete. Eine Kündigung bedeutete, daß die betreffende Person die an sie gestellten Aufgaben nicht zufriedenstellend ausgeführt hatte oder zukünftig nicht mehr länger dazu in der Lage sein würde. Somit zog jede Entlassung einen gehörigen Verlust an Selbstachtung nach sich und war oft die Ursache für große private Tragödien. In Arthur Millers Drama *Der Tod des Handlungsreisenden* aus dem Jahre 1949 entläßt der junge Howard den Handlungsreisenden Willie Loman deshalb, weil dieser nicht mehr den nötigen Umsatz bringt. Einst war Willie ein ausgezeichneter Verkäufer, doch jetzt ist er nicht mehr zu gebrauchen, und diese Erkenntnis zerstört seine gesamte Persönlichkeit. Verzweifelt schreit Willie Howard an: »Sie können mich nicht ausquetschen wie eine Zitrone und dann die Schale wegwerfen. So kann man mit einem Menschen nicht umgehen!«

Willies Anklage ist immer noch ergreifend, doch das Theaterstück erscheint inzwischen seltsam verstaubt. Ein Mensch, der heute seinen Job verliert, fühlt sich vielleicht immer noch gedemütigt und ist wütend, doch niemand sieht ihn mehr als gescheitert an. Ständig werden Mitarbeiter aus Gründen entlassen, die nichts damit zu tun haben, daß sie den ihnen übertragenen Aufgaben nicht gerecht wurden. John Scully, der ehemalige Generaldirektor von Apple Computers, sah die Auswirkungen von Entlassungen zunächst als ein Phänomen, das sich speziell auf Kalifornien beschränkte, doch als das 20. Jahrhundert zu Ende ging, traf das beschriebene Bild bereits auf ganz Amerika zu: »Wird jemand an der Ostküste gefeuert oder muß von dort wegziehen, ist das für den Betreffenden geradezu ein Trauma. Passiert das gleiche hier in Kalifornien, hat das nicht viel Gewicht. Die Menschen ziehen einfach weg und probieren etwas anderes.«[20]

Die alte Wirtschaft belohnte stabile und vorhersehbare Beziehungen zu Kunden, Investoren, Firmen, Zulieferern, Mitarbeitern und Gemeinschaften, weil eine Massenproduktion Stabilität und Vorhersehbarkeit benötigte. Jede Abweichung davon gefährdete die Effizienz. Daher verließen sich alle beteiligten Kräfte auf die Dauerhaftigkeit. Doch die aufkommende Wirtschaft verändert die Erwartungen. Moderne Wirtschaftsbeziehungen werden als flüchtig angesehen, Menschen gehen davon aus, daß jeder Geschäftspartner, mit dem sie verhandeln, sofort zu einer besseren Alternative wechseln wird, sobald sich eine auftut – sie würden es ja genauso machen.

So wie Untreue inzwischen zur »Norm« wird, wird im Gegenzug Treue immer suspekter. Bleibt man zu lange bei einem Unternehmen oder in einem Arbeitsbereich, muß man das als Arbeitnehmer bereits erklären. Hängt die eigene Immobilität mit dem Lebenspartner oder der Familie zusammen, oder vielleicht mit einem Leistungsdefizit der eigenen Person, unbefriedigenden Chancen (es hat sich noch keine Alternative aufgetan) oder etwa mit einem deutlichen Mangel an Ehrgeiz? Eine Firma oder eine Organisation, die die gleichen Führungskräfte und Mitarbeiter zu lange an sich bindet, lädt zu ähnlichem Mißtrauen ein und wird genauer überprüft. Vielleicht handelt es sich ja nur um ein wunderlich altmodisches Unternehmen? Doch hinter so einer Politik können sich auch tiefgreifendere Probleme verbergen: Eine zu große Behäbigkeit, um mit der Zeit Schritt zu halten, oder zu große Borniertheit.

Vielleicht ist der Laden ja eingerostet, und es fehlen ihm einfach frischer Wind und die nötigen Visionen. Eine Gemeinde, in der jahrzehntelang dieselben Einwohner wohnen, gilt manchmal als weltfremd und eingefahren und entbehrt wohl jeder Vitalität.

WEM ODER WAS GEGENÜBER LOYAL SEIN?

Auf alle Fälle wird es in den kommenden Jahren unklar sein, wer oder was loyales Verhalten erzeugt oder sich selbst loyal verhält. Die »wirtschaftliche Größe«, Unternehmen, Universität oder Institution, wird zunehmend verschwommener. Sie zerfasert sich in Netzwerke unternehmerischer Gruppen, zeitlich begrenzter Projekte, elektronischer Gemeinschaften und Partnerschaften, die mit verschiedenen Marken und Markenportalen verknüpft sind. Im Angesicht eines derartigen Cyberspace-Szenarios klingt es etwas anachronistisch, von institutioneller Loyalität zu sprechen, da es immer weniger klar umrissene Grenzen gibt, die Institutionen definieren.

Früher konnte man Organisationen deutlich erkennen: Sie waren in Form einer Pyramide aufgebaut – mit den Chefs an der Spitze, gefolgt von den mittleren Führungskräften und Mitarbeitern bis hinunter zu den Arbeitern. Entweder befand man sich innerhalb der Pyramide – als Mitglied, Gesellschafter, Partner oder Mitarbeiter – oder außerhalb. Diese bürokratischen Kontrollhierarchien sind inzwischen für die Koordination von großen Mitarbeiterzahlen überflüssig geworden. Breitflächige Anordnungen von Designern, Zulieferern, Marketing- und Finanzspezialisten, Unternehmern und Spediteuren können so arbeiten, als wären sie ein einziges Unternehmen – um dann am nächsten Tag eine ganz andere Konstellation zu bilden. Wer ist da drin und wer draußen? In ein paar Jahren wird ein »Unternehmen« definiert sein durch diejenigen Menschen, die über einen gewissen Zeitraum einen gewissen Zugang zu gewissen Daten haben und einen gewissen Anteil eines gewissen Ertragsrückflusses erhalten.

Ein kurzer Blick in die Zukunft: Die Firma Monorail besitzt keine Fabriken, Lager oder irgendwelches Sachvermögen, sondern operiert von einem angemieteten Stockwerk in einem Bürokomplex in Atlanta aus. Einige Computerdesigner mit Projektverträgen entwickelten für Monorail einen PC, der in einen Standardkarton paßt und von Federal Express versandt werden kann. Um diesen PC zu bestellen, rufen die Kunden eine gebührenfreie Nummer an, die mit der Logistikabteilung von Federal Express verbunden ist. Von dort gehen die Bestellungen weiter zu einem Hersteller (ebenfalls mit Projektvertrag), der die PCs aus unterschiedlichen Einzelteilen zusammenschraubt, die aus der ganzen Welt stammen. Federal Express verschickt die PCs dann an die entsprechenden Kunden und leitet die Rechnungen an die Sun Trust Bank in Atlanta weiter, deren Rechnungsabteilung die Rechnungs- und Kreditüberprüfung abwickelt, allen an dem Prozeß Beteiligten eine entsprechende Vergütung ausbezahlt (inklusive der kleinen Kommission für Monorail) und schließlich die Kosten und Risiken übernimmt, den Rechnungsbetrag von den Kunden einzutreiben. Braucht ein Benutzer eines Monorail-PCs technische Unterstützung, wählt er ebenfalls gebührenfrei die Servicenummer von Monorail und spricht dann mit den Customer-Service-Mitarbeitern von Sykes Enterprises, einer Firma mit Sitz in Tampa (Florida), die die Dienstleistungen eines Callcenters anbietet. Aufgrund dieses Netzwerks ist Monorail in der Lage, mit die billigsten PCs auf dem Markt anzubieten, und kann zugleich fast mühelos seine Verkaufszahlen nach oben fahren, indem es einfach sein Netzwerk an Dienstleistern vergrößert.[21]

Doch diese Beschreibung täuscht: Monorail ist keine Firma, sondern eigentlich nichts anderes als eine gute Idee, eine Handvoll Menschen in Atlanta und ein Haufen von Verträgen. Während Sie dieses Buch lesen, gibt es Monorail unter Umständen schon gar nicht mehr. Kann also Monorail zu irgend jemandem »loyal« sein oder irgend jemand »loyal« zu Monorail?

WEM GEGENÜBER VERANTWORTLICH SEIN?

Mit Hilfe des Internets können die Verantwortlichkeiten dafür, wer etwas tut und wer wieviel dafür bezahlt bekommt, in Form von vielen befristeten Projektverträgen verteilt werden. Solche Verträge können natürlich nicht alle möglichen Probleme vorhersehen und beinhalten. Hierzu ein Beispiel: Vom 7. August 1999 an hatten einige kleine Unternehmen, die auf das Internet als Kommunikationsmedium mit ihren Kunden angewiesen waren, etwa zehn Tage lang keinen Zugang zum Internet – was für sie fast den Todesstoß bedeutete. Wer war dafür verantwortlich? Begeben wir uns auf Spurensuche: Ihre Internet-Provider hatten mit DataXchange zusammengearbeitet, einer Firma mit Sitz in Washington (D.C.), die in großem Stil Internet-Zugang kaufte und ihn dann stückchenweise an sie weiterverkaufte. Den größten Brocken hatte DataXchange von MCI WorldCom erworben. Am 7. August 1999 brach aber leider MCI WorldComs Hochgeschwindigkeitsnetzwerk vollständig zusammen. Wie das? Das Netzwerk von MCI WorldCom arbeitete mit Software von Lucent Technologies (einst die Forschungsabteilung von AT&T); am 7. August nun zeigte sich in dieser Software ein Fehler, den die MCI-Software-Ingenieure nicht beheben konnten. Und warum nicht? Weil die Software vor einigen Jahren von anderen Ingenieuren entwikkelt worden war, die für eine Firma namens Cascade Communications tätig waren. Cascade wurde später dann von Ascent Communications übernommen, die in den ersten Monaten des Jahres 1999 ihrerseits von Lucent Technologies zusammen mit der Software für 20 Milliarden Dollar aufgekauft wurden. So gelangte die Software schließlich in das System von Lucent und logischerweise damit in das Datennetzwerk von MCI WorldCom.

Vergessen Sie die Firmennamen, dann wird das Verwirrspiel klarer, und ähnlich wie beim Computerbefehl »Entschlüsseln« werden Sie die zugrundeliegenden Strukturen gleich erkennen. Was wir bis jetzt sehen, sind viele Menschen, die sich gegenseitig für spezielle Dienstleistungen vertraglich aneinander gebunden haben. Diejenigen, deren Dienstleistung vor einigen Jahren im Programmieren der Originalsoftware bestand, arbeiten inzwischen an ganz anderen Projekten. Das Problem ist nur, sie sind die einzigen, die sich ausreichend mit der fehlerhaften Software auskennen, um den Fehler schnell beheben zu können. Sie sind jedoch leider nicht länger verfügbar. Sie kamen nämlich nicht zusammen mit der Software von Cascade zu Ascent und dann im Jahre 1999 zu Lucent. Jetzt sind ihre Kenntnis und ihr Wissen plötzlich immens wichtig, waren jedoch damals beide nicht Bestandteil des geistigen Eigentums, das die Besitzer gewechselt hat.

Wenn der »Kitt«, der ein Unternehmen zusammenhält, nur noch aus zeitlich befristeten Projektverträgen besteht, wer ist dann dafür verantwortlich, sicherzustellen, daß das System als Ganzes so funktioniert, wie es geplant war? Es ist traurig genug, wenn viele kleine Unternehmen Geld verlieren, weil niemand da ist, der einen Software-Fehler beheben kann, doch das Abschließen von Unterverträgen und damit die Verlagerung von Verantwortung kann manchmal auch weit schwerwiegendere Probleme hervorrufen. Wenn eine kleine Fabrik in Indonesien Kinder beschäftigt, die sechs Tage pro Woche zehn Stunden lang unter unhygienischen Arbeitsbedingungen Stoffe weben, und diese Stoffe dann von dort an eine taiwanesische Firma verkauft werden, die sie zuschneidet und zu Kleidungsstücken zusammennäht, die ihrerseits wiederum an einen Rack-Jobber in Kalifornien geschickt werden, der damit dann die Großmarktkette Wal-Mart beliefert, ist Wal-Mart dann für die Arbeitsbedingungen der Kinder in Indonesien verantwortlich? Wie kann Wal-Mart dafür verantwortlich sein, wenn er davon noch nicht einmal etwas wissen kann. Doch wie kann er zugleich nicht dafür verantwortlich sein, wenn eine beträchtliche Zahl amerikanischer Bürger Kinderarbeit moralisch und ethisch verdammenswürdig findet? Als einige Mitarbeiter einer inzwischen nicht mehr existierenden Flugzeugwartungsfirma Sauerstoffgeneratoren schlampig verpackten, die so an den Kunden, eine Fluggesellschaft, ausgeliefert wurden und später im Laderaum eines der Flugzeuge einen Brand verursachten, aufgrund dessen das Flugzeug schließlich in den Everglades abstürzte – wer ist hierfür moralisch verantwortlich zu machen?*

LOYALITÄT IN DER WIRTSCHAFT ist jedoch noch nicht ganz verschwunden. Man kann sich vielleicht immer noch seinem Arbeitgeber gegenüber loyal fühlen und umgekehrt. Doch die Entwicklungen gehen unbestreitbar in die entgegengesetzte Richtung, und der Grund dafür sollte klar sein. Jeder Konsument und jeder Anleger kann mit zunehmender Geschwindigkeit und Bequemlichkeit zu besseren Angeboten und Geschäften wechseln, was bedeutet, daß jeder in der Waren- und Dienstleistungskette ebenfalls auswechselbar sein muß, um schneller, besser und billiger zu sein. Verbraucher und Investoren wie Sie und ich profitieren stark von Technologien, wie zum Beispiel Internet, E-Commerce und ausgefallener Software, die uns jederzeit größere Flexibilität erlaubt. Unter dem gemeinsamen Druck werden Unternehmen immer mehr zu Gruppen zusammenarbeitender Menschen, die nur durch eine temporäre Erfordernis des Marktes aneinander gebunden sind.

Das Ergebnis sind grenzenlose Innovationen und beispiellose Dynamik, doch auch ein System wirtschaftlicher Beziehungen, die so flüchtig sind, daß die Zuordnung, wer welche Verpflichtung wem gegenüber hat – und wer morgen wen ersetzen wird –, vollkommen unklar wird. Meine Studenten

* Für den Absturz des ValuJet im Jahre 1996 wurde die Schuldfrage zwar juristisch geklärt, blieb aber ohne praktische Auswirkungen. 1999 verurteilte ein Bundesgerichtshof SabreTech, Inc., die inzwischen nicht mehr existierende Wartungsfirma, in neun Fällen wegen Verstößen im Zusammenhang mit unsachgemäßem Umgang mit Sauerstoffbehältern, die zum Absturz geführt hatten. Ein ehemaliger SabreTech-Mechaniker und ein Wartungsinspektor wurden von allen Anklagen freigesprochen. Nach dem Urteil sagte der Anwalt von SabreTech, daß die Firma eine Mantelfirma ohne irgendein tatsächliches Betriebsvermögen war. 1997 fusionierte ValuJet mit einer anderen Fluggesellschaft.

betrachten die Geschäftswelt, in die sie bald eintreten werden, in zeitlich weitaus befristeteren Abschnitten, als das bei meiner Generation der Fall war. Sie haben gar nicht die Absicht, mehr als nur ein paar Jahre in einem Job zu bleiben, und rechnen auch von seiten einer Firma oder einer Institution nicht mit Loyalität, geschweige denn von seiten einer anderen Person. Sie wollen ja ihrerseits ebenfalls nicht loyal sein: Wirtschaftliche Beziehungen sind für sie flüchtiger Natur. Sie gehen davon aus, daß sie allein die volle Verantwortung für den Verlauf ihrer Karriere übernehmen müssen, denn sie können diese Verantwortung auf niemand anderen abschieben.

KAPITEL 5

Das Ende der Beschäftigung, wie wir sie kannten

Zunächst: was ist eigentlich Arbeit? Es gibt zweierlei Arten: einmal, Verlagern der Materie auf oder nahe der Erdoberfläche in bezug auf andere derartige Materialien; zweitens, andere Leute anweisen, es zu tun.
Bertrand Russell, *Lob des Müßiggangs**

FOLGEN WIR WEITERHIN der logischen Entwicklung: Die Technologie beschleunigt und erweitert den Zugang zu lohnenden Geschäften. Kunden und Investoren können mit immer größerer Leichtigkeit zu besseren Angeboten wechseln. Um in dem neuen Zeitalter des immer unerbittlicheren Wettbewerbs überleben zu können, müssen die Anbieter ständig Innovationen hervorbringen und dabei noch schneller sein als ihre Konkurrenten. Das geht am besten mit Hilfe von kleinen unternehmerischen Gruppen, die an vertrauenswürdigen Marken hängen. Im Zentrum dieser Gruppen befinden sich talentierte Tüftler und Spürnasen, nach denen die Nachfrage immer weiter steigt. Zudem muß ein Unternehmen ständig Kosten senken. Es mietet daher fast alle Hilfsmittel, sucht die billigsten Zulieferer, drückt die Löhne der Routinearbeiter und wandelt alle Beschäftigungshierarchien in schnell wechselnde Vertragsnetzwerke um.

* Bertrand Russell, *Lob des Müßiggangs* (Hamburg/Wien: Paul Zsolnay 1957), S. 12.

Dieses Szenario ist nicht überall Realität – zumindest noch nicht. Ein Großteil der Menschen arbeitet immer noch für und innerhalb von Organisationen. Doch die Logik der neuen Wirtschaft verändert die Art der Beschäftigung. Weniger Arbeiter sind »Beschäftigte« in dem Sinn, wie die Bezeichnung fast das gesamte 20. Jahrhundert galt – und in Zukunft wird ihre Zahl noch weiter sinken. Die berufstätige Bevölkerung anderer Nationen beschreitet den gleichen Weg und entfernt sich ebenfalls von dauerhafter Beschäftigung, wenn auch noch nicht so deutlich.

Was hält die Zukunft für Sie und Ihre Kinder bereit? Sie werden weder ausschließlich freiberuflich tätig sein und ihre individuellen Dienstleistungen in einem offenen Markt dem höchsten Bieter zur Verfügung stellen, noch werden Sie weiterhin der oder die Beschäftigte in einer »Organisation« sein. Statt dessen werden Sie wahrscheinlich Mitglied einer unternehmerischen Gruppe, deren Umsatz jährlich oder sogar monatlich variiert, so daß Ihr Verdienst von Ihrem Beitrag zum Ertrag der Gruppe abhängt. Oder Sie werden projektbezogen für eine Dienstleistungsfirma tätig sein, für deren Kunden Sie Projekte abwickeln und dafür dann einen Anteil am Gesamtumsatz der Firma erhalten. Oder Sie arbeiten für eine Talentagentur oder eine Zeitarbeitsfirma, die Sie zur Mitarbeit an bestimmten Projekten zeitlich begrenzt einsetzt und dafür einen Prozentteil Ihres Lohnes als Vermittlungsgebühr einbehält. Selbst im Silicon Valley schießen Firmen wie Pilze aus dem Boden, die Topprogrammierer für einen Stundensatz von 200 Dollar oder mehr als Projektmitarbeiter ausleihen.[1]

Ganz gleich, wie Ihre Beziehung zu den Menschen, die Ihre Dienstleistungen kaufen, sein mag, das Unternehmen, das zwischen Ihnen und Ihren Kunden vermittelt und Ihre Dienstleistungen verkauft, wird mehr und mehr verschwinden. Selbst wenn man Sie als vollzeitbeschäftigt *bezeichnet*, werden Sie immer seltener ein Arbeitnehmer einer Organisation sein, sondern immer häufiger ein Dienstleistungsanbieter für bestimmte Kunden und Klienten, unter dem Markennamen der jeweiligen Organisation. Somit hängt Ihr Einkommen davon ab, wieviel diese Kunden für Ihre Dienstleistungen zu bezahlen bereit sind, ebenso wie vom Ruf des Markennamens, der die Kunden zu Ihnen führt.

In gewisser Hinsicht sind wir damit wieder exakt an einem früheren Punkt der Wirtschaftsgeschichte angelangt, in der Menschen vertraglich für die Ausübung bestimmter Aufgaben verpflichtet wurden. Historisch betrachtet ist das gesamte Konzept des dauerhaften Arbeitsplatzes eher jüngeren Datums und, wie sich herausstellt, auch kurzlebig. In den USA und anderen Industrienationen gedieh diese Vorstellung 150 Jahre lang hervorragend, nämlich während der industriellen Ära der Massenproduktion. Inzwischen neigt sie sich ihrem Ende zu.

DER URSPRUNG DER BESCHÄFTIGUNG

Blicken wir kurz in die Geschichte zurück. Vor dem Aufkommen der Massenproduktion in der zweiten Hälfte des 19. Jahrhunderts waren wenige Menschen dauerhaft bei festem Lohn beschäftigt. Ein Großteil der Arbeit spielte sich auf Bauernhöfen im Familienbesitz ab, auf gepachteten Höfen und in Geschäften, die der Familie gehörten, oder wurde von Handwerkern, Kunsthandwerkern und Einzelhändlern verrichtet. In den alten Südstaaten der USA leisteten diejenigen Menschen den Großteil der landwirtschaftlichen Arbeiten – wie das Bepflanzen und Ernten riesiger Tabak-, Reis- und Indigofelder –, die zwar dauerhaft für jemanden arbeiteten, jedoch unfrei waren: weiße Zwangsarbeiter und schwarze Sklaven. In beiden Fällen war ihr Lohn nicht »fest«. Er hing ab von den Launen des Wetters, dem Ungezieferbefall sowie von Krankheiten und Kriegen. Außerdem erforderte diese Tätigkeit unermüdliche Anstrengung, die den Muskeln und Gelenken oft alles abverlangte. Auch waren weder Arbeits- und Privatleben noch bezahlte und unbezahlte Arbeit deutlich voneinander getrennt. Frauen und Kinder arbeiteten an der Seite ihrer Männer und Väter, und die Heimarbeit war ein zentraler Faktor des wirtschaftlichen Überlebens einer Familie. Tatsachen, die sich für die meisten Menschen auf diesem Planeten bis heute nicht geändert haben.

Als die Industrieproduktion in den USA aufkam, galt bereits die Vorstellung, dauerhaft für jemanden anderen zu arbeiten, als erniedrigend, wenn nicht gar als bedrohlich für die individuelle Freiheit. Der politische Polemiker Orestes Brownson, ein strenger Anhänger der Demokratie im Sinne Andrew Jacksons, vertrat in einem Traktat aus dem Jahre 1840 eine damals typische Ansicht: »Löhne sind ein schlauer Schachzug des Teufels, die den zartbesaiteten Gewissen, die alle Vorteile des Sklavensystems, ohne die Kosten, den Ärger und die Aura des Sklaventums, beibehalten wollen, zum Vorteil gereichen.«[2] Lohnarbeit war moralisch nur akzeptabel als ein Schritt hin zu wirtschaftlicher Unabhängigkeit, als ein Zwischenstadium, das sie, so sahen es die meisten Nordstaatler, von der Sklaverei abhob. Abraham Lincoln war selbst ein Beispiel für diesen Schritt: Er begann zunächst als Lohnarbeiter beim Eisenbahnbau, studierte dann Rechtswesen und verdiente sich damit seinen Lebensunterhalt. »Sie bestehen darauf, daß ihre Sklaven weit besser dran sind als die freien Männer in den Nordstaaten«, spottete Lincoln über die Südstaatler, die das Sklavensystem verteidigten. »Was für eine verblendete Vorstellung diese Menschen doch von den Arbeitern in den Nordstaaten haben! Sie glauben, daß die Menschen hier immer Arbeiter bleiben – doch hier gibt es keine solche Klasse. Der Mann, der letztes Jahr noch für einen anderen gearbeitet hat, arbeitet dieses Jahr schon für sich selbst und wird im nächsten Jahr andere Arbeiter anstellen, die für ihn arbeiten werden!«[3]

Besitzer kleiner Werke und Fabriken, die in und um Neuengland sowie in weiter südlichen Atlantikstaaten entstanden waren, verpflichteten erfahrene Handwerker direkt und entlohnten sie entsprechend ihrer Produktion. Die Fachkenntnis der Handwerker bezüglich der meisten Produktionstätigkeiten und ihr Können verhalfen ihnen zu einem erheblichen Vorteil bei den Lohnverhandlungen. Doch als sich nach dem Bürgerkrieg die Massenproduktion durchsetzte, begannen die Fabrikbesitzer Facharbeiter durch Maschinen zu ersetzen und heuerten ungelernte Arbeitskräfte an – darunter viele Einwanderer –, die die Maschinen zu einem festen Lohn bedienen sollten. Die gelernten Handwerker reagierten darauf und schlossen sich zur ersten großen Gewerkschaft Amerikas zusammen, den »Knights of Labor«, mit dem Ziel, das »Lohnsystem abzuschaffen«.[4]

1892 kam es zur ersten großen Auseinandersetzung in Andrew Carnegies Homestead-Werken nahe Pittsburgh. Als Facharbeiter sich gegen die niedrigeren Löhne sträubten, wurden sie ausgesperrt, weigerten sich jedoch, ungelernte Arbeiter hereinzulassen. Dieser Streik dauerte einige Monate, bis schließlich unter dem Schutz der Polizei des Staates Pennsylvania Streikbrecher in die Werke geschleust wurden und die Gewerkschaft aufgab. Die Regierung des Staates Pennsylvania und die Bundesregierung haben sich in den folgenden Jahren immer, unterstützt von den Interessen der Wirtschaft, zugunsten der Fabrikbesitzer eingesetzt. 1894 legten streikende Bahnarbeiter, als Protest gegen ihre Behandlung durch die Pullman-Werke, Chicago und große Teil des Mittleren Westens lahm. Die Justiz reagierte sehr schnell, und ein Bundesgericht verbot den Streik. Präsident Grover Cleveland ließ sodann die wichtigsten Eisenbahnknotenpunkte durch Bundestruppen bewachen, in Chicago wurde das Kriegsrecht ausgerufen und die Anführer des Streiks ins Gefängnis gesteckt.

Die »Knights of Labor« gaben sich geschlagen, und die Lohnarbeit wurde zur Norm. Zwischen 1870 und 1910, als sich die amerikanische Bevölkerung mehr als verdoppelte, vervierfachte sich die Zahl der Lohnarbeiter in der Industrie von 3,5 Millionen auf 14,2 Millionen.[5] Die Zahl der Lohnarbeiter pro Fabrik schnellte in die Höhe. In den Werken Neuenglands waren Mitte des 19. Jahrhunderts nicht mehr als einige hundert Menschen beschäftigt gewesen – die erste Motorenfabrik von Ford stellte im Jahre 1915 15 000 Arbeiter ein.

Grubenarbeiter, Zigarrendreher, Drucker, Eisen- und Stahlwerker sowie Stoffnäherinnen schlossen sich zu einer neuen Gewerkschaft zusammen: der »American Federation of Labor«, die die Notwendigkeit von Lohnarbeit akzeptierte. Samuel

Gompers, der erste Präsident der AFL, räumte ein, daß »wir unter dem Lohnsystem arbeiten und es unser Ziel ist, einen immer größeren Anteil an Arbeit zu sichern, solange dieses System besteht«.[6] Für Gompers bedeutete die industrielle Konzentration »ein logisches und unvermeidliches Merkmal unseres modernen Industriesystems«.[7]

Fortschrittliche Politiker wie Woodrow Wilson sehnten sich immer noch nach einfacheren Zeiten zurück, als »Männer überall die Kapitäne der Industrie waren und nicht Beschäftigte, die auf eine weit entfernte Stadt blicken mußten, um herauszufinden, was sie eventuell arbeiten könnten, sondern sich entsprechend in der Nachbarschaft umsehen konnten«.[8] Zögerlich jedoch akzeptierten die Menschen, daß die neue Wirtschaft die Lohnarbeit erforderte. Was die Fortschrittlichen beunruhigte, war die Frage, wie man Lohnarbeit mit den amerikanischen Werten von Individualität und Freiheit vereinbaren und zugleich die Beschäftigten vor ihren weniger schmackhaften Aspekten schützen könnte. Die Antwort, die sie darauf fanden, bestand in der Einführung großer Wirtschaftsbeschränkungen, darunter der Gesetze zur Regelung der maximalen Arbeitszeit, des Mindestlohns, der Kompensation bei Unfällen am Arbeitsplatz sowie Mindestanforderungen zur Arbeitsplatzsicherheit und Arbeitsplatzhygiene.

Diese Beschränkungen konnten jedoch nicht kampflos durchgesetzt werden, da es Menschen gab, die gerne argumentierten, daß Lohnarbeit ja nur eine andere Art von Freiheit bedeute. 1905 entschied der Oberste Gerichtshof in dem Arbeitsrechtsprozeß *Lochner vs. New York*, daß die maximale Arbeitszeit von zehn Stunden für Bäcker in New York nichts anderes sei als eine »illegale Einmischung in die Rechte des einzelnen, sowohl des Arbeitgebers wie auch des Arbeitnehmers, ihren Arbeitsvertrag so abzuschließen, wie es beiden am besten erschien«. New York hätte kein Recht, »die Stunden zu begrenzen, in denen erwachsene und intelligente Männer für ihren Lebensunterhalt arbeiten«.[9] Nur drei Jahre später kam das Oberste Gericht der USA im Fall *Muller vs. Oregon* jedoch zu einem ganz anderen Urteil und unterstützte den

Zehn-Stunden-Arbeitstag für Frauen, den Oregon eingeführt hatte. Als Begründung führte der Richter an, daß »gesunde Mütter wichtig für gesunden Nachwuchs sind [und] daher das physische Wohlergehen von Frauen zu einem Anliegen von öffentlichem Interesse und Sorge wird, um die Kraft und die Gesundheit der Rasse zu sichern«. Frauen unterschieden sich von Männern nicht nur »im Körperbau«, sondern auch im »Selbstvertrauen, das [Männer] dazu befähigt, volle Rechte zu beanspruchen«.[10] In Wirklichkeit jedoch hatten weder weibliche noch männliche Lohnarbeiter im neuen System der Massenproduktion die Freiheit, ihre Arbeitsbedingungen auszuhandeln. Und sie hatten auch keinen Einfluß auf ihren Lohn.

Nach einem längeren juristischen und politischen Kampf wurde der Arbeitsplatzschutz zusammen mit dem Recht auf Tarifverhandlungen schließlich auf die gesamte berufstätige Bevölkerung Amerikas ausgedehnt. Sozialversicherung und Arbeitslosenversicherung kamen ebenfalls hinzu, so daß die Beschäftigten vor den Risiken einer Entlassung während der Flauten im Wirtschaftskreislauf geschützt waren. Der soziale Schutz erstreckte sich auch auf den Fall des Todes eines berufstätigen Vaters oder Gatten, auf dauerhafte Behinderung und unzureichende Altersvorsorge. Der ungewöhnlichste Aspekt des amerikanischen Systems des sozialen Schutzes (im Gegensatz zu den Systemen, die andere Industrienationen eingeführt hatten) lag darin, daß dieses System nur bei denjenigen griff, die dauerhafte Arbeitsstellen hatten – exakt der Umstand, der noch knapp 100 Jahre zuvor so scharf zurückgewiesen worden war. Alle Vergünstigungen waren abhängig von einer momentanen oder ehemaligen Vollzeitarbeitsstelle (oder davon, mit einem Vollzeitarbeitnehmer verheiratet zu sein oder gewesen zu sein). Ganz klar hiervon ausgeschlossen waren Gelegenheitsarbeiter, Zeitarbeiter, Projektmitarbeiter, Freiberufler und dauerhaft Arbeitslose. Selbst Sozialhilfe war ursprünglich nur für Witwen von Arbeitnehmern gedacht. Franklin Delano Roosevelts »Ausschuß zur wirtschaftlichen Sicherheit«, dem meine berühmte Amtsvorgängerin, die Arbeitsministerin Frances Perkins, vorgestanden hatte, berichtete, daß der Zweck der »Hilfe für bedürftige Kinder« (wie man Sozialhilfe damals nannte) darin bestand, Witwen mit kleinen Kindern »die Rolle der Lohnarbeiterin« abzunehmen, damit sie ihre Kinder davor bewahren konnten, »in soziales Mißgeschick zu geraten«, und »weit deutlicher noch, damit sie die Kinder zu Staatsbürgern erziehen konnten, die imstande wären, ihren Beitrag zur Gesellschaft zu leisten«.[11] Man ging also, mit anderen Worten, in der neuen industriellen Ordnung davon aus, daß alle Männer Lohnarbeiter sein und Frauen mit kleinen Kindern nicht arbeiten sollten.

Ein letzter, doch oft vergessener Aspekt des amerikanischen Sozialversicherungssystems des 20. Jahrhunderts darf nicht zu kurz kommen, da er ebenfalls mit der Vollzeitbeschäftigung zusammenhing. Es handelt sich um die steuerbegünstigten Lohnnebenleistungen wie zum Beispiel Arbeitgeberbeiträge zur Krankenversicherung oder eine betriebliche Altersversorgung. Die meisten Menschen zählen sie immer noch zu den privaten anstatt zu den öffentlichen Vergünstigungen. In den vierziger Jahren schossen diese Zahlungen immens nach oben, und die Gewerkschaften setzten sich auch nachdrücklich dafür ein, da Arbeitgeberbeiträge zur Krankenversicherung für Arbeitnehmer steuerfrei waren und Steuern auf die betriebliche Altersversorgung bis zur Rente ausgesetzt waren. Diese Vergünstigungen kamen daher, volkswirtschaftlich gesehen, direkten Regierungszahlungen gleich, da die nicht erhobenen Steuern im Regierungsbudget Löcher in ähnlicher Höhe hinterließen. Und diese Löcher wurden ständig größer: Etwa Mitte der achtziger Jahre, als diese Vergünstigungen ihr Höchstmaß erreicht hatten, waren die Verluste des Finanzministeriums aufgrund dieser steuerbegünstigten Arbeitnehmervorzüge höher als die Ausgaben für alle Regierungsprogramme für Bedürftige. Die Steuersubventionen für Krankenkassenbeiträge der Arbeitnehmer glichen in etwa den Ausgaben, die direkt in die Gesundheitsvorsorge für Bedürftige durch »Medicaid« flossen, den staatlichen Gesundheitsdienst für Bedürftige. Die Einbußen an Steuereinnahmen durch steuerbegünstigte Rentenbeiträge waren mehr als doppelt so hoch wie die Gesamtkosten von Bargeldleistungen an Bedürftige.[12]

DIE REGELN DER BESCHÄFTIGUNG

Etwa Mitte des 20. Jahrhunderts hatte sich die Wandlung komplett vollzogen. Mehr als ein Drittel aller berufstätigen Amerikaner waren Gewerkschaftsmitglieder. Die Vereinbarungen zwischen Werksleitungen und Gewerkschaften legten für die gesamte Industrie die Höhe der Löhne und Arbeitgeberleistungen fest. Gemeinsam ermöglichten die Arbeiterschaft, die Werksleitungen und die Regierung einer breiten Front an Industriearbeitern den Zugang zur Mittelklasse und sicherten einer sich ausweitenden Gruppe von Angestellten den Mittelklassestatus. Die Karrieren dieser letztgenannten »Männer der Organisation« (um den treffenden Ausdruck des Bestsellers des Soziologen William H. Whyte über diese Ära zu verwenden),[13] entwickelten sich genauso geplant und kalkulierbar wie die der Arbeiter. Die impliziten Regeln der Beschäftigung waren Mitte des 20. Jahrhunderts so allgemeingültig, daß sie als selbstverständlich galten. Auch heute noch bestimmen sie in ihrer Gültigkeit einen Großteil unserer Vorstellung, obwohl sie fast nichts mehr mit der neuen Realität von Arbeit im 21. Jahrhundert zu tun haben.

Hierzu einige Beispiele:

DAUERHAFTE ARBEIT MIT KALKULIERBAR STEIGENDER BEZAHLUNG. Der typische Arbeitnehmer verbrachte fast sein gesamtes Arbeitsleben bei derselben Firma. Das traf nicht nur auf die Arbeiter zu; auch Manager der mittleren Führungsebenen traten oft gleich nach dem Collegeabschluß in Firmen ein und blieben dort bis zur Rente. Zwei Drittel der gehobenen Führungskräfte, die man 1952 befragt hatte, waren schon seit über 20 Jahren bei derselben Firma.[14] Junge Angestellte, die von Whyte interviewt wurden, bestätigten die übliche Sichtweise: »Sei deiner Firma treu, dann wird die Firma dir die Treue bewahren.« »Der junge Mann hegt gern den Gedanken, seine Beziehung zur Organisation sei eine Dauerbeziehung«, schrieb Whyte. Gegenseitige Treue war ein verläßliches Gut, auf das man bauen konnte, weil man glaubte, »daß die Ziele des einzelnen und die Ziele der Organisation sich allmählich einander angleichen«.[15]

Der Nettolohn hing stärker von der Zahl der Beschäftigungsjahre bei der Organisation ab als von der individuellen Leistung. Gewerkschaftsverträge legten die Beförderung nach Jahren der Zugehörigkeit fest, und Angestellte kletterten die Gehaltsleiter nach oben. Derartige Vorhersehbarkeit half nicht nur den Großunternehmen bei der Planung ihrer Produktion, sie half auch den Familien bei der Planung ihrer Zukunft. Die Lohnniveaus begannen bescheiden, da die Ausgaben für den Haushalt in so einem frühen Stadium des Berufslebens kaum mehr Lohn erforderten. Aufgrund von Erfahrung und Dienstjahren stiegen die Lohnniveaus langsam an, so daß Angestellte beruhigt Hypotheken für Eigenheime und Kredite für Autos aufnehmen konnten, da sie wußten, daß sie sie zurückbezahlen konnten. Als die Lohntüten dicker wurden, konnte man die »ersten Behausungen« und Autos gegen eine Klasse besser eintauschen und Kinder in die Welt setzen. Im Alter von 65 Jahren verabschiedete sich der typische Beschäftigte nach 40 oder mehr Dienstjahren bei einem Unternehmen und bekam zum Dank eine goldene Armbanduhr oder eine Anstecknadel und eine Werksrente, die ihm eine bescheidene, jedoch feste monatliche Summe garantierte. Sozialversicherung und persönliche Ersparnisse deckten den Rest. Rentner konnten sich nun auf fünf oder sechs Jahre freuen, in denen sie mit alten Freunden Karten spielen und Besuche ihrer Enkel empfangen konnten, bevor sie dann voller Zufriedenheit über ein ausgefülltes Berufsleben das Zeitliche segneten.

ABSEHBARES ENGAGEMENT. Fabrikarbeit war immer noch anstrengend für Muskeln und Gelenke, doch um die Mitte des 20. Jahrhunderts war sie nicht mehr länger gefährlich – zumindest meistens nicht. Und die Leistungen, die man von

Arbeitern erwartete, waren durch Arbeitsgesetze und Arbeitsplatzbeschreibungen sorgfältig eingegrenzt und beschrieben. Mitte des 20. Jahrhunderts nahmen die Angestellten ihre Tätigkeit ernst, waren jedoch selten von ihr völlig beherrscht. »Sie werden weniger Themen hitziger diskutieren als die Narrheit der älteren Menschen, die sich ganz und gar ihrer Arbeit widmen«, stellte Whyte fest.[16] Der Beschäftigte verkaufte der Organisation seine Zeit und nicht seine Seele. Der junge Tom Rath, Protagonist von Sloan Wilsons Bestsellerroman der fünfziger Jahre *Der Mann im grauen Anzug*, verdeutlicht beispielhaft die vorherrschende Norm. Tom schlägt einen anspruchsvollen Job mit folgenden Worten an seinen Chef aus: »Aber ich bin nicht dazu gemacht, Tag und Nacht, an Feierabenden und übers Wochenende zu fronen, all mein Leben lang [...] ich bin nicht der Mensch, der in seinem Beruf aufgehen will – ich kann mir einfach nicht einreden, daß mein Beruf das Wichtigste in der Welt sei.« Sein wohlwollender Chef versteht und entgegnet milde: »Es gibt viele gute Stellungen im Leben, wo man sich nicht zu überarbeiten braucht. Wir müssen jetzt bloß das Richtige für Sie finden.«[17]

Per Gesetz standen Arbeitern für jede Stunde Mehrarbeit, die über die 40-Stunden-Woche hinausging, 150 Prozent Überstundenzuschlag zu. Von Angestellten wurde ebenfalls erwartet, daß sie nicht mehr als die vereinbarte Arbeitszeit beitrugen und genau nach Dienstvorschrift kamen und gingen. In der Ära vor dieser Beschäftigung waren Menschen für das Ausführen bestimmter Aufgaben entlohnt worden; die Großunternehmen bezahlten die Menschen nun für das Einbringen von kalkulierbarer Zeit. Man hat sogar vermutet, daß sich mit dem Aufkommen der Industrialisierung die *Vorstellung des Zeitbegriffs* bei den Menschen verändert hat: von der »Aufgabenzeit« – die Anzahl der Minuten oder Stunden, die für das Ausführen und Vollenden einer bestimmten Aufgabe vonnöten ist – hin zur »Uhrzeit«, die in einheitlichen Intervallen gemessen wurde.[18] Große Massenproduktion konnte nur bewerkstelligt werden, wenn die anfallenden Arbeiten wie ein Uhrwerk koordiniert wurden und zusammenspielten. Als erster führte der Managementtheoretiker Frederick Winslow Taylor »Zeitstudien« durch, um herauszufinden, wie man bestimmte sich innerhalb eines begrenzten Zeitintervalls wiederholende Bewegungen am effektivsten ausführen konnte.

Effizienz bedeutete für einige Arbeitnehmer Langeweile. Die Organisation war in dieser Hinsicht wie eine große Version der Maschinen in ihrem Inneren. Alle Stücke mußten exakt passen. Die Organisation funktionierte nach Regeln. Fabrikarbeiter wurden nicht fürs Denken bezahlt. Henry Ford beklagte sich einst darüber, daß er, wenn er ein paar Hände anstellte, damit zugleich ein menschliches Wesen erhielt. Dort, wo es keine Regeln gab, gab es Regeln, wie man neue Regeln einsetzen konnte. Wenn die riesige Organisationsmaschine maximale Effizienz erreichen wollte, dann mußten jede Bewegung und jedes Verhalten kalkulierbar sein. Arbeiter befolgten strikt die Arbeitsplatzbeschreibungen und die Arbeitsvorschriften; Angestellte folgten standardisierten Betriebsabläufen. »Was soll ein Mensch tun«, fragte einmal eine mittlere Führungskraft Norman Vincent Peale, den populärsten »Plüschsesseltherapeuten« Amerikas der fünfziger Jahre, »der nach 20 Jahren mit seiner Arbeit unzufrieden ist und sich dabei langweilt, der aber ein hübsches Gehalt bekommt und nicht den Mut hat, seine Stellung aufzugeben?« Sich eine andere Arbeitsstelle zu suchen kam nicht in Frage, riet Peale. Selbst eine Veränderung der bestehenden Tätigkeit sei ein viel zu ehrgeiziges Unterfangen. Peale riet dazu, sein eigenes Schicksal zu akzeptieren: »[...] er solle geistig erwachen und sich bemühen, zu verstehen, was er in seiner gegenwärtigen Stellung leisten kann.«[19]

All diese Entwicklungen erlaubten eine strikte Trennung zwischen bezahlter Arbeit und dem übrigen Leben. Mitte des 20. Jahrhunderts waren Arbeitsplatz und Heim zwei getrennte Orte. Man wohnte in Vorstädten und pendelte zum Büro oder in die Fabrik. Die meisten Arbeitnehmer konnten sich die Annehmlichkeiten eines Mittelklasselebens leisten, ohne daß noch ein weiteres Familienmitglied zusätzlich Geld verdienen mußte. Einige Frauen der Mittelklasse arbeiteten trotzdem in den wenigen Berufen, die ihnen offenstanden (wie zum Beispiel Lehrerin). Mittellose Frauen putzten und kochten weiterhin gegen Entgelt für andere. Doch die Mehrheit der Frauen blieb zu Hause und kümmerte sich um den Haushalt, brachte das gesamte Haus auf Hochglanz, bis alles genauso strahlte wie auf den Photos der Werbebroschüren. Sie zogen die Kinder mit der starken Zuwendung und Aufopferung groß, die das Heranwachsen einer verweichlichten Nachkriegsgeneration garantierte.

Diese Verteilung der Verantwortlichkeiten war weitestgehend akzeptiert, obwohl sie neue Probleme schuf. »Zuerst paßt es ihr nur nicht recht«, warnte eine Zeitschrift für Handelsvertreter in bezug auf das Arbeitsleben des Ehemanns ernst, »aber mit der Zeit kann sie ganz unverhohlen eifersüchtig werden.« Das war ein ganz besonders kritischer Augenblick: »Wenn diese Empfindungen nicht unter Kontrolle gebracht werden, können sie den Wert des Verkäufers für seinen Arbeitgeber in nicht wiedergutzumachender Weise schädigen.« Für die Hausfrauen lag die Lösung dieses Problems im Beitritt zur »League for Women Voters« (Frauenbewegung zur Durchsetzung des Wahlrechts für Frauen), zum Eltern-Lehrer-Verband oder sogar zum Schulvorstand, um so das Gefühl zu haben, »etwas wert zu sein«. Eine logische zweite Gefahr entstand, »wenn der Ehemann schnell befördert wurde« und so »ein Keil zwischen Mann und Frau getrieben wurde, denn während er durch Reisen und Beisammensein mit erfolgreichen Männern einen zusätzlichen Schliff bekommt, friert ihr Geschmack durch das Fehlen jeder Beschäftigung mit Ausnahme der Kindererziehung oft auf dem frühen Niveau ein«.[20] Das Heilmittel bestehe für sie darin, sich mit Engagement der ehrenamtlichen Tätigkeit in den Vorstadtsiedlungen zu widmen.

LOHNVERDICHTUNG UND DAS ANWACHSEN DER MITTELKLASSE. Die Unternehmen in der Massenproduktion verdichteten die Löhne, so daß sie für die Arbeiter ganz unten anstiegen und in Toppositionen einen gewissen Höchstwert nicht überstiegen. Die Gewerkschaften verhinderten ein zu starkes Absinken der Lohnniveaus, und die Organisationen sahen keinen Bedarf, ihre Topführungskräfte mit verschwenderischen Gehältern zu beglücken, da ja die meisten befördert und auch nicht von anderen Firmen weggeschnappt werden würden. Diese Begrenzung hatte auch eine soziale Komponente: Man hielt es für ungehörig, daß Spitzenführungskräfte ein Vielfaches der Löhne der Mitarbeiter in mittleren Ebenen oder der Arbeiter ganz unten erhielten.

Abgesehen von gelegentlichen Beförderungen unterschied ein Unternehmen kaum zwischen Beschäftigten, die die gleiche Anzahl an Jahren der Betriebszugehörigkeit geleistet hatten. Alle Führungskräfte der mittleren Ebenen mit den gleichen Dienstjahren erhielten in etwa das gleiche Gehalt, wie auch Universitätsprofessoren des gleichen Ranges und der gleichen Erfahrung, Krankenhausverwalter oder Journalisten, die bei großen Tageszeitungen in Lohn und Brot standen, und Angehörige des Staatsdienstes. Kurzum: Der Status und das Einkommen eines Arbeitnehmers waren bürokratisch festgelegt. »Die Wirtschaft nimmt mehr und mehr die Gestalt einer Regierungsverwaltung an«, kommentierte ein soziologischer Text aus den fünfziger Jahren diese Entwicklung. Das Einkommen der Arbeitnehmer »hängt ab von den Regeln des bürokratischen Firmeneintritts und der Beförderung. [...] Das Einkommen ist festgelegt durch die funktionellen Rollen innerhalb der Bürokratie.« Daher überraschte es kaum, daß »der Trend der Einkommensverteilung sich zu einer Verringerung des Ungleichgewichts entwickelte. Firmenbesitzer haben im Verhältnis zu den Beschäftigten einen kleineren Anteil erhalten; Freiberufler und Beamte haben leicht an Vorsprung gegenüber Fabrikarbeitern und Angestellten eingebüßt.«[21]

Mitte des 20. Jahrhunderts lebte fast die Hälfte aller amerikanischen Familien ein komfortables Leben in der Mittelklasse (als Mittelklasse galten damals Familieneinheiten, die nach Steuerabzug zwischen 4000 und 7500 Dollar besaßen [Dollarwert von 1953]). Bemerkenswerterweise waren die Familienoberhäupter der meisten dieser Mittelklassefamilien keine Freiberufler oder Firmenmanager, sondern Facharbeiter oder halbgelernte Arbeiter, Büroangestellte, Verkäufer sowie Arbeitnehmer im Groß- und Einzelhandel, die den Produktfluß durch die großen Pyramiden der Massenproduktion überwachten und steuerten. Ein Großteil von ihnen erhielt von ihren Arbeitgebern Zuzahlungen zur Krankenvorsorge und zur Rente.

Erfolgreich sein hieß, in seiner Gemeinschaft angesehen zu sein, einen ordentlichen Lebensunterhalt zu verdienen und im Unternehmen befördert zu werden, ein Vorstadthäuschen sein eigen zu nennen, eine intakte Familie zu haben und überall gern gesehen und respektiert zu sein. Für einen großen und zunehmenden Teil der Amerikaner waren diese Ziele greifbar nah.

Doch das Amerika der fünfziger Jahre barg dennoch große Ungerechtigkeiten. Fast unsichtbar blieben weiterhin die ganz Armen. Die Diskriminierung war tief verwurzelt. Ganz offen wurden Schwarzen minderwertige Arbeiten zugewiesen; sie waren Bürger zweiter Klasse. Nur wenige Frauen wagten es, andere Berufszweige anzusteuern als das Lehramt oder die Krankenpflege. Es sollte noch Jahrzehnte dauern, bevor diese Barrieren fallen würden.

DAS ZEITALTER DER INSTABILEN BESCHÄFTIGUNG

Zu Beginn des 21. Jahrhunderts waren die ungeschriebenen Gesetze der Dauerbeschäftigung nahezu verschwunden. Die neue Logik, die in den vorigen Kapiteln detailliert beschrieben wurde, zeigt, daß diese Regeln zunehmend irrelevanter für das Arbeitsleben geworden sind. Weniger als zehn Prozent aller Arbeitnehmer in der Privatwirtschaft gehören noch einer Gewerkschaft an; der Angestellte, der »Mann der Organisation«, stirbt aus. Während die meisten Menschen immer noch von Löhnen und Gehältern abhängen, verschwindet der alte Arbeitsvertrag immer schneller. Das bedeutet:

DAS ENDE VON DAUERHAFTER ARBEIT. Dauerhafte Arbeit – ein kalkulierbares Lohnniveau von Jahr zu Jahr – gehört für fast alle Arbeitnehmer, mit Ausnahme einiger weniger, der Vergangenheit an (zu den seltenen Beispielen gehören festangestellte Professoren, die über Beschäftigung schreiben). Die größere Auswahl und die schnelleren Möglichkeiten für Kunden zum Wechsel haben es für jede Organisation nahezu unmöglich gemacht, irgend jemandem, der innerhalb der Organisationen arbeitet, ein dauerhaftes Einkommen zu garantieren. Um in dieser flüchtigen Geschäftsumgebung wettbewerbsfähig zu bleiben, sind Organisationen gezwungen, alle fixen Kosten (insbesondere Löhne und Gehälter als größter Brocken) in variable Kosten umzuwandeln, die je nach dem Wahlverhalten der Kunden steigen oder fallen. Als Folge davon wird der Verdienst immer unvorhersehbarer. Es gibt noch wenig schlüssige Beweise für Arbeitsplatzinstabilität, doch hängt dies größtenteils von der Wortbedeutung ab. Ein Arbeitsplatz, der formal als »dauerhaft« oder »Vollzeitarbeitsplatz« definiert wurde, dessen Entgelt aber von Monat zu Monat oder von Jahr zu Jahr erheblich schwankt, ist, pragmatisch gedacht, kein Arbeitsplatz, auf den man sich verlassen kann.[22]

Die neue Unsicherheit manifestiert sich auf vielerlei Arten. Nahezu jeder kalkuliert heute mit »flexiblem Geld«, was bedeutet, daß sein Einkommen von Verträgen, Zuschüssen oder Absatzzahlen von einer Periode zur nächsten abhängt. Die zunehmende Zahl an Zeitarbeitern, Halbtagskräften, Freiberuflern, Beschäftigten im E-Business, Projektmitarbeitern und freien Agenten ist bereits ausreichend geschildert worden. Diese Beschäftigungsgruppen machen verschiedenen Schätzungen zufolge inzwischen ein Zehntel bis ein Drittel der arbeitenden Bevölkerung im zivilen Bereich aus.[23] Doch der Anteil der Beschäftigten, die nicht sicher wissen, wieviel sie jedes Jahr oder sogar von Monat zu Monat verdienen werden, ist weit höher, als es die großzügigste Schätzung angibt. Der Nettolohn von Vollzeitbeschäftigten berechnet sich in zunehmendem Maße nach Verkaufsprovisionen, Einzelprämien, Teamboni, Gewinnanteilen, in Rechnung gestellter Arbeitsstunden, Aktienoptionen und anderen Leistungsmerkmalen, die allesamt genauso schnell steigen wie fallen können.[24] Ein immer größerer Anteil an

Arbeitnehmern zieht innerhalb der Firma oder im Auftrag von Klienten von Projekt zu Projekt. Gibt es für diese Menschen kein Projekt, an dem sie mitarbeiten können, oder möchte kein Projektmanager ihre Dienste, dann werden sie schlichtweg »beurlaubt«, und ihr Entgelt nimmt entsprechend ab. Sie werden vielleicht weiterhin als Vollzeitbeschäftigte geführt, doch in Wirklichkeit stehen sie kaum noch auf der Lohnliste.

Die meisten neuen Jobs entstehen in kleinen Unternehmen mit weniger als 25 Beschäftigten, doch die Einkommen ihrer Vollzeitmitarbeiter sind ebenso unkalkulierbar, da kleine Unternehmen weitaus häufiger wieder verschwinden als größere. Die durchschnittliche Festanstellung in kleinen Unternehmen beträgt 4,4 Jahre, in Firmen mit 1000 oder mehr Beschäftigten 8,5 Jahre.[25] Darüber hinaus entdecken viele große Unternehmen, daß sie mehr Geld verdienen können, wenn sie Vollzeitbeschäftigte zu Vollzeitlizenznehmern oder Franchisenehmern machen, somit die Risiken des Marktes auf sie verlagern und zugleich ihr Engagement für harte Arbeit steigern. Vor 1979 war es in New York verboten, Taxis zu mieten. Taxifahrer waren bei großen Taxiunternehmen angestellt und führten an sie einen Teil der täglichen Fuhren ab. Für die Taxiunternehmen war es jedoch profitabler, die Taxis nach Bedarf an die Fahrer zu vermieten, und sie drängten daher auf eine entsprechende Gesetzesänderung. Ende der neunziger Jahre waren die meisten Taxifahrer selbständig tätig, zahlten den Taxiunternehmen für die Überlassung eines Taxis für zwölf Stunden zwischen 90 und 135 Dollar und arbeiteten ohne Krankenversicherung oder Rentenanspruch. Wenn sie wirklich umtriebig waren, verdienten sie womöglich mehr Geld als vorher, doch am Ende standen sie vielleicht mit weniger da. Dies mag der Grund sein, warum die Zahl der Unfälle anstieg, an denen Taxis beteiligt waren.[26]

Zusatzleistungen sind inzwischen genauso unsicher wie das Einkommen. 1980 erhielten über 70 Prozent aller Arbeitnehmer irgendeine Form von Arbeitgeberleistungen für ihre Gesundheitsvorsorge. Ende der neunziger Jahre waren es nur noch 60 Prozent. Und selbst wenn Beschäftigte solche Arbeitgeberleistungen erhalten, dann sind diese deutlich geschrumpft und zwingen sie daher dazu, selbst höhere Zuzahlungen und höhere Prämien zu übernehmen sowie weniger Steuervorteile zu genießen.[27]

Die Beschäftigung im gemeinnützigen Bereich bietet auch keine größere Stabilität. Mäzene, Stiftungen und Förderungskommissionen, die früher routinemäßig Jahr für Jahr ihre Subventionen beisteuerten, sind inzwischen genauso unzuverlässig wie die Kunden und Investoren geworden. Ein zunehmender Teil der Universitätsgehälter hängt von Subventionen und Forschungsgeldern ab, die extern zufließen. Und angesichts der zunehmend unsicheren Zuschüsse mußten Universitäten immer stärker auf Dozenten mit befristeten Verträgen zurückgreifen, deren Anstellung und Entgelt entsprechend variieren. 1970 arbeiteten nur 22 Prozent der Universitätsdozenten halbtags. Ende der neunziger Jahre waren bereits über 40 Prozent der Universitätsdozenten halbtags beschäftigt, wobei die steigende Zahl der Doktoranden, die ebenfalls als Dozenten arbeiteten, nicht berücksichtigt ist.[28] Insgesamt sind also inzwischen knapp über die Hälfte der Universitätsdozenten »Nomaden«, die wie Wanderarbeiter durch die Hallen der »Academia« ziehen.

DIE NOTWENDIGKEIT KONTINUIERLICHER LEISTUNG. Einkommen sind mittlerweile weniger von formalen Dienstgraden oder Dienstjahren abhängig, sondern richten sich mehr nach dem Wert des Arbeitnehmers für die Kunden. Heutzutage kann ein 23jähriger Tüftler mit gefragtem Können durchaus ein Vielfaches von dem verdienen, was ein »Manager höheren Dienstgrads« drei Ebenen höher verdient.[29] In den Industrien Amerikas, die am stärksten im Wettbewerb stehen – die Vorboten der Zukunft –, nimmt die Halbwertszeit von talentierten Menschen weiterhin ab. Die Stars der Wall Street, des Silicon Valley und Hollywoods ähneln immer mehr Profiathleten, die sich nur zehn bis fünfzehn Jahre auf Höchstleistungen verlassen können, bevor sie dann von der Konkurrenz eingeholt werden. Software-Ingenieure, die um die 20 Jahre alt sind, sind sehr gefragt, überschreiten sie die Altersgrenze von 40 Jahren, kräht kein Hahn mehr nach ihnen. Studien zeigen, daß sechs Jahre nach dem Hochschulstudium 60 Prozent der Studenten mit einem Abschluß in Informatik als Software-Programmierer arbeiten; 20 Jahre nach dem Abschluß sind es nur noch 19 Prozent. Das erklärt größtenteils, warum die hohen Eintrittsgehälter und die generösen Vertragsprämien immer noch nicht ausreichen, größere Zahlen von Studenten in diese Branche zu locken. Sie wissen jetzt schon, wie schnell sie zum alten Eisen gehören werden.[30]

Eine umgekehrte Relation zwischen Kreativität und Lebensalter besteht schon lange, obwohl die meisten unter uns, deren Haare langsam grauer werden, dieses Thema lieber nicht ansprechen. Der Bereich Mathematik basiert fast vollständig auf den kreativen Durchbrüchen junger Genies; hervorragende Musikkompositionen stammen typischerweise von jungen Komponisten; bahnbrechende Forschung wird von jungen Wissenschaftlern durchgeführt, und die wahrhaft schöne Dichtung stammt von jungen Poeten und deren Musen. Was älteren Menschen an Kreativität fehlt, machen sie durch Erfahrung, Weisheit und Einschätzungsvermögen wett – Qualitäten, die immer noch hoch im Kurs stehen, jedoch nicht so hoch wie Kreativität gehandelt werden. Infolgedessen müssen sich immer mehr ältere Arbeitnehmer und solche mittleren Alters mit stagnierenden oder sinkenden Gehältern zufriedengeben. Menschen mittleren Alters, die ihre Stelle verlieren, haben Schwierigkeiten, einen neuen Arbeitsplatz zu finden, selbst wenn die Gesamtarbeitslosenquote niedrig ist.[31]

Es gibt kein Ende und kein Polster, auf dem man sich ausruhen könnte. Arbeit verlangt unermüdliche Leistung. Das Zuhause ist nicht länger der Ruhepol von der Berufstätigkeit; die Grenze zwischen beiden verschwimmt. Inzwischen gehen auch die meisten Frauen mit kleinen Kindern einer Beschäftigung nach. Und ungeachtet der offiziellen Arbeitszeiten müssen viele Frauen und Männer zu jeder Tages- und Nachtzeit »erreichbar« sein. Die tatsächliche Grenze zwischen Arbeits- und Wohnstätte ist fließend, fast ein Drittel aller Berufstätigen arbeitet zumindest einen Teil des Tages außerhalb seiner Wohnung. Wo immer diese Menschen gerade sind, stehen sie via Mobiltelephon, Beeper, E-Mail und Faxgerät in ständigem Kontakt mit ihren Kunden und Klienten. Oder sie sitzen gerade im Flugzeug, auf dem Weg von oder zu Projekten oder Klienten. Manchmal reisen sie so viel, daß sie keinen festen Schreibtisch mehr besitzen, sondern nur noch temporäre »Notfallbüros« an verschiedenen Orten haben.

Der Acht-Stunden-Tag und die 40-Stunden-Woche gehören der Vergangenheit an. Arbeitszeit dehnt sich inzwischen in alle Richtungen aus. Die neue Wirtschaft arbeitet täglich rund um die Uhr. Das liegt zum Teil daran, daß Ehe- oder Lebenspartner, die beide tagsüber arbeiten, die restlichen Stunden für Einkäufe, Besorgungen und Essengehen benötigen. Daher müssen ihnen zu diesen unüblichen Zeiten bezahlte Arbeitskräfte zu Diensten sein. Und es liegt auch an einem zunehmend globalisierten Marktplatz, der niemals ruht. Globale Unternehmen, weltweite Aktienmärkte und Klienten, die an Schlaflosigkeit leiden, verlangen rund um die Uhr nach Aufmerksamkeit.

DIE UNGLEICHHEIT NIMMT ZU. Firmen verdichten nicht länger die Löhne und Gehälter ihrer Mitarbeiter. Sie stehen, ganz im Gegenteil, in einem erbitterten Wettbewerb, wertvolle Leistungsträger anzulocken und zu binden – durch hohe Löhne, Vertragsabschlußprämien, Aktienoptionen, einen Bonus zum Jahresende, Mitgliedschaften in Fitneßklubs sowie Ruhe- und Sporträume im Bürokomplex. Zugleich jedoch kürzen sie die Löhne und Arbeitgeberleistungen für Routinearbeiter drastisch. Eine ähnliche Divergenz zeichnet sich in gemeinnützigen Organisationen ab, allerdings noch nicht so extrem. Wirtschaftsprofessoren verdienen weit mehr Geld als Literaturprofessoren. Die Führungskräfte großer Stiftungen verdienen ein Vielfaches dessen, was die Mitarbeiter und Angestellten in den unteren Rängen dieser Stiftungen verdienen.

Angesichts des Wandels von Unternehmen in vertraglich verknüpfte Netzwerke nehmen derartige Disparitäten zu. Arbeiter werden entsprechend ihrem »Marktwert« entlohnt.

Wie bereits gezeigt, übersteigt die Nachfrage nach begabten, innovativen Menschen bei weitem ihr Angebot. Zugleich können Routinetätigkeiten wesentlich billiger von computergesteuerten Maschinen oder Arbeitern irgendwo auf der Welt verrichtet werden. Sicherlich könnten einige Routinearbeiter die Qualifikationen erwerben, die sie zu innovativen Tüftlern und Spürnasen machen würden, doch die sich verbreiternde Kluft im Einkommen deutet darauf hin, daß dies nicht genügend Arbeiter tun, um mit der Nachfrage Schritt zu halten oder dem ausufernden Angebot an kostengünstigem Ersatz Einhalt zu gebieten.

Daten über die Ungleichheit werden sehr kontrovers diskutiert, der Trend jedoch ist unwiderlegbar. Laut des Current Population Survey des U.S. Census (Bevölkerungsstatistik des US-Bundesamts für Statistik)[32] klafften Ende der neunziger Jahre die Familieneinkommen deutlicher auseinander als jemals zuvor – mit Ausnahme der zwanziger Jahre, als die Umwälzungen aufgrund der Depression, des New Deal und des Zweiten Weltkriegs noch bevorstanden. Von den späten vierziger bis zu den achtziger Jahren war der Anteil des obersten Fünftels der Verdiener am Gesamteinkommen der Familien mit 40 Prozent relativ stabil geblieben. Die mittleren drei Fünftel, die große Mitte der Familien, verdienten knapp 54 Prozent des Gesamteinkommens, und das letzte, ärmste Fünftel mußte sich mit den restlichen sechs Prozent begnügen. In den frühen achtziger Jahren jedoch wurde diese Kluft breiter und vergrößerte sich in den neunziger Jahren sogar noch. Gegen Ende des 20. Jahrhunderts nahm der Anteil des obersten Fünftels zu und umfaßte knapp die Hälfte des Gesamteinkommens, wohingegen der Anteil am Gesamteinkommen der mittleren drei Fünftel auf 48,6 Prozent sank. Für das ärmste Fünftel blieb logischerweise nur ein kümmerlicher Rest. Selbst innerhalb des obersten Fünftels verlagerten sich Einkommen und Wohlstand nach oben. Während der Anteil des Familieneinkommens der Top-fünf-Prozent in der Nachkriegsära im großen und ganzen auch stabil geblieben war – er lag bei etwa 15 Prozent des Gesamteinkommens –, begann er in den Achtzigern ebenfalls anzusteigen und erreichte Ende des 20. Jahrhunderts knapp 25 Prozent. Und das Einkommen des obersten einen Prozents der Bevölkerung verzeichnete einen Zuwachs des Gesamteinkommens von 11 Prozent im Jahre 1990 auf fast 18 Prozent im Jahre 1999.[33]

Seit den frühen neunziger Jahren sind die Einkommen der Menschen nahe oder an der Spitze doppelt so schnell angewachsen wie die der mittleren Bevölkerungsschichten. Trotz des Booms des letzten Jahrzehnts ist das Durchschnittseinkommen kaum gestiegen.[34] Und obwohl immer mehr Menschen Aktienanteile besitzen, hat sich der Erfolg des boomenden Aktienmarkts der neunziger Jahre größtenteils nur für die Reichen ausgezahlt. Laut Berechnungen, die auf den Daten der Zentralbank basieren, gingen während der neunziger Jahre etwa 85 Prozent der Wertausschüttungen aufgrund von Aktienmarktgewinnen an die reichsten zehn Prozent der Familien sowie 40 Prozent an das reichste eine Prozent der Familien.[35] Diese auseinanderklappende Schere in Einkommen und Reichtum ging einher mit einer zunehmenden Kluft bei den Zusatzleistungen. Die Krankenversicherung für Arbeiter in den unteren 20 Prozent der Einkommensklassen sank drastischer als für jede andere Gruppe – von etwa 41 Prozent Arbeitgeberleistung im Jahre 1980 auf 32 Prozent Ende der neunziger Jahre. Die Arbeitgeberanteile an Renten divergierten entsprechend. Die obersten fünf Prozent aller Haushalte mit einem Einkommen über 100 000 Dollar pro Jahr erhielten fast ein Viertel aller steuerbegünstigten Renten und Pensionen.[36]

Diese Veränderungen haben weitreichende Konsequenzen. Die Reichen und die Mittelklasse leben heute in ähnlichen Welten; die Bedürftigen sind für beide fast nicht mehr existent. Ende des 20. Jahrhunderts konnte das oberste eine Prozent der amerikanischen Familien, insgesamt 2,7 Millionen Menschen, nach Abzug aller Steuern genauso viele Dollars ausgeben wie die untersten 100 Millionen Amerikaner. Außerdem gehörte den Reichen fast ganz Amerika. (Allein das Nettovermögen von Bill Gates betrug soviel wie das gesamte Nettovermögen der untersten 50 Prozent amerikanischer Familien.)

Einige Menschen sind der Meinung, daß das Ungleichgewicht nicht annähernd so problematisch ist, wie es den Anschein hat. Sie verweisen darauf, daß seit 1996 das Realeinkommen der Arbeiter in den unteren Bereichen der Einkommensskala nicht weiter abnahm, sondern sogar anzusteigen begann.[37] Das stimmt zwar, doch dieser begrüßenswerte Umschwung hing fast vollständig mit einer überraschend niedrigen Arbeitslosenrate zusammen. Sie war in der Tat so gering, daß Arbeitnehmer ganz unten auf der Skala leicht einen oder mehrere Jobs finden konnten und somit weit mehr Arbeitsstunden als zuvor leisten konnten. Wir können uns jedoch nicht darauf verlassen, daß die Wirtschaft immer so stabil bleibt, und es erscheint zweifelhaft, daß der Wirtschaftskreislauf dauerhaft außer Kraft gesetzt worden ist. Und obwohl ihr Einkommen anstieg, wurden diese Arbeiter im Vergleich zu den obersten fünf Prozent dennoch ärmer, da deren Einkommen weit schneller anstieg. Andere Beobachter verweisen darauf, daß die Verfahren zur Ermittlung des Ungleichgewichts nur pure Momentaufnahmen der Höhe des Einkommens zu einem bestimmten Zeitpunkt sind und nicht die Menschen berücksichtigen, die aus unteren Gehaltsklassen in höhere aufsteigen. Das ist ebenfalls wahr, doch zeigen Studien, daß die meisten Menschen, die unten oder ganz unten anfangen, zeitlebens auch dort bleiben.[38] Wieder andere führen an, daß Bedürftige heute dennoch besser dran sind als noch vor einigen Jahrzehnten, als es die billigen Telephontarife, die Medikamente zur Kontrolle von Bluthochdruck und andere Annehmlichkeiten noch nicht gab.

Diese Sichtweisen enthalten wichtige Wahrheiten, doch sie widersprechen damit in keiner Weise der schlichten Tatsache, daß das Ungleichgewicht weiter zunimmt. Die Kontrolle des Auf und Ab der Wirtschaftskurve sowie die gesamte Bandbreite der Löhne und Vergünstigungen haben zugenommen: Spitzenarbeitnehmer verdienen deutlich mehr als bisher; Arbeitnehmer auf der untersten Stufe der Lohnskala verdienen im Vergleich weniger. Alle Arbeitnehmer liegen an allen Punkten der Lohnskala weiter auseinander als früher. Der gleiche Trend zu einer sich vertiefenden Kluft kann in fast allen fortschrittlichen Wirtschaftsnationen beobachtet werden – obwohl er sich dort noch nicht so deutlich abzeichnet wie in den USA.

Amerika spaltet sich auf, weil die alten bürokratischen Organisationen aussterben und damit auch ihre Lohnniveaus. Zunehmend werden Arbeitnehmer nach ihrem »Marktwert« bezahlt. Während der blühenden Wirtschaft der neunziger Jahre vervierfachte sich das jährliche Durchschnittsgehalt der 100 bestbezahlten Manager des Silicon Valley fast und stieg auf mehr als sieben Millionen Dollar an (bei einer 50-Stunden-Woche bedeutet das einen Stundenlohn von 2800 Dollar). Rechnet man ihre Aktienoptionen hinzu, wird die Ziffer noch weitaus größer. Warum waren diese Manager so wertvoll? Weil die Kunden ihre Erfindungen wollten und auch die Investoren einen Anteil an dieser Leistung mitnehmen wollten – trotz der Tatsache, daß für die meisten Unternehmen echte Gewinne noch Zukunftsmusik waren. Während derselben Periode fielen die Löhne der unteren 25 Prozent der Beschäftigten im Silicon Valley um 20 Prozent auf etwas mehr als neun Dollar pro Stunde.[39] Warum waren diese Arbeitskräfte, die vom Zusammenbauen von Computern in Heimarbeit bis zur Betreuung der Kinder der Software-Entwickler alle Arbeiten verrichteten, so wenig wert? Weil sie so leicht austauschbar waren. In King County im Bundesstaat Washington – der Bezirk, in dem Seattle und Redmond liegen, die Heimat von Microsoft – verdienten im Jahre 1999 23 500 Software-Arbeiter pro Kopf 287 700 Dollar einschließlich Aktienoptionen. Das Durchschnittseinkommen aller anderen Bewohner von King County lag bei 34 300 Dollar.[40] Was ist der Grund für diese große Kluft? Die Dienste der Software-Arbeiter waren auf der Welt extrem begehrt; die Mehrzahl der anderen Einwohner von King County boten Dienstleistungen in den Bereichen Einzelhandel, Hotel- und Gastronomiegewerbe, Krankenhaus und Beförderungen an, die keineswegs so gefragt waren.

Der Komiker Jerry Seinfeld erhielt für die letzte Staffel (1997/98) seiner äußerst populären Fernsehshow ein Gesamthonorar von 22 Millionen Dollar. Der Sender NBC Network war anscheinend der Meinung, daß Seinfeld diese Summe wert war. Während jeder Folge nahm NBC pro Minute eine Million Dollar an Werbeeinnahmen ein. Die Werbekunden kalkulierten, daß viele Amerikaner die Seinfeld-Show ansehen und daher ihre beworbenen Produkte kaufen würden. Beides stimmte haargenau. NBC arbeitet auch mit einer zunehmenden Zahl von Freiberuflern zusammen – Studiotechnikern, Maskenbildnern und »Springern«, denen sie den geringstmöglichen Lohn bezahlen und damit sogar noch den alten Mindestlohn der Gewerkschaft unterbieten. Andere Fernsehsender tun es NBC gleich, einschließlich der Kabelkanäle, die langsam das Publikum der anderen Fernsehsender abziehen. So wird es für NBC noch wichtiger, solch kostensenkende Maßnahmen durchzuführen, wenn der Sender die Vorgaben seines Mutterunternehmens, General Electric, und dessen Investoren – darunter unter anderen mein Hochschuldozenten-Pensionsfonds – erfüllen soll. Die Waschfrau in der Wäscherei bei mir um die Ecke berichtet mir, daß sie 1999 13 500 Dollar verdiente. Obwohl die amerikanische Wirtschaft boomte, war ihre knallharte Realität die, daß die Wäscherei jederzeit jemanden anderen finden würde, sobald sie auch nur einen Dollar mehr Lohn forderte. Und in der Tat: Ich würde auch nicht mehr als nötig für das Waschen und Bügeln meiner Wäsche bezahlen wollen, obwohl ich ihr dies natürlich nicht gebeichtet habe.

WIEDER AM ANFANG ANGEKOMMEN?

Es ist kein Zufall, daß man wieder verstärkt von den alten Idealen der persönlichen Verantwortung spricht und von der Freiheit, einen Vertrag abschließen zu können, die man in den Jahren vor der Industrialisierung geschätzt hatte. Gesetzlicher Arbeitnehmerschutz erscheint angesichts einer sich auflösenden Arbeitgeber-Arbeitnehmer-Bindung zunehmend irrelevant. Die 40-Stunden-Woche ist für einen Taxifahrer, der seine Lizenz und sein Taxi mietet, unwesentlich geworden, das gleiche gilt für einen Wertpapierhändler, der vor seinem Computer das Tagesgeschäft verfolgt und mit Aktienkursen pokert. Beide arbeiten so viel, wie sie wollen – die Entscheidung liegt ganz bei ihnen. Das Recht, als Berufsgruppe Tarifverhandlungen führen zu können, ist für sie ebenfalls von geringer Bedeutung, ebenso wie für eine wachsende Zahl der Menschen, die in kleinen Firmen arbeiten und von Projekt zu Projekt wandern oder sich selbst als unabhängige Agenten und Selbständige auf dem Markt anpreisen. Mit wem sollten sie denn verhandeln?

Gesetze zur Sicherung eines Minimalstandards an Sicherheit am Arbeitsplatz erreichen die 30 Prozent der Arbeitnehmer nicht, die zumindest einen Teil des Tages zu Hause arbeiten. Ein »ergonomischer« Standard mit dem Zweck, vor Schäden aufgrund falscher Körperhaltung bei repetitiven Tätigkeiten zu bewahren, schützt mich an meinem Computer zu Hause, an dem ich dieses Buch schreibe, nicht. (Einen Tag lang, im Januar 2000, erweiterte das Arbeitsministerium die Regeln bezüglich der Arbeitsplatzsicherheit bei Heimarbeiten, bis den Mitarbeitern im Ministerium die Absurdität der Ausdehnung so bewußt wurde, daß sie das Ganze schnell und unspektakulär wieder zurücknahmen.) Was diese Bereiche betrifft, ist mir weder mit dem Family and Medical Leave Act geholfen, der Arbeitnehmern das Recht zuspricht, im Falle eines Familien- oder medizinischen Notfalls den Arbeitsplatz verlassen zu dürfen. Sollte sich bei mir zu Hause ein Notfall ereignen, dann schalte ich den Computer aus und renne nach unten. Ist der Vorfall besorgniserregend, doch nicht extrem kritisch, dann führe ich vielleicht mit mir selbst eine hitzige Debatte, ob ich meinen Schreibtisch nun verlassen sollte oder nicht und wie lange ich ihm fernbleibe. Doch außer mir ist kein anderer Mensch an diesem Gespräch beteiligt.

Ein gesetzlich festgesetzter Mindestlohn war sinnvoll, als die Großunternehmen bestimmte Lohnniveaus festlegten und die meisten Menschen dauerhafte Arbeit hatten. Doch in der Ära nach der dauerhaften Beschäftigung fällt es leichter, zu argumentieren oder zu begreifen, daß die Menschen nach ihrem Marktwert bezahlt werden. Auf der Grundlage ihrer Fähigkeiten und Begabungen sowie ihres Engagements, hart

zu arbeiten, bestimmen sie selbst ihr Einkommen. Sieht man die Sache so, dann ist es schlicht ihr Problem, wenn sie niemanden finden, der ihnen mehr bezahlt. Genauso war die Arbeitslosenversicherung eine gute Sache zu Zeiten von Einbrüchen im Wirtschaftszyklus, als im Handumdrehen Millionen von unschuldigen Arbeitnehmern auf der Straße standen. Doch in der heutigen Zeit hat es den Anschein, als seien diejenigen ohne Job ebenfalls für ihre Situation selbst verantwortlich: Wenn sie keine Arbeit finden können, dann liegt das vielleicht daran, daß sie zuviel für ihre Dienstleistungen verlangen. Sie sollten mit ihren Forderungen heruntergehen, Zusatzqualifikationen erwerben oder sich selbst besser vermarkten.

Im Zeitalter der dauerhaften Beschäftigung schien es angemessen, daß die Arbeitgeber den Hauptteil zur Krankenversicherung und Privatrente sowie anteilsmäßig zur Sozialversicherung beisteuerten. Sie hatten ja ein berechtigtes Interesse am Schutz der Gesundheit ihrer Beschäftigten, und diese waren ihrerseits stark an der gegenseitigen Produktivität beteiligt. Doch im neuen Zeitalter, in dem Menschen von Projekt zu Projekt und von Job zu Job ziehen, erscheint es vernünftig, daß der einzelne mehr Verantwortung für seine persönliche Gesundheits- und Rentenvorsorge übernimmt.

Dennoch gibt es einige wichtige Unterschiede zwischen der Ära vor und nach der dauerhaften Beschäftigung, die darauf schließen lassen, daß doch nicht alles an der persönlichen Verantwortung festgemacht werden kann. In der Zeit vor der sicheren Beschäftigung waren die Märkte meist vor Ort, und die Anbieter sahen sich einem geringen Wettbewerb gegenüber. Also hatten sie eine gewisse Machtposition, die Preise festzulegen. Sie konnten sich auch auf ihre Gemeinschaften verlassen, die ihnen zu Hilfe eilen würden, sollten harte Zeiten anbrechen oder sie Hilfe beim Errichten einer Scheune und beim Graben eines neuen Brunnens brauchen. In diesem Kontext stellten die Gemeinschaften die früheste Form einer »Sozialversicherung« dar. Im Zeitalter der unsicheren Beschäftigung bläst den Menschen jedoch der kalte Wind eines höchst unbeständigen Marktes voll ins Gesicht, in dem Kunden und

Investoren überall auf der Welt im Handumdrehen zu besseren Geschäften wechseln können. Daher sind Arbeitnehmer in zunehmendem Maße auf sich allein gestellt. Sozialversicherungen nehmen ab. Selbst die informelle Nachbarschaftshilfe und Unterstützung stirbt langsam aus, da viele Menschen inzwischen kaum noch ihre Nachbarn kennen.

ZUSAMMENFASSUNG: DIE NEUE ARBEIT

Lassen Sie mich einen kurzen Abriß geben: Vor etwa 30 Jahren begann sich die amerikanische Wirtschaft von der Massenproduktion zu einer Wirtschaft der ständigen Innovationen zu verändern. Diese Veränderung hat seither an Geschwindigkeit zugenommen. Ihre treibende Kraft ist die Technologie. Neue Kommunikations-, Transport- und Informationstechnologien, die kürzlich ihren Zenit im Internet und im E-Commerce erreicht haben, haben die Wahlmöglichkeiten der Kunden dramatisch vergrößert und es allen Kunden (einschließlich Geschäftskunden) erheblich erleichtert, nach besseren Angeboten und Geschäften zu suchen und zu ihnen zu wechseln. Vergrößerte Auswahl und schnellere Wechsel haben den Wettbewerb auf allen Ebenen intensiviert und jeden Anbieter dazu gezwungen, wie verrückt Innovationen hervorzubringen, Kosten zu senken und neue Mehrwerte zu schaffen.

In der alten industriellen Wirtschaft entstanden Gewinne durch Massenproduktion – durch lange Verfügbarkeit und Produktion von mehr oder weniger identischen Artikeln. Inzwischen werden Gewinne durch die Schnelligkeit generiert, mit der Innovationen getätigt und Kunden angezogen (und gebunden) werden können. Früher waren die Gewinner die bürokratischen Großunternehmen. Heute sind die Gewinner kleine, extrem flexible Gruppen mit genialen Ideen und vertrauenswürdigen Marken, die diese Gruppen und ihre Ideen effektiv vermarkten.

Diese Veränderungen haben sich in den USA schneller als irgendwo anders vollzogen, zum Teil deshalb, weil Amerika als

erstes Land viele der Kommunikations-, Transport- und Informationstechnologien entwickelt hat, auf denen die Veränderungen beruhen. Zum Teil aber auch, weil die amerikanische Wirtschaft mit weniger Regulierungen als andere Wirtschaftsnationen begonnen hat und sich daher Kapital und Arbeitskraft schneller bewegen konnten. Andere Nationen signalisieren inzwischen deutlich, daß sie in die Fußstapfen Amerikas treten werden.

Wir alle profitieren davon enorm. Die amerikanische Wirtschaft ist erheblich gewachsen und wesentlich dynamischer geworden. In den letzten Jahren ist die Produktivität gestiegen. Die Wirtschaft kann inzwischen einen weit größeren Teil ihrer Arbeitskräfte beschäftigen und die Arbeitslosenquote niedrig halten, ohne eine Inflation der Löhne zu riskieren. Uns steht eine weit größere Palette an Waren und Dienstleistungen zur Verfügung, und es ist für Kunden wesentlich leichter, hervorragende Geschäfte zu machen. Was die materielle Lebensqualität angeht – der Gegenwert für unser Geld –, ist der Großteil der Amerikaner besser gestellt als je zuvor. Es gibt heftige Debatten darüber, ob Amerikaner, die knapp über dem Boden oder ganz unten an der Einkommensskala stehen, heute ebenfalls besser dastehen als etwa 1970. Im Vergleich dazu, was sie sich damals leisten konnten, geht es ihnen in vielerlei Hinsicht besser. Im Vergleich dazu, was sich die Mehrzahl der Amerikaner heute leisten kann, geht es ihnen schlechter.

Ganz gleich, wie man diese letzte Frage beantwortet, sollte man sich jedoch unbedingt in Erinnerung rufen, daß wir nicht nur aus Konsumenten bestehen. Die meisten von uns verbringen die meisten Tage damit, ihren Lebensunterhalt zu verdienen. Außerdem leben wir auch in einem persönlichen Beziehungsgeflecht, einschließlich Familie, Freunden und Gemeinschaften. Eine Verlagerung hin zu einer dynamischeren und innovativen Wirtschaft hat auch Veränderungen hinsichtlich der Organisation und Entlohnung von Arbeit mit sich gebracht. Und diese Veränderungen wandeln unser persönliches Leben. Wir können die Vorteile der neuen Wirtschaft nicht genießen, ohne auch zugleich diese Veränderun-

gen zu spüren. Sie sind die beiden Seiten der neu geprägten Münze.

Angesichts einer Technologie, die uns Kunden eine erhöhte Auswahl an Angeboten und leichtere Möglichkeiten zum Wechseln verschafft, büßen alle Anbieter an Sicherheit ein. Die Dynamik und Innovationen, die die Kunden belohnen, setzen alle Anbieter einer geringeren Kalkulierbarkeit, einer erhöhten Kurzlebigkeit sowie extremeren Höhen und auch drastischeren Tiefen aus. Fast jedes Einkommen unterliegt einer größeren Unbeständigkeit und wird weniger vorhersehbar.

Die neue Ära erhöht den Einsatz auf andere Arten. Talentierte und ehrgeizige Menschen haben unermeßliche Möglichkeiten. Sie können heute im Vergleich zu den Durchschnittslöhnen unendlich mehr verdienen, als es talentierten und ehrgeizigen Menschen im industriellen Zeitalter möglich war. Viele finden ihre Arbeit weitaus anregender, als es bei den langweiligen Jobs der Großunternehmen damals der Fall war. Dennoch entspricht es auch der Realität, daß immer mehr Arbeitsplätze unablässigen Einsatz und Leistung erfordern und alle Arbeitnehmer in größeren Gefahren schweben, daß ihr Einkommen deutlich spürbare Einbußen nehmen könnte. Das Ungleichgewicht bezüglich Einkommen und Reichtum ist erheblich größer geworden. Noch vor 100 Jahren hätte Amerika dieses Ausmaß an Ungleichgewicht weder ertragen noch toleriert.

Was bedeutet Erfolg angesichts dieser verschärften Bedingungen wirklich? Und wie gelingt es uns, uns selbst, unseren Familien und den Gemeinschaften, in denen wir leben, angemessenen Raum zu verschaffen, ohne uns gegen die härter werdende Lebensrealität verteidigen zu müssen? Diesen Fragen werden wir uns nun zuwenden.

TEIL 2

Das neue Leben

KAPITEL 6

Der Reiz der harten Arbeit

WAS TUN MENSCHEN, deren Einkünfte weniger kalkulierbar sind, deren Arbeitsplätze zunehmend unsicherer werden und deren Einkommen möglicherweise höher oder niedriger ist als früher? Sie arbeiten härter. Sie verbringen nicht nur mehr Stunden am Arbeitsplatz, sondern arbeiten dort auch intensiver.

Laut offiziellen Schätzungen leistet der durchschnittliche amerikanische Beschäftigte heute mehr Arbeitsstunden, obwohl noch nicht klar ist, wie viele Stunden es mehr sind; einige Forscher bezweifeln sogar, daß Amerikaner *überhaupt* mehr Stunden arbeiten. Jedes Frühjahr befragt das US-Bundesamt für Statistik in einer großangelegten Umfrage etwa 50 000 Haushalte unter anderem dazu, wie viele Wochen und wie viele Stunden pro Woche sie im Durchschnitt im Vorjahr gegen Bezahlung gearbeitet haben. Das ist keine perfekte Datenerhebung, denn einige Menschen vergessen, wieviel sie gearbeitet haben, andere wiederum übertreiben – sie mögen ja durchaus das Gefühl haben, daß sie mehr gearbeitet haben, als es tatsächlich der Fall war –, wieder andere scheuen sich vielleicht zuzugeben, daß sie nicht soviel gearbeitet haben. Die sich auflösende Grenze zwischen bezahlter Arbeit und dem übrigen Leben verursacht zusätzliche Probleme: Wo hört der Job auf? Dennoch ist diese Befragung die beste Methode, die wir haben. Und weil die gleiche Frage Jahr für Jahr wieder gestellt wird, bietet diese Methode zumindest einen groben

Anhaltspunkt dafür, ob die Arbeitszeiten über die Jahre hinweg zu- oder abnehmen.

Laut dieser Ermittlungen nimmt die bezahlte Arbeitszeit zu. Der durchschnittliche erwachsene Arbeitnehmer arbeitet in den USA inzwischen fast 2000 Stunden pro Jahr, das sind zirka zwei Wochen mehr als noch vor zwei Jahrzehnten. 1999 ging ein Durchschnittsehepaar aus der Mittelklasse mit Kindern zusammen 3918 Stunden einer bezahlten Beschäftigung nach – etwa sieben Wochen mehr als noch vor zehn Jahren.[1]

Inzwischen verbringen die Amerikaner sogar mehr Zeit an ihrem Arbeitsplatz als die Japaner, die als notorisch arbeitsam bekannt sind. Diese arbeiten derzeit etwa so viele Stunden wie die amerikanischen Arbeitnehmer im Jahre 1980. Laut des jüngsten Berichts der United Nations' International Labor Organisation hat die Arbeitszeit der meisten Erwachsenen in anderen Wirtschaftsnationen abgenommen, wohingegen die der Amerikaner zugenommen hat. Bis in die späten achtziger Jahre hinein verbrachte der durchschnittliche erwachsene Amerikaner in etwa genauso viele Stunden am Arbeitsplatz wie der durchschnittliche erwachsene Europäer. Heute arbeitet er pro Jahr 350 Stunden mehr als sein europäischer Kollege. In Frankreich sank die Zahl der Arbeitsstunden von 1810 in den achtziger Jahren auf 1656 in den ausgehenden neunziger Jahren.[2] (Da die Wirtschaft anderer Nationen dem von den USA vorgezeichneten Weg folgen wird, kann man guten Gewissens annehmen, daß Europäer und Japaner nun ebenfalls beginnen werden, mehr zu arbeiten.)

Ein Großteil der Entwicklungen in den USA erklärt sich durch den drastischen Wechsel amerikanischer Frauen – insbesondere Mütter – vom Haushalt in die Berufstätigkeit oder von einem Teilzeitjob zu einem Vollzeitjob. Selten vollziehen sich soziale Veränderungen dieser Größenordnung so schnell. Sie haben vielleicht all diese Entwicklungen miterlebt und sind sich dennoch nicht über die tatsächliche Größe dieses Wandels im klaren. Im Jahre 1969 gingen, laut Daten des Bundesamts für Statistik, 38 Prozent aller verheirateten Mütter zwischen 20

und 55 Jahren einer bezahlten Beschäftigung nach; inzwischen sind es 70 Prozent.[3]

Die Entwicklung zu einer verstärkten Berufstätigkeit hängt nicht nur mit dem veränderten Berufsverhalten der Frauen zusammen. Männer in freiberuflichen oder unternehmerischen Bereichen arbeiten ebenfalls mehr Stunden. Seit Mitte der achtziger Jahre ist der Anteil der Freiberufler und Unternehmer mit mindestens einer 50-Stunden-Woche um mehr als 30 Prozent gestiegen. Die einzige Bevölkerungsgruppe, die eventuell weniger bezahlte Arbeitsstunden leistet, sind Männer, die nur einen High-School-Abschluß haben. Das liegt größtenteils daran, daß sie als erste ihre Arbeitsplätze verlieren, wenn Unternehmen aufgrund einer schleppenden Wirtschaft entlassen müssen.

GIBT ES EIN PROBLEM?

Nur weil die meisten von uns mehr Stunden gegen Entgelt arbeiten als früher, bedeutet das nicht, daß es uns schlechtergeht. Dank der Mikrowelle, vorgekochten Essens und reichlich vorhandenen Fast-food-Restaurants ist der Aufwand, sich mit Mahlzeiten zu versorgen, inzwischen geringer. Auch unsere Kinder können wir leichter betreuen lassen als früher (sofern wir es uns leisten können). Zudem vereinfacht das Internet die Einkäufe erheblich. Unter Forschern sind heftige Diskussionen darüber entbrannt, wieviel länger die Arbeitszeit im Vergleich zur »Freizeit« ist.[4] Einige Forscher räumen ein, daß wir tatsächlich mehr freie Zeit haben als früher. John Robinson, Soziologieprofessor an der University of Maryland, und Geoffrey Godbey, Professor am Fachbereich »Freizeitstudien« an der Penn State University, haben detailliert die Tagesnotizen einiger Personen aus den Jahren 1965 bis 1985 untersucht. Diese Testpersonen haben alles, was sie tagsüber getan haben, säuberlich aufgezeichnet, nicht nur bezahlte Tätigkeiten, sondern auch alle unbezahlten Beschäftigungen im Haushalt. Robinson und Godbey stellten fest, daß im Lauf dieser zwei Jahrzehnte die

»freie Zeit« zugenommen hatte.[5] Die Testgruppe war klein, und Menschen, die ausreichend Zeit haben, um alles, womit sie ihre Tage verbringen, säuberlich zu protokollieren, repräsentieren wohl kaum den Durchschnittsamerikaner. Darüber hinaus räumen beide Professoren ein, daß die meisten Amerikaner zumindest seit 1985 weniger Freizeit als vorher zu haben scheinen. Dennoch bieten die Ergebnisse von Robinson und Godbey eine wichtige Erkenntnis: Wenn man ermitteln möchte, wie sehr wir wirklich beschäftigt sind, dann muß man sowohl die *unbezahlte* als auch die *bezahlte* Arbeit berücksichtigen.

Und in der Tat, rechnet man beide Arten der Arbeit zusammen, erscheint es zweifelhaft, daß es überhaupt jemals ein Goldenes Zeitalter gab, in dem mehr als eine Handvoll reicher Menschen viel Freizeit zur Verfügung hatten. Die meisten erwachsenen Männer und Frauen haben schon immer hart gearbeitet. Landwirtschaftliche Tätigkeiten zählten zu den anstrengendsten Arbeiten für Rücken und Gliedmaßen – das hat sich für den kleinen Teil der Amerikaner, die noch immer von der Landwirtschaft leben, nicht geändert. Generationen von Einzelhändlern und ihre Ehepartner arbeiteten ebenfalls lange. Meine Eltern hatten in Upstate New York ein kleines Bekleidungsgeschäft, das sie sechs Tage pro Woche, einschließlich der meisten Abende, voll in Anspruch nahm. Rechnet man dann noch die Hausarbeit hinzu, kann ich mich kaum erinnern, daß meine Eltern Freizeit gehabt hätten.

Die Schriftstellerin Alice Walker beschreibt die verschiedenen Arbeiten ihrer Mutter im frühen 20. Jahrhundert folgendermaßen:

»Sie nähte alle unsere Kleider, sogar die Overalls meiner Brüder. Sie nähte alle Handtücher und Bettwäsche, die wir benutzten. Sie verbrachte die Sommer mit dem Einmachen von Gemüse und Obst. Sie verbrachte die Winterabende mit dem Anfertigen von genügend Steppdecken für alle unsere Betten.

Während des ›Arbeitstages‹ arbeitete sie auf dem Feld Seite an Seite mit meinem Vater – nicht hinter ihm. Ihr Tag begann vor Sonnenaufgang und endete erst spät in der Nacht. Sie hatte nie einen Moment Zeit, sich ungestört hinzusetzen, um

ihren eigenen, ganz persönlichen Gedanken nachzuhängen, nie einen Augenblick, in dem sie nicht unterbrochen worden wäre – durch Arbeit oder die lärmenden Nachfragen ihrer vielen Kinder.«[6]

Viel zu tun zu haben ist ja nicht von vornherein schlimm. Arbeit kann dem Leben Sinn und Ordnung geben. Sie kann auch Selbstwertgefühl und Würde vermitteln. Hart zu arbeiten ist schließlich auch ein grundlegender Pfeiler des moralischen Bewußtseins der westlichen Welt, ein Markstein der protestantischen Arbeitsethik. So gesehen ist harte Arbeit eine Tugend. »Freizeit« hingegen bedeutet Müßiggang, der, selbst wenn er nicht zu verwerflichem Verhalten führt, sicherlich den menschlichen Charakter aushöhlt. Ein Großteil der Debatte über das Einstellen der Sozialhilfe in den USA beruhte auf diesem Glauben und diesen Werten, doch solche Diskussionen hört man inzwischen überall.

Unlängst stieß ich auf ein Interview mit einer Person namens Milton Garland, der mit seinen 102 Jahren der älteste noch aktive amerikanische Arbeitnehmer war. Garland hatte, seit seinem Eintritt im Jahre 1920, 78 Jahre lang für ein und dieselbe Firma gearbeitet – die Frick Company aus Waynesboro (Pennsylvania). Frick stellt offensichtlich seine Arbeiter nicht im gleichen Maße frei wie die Mehrzahl der amerikanischen Unternehmen. Das Interview mit Garland fand im Nationalen Presseklub in Washington statt, der sich in einem Gebäude befindet, dessen Kühlsysteme Garland in den späten zwanziger Jahren mit installiert hatte. Auf seine aktuelle Tätigkeit bei Frick angesprochen – eine 24-Stunden-Woche, in der er die internationalen Patente des Unternehmens koordinierte und die Lehrlinge anlernte –, sagte Garland: »Ich liebe meine Arbeit. Ich kann nur dazu raten, sich für eine Tätigkeit zu entscheiden und diese so lange auszuüben, bis man Gefallen an ihr findet. Man kann keinen Job mögen, bevor man nicht Erfahrungen in ihm gesammelt hat. Und wenn man erst Experte ist, macht er richtig Spaß.« Auf die Frage, wo er jetzt wäre, hätte er vor 37 Jahren, als er 65 Jahre alt geworden war, seinen Hut genommen, brummte Garland: »Im Grab.«[7]

Für Sie sind vielleicht einige Aufgaben langweilig, während die gleichen für andere Menschen höchst angenehm sind. Ich hasse zum Beispiel Gartenarbeiten. Stundenlang Unkraut zu jäten zählt für mich zu den Tätigkeiten, die ich in die äußeren Vorhöllen von Dantes Inferno verbannen würde. Ich würde sie nur gegen eine Menge Geld verrichten. Ich habe jedoch einen guten Freund, für den Gartenarbeit die höchste Freude ist. Fast jede Minute seiner Freizeit verbringt er damit – selbst im Urlaub. Für andere Menschen ist die Betreuung von Mitmenschen sehr befriedigend. Sich um Kinder, ältere Mitbürger, Kranke oder Behinderte zu kümmern kann dem Leben einen tiefen Sinn geben – sowohl, wenn man sich um die eigenen Kinder oder nahe Verwandte kümmert, als auch, wenn man ehrenamtlich hilfsbedürftige Fremde betreut. Für andere Menschen wiederum sind solche Pflegetätigkeiten harte Arbeit. Frauen fühlen sich vielleicht zu solchen Tätigkeiten moralisch verpflichtet und scheuen sich eventuell sogar davor, vor sich selbst zuzugeben, wie sehr sie diese Aufgaben eigentlich hassen. (Die Gesellschaft weist den Großteil der moralischen Last solcher – bezahlter und unbezahlter - Pflegearbeiten Frauen zu.)

Man kann ein und dieselbe Tätigkeit als angenehm oder unangenehm empfinden, je nach ihrem Kontext oder ihrer Beschreibung im Vorfeld. Sophia Snow und Ellen Langer, Professorinnen für Psychologie, teilten eine Testgruppe aus Erwachsenen aus dem Großraum Boston in zwei Gruppen auf und baten beide, die gleichen Aufgaben auszuführen. Dazu zählte die Einteilung von Gary Larson-Cartoons in Kategorien, die beide Gruppen selbst wählten (lustig / nicht sehr lustig, Cartoons über Männer und Frauen etc.). Ebenso sollten sie ein oder zwei Wörter in jedem Cartoon ändern, um ihm eine neue Bedeutung zu geben. Der Gruppe 1 gegenüber bezeichneten die beiden Forscher die Aufgaben als »Spiel«, der Gruppe 2 gegenüber als »Arbeit«. Danach wurden beide Testgruppen zu ihren Erlebnissen befragt und sollten auch beantworten, inwieweit ihnen die Aufgaben Spaß gemacht und wie sehr sie sich dabei konzentriert hatten. Es stellte sich heraus,

daß mehr Personen aus der »Spielgruppe« als aus der »Arbeitsgruppe« berichteten, ihnen hätten die Aufgaben Spaß gemacht. Die Mitglieder der »Spielgruppe« sagten auch, daß sie während der Tätigkeiten mit ihren Gedanken selten abgeschweift seien.[8]

Meine ehemalige Studentin, die die Internet-Spiele für Tausende von simultan miteinander spielenden Menschen kreiert, liebt anscheinend ihre Tätigkeit, nicht nur weil sie hofft, damit eine Menge Geld zu verdienen. Ihr macht die Arbeit richtig Spaß. Sie mag ihre Kollegen und liebt die verrückte, brandheiße und ausgeflippte Welt des jungen Internet-Geschäfts. Wo liegt das Problem, wenn sie nach einem mindestens zwölfstündigen Arbeitstag tatsächlich erst um 22 Uhr nach Hause kommt und am Wochenende nicht viel mehr Zeit hat, als ihre Wäsche zu waschen und ihre Rechnungen zu bezahlen? Wahrscheinlich stört sie das gar nicht.

Es ist nicht unüblich für berufstätige Frauen, außerhalb ihres Zuhauses einen bezahlten Job zu finden, der sie stärker befriedigt als die Arbeit daheim. Die Soziologin Arlie Hochschild interviewte und beobachtete das Verhalten von 130 Beschäftigten einer bestimmten Firma (den Firmennamen verriet sie nicht).[9] Dabei fand sie heraus, daß viele der Frauen lieber ihre Zeit in der Firma verbrachten als zu Hause. Sie hatten das Gefühl, daß zu Hause schwerere Aufgaben auf sie warteten (nörgelnde Teenager, Kleinkinder, der Abwasch und muffige Ehe- und Lebenspartner). Sie fühlten sich bei der Arbeit oft kompetenter und stärker gewürdigt als zu Hause. Ihre freundschaftlichen Beziehungen zu Kollegen und Kolleginnen waren stärker als zu Menschen außerhalb des Unternehmens. Ihre »elterliche« Fürsorge gegenüber untergeordneten Kollegen in der Firma war stärker und befriedigte sie mehr als das echte Elternverhalten zu Hause. Sie waren sogar der Meinung, Kollegen und Kolleginnen würden bei schweren Schicksalsschlägen, wie dem Tod eines Elternteils, besser reagieren und mehr Trost bieten als ihre eigene Familie oder ihre Kirchengemeinde (vielen Männern ging es ebenso). Hochschild ist eine exakte Forscherin, doch ihre Erkenntnisse können wahrscheinlich nicht auf die gesamte Arbeitnehmerschaft übertragen werden. Das Unternehmen, in dem sie ihre Befragungen und Beobachtungen durchführte, behandelte seine Beschäftigten überdurchschnittlich gut. Dennoch ist es sicherlich immer noch so, daß unbezahlte Arbeit zu Hause, im Vergleich zu bezahlter Arbeit außerhalb, manchmal als schwieriger und undankbar empfunden wird.

Arbeit kann eine »Berufung« sein in dem Sinne, daß sie einer tiefen persönlichen Hingabe Ausdruck verleiht oder eine Begabung oder Kraftquelle ausschöpft, die sowieso vorhanden wäre, ganz gleich, wie hoch die Tätigkeit bezahlt würde. Ich habe einige Ärzte getroffen, die ihren Beruf immer noch in erster Linie als Dienst am Menschen verstehen, als eine Arbeit der Liebe und Pflichterfüllung. Das gleiche stellte ich auch bei Dozenten, Sozialarbeitern und, in der Tat, sogar bei Politikern fest. Ich habe allerdings noch keinen Investmentbanker getroffen, der so etwas auch behauptet hätte, doch bestimmt gibt es irgendwo ein oder zwei.

Aufgaben, die wegen ihrer eigenen Faszination verrichtet werden, können zu härterer und engagierterer Beschäftigung motivieren als Jobs, die nur für Geld verrichtet werden. »Im letzten Jahr habe ich mit geradezu übermenschlicher Anstrengung gearbeitet, und vor wenigen Wochen habe ich endlich das Problem gelöst«, schrieb Albert Einstein an seine Cousine Elsa, als er an den mathematischen Grundlagen für seine spätere Allgemeine Relativitätstheorie arbeitete. »Nun muß ich mir etwas Ruhe gönnen, sonst geh ich baldigst kaputt.«[10]

Viele Schriftsteller, Künstler, Philosophen und Schauspieler empfinden eine tiefe Befriedigung bei ihrer Arbeit und agieren aus einem sehr starken inneren Drang heraus. Oft haben sie andere Jobs angenommen, um ihr Überleben zu sichern. Das ist kein neues Phänomen. »Hüte deine Armut«, riet der Schriftsteller und Philosoph Henry David Thoreau im 19. Jahrhundert. »Mag dein Leben noch so armselig sein, nimm es auf dich und leb es, versuch nicht, dich darum zu drücken [...] Nahe am Knochen schmeckt das Leben am süßesten.«[11] Als Thoreau Geld brauchte und nicht seine Armut hütete, war er

Landvermesser. T. S. Eliot war Bankangestellter und Nathaniel Hawthorne Angestellter im Zollamt von Salem, das er in seinem Roman *Der scharlachrote Buchstabe* verewigte. Wallace Stevens und Charles Ives verkauften Versicherungspolicen. William Faulkner behauptete, seinen Roman *Als ich im Sterben lag* in der restlichen Zeit geschrieben zu haben, die ihm sein Zwölf-Stunden-Tag als Arbeiter noch übrigließ. Von 1866 bis 1885 war Herman Melville Inspektor im Außendienst für das New Yorker Zollamt, und Walt Whitman war Schreiber im Büro des Zahlmeisters der U.S. Army in Washington. Matthew Arnold verdiente sein Geld als Schulinspektor. Alexis de Tocqueville, der berühmte französische Soziologe, der mehr über das amerikanische Volk herausfand und es besser verstand als irgend jemand vor ihm und womöglich sogar nach ihm, war Angestellter der französischen Regierung. Baruch de Spinoza, der große Philosoph des 17. Jahrhunderts, verdiente seinen Lebensunterhalt mit dem Schleifen und Polieren von Linsen. Einsteins erste Abhandlung im Vorfeld der Relativitätstheorie entstand, als der Physiker 26 Jahre alt war und als Prüfer in einem Patentamt arbeitete. William Carlos Williams war Arzt. Und Stanley Bojarski, den Sie noch nicht kennen, da er sich noch keinen Namen gemacht hat, arbeitet tagsüber als Assistent in der gesetzten, konservativen Anwaltskanzlei Dewey Ballantine mitten in Manhattan. Nachts ist er komischer weiblicher Darsteller in Howard Crabtrees homosexuell gefärbter Musikrevue *When Pigs Fly*. In Amerika gibt es eine lange Tradition von Schauspielern – insbesondere aufstrebenden –, die als Kellner arbeiten, Wohnungen streichen und Taxi fahren. Nachdem meine Mutter mit ihrer Arbeit im Laden meines Vaters aufgehört hatte, begann sie nette Pastellporträts und Landschaftsbilder zu malen, von denen sie inzwischen so viele verkauft, daß sie ihren Malereibedarf selbst bezahlen kann und sogar noch einen kleinen Gewinn einstreicht.

JA, ES GIBT EIN PROBLEM

Welches denn? Na, ganz einfach: Die bezahlte Arbeit nimmt in dramatischem Ausmaß immer mehr Raum im Leben der meisten Menschen ein. Und laut offiziellen Untersuchungen steigt nicht nur die Zahl der formellen Arbeitsstunden. Bezahlte Arbeit macht sich auch in unseren anderen Lebensbereichen breiter und breiter. Sie fordert zunehmend einen emotionalen oder intellektuellen Tribut. Sie beschäftigt uns in steigendem Maße in unseren Wachphasen und läßt uns manchmal sogar im Schlaf keine Ruhe. Das Thema »Arbeit« schleicht sich immer heimtückischer an und stellt immer überraschendere Forderungen.

Faxgeräte zu Hause, Voice-Mails, E-Mails, Beeper, Mobil- und Autotelephone haben etwas Beharrliches an sich. Man muß ihnen antworten. Oder man muß sie verwenden, um mit jemandem Kontakt aufzunehmen, sobald man irgendwie erfährt, daß diese Person es wahrscheinlich schätzt und es *erwartet*, sofort angerufen zu werden. Der eigentliche Zweck dieser Geräte ist schlichtweg, uns jederzeit auch dann ausfindig machen zu können, wenn wir gerade etwas anderes tun. Durch diese Geräte sind wir buchstäblich immer erreichbar. Sie brechen in unser Leben ein wie Einbrecher. Sie nehmen selbst die kleinen Bereiche an Zeit und Raum in Beschlag, die einst absolute Privatsphäre waren, beispielsweise wenn wir im Auto, im Flugzeug oder zu Fuß unterwegs sind. Allein die Möglichkeit, daß diese Geräte zu Eindringlingen werden könnten, veranlaßt einen kleinen Bereich unseres Gehirns unaufhörlich dazu, sofort auf dieses Eindringen zu reagieren – wie ein Wachposten, der immer Ausschau hält. Vermutlich wären wir weniger effizient bei unserer Arbeit, hätten wir diese kleinen Hilfsmittel nicht, doch leider walzen sie immer größere Bereiche des privaten und persönlichen Lebens nieder. In ein paar Jahren wird wahrscheinlich jeder von uns ein universelles Kommunikationsgerät als Armband tragen, mit dessen Hilfe bestimmte Personen (die wir vorher entsprechend ausgesucht haben) uns zu jeder Tages- und Nachtzeit ausfindig machen und mit uns sprechen können, vielleicht sogar unser Gesicht sehen können, so wie wir dann ihres sehen werden. Wir werden selbstverständlich die Freiheit haben, dieses Gerät abzuschalten, und es bleibt auch unsere eigene Entscheidung, welchen Menschen wir eine solche Macht geben, in unsere Privatsphäre einzudringen. Doch stellen Sie sich bloß den Druck vor, ein solches Gerät mindestens 18 Stunden am Tag eingeschaltet zu haben und die Liste der möglichen Eindringlinge erweitern zu müssen, so daß nicht nur die geliebten Menschen, sondern auch diejenigen mit eingeschlossen sind, die scheinbar für unser Arbeitsleben wichtig sind (und sich selbst dafür halten)!

Die Fahrzeiten zum Arbeitsplatz sind länger geworden. Die Zeit, die man auf Geschäftsreisen, weg von daheim, verbringt, ist ebenfalls mehr geworden. Laut der Travel Industry Association of America haben Amerikaner im Jahre 1996 42,9 Millionen Geschäftsreisen unternommen (die derzeit jüngsten verfügbaren Daten), was im Vergleich zu 1991 einen Anstieg von 21 Prozent bedeutet. Eine weitere Studie, diesmal vom Family and Work Institute, zeigt, daß 20 Prozent aller Beschäftigten inzwischen regelmäßig Geschäftsreisen mit Übernachtung unternehmen. Die Studie hat den Begriff »regelmäßig« nicht näher eingegrenzt, aber man kann mit Sicherheit annehmen, daß »regelmäßig« mindestens einmal pro Monat bedeutet.[12] Dazu kommen noch die häufigen und allerorts stattfindenden Unternehmenskonferenzen, Beratungen, Seminare/Schulungen und sonstige Treffen an entfernten Orten. Laut Meeting Planners International fanden im Geschäftsjahr 1998 insgesamt 805 000 »Unternehmens-Events« statt, die mit mindestens einer Übernachtung verbunden waren – im Vergleich zu 580 000 im Jahre 1996.[13]

Es gibt keine Möglichkeit, die Beanspruchung und emotionale Energie zu erfassen, die uns die neuen Formen der Arbeit abverlangen, doch beide haben mit Sicherheit zugenommen. Die Prozentzahl der Amerikaner, die von sich angeben, »sie fühlten sich ständig gehetzt«, schnellte zwischen Mitte der sechziger und Mitte der neunziger Jahre um mehr als die Hälfte nach oben. Deutlich mehr Amerikaner behaupteten auch, daß

»sie die meiste Zeit sehr hart arbeiten« und »oft bis spät abends am Arbeitsplatz seien«.[14] Die Computer zu Hause heißen jetzt »Workstations«, und das selbst für Menschen, die eigene Büros außer Haus haben. Arbeit wird nicht mehr in dicken Aktenkoffern voller Papier, Berichten und Datenblättern zwischen dem Arbeitsplatz und dem Zuhause hin und her geschleppt, sondern in kleinen Disketten mitgenommen oder gar körperlos per E-Mail geschickt. Ein Viertel aller regelmäßigen Internet-User sagen, daß sie inzwischen mehr Stunden zu Hause arbeiten, im Büro jedoch deswegen nicht weniger.[15]

Märkte sind ständig geöffnet, und die entsprechenden Geräte sind möglicherweise ebenfalls immer eingeschaltet, so daß es keine Ausrede mehr gibt, *nicht* zu arbeiten, außer zu den Zeiten, zu denen man sich klar und deutlich dagegen entschieden hat, weil man etwas anderes tut. Doch die Hemmschwelle für die Entscheidung, etwas anderes zu tun, wird immer höher, je einfacher Arbeit zugänglich wird. Die Architekten Frank Lupo und Daniel Rowen haben kürzlich für ein junges Pärchen, beide Wall-Street-Devisenhändler, ein Appartement in Manhattan ausgestattet. Ihr neues Heim besitzt sechs Videomonitore, die so plaziert sind, daß das agile Pärchen 24 Stunden lang über die Bewegungen der Devisenmärkte in aller Welt auf dem laufenden ist. Die Monitore können von jedem Punkt des Appartements, einschließlich des Badezimmers, betrachtet werden.[16]

Da die bezahlte Arbeit sich in unserem übrigen Leben immer breiter macht, werden andere Dinge unweigerlich komprimiert oder weggedrängt. Die schwindende Zeit, die Eltern mit ihren Kindern teilen, hat bereits beträchtliche öffentliche Aufmerksamkeit erregt. Laut dem White House Council of Economic Advisers, dem Wirtschaftsbeirat des Weißen Hauses, verbringen amerikanische Eltern heute durchschnittlich 22 Stunden weniger pro Woche mit ihren Kindern als noch vor 30 Jahren. Das bedeutet jedoch nicht, daß alle Kinder automatisch 22 Stunden weniger Aufmerksamkeit erhalten, da amerikanische Erwachsene heute zunächst einmal generell weniger Kinder haben. In der Tat gibt es Beweise dafür, daß

Mütter im Jahre 1998 in etwa genauso viele Stunden mit ihren Kindern zusammen waren wie Mütter im Jahre 1965. Sie schliefen dafür allerdings weniger.[17] Verändert hat sich jedoch, daß sich Erwachsene insgesamt weniger lange mit ihren Kindern beschäftigen. Andere Aspekte des Lebens werden ebenfalls zurückgedrängt – Freunde, Lebens- und Ehepartner, ehrenamtliche Betätigung in den Gemeinden, Hausarbeit, alles das, wozu man sich »berufen« fühlt. Tätigkeiten, die Spaß machen, und Tätigkeiten, die weniger Spaß machen, ebenso wie unbezahlte Aktivitäten, die einen tief befriedigen, aber auch die, die nur als pure Pflichten angesehen werden.

Durch den Druck der bezahlten Arbeit, der viele Bereiche überlagert, muß alles andere stärker und stärker eingeschränkt und geplant werden. Kinder werden nach immer präziseren Zeitplänen von Aktivität zu Aktivität gescheucht. An den Wochenenden sind die Kalender randvoll mit Terminen für Besorgungen, Ereignisse, Stippvisiten und kurze Treffen. Die nächsten Ferien werden schon weit im voraus geplant samt Alternativen für den Fall, daß etwas dazwischenkommt. Und währenddessen reißen die Sorgen nicht ab: noch nicht erledigte Arbeit, Klienten, die man noch nicht erreicht hat, und anstehende Abgabetermine. Sie alle ziehen die Aufmerksamkeit der Menschen von ihrem übrigen Leben ab, selbst wenn man versucht, sich dieses Leben nicht nehmen zu lassen. All diese Sorgen begleiten einen ständig wie das dumpfe Dröhnen des Straßenverkehrs draußen vor dem Fenster.

Bezahlte Arbeit überlagert andere Lebensbereiche, selbst wenn – ja, gerade wenn – es eine interessante oder lohnende Tätigkeit ist. Ich selbst mußte diese Erfahrung machen, als ich Mitarbeiter im Kabinett des Präsidenten war. Sollten Sie die Zeit und Kraft gefunden haben, dieses Buch bis hierhin gelesen zu haben, dann steht es noch nicht allzu schlimm um Sie. Doch der Druck nimmt weiter zu. Woran liegt das?

DAS EINKOMMEN DER FAMILIEN STÜTZEN

Der erste und offensichtlichste Grund für das härtere Arbeitsengagement der Amerikaner ist der Versuch, damit das Familieneinkommen zu stützen. In den späten siebziger und den achtziger Jahren haben viele Frauen zu arbeiten begonnen, da die Löhne und Gehälter ihrer Ehemänner stagnierten oder sanken. Wie bereits erwähnt, ist in der Mitte des 20. Jahrhunderts das System der Massenproduktion mit seiner Armada an Routinearbeitern, denen dauerhafte Beschäftigung mit stetig ansteigenden Löhnen und Gehältern sicher war, verschwunden. Durch die Massenproduktion erlangten amerikanische Arbeiter den Status der Mittelklasse. Als dieses System durch die innovative Produktion aller möglichen Dinge zum niedrigsten Preis und in bestmöglicher Qualität von jedem Produktionsstandort aus abgelöst wurde, verschwand der amerikanische Arbeiter wieder aus der Mittelklasse. Ein 30jähriger Mann mit einem High-School-Abschluß verdiente 1979 bei Vollzeitbeschäftigung im Jahresdurchschnitt 32 000 Dollar (aktueller Dollarwert). Heute verdient ein 30jähriger Arbeiter mit den gleichen Voraussetzungen etwa 5000 Dollar weniger. Um diese Lücke zu füllen, sind viele Frauen berufstätig geworden oder haben ihre Stundenzahl erhöht.[18]

Noch etwas anderes hat sich verändert: Eine zunehmende Anzahl von Menschen – zumeist Frauen – ist alleinerziehend. Vor 30 Jahren hatten weniger als 15 Prozent aller Familien nur ein Familienoberhaupt. Heute sind es mehr als ein Drittel.[19] Auch diese Entwicklung wird oft als Grund dafür angeführt, warum Frauen berufstätig wurden. Sie haben heutzutage einfach mehr Verantwortlichkeiten. Doch der Ursache-Wirkungs-Zusammenhang könnte genausogut umgekehrt sein. Womöglich haben mehr Frauen ihre Lebens- oder Ehepartner deswegen verlassen (oder überhaupt nicht geheiratet), weil sie inzwischen ein eigenes Einkommen haben und die Männer wirtschaftlich gesehen an Boden verloren haben. Warum sollte sich eine Frau die »zusätzliche Belastung« antun, daheim einen Mann mitzuversorgen, der eventuell gewalttätig oder unaufmerksam ist und dessen Verdienst absackt, wenn sie selbst aus eigener Kraft mehr Geld verdienen kann? Dazu komme ich später noch ausführlicher.

DAS EISEN SCHMIEDEN, SOLANGE ES NOCH HEISS IST

Die Notwendigkeit, zu den Einkünften der Männer beizusteuern, kann jedoch nicht der einzige Grund dafür sein, daß Menschen mehr Zeit und Energie in ihren Job stecken, denn auch Menschen aus den oberen Einkommensschichten haben begonnen, härter zu arbeiten. Welche Gründe sind für diese zusätzliche Leistungssteigerung ausschlaggebend?

Wie ebenfalls bereits erwähnt, sind alle Einkünfte heutzutage weniger kalkulierbar. Man verdient im Moment vielleicht ganz gut, doch schon morgen kann es empfindliche Einbußen geben. Und nächste Woche ist der Geldhahn dann komplett zugedreht. Man weiß es einfach nicht. Die alte Wirtschaft mit ihren festen Arbeitsplätzen garantierte, daß man mit ziemlicher Sicherheit auch in Zukunft das gleiche Gehalt bekommen würde – natürlich an die Inflationsrate angepaßt. Diese Sicherheit erlaubte es dem Arbeitnehmer, sich auf Darlehensbasis ein Auto zu kaufen und einen Kredit für ein Eigenheim aufzunehmen. Heute weiß man nicht mehr, wieviel man in Zukunft verdienen wird, aber das Auto muß dennoch auf Raten gekauft werden, der Eigenheimkredit dennoch abbezahlt werden. Außerdem haben wir inzwischen alle eine oder zwei Kreditkarten – oder zehn. Hinzu kommen die monatlichen Fixkosten, die ein normales Leben so mit sich bringt: Gas-, Strom-, Telephonrechnungen. Wie bringt man also ein unsicheres Einkommen mit sicheren monatlichen Fixkosten zusammen?

Diese Frage weist auf einen Aspekt der neuen Arbeit hin, der selten erwähnt wird, doch fast jeden von uns – Reiche, Arme oder Mittelklassebürger – betrifft und die Menschen dazu zwingt, *heute* härter zu arbeiten als eigentlich notwendig, um die Kosten von *morgen* bereits hereinzuwirtschaften. Da die Menschen wenig über ihr zukünftiges Einkommen sagen können, arbeiten sie so hart wie möglich, solange sie noch Arbeitsplätze mit ordentlichem Verdienst haben. Sie verschulden sich auch. Doch dies verstärkt nur den Druck, unter dem sie stehen, jede Gelegenheit sofort zu ergreifen, die morgen nicht mehr da sein könnte. Mit anderen Worten: Sie schmieden das Eisen, solange es noch heiß ist.[20]

Selbst in der Old Economy hatten Arbeiter einen guten Grund, »Überstunden« zu schieben, solange es ging, denn sie wußten nie, wie lange der wirtschaftliche Aufschwung anhalten würde, so daß genügend Arbeit für »Überstunden« vorhanden wäre. Doch während des Booms der neunziger Jahre machten Arbeiter, die nach Stundenlohn bezahlt wurden, weit mehr Überstunden, als dies während einer typischen Wirtschaftsexpansion der Fall war. Einige dieser Überstunden wurden nicht freiwillig geleistet. Die Unternehmen haben damals keine zusätzlichen Arbeitskräfte eingestellt, und die Arbeitsgesetze der USA erlauben, daß Firmen von den Arbeitern, die nach Stundenlohn bezahlt werden, Überstunden verlangen können. Doch auch immer mehr Arbeiter machten freiwillig Überstunden, selbst wenn ihre Unternehmen nicht darauf bestanden, und zwar deshalb, weil die Mitglieder der abnehmenden Arbeiterklasse Amerikas wissen, wie wichtig die Lohntüten sind. Sie wollen daher jede Überstunde ausnutzen, die sich bietet, nicht nur, weil in Zukunft nicht mehr so viele Überstunden anfallen werden, sondern auch, weil es vielleicht ihre Arbeitsplätze gar nicht mehr geben wird.[21] Die Firma könnte »verkleinern« und Betriebsbereiche ins Ausland verlagern, oder sie könnte mit einer Firma in einem anderen Bundesstaat fusionieren und komplett dorthin umsiedeln. Die Arbeiter müssen jedoch, ungeachtet all dessen, auf jeden Fall ihre monatlichen Fixkosten bezahlen.

Selbst Freiberufler und Unternehmer sind eifrig dabei, soviel Geld wie möglich zu erwirtschaften. Daten des Ministeriums für Arbeitsstatistik zeigen, daß der Anteil der Arbeiter, die mehr als eine 50-Stunden-Woche haben, seit 1985 um über ein

Drittel angestiegen ist.[22] Und sie arbeiten zudem härter als die Beschäftigten fast aller anderen Berufe. Fast 40 Prozent der männlichen und 20 Prozent der weiblichen Collegeabsolventen arbeiten heute mehr als 50 Stunden pro Woche. Bei Arbeitnehmern, die weniger als einen High-School-Abschluß haben, ist diese Ziffer bestimmt viermal so hoch.[23]

Was geht hier vor? Bedenken Sie, daß, obwohl viele dieser Beschäftigten als »Vollzeitbeschäftigte« gelten, eine steigende Anzahl bei der Höhe ihres Einkommens von Provisionen, von in Rechnung gestellten Stunden, von Leistungsprämien sowie von gesicherten Zuschüssen und Projekten abhängen. Wie sollen sie sicher sagen können, wieviel sie in sechs Monaten oder sogar im nächsten Monat verdienen? Da die Unternehmen und gemeinnützigen Einrichtungen eifrig alle »fixen« Kosten – wie zum Beispiel Dauergehälter – in »variable« Kosten umwandeln, um auf diese Weise flexibler zu werden, verlagern sie in Wirklichkeit die wirtschaftlichen Risiken eines ungewissen Marktes auf ihre Beschäftigten. Doch diese müssen ihrerseits die eigenen »Fixkosten« wie Kreditraten oder Stromrechnungen begleichen. Infolgedessen tendieren sogar besserbezahlte Arbeitnehmer dazu, alles mitzunehmen, was gerade an Arbeit da ist: Sie häufen Provisionen an, stellen mehr geleistete Stunden in Rechnung und ziehen mehr Prämien, Subventionen und Projekte heran – als Vorsorge für schlechtere Zeiten.

Einer meiner Freunde, ein frischgebackener Vater, arbeitet für eine Beratungsfirma in New York und verbringt dort bis zu 14 Stunden täglich. Er arbeitet also pro Woche 70 Stunden. Er würde gerne weniger arbeiten, besonders jetzt, da er ja Vater geworden ist. Niemand aus der Firma hat ihn explizit darum gebeten, so viel zu arbeiten. Im Gegenteil, die Firma ist eifrig bemüht, ihr »familienfreundliches« Image zu pflegen, so daß sie für weitere talentierte junge Mitarbeiter interessant wird. Doch das Problem meines Freundes besteht darin, daß er in einer kleinen Firma ist und die Nachfrage nach ihren Dienstleistungen auf und ab geht. Mein Freund ist also der Meinung, daß er, solange es in der Firma noch Arbeit gibt, soviel wie möglich davon mitnehmen sollte.

Wie ich bereits betont habe, haben die Konsumenten in der neuen Wirtschaft eine fast unbegrenzte Freiheit und Auswahl und können sich im Handumdrehen für etwas anderes entscheiden. Wenn man also als Anbieter genau in diesem Moment richtig »gefragt« ist, dann wird man das wahrscheinlich optimal ausnutzen. Andy Warhol erklärte einmal in einem seiner berühmten Zitate, daß in der Zukunft jeder Mensch 15 Minuten lang berühmt sein wird. Derzeit hat es den Anschein, als wären es nur 30 Sekunden. In dem – wachsenden – Teil der Wirtschaft, der davon abhängt, wieviel Aufmerksamkeit er anziehen kann, der darauf angewiesen ist, im »Gespräch«, topaktuell oder cool zu sein oder irgendwie sonst ganz oben in der Gunst des Publikums zu stehen, ist der Druck unglaublich groß, den Moment optimal zu nutzen. Arbeitnehmer in diesem Sektor werden also länger und härter arbeiten, damit sie ihr Eisen schmieden können, solange es noch so heiß ist, wie es noch nie zuvor war und vielleicht auch nie mehr sein wird.

MIT DEM TEMPO SCHRITT HALTEN

Ein dritter Aspekt der neuen Wirtschaft, der dazu beiträgt, daß die Menschen härter arbeiten, ist die Notwendigkeit, mit der Konkurrenz mitzuhalten oder sie sogar zu überholen. Betrachten wir hier ebenfalls kurz das Gegenteil: Mitte des 20. Jahrhunderts war eine Prämisse der alten Wirtschaft Stabilität und zahmer Wettbewerb mit minimalen Innovationen. Das System der neuen Wirtschaft hingegen beruht auf Instabilität und hartem Wettbewerb mit maximaler Innovation. Niemand kann sich heute mehr ausruhen. Die Konkurrenz wartet nur darauf, in die Marktbereiche der Mitbewerber einzudringen.

»Wir sprechen hier nicht von Geschäftszeiten. Sondern von *Wach*zeiten«, beschreibt Todd Wagner die momentane Situation. Der 37jährige ist Gründer und Generaldirektor von Broadcast, einer Webfirma mit Sitz in Dallas (Texas). Wagners neue Idee bestand darin, Fernsehprogramme live über das Internet zu senden, dem sogenannten »Streaming-Media«.

Doch Wagner und seine Firma mußten schnell sein, wenn sie sich etablieren und Kunden binden wollten – und der Wettlauf geht immer noch weiter. Es gibt Tausende potentieller Rivalen, von denen jeder versucht, mit der gleichen oder einer ähnlichen Idee die Konkurrenz zu überholen. Wagners Arbeitstag beginnt daher vor Sonnenaufgang und endet selten vor Mitternacht. Sein Tagesprogramm ist voller Treffen mit Investoren, Diskussionen und Besprechungen von Ideen mit Technikern, Kontakten und Sitzungen mit den Marketing- und Werbefachleuten, Analysen und Einschätzungen der Kundenwünsche sowie der Bearbeitung von Beschwerden. »Man erledigt soviel wie möglich, solange man sich noch wachhalten kann«, beschreibt Wagner seinen Arbeitstag. Die Frage von Mark Cuban, dem Mitbegründer und Präsidenten des Unternehmens, ist daher rein rhetorischer Natur: »Welchen Preis muß man bezahlen, um zu gewinnen? Den Preis des ›Sprints‹. Man muß die eigene Firma einfach schneller hochziehen als die Konkurrenz. Dieser ›Sprint‹ führt jedoch zu keiner Ziellinie. Den Punkt, an dem man sagen könnte ›geschafft!‹, den gibt es niemals.«[24]

Wagner und Cuban wurden von einer Monatszeitschrift porträtiert, die den aktuellen Entwicklungen positiv gegenübersteht und deren Name allein schon die neue Wirtschaft evoziert: *Fast Company*. Ich habe selbst für *Fast Company* geschrieben und kenne die Herausgeber Alan Webber und Bill Taylor schon aus der Zeit, bevor sie die Zeitschrift gegründet haben. Ich erinnere mich an ein Gespräch über ihre Vorstellungen von der Zeitschrift, bevor diese tatsächlich auf dem Markt war. Ihre Idee war gut, da sie als Zielgruppe hauptsächlich die Chefs von kleinen, schnell wachsenden Unternehmen sowie Jungunternehmer und junge Menschen mit Jobs im gerade auflebenden IT-Sektor ansprechen wollten. Inzwischen ist die Zeitschrift ein großer Erfolg, doch Alan und Bill können sich längst nicht zurücklehnen. Keiner von beiden erschien mir jemals als entspannter Typ, doch ich glaube ohne Übertreibung sagen zu können, daß sie inzwischen eine fast panische Hektik an den Tag legen. Alle möglichen Konkurrenten und potentiellen Rivalen sehen nun, was Alan und Bill zustande gebracht haben, und wollen es ihnen gleichtun und sie sogar noch übertreffen – egal ob online oder offline. »Ich war naiv«, erzählte mir Alan unlängst bei einer Kaffeepause. »Ich glaubte tatsächlich, wenn unsere Zeitschrift einmal laufen würde und wir unsere Zielgruppe erreicht hätten, daß wir uns dann entspannen könnten. Nun müssen wir sogar noch mehr arbeiten, um dem gefräßigen Rudel der Konkurrenz immer einen Schritt voraus zu sein.«

An allen Gliedern der Zuliefererkette wird der Wettbewerb härter, mit der Folge, daß die Menschen an all diesen Stellen mehr leisten müssen, um ihre Kunden zu halten. Denken Sie daran, daß Firmen sich inzwischen in viele verschiedene Wissensknotenpunkte verzweigen, die durch ein Netzwerk von Verträgen und Unterverträgen via Internet miteinander verbunden sind. Viele der Vertragsnehmer und Subunternehmer bieten in diesem System ständig um Aufträge gegen andere Vertragsnehmer und Subunternehmer – in elektronischen Auktionen, die Preis, Qualität und (als einen Aspekt der Qualität) die Geschwindigkeit der Auslieferung ermitteln. Jeder »Knoten« dieses Systems – jede Firma und jede Gruppe – steht unter massivem Druck, seine Kunden zu halten, indem sie die Rivalen aussticht und den nächsten Auftrag nach Hause fährt.

Es ist für Firmen nicht ungewöhnlich, bei einem Projekt mitzubieten, indem sie eine Lieferung zusichern, die ihre Kapazitäten eigentlich übersteigt. Sagen wir, sie willigen ein, es etwas billiger zu machen als zuvor oder gewisse Spezifikationen zu erfüllen, die ein wenig ausgefeilter sind als ältere; oder sie versprechen eine noch schnellere Auslieferung. Vielleicht sichern sie zu, ein Software-Projekt in 45 Tagen fertigzustellen, obgleich sie für das letzte noch 60 Tage gebraucht haben. Sie haben bei diesem Angebot nicht geflunkert – so etwas würden sie nicht wagen. Ihr Ruf (ihr absolut wichtigster Trumpf) hängt davon ab, daß sie halten können, was sie versprechen. Doch sie wissen auch, daß der einzige Weg, Kunden zu binden, darin besteht, der Konkurrenz einen Schritt voraus zu sein.

Und diesen Schritt schneller können sie nur dann sein, wenn sie ständig ihre Kapazitäten ein Stückchen weiter ausreizen. Sie müssen dauernd neue Wege finden, wie sie besser, schneller und billiger sein können.

Was bedeutet das für die am Projekt beteiligten Mitarbeiter? Sie müssen härter arbeiten. Der Abgabetermin letzten Monat war schon knapp, diesen einzuhalten wird noch schwieriger. Sie müssen jetzt weit effektiver als zuvor – und das war schon nicht einfach – Wege finden, die Kosten zu senken und die Leistung zu verbessern. Das bedeutet Überstunden voller Herumbasteln und Ausprobieren und die eigene Person bis an die Belastungsgrenze treiben. Es bedeutet auch lange Abende am Arbeitsplatz und frühes Aufstehen daheim. Und je näher der Endtermin rückt, um so länger werden die Tage im Büro. Sollten diese Mitarbeiter bei alledem noch einen Augenblick Zeit für ihre Familie oder Freunde haben, dann werden sie merken, daß sie auch dann in Gedanken bei ihrem Projekt sind. Es beschäftigt sie vielleicht sogar im Schlaf.

Der Druck, »mit dem Tempo mitzuhalten«, zeigt sich in vielen Facetten. Nehmen wir an, Sie wollen gerne einen Monat Urlaub machen, verwerfen den Gedanken jedoch wieder, weil ihnen das Risiko zu hoch erscheint, daß einer Ihrer Kunden sie in der Zwischenzeit brauchen könnte. Und den Kunden an einen Konkurrenten zu verlieren wollen Sie auf gar keinen Fall riskieren. (Der Rivale sitzt übrigens manchmal schon am Schreibtisch nebenan.) Oder Sie wollen jetzt wirklich bei der Arbeit etwas langsamer treten und nicht mehr so viele Überstunden machen, doch auch hier entscheiden Sie sich anders, weil Sie befürchten, man könnte Sie für jemanden halten, der aus dem Geschäft »raus« und nur noch zweite Wahl ist. Wenn Sie nicht an Ihrem Arbeitsplatz sind, verpassen Sie vielleicht ein wichtiges Meeting, oder Sie erfahren eben nichts über die neue Software, die das gesamte Wettbewerbsumfeld verändern wird, oder Sie verpassen einen neuen Klienten.

Kurzum: Das Problem besteht darin, daß es sehr oft einfach nur zwei Karrieren gibt: die langsame oder die schnelle. Abstufungen dazwischen bietet die neue Wirtschaft kaum. Es gibt immer noch Lohnarbeiter und Angestellte, die nach Stunden bezahlt werden, doch ein zunehmender Anteil ihres Gehalts wird danach bemessen, wie hart und wie gut sie arbeiten. Das absolute Muß für Freiberufler, Führungskräfte, Tüftler und Spürnasen aller Branchen ist heute, mit dem Tempo Schritt zu halten. Märkte und Technologien verändern sich derartig schnell, daß man sich ständig gründlich mit ihnen befassen muß, um nicht den Anschluß zu verlieren. Verfolgt man eine langsame Karriere, fällt man immer weiter zurück und gerät immer mehr ins Hintertreffen. In vielen schnellen und dynamischen Wirtschaftsbereichen gilt die Entscheidung, nur noch halbtags zu arbeiten, als das automatische Aus für die persönliche Karriere. Daher nehmen relativ wenige Führungskräfte die Möglichkeiten eines längeren Urlaubs oder reduzierter Arbeitszeiten in Anspruch und verzichten auch häufiger auf die von der Unternehmensseite möglichen Auszeiten für Familienangelegenheiten oder auf ein »Sabbatical«, ein »Freisemester« – und das sogar in den sogenannten familienfreundlichen Firmen. Steigt man nur ein wenig aus, dann steigt man womöglich für immer aus.[25]

NOCH MEHR GELD VERDIENEN

Die neue Wirtschaft hat noch einen letzten Aspekt, der die Menschen zu härterer Arbeit antreibt. Damit meine ich die Unterschiede in Einkommen und Reichtum, die in den letzten Jahrzehnten größer geworden sind. Wenn es Arbeitnehmern (oder ihren Ehe- oder Lebenspartnern) wirtschaftlich schlechter geht, als es ihrer Ansicht nach der Fall sein sollte, ist es logisch, daß sie bestrebt sind, mehr zu arbeiten. Doch die Motivation, die ich jetzt schildere, betrifft die Menschen relativ weit oben oder ganz an der Spitze des sich verbreiternden Spektrums – sie betrifft diejenigen, die in der neuen Wirtschaft erheblich *mehr* Geld verdienen, als es vergleichsweise in der alten Wirtschaft möglich gewesen wäre. Wenn Sie glauben, diese Menschen würden vielleicht weniger arbeiten, weil sie bereits so viel Geld verdienen, daß sie es sich leisten könnten, dann denken Sie noch einmal scharf nach.

Selbst Frauen, deren Männer seit den siebziger Jahren Einkommenssteigerungen verzeichnen konnten, sind in Scharen berufstätig gworden. Sie arbeiten heute genauso hart, wenn nicht noch härter, als die Frauen, die arbeiten gehen mußten, weil die Löhne ihrer Ehemänner stagnierten oder geringer wurden. Betrachten wir uns die Ehepaare, bei denen die Männer einen Collegeabschluß haben: Selbst obwohl *sein* Gehalt seit 1970 schwungvoll nach oben gegangen ist, hat *sie* mehr gearbeitet, mit der Folge, daß die jährlichen Arbeitsstunden von beiden zusammen fast *doppelt* so hoch waren wie die von Ehepaaren, bei denen der Ehemann nur einen High-School-Abschluß hat.[26] Sollte die Frau einen Collegeabschluß haben, dann arbeitet sie wahrscheinlich noch um einiges mehr. 1970 übten weniger als 40 Prozent der Frauen mit Collegeabschluß, deren Ehemänner ebenfalls einen Collegeabschluß hatten, einen Beruf aus. Heute beträgt der Anteil der Frauen, die ihr eigenes Geld verdienen, fast 75 Prozent – mit einem Anstieg bei berufstätigen Müttern mit kleinen Kindern –, und das, obwohl die Löhne und Gehälter ihrer Ehemänner weit höher sind als zuvor.[27] (Es ist also kein Wunder, daß das Ungleichgewicht bei den *Familien*einkommen größer ist als beim Einkommen von *einzelnen*).

Warum arbeiten Frauen, die nicht unbedingt müssen, so hart? Weil sie heutzutage mehr Möglichkeiten haben, nicht nur interessante und befriedigende Tätigkeiten auszuüben, sondern auch Berufe zu haben, die weit besser bezahlt sind als bislang. In diesem Zusammenhang sind die Karriereambitionen von Frauen entsprechend gestiegen: 1968 gaben fast 40 Prozent aller jungen Frauen bei ihrem Eintritt ins College als Berufswunsch »Lehrerin« an. Schon sechs Jahre später, als die besser bezahlten Berufe ihre Tore auch für Frauen öffneten, äußerten nur noch 10 Prozent der jungen Frauen diesen Berufswunsch. Diese Zahl ist bis heute annähernd gleich geblieben.[28] Das gleiche Muster kann man auch bei Alleinerziehenden feststellen. Frauen mit einem High-School-Zeugnis arbeiten inzwischen etwa 16 Prozent mehr als noch vor 30 Jahren. Sind sie Collegeabsolventinnen (und verdienen daher erheblich mehr als High-School-Absolventinnen), arbeiten sie sogar um 20 Prozent mehr.[29]

Das leuchtet ein. Da sich die Einkommensabstufungen nach oben hin vergrößern, können Menschen im unteren Bereich der Lohnskala weit mehr als früher verdienen. Entscheiden sie sich daher dafür, *weniger* zu arbeiten, bedeutet das für sie logischerweise größere finanzielle Opfer. Nehmen wir an, man bietet Ihnen eine Arbeit mit dem Doppelten ihres derzeitigen Gehalts an, bei der Sie jedoch zwei Nächte pro Woche von Ihrer Familie getrennt sind. Wenn Sie sich gegen diese Arbeitsstelle entscheiden, verzichten Sie auf viel Geld zugunsten der zwei Abende mit Ihrer Familie. Selbst wenn Sie und Ihre Familie diese zusätzlichen Dollars nicht unbedingt brauchen, würde Ihnen der Mehrverdienst ein noch bequemeres und sorgloseres Leben ermöglichen. Im Sinne des ausgeschlagenen Mehrverdienstes sind diese beiden Familienabende für Sie also »teurer«.

Einer meiner beiden Söhne nahm vor ungefähr einem Jahr an einem großen Querfeldeinrennen teil. Ich war fest entschlossen, es auf keinen Fall zu versäumen. Schließlich hatte ich meine Arbeit in Washington aufgegeben, um mehr Zeit mit meinen Söhnen zu haben, und nichts auf der Welt sollte mich davon abhalten, bei diesem Rennen nicht zuzusehen. Da erhielt ich plötzlich einen Telephonanruf, und ich wurde gefragt, ob ich an einem Projekt in einer anderen Stadt mitarbeiten wollte. Das Timing hätte schlechter nicht sein können. Das Projekt sollte nämlich exakt an dem Morgen starten, an dem auch das Rennen angesetzt war, und es ließ sich auf keinen Fall verschieben. Wenn ich nicht von Anfang an dabei wäre, dann könnte ich durchaus den Anschluß verpassen. Das Honorar, das man mir anbot, war großzügig. Derartige Angebote sind selten. Bis zu dem Anruf hatte ich mich auf das Rennen gefreut. Jetzt war ich in der Zwickmühle. Beides konnte ich auf keinen Fall haben. Ich habe mich schließlich gegen die Projektmitarbeit entschieden und bin immer noch froh darüber. Doch ich wünschte, ich könnte sagen, ich hätte keinen Verzicht gespürt. An diesem Samstag dachte ich oft daran, was mich meine Anwesenheit beim Rennen meines Sohnes »kostete«. Vor dem Telephonanruf waren die Kosten null, jetzt erschienen sie mir immens.

Meine Entscheidung war schwer genug gewesen, doch wie schwer wird sie erst werden, wenn immer mehr »Dollars« auf dem Spiel stehen? Genau das ist in gewisser Hinsicht in den obersten Bereichen der Wirtschaftsskala eingetreten. Nehmen wir an, eine Familie überlegt sich, weniger zu arbeiten: Der Ehemann denkt über einen anderen Job nach, der ihm mehr Zeit für seine Kinder erlaubt. Die Ehefrau überlegt sich, halbtags zu arbeiten, so daß ihre ehrenamtliche Tätigkeit in der Gemeinde nicht zu kurz kommt. Beide rechnen sich aus, daß sich ihr Einkommen durch diese Entscheidungen von einer Mittelposition in den obersten fünf Prozent aller Einkommen zu einer Mittelposition in den obersten 20 Prozent verringert. Vor 20 Jahren, als die Einkommensbereiche begrenzter waren und alle Niveaus enger beieinander lagen, hätte diese Entscheidung die Familie etwa 29 Prozent ihres Familieneinkommens gekostet. Das ist viel, doch bei weitem nicht so viel, wie die Entscheidung heute an Einkommensverlust ausmachen würde – nämlich volle 44 Prozent.[30] Eine Familie, die vielleicht Einkommenseinbußen von 29 Prozent akzeptiert hätte, zieht vermutlich heute ihre Grenze weit vor Einbußen in Höhe von 44 Prozent und beschließt, daß sich das Opfer einfach nicht rechnet. Da auf der neuen, nach oben hin längeren Wirtschaftsskala alle Lohnniveaus weiter auseinander liegen als auf der alten Skala, führt jede Bewegung im Einkommen nach unten zugleich weiter nach unten als früher.

Größeres Ungleichgewicht bedeutet aber auch, daß jede Bewegung nach *oben* ebenfalls weiter nach oben führt als zuvor, so daß jede zusätzliche Arbeitsstunde daher wesentlich mehr zählt. Das bietet einen Erklärungsansatz dafür, warum heutige Collegeabsolventen dazu neigen, härter zu arbeiten als Absolventen vor einigen Jahrzehnten. Das erklärt auch, warum heutzutage weitaus mehr College-Erstsemester angeben, es sei ihnen sehr wichtig, »finanziell gut dazustehen«, als noch vor 30 Jahren. Seit den späten sechziger Jahren wird jedes Jahr eine zufällig ausgewählte Anzahl von College-Erstsemestern gebeten, aus einer Reihe von Möglichkeiten ihre wichtigsten persönlichen Ziele zu benennen, einschließlich der Optionen, »finanziell sehr gut dazustehen« und »eine sinnvolle Lebensphilosophie zu entwickeln«. Im Jahre 1968 gaben nur 41 Prozent der Studenten an, daß es ihnen sehr wichtig sei, »finanziell sehr gut dazustehen«. Im Laufe der Jahre ist dieses Ziel wohl wichtiger geworden, denn 1998 war für immerhin 74 Prozent der College-Erstsemester »sehr gute finanzielle Unabhängigkeit« das wichtigste Ziel. Der Anspruch im Leben, »eine sinnvolle Lebensphilosophie zu entwickeln«, hat sich hingegen genau in die andere Richtung entwickelt. 1968 war dies noch für 75 Prozent der Studierenden wichtig, fiel dann kontinuierlich ab und war im Jahre 1998 nur noch für 41 Prozent der Studierenden von Bedeutung.[31]

Die heutigen Collegestudenten sind nicht automatisch materialistischer eingestellt als frühere Studentengenerationen. Denn in der Tat weisen andere Studien Rekordzahlen von Studenten in ehrenamtlichen Aufgabenfeldern in ihren Gemeinden auf. Was sich jedoch gewandelt hat, ist die Tatsache, daß in der Zukunft für sie wirtschaftlich immer mehr auf dem Spiel stehen wird. Die Einkommensskala ist nach oben hin offener, so daß jede Veränderung nach oben erheblich größere Gewinne als früher bedeutet. Daher wird die »Entwicklung einer sinnvollen Lebensphilosophie« im Vergleich zu »sehr guter finanzieller Unabhängigkeit« in Form von finanziellen Einbußen weitaus stärker bestraft. Als sich vor 30 Jahren College-Erstsemester über ihre Prioritäten im Leben Gedanken machten, verdienten die bestbezahlten 10 Prozent aller männlichen Arbeitnehmer (ich spreche hier von Männern, da Frauen damals noch nicht so viele Berufsmöglichkeiten hatten) nur etwa 70 Prozent mehr als der Mann in der Mitte der Einkommensskala. Heutzutage sieht ein junger Student, der sich über seine Zukunft Gedanken macht, wie die bestbezahlten 10 Prozent der männlichen Beschäftigten mit einem gut doppelt so hohen Einkommen nach Hause gehen wie der Kollege in der Mitte der Einkommensskala. Inzwischen hat sich der Abstand zwischen dem einen Prozent der Bestverdienenden und den Durchschnittsverdienern etwa verfünffacht.

Aus dem gleichen Grund scheinen Collegestudenten heute viel stärker als die Generationen vor ihnen an Vorbereitungskursen auf freie und unternehmerische Berufe interessiert zu sein (Betriebswirtschaft und Busineß-Management führen inzwischen in den meisten Universitäten die Liste der Hauptstudiengänge an), und sie bemühen sich eifrig, Kontakte zu knüpfen, die ihnen vielleicht helfen könnten, nach dem College den richtigen Job zu finden. Diese Studenten sind nicht geldgieriger als frühere Jahrgänge. Der Grund ist, daß ihre Entscheidungen heutzutage viel gewichtigere Auswirkungen auf ihr zukünftiges Einkommen haben. Angesichts einer breiter werdenden Kluft macht schon eine relativ kleine Verbesserung nach oben erheblich viel aus, ebenso wie die Entscheidung, darauf zu verzichten, gewaltige Konsequenzen in die andere Richtung mit sich bringt. Aus diesem Grund scheinen auch Eltern heutzutage stärker darauf zu drängen, ihre Kinder auf die »richtigen« Schulen oder Universitäten zu schicken; einfach weil mehr auf dem Spiel steht. Schulen und Universitäten gelten als Tor zu späteren gut- oder hochbezahlten Arbeitsstellen, und hohe Bezahlung bedeutet im Vergleich zum Durchschnittseinkommen heutzutage auch wirklich erheblich mehr Geld als früher.

Als ich 1969 meinen Collegeabschluß machte, opferten meine Kommilitonen, die Professoren am College werden wollten, anstatt Topfirmenanwalt oder Investmentbanker, ein bißchen Einkommen, dachten sich jedoch, daß die Vorteile des Lehrberufs hinsichtlich der eigenen psychischen Stabilität die finanziellen Einbußen wettmachen würden. Zu Beginn des dritten Jahrtausends ist die Kluft zwischen Collegeprofessor und Topfirmenanwalt oder Investmentbanker zu einer wahren Schlucht geworden. Einer meiner ehemaligen Studenten, der unlängst bei einer New Yorker Anwaltskanzlei *anfing*, bekam als Einstiegsgehalt plus Vertragsabschlußbonus eine Summe, die erheblich höher war als das Jahresgehalt des 53jährigen festangestellten Professors, von dem er sich noch wenige Wochen zuvor mit den besten Wünschen verabschiedet hatte. Hätte man dem in die Jahre kommenden Professor 1968 ähnliche Verlockungen angeboten, wäre er heute dennoch der Meinung, daß die Vorteile des Lehrberufs bezüglich der psychischen Belastung ihm die Kraft gegeben hätten, diesen Verlockungen zu widerstehen. Doch er würde, um ganz ehrlich zu sein, nicht darauf schwören.

Wenn ein junger Collegeabsolvent heutzutage lieber Lehrer in einer staatlichen Schule werden möchte als Topanwalt, Investmentbanker oder Dotcom-Impresario, wird seine Entscheidung in der gegenwärtigen Einkommensstruktur auf eine extrem harte Probe gestellt. Das durchschnittliche Jahresgehalt eines Lehrers in einer staatlichen Schule betrug 1999 39 347 Dollar. Eine Summe, die nur einen Bruchteil des *Bonus* ausmachte, den viele 20- bis 30jährige, die an der Wall Street arbeiteten, im selben Jahr mit nach Hause nahmen.

DAS ZUNEHMENDE UNGLEICHGEWICHT ist also die Triebfeder für harte Arbeit. Einerseits, weil Menschen in den unteren Einkommensklassen mehr als bisher leisten müssen, um ein gewisses Einkommensniveau zu erreichen; andererseits, weil es für Menschen in den oberen Einkommensklassen ein größeres Opfer bedeutet, *nicht* so hart zu arbeiten. Dieses Muster scheint auch für andere Nationen zu gelten. Linda Bell, Professorin am Haverford College, und Richard B. Freeman, ein Harvard-Professor, analysierten Zahlen aus verschiedenen Ländern und stellten dabei fest, daß die Intensität, mit der Menschen ihrem Beruf nachgehen, direkt mit der Größe des Ungleichgewichts im Einkommen zusammenhängt. In den Staaten, in denen die Kluft am größten ist (wie beispielsweise den USA), ist die Zahl der bezahlten Arbeitsstunden pro Jahr höher als in Ländern, in denen die Schere noch nicht so weit auseinanderklafft, wie zum Beispiel in Deutschland.[32]

Die Erkenntnisse von Bell und Freeman werden durch eine Studie bestätigt, die Arbeiter aus verschiedenen Nationen aus den folgenden drei Beschreibungen diejenige auswählen ließen, die ihre Haltung gegenüber ihrer Tätigkeit am ehesten beschrieb: 1. »Ich arbeite nur so hart, wie ich muß«; 2. »Ich arbeite hart, doch nicht so hart, daß es meine anderen Lebensbereiche beeinträchtigt«; 3. »Ich strenge mich an, die beste Leistung abzuliefern, selbst wenn dies meine weiteren Lebensbereiche beeinträchtigt«. In den USA, wo die Einkommensunterschiede am deutlichsten sind, stimmten mehr als 60 Prozent der letzten Aussage zu. In Deutschland, wo sie mit am geringsten sind, wählten nur 37 Prozent die letzte Aussage. In Großbritannien, wo die Einkommensunterschiede noch nicht so deutlich sind wie in den USA, doch deutlicher als in Deutschland, gaben 55 Prozent an, die letzte Aussage träfe auf sie zu.[33]

HART ARBEITEN UND ANGENEHM LEBEN

Wie ich bereits in der Einleitung angesprochen habe, prophezeite der englische Volkswirtschaftler John Maynard Keynes in seinen Abhandlungen zur Zeit der Depression, daß England im Jahre 2030 wirtschaftlich weit besser dastehen und daß die englische Bevölkerung dann erheblich weniger arbeiten würde.[34] Keynes liegt bestimmt mit dem ersten Teil seiner Behauptung richtig, doch sicherlich nicht mit dem zweiten Teil.

Ich will damit nicht behaupten, daß wir unser Leben nicht erheblich vereinfachen *könnten*. Die im Augenblick gängige Bezeichnung dafür lautet »einen Gang herunterschalten«. Ich kenne einige Menschen, die »heruntergeschaltet« haben und mit ihrem neuen, »heruntergeschalteten« Leben vollkommen zufrieden zu sein scheinen. Ich selbst habe von einem 15-Stunden-Arbeitstag in Washington auf einen 9-Stunden-Arbeitstag in der Nähe von Boston »heruntergeschaltet« und könnte zufriedener nicht sein. Es geht in diesem Kapitel nicht darum, Behauptungen darüber aufzustellen, was Menschen alles tun könnten oder tun sollten, sondern darum, zu erklären, warum die meisten Menschen es nicht getan haben und es wahrscheinlich auch nicht tun werden – zumindest nicht, solange alles so organisiert ist wie im Moment.

Menschen, die »einen Gang herunterschalten«, sind klar in der Minderheit. In den letzten Jahren habe ich einige Umfragen gelesen, in denen die Mehrzahl der Amerikaner sagte, daß sie bereit seien, gegen Entgelt hart zu arbeiten. Ähnliche Umfragen älteren Datums zeigen weniger Bereitschaft zu harter Arbeit, was darauf schließen läßt, daß sich die Präferenzen der Amerikaner verändert haben. Ein Forscher, der sich die viele Zeit ansieht, die amerikanische Familien heute in ihren Jobs verbringen, und sie mit den Arbeitsstunden von vor einigen Jahrzehnten vergleicht, kann durchaus zu dem Schluß kommen, daß eine derartige Verschiebung stattgefunden hat. Doch das, was die meisten Amerikaner heute sagen und wie sie sich verhalten, hängt mit Sicherheit mit ihren aktuellen Lebensumständen zusammen. Angesichts der Tatsache, daß ihr zukünftiges Einkommen weniger kalkulierbar ist als früher, daß sich der Wettbewerb verschärft hat und die Einkommensschere weiter denn je auseinanderklafft, *wollen* Amerikaner hart arbeiten. Wäre bezahlte Arbeit anders organisiert und entlohnt, würden sie vielleicht weniger arbeiten »wollen«.

In der aktuellsten internationalen Studie über die Einstellung zur Arbeit, deren Daten verfügbar sind, gaben nur 8 Prozent aller Amerikaner an, daß sie weniger Arbeitsstunden zum Preis von Einkommenseinbußen vorziehen würden. In Deutschland betrug diese Zahl 38 Prozent und in Japan sowie Großbritannien 30 Prozent.[35] Es ist natürlich möglich, daß diese Unterschiede mit einer allgemeinen genetischen Veranlagung zusammenhängen, die alle Amerikaner schlicht zu »Arbeitstieren« macht, oder mit einem in der amerikanischen Kultur fest verwurzelten Engagement gegenüber Arbeit und Konsum, das erheblich größer ist als in anderen Nationen – doch eine solche Annahme erscheint mir höchst zweifelhaft. Wenn Sie der Logik dieses Kapitels gefolgt sind, dann liegt die einfachste Erklärung bei den Unterschieden in der Organisation und Entlohnung von Arbeit.

Amerikaner arbeiten nicht härter, weil sie es aus irgendeinem tief in ihrer Psyche verankerten Antrieb heraus »wollen«, sondern weil sie dem dynamischen Markt direkt ausgesetzt sind. Wir können in diesem Markt sehr weit nach oben kommen, aber auch sehr weit nach unten fallen; wir haben keine Möglichkeit, im voraus zu wissen, wie hoch wir aufsteigen oder wie tief wir fallen werden, und können auch nicht vorhersagen, welche Chancen sich uns bieten werden und wann. Wir wissen nur, daß wir uns sehr stark anstrengen müssen, die Vorteile dieses Marktes abzuschöpfen. Europäer, Asiaten und jede andere Bevölkerungsgruppe auf diesem Planeten werden derzeit ebenfalls Mitglieder dieses Systems. Im Laufe der Zeit werden sie alle höchstwahrscheinlich ebenfalls härter arbeiten »wollen«.

Standardisierte Studien und Umfragen sprechen die grundlegenden Fragen nicht an, da sie vermutlich in diesen Zusammenhängen zu kompliziert zu formulieren und entsprechende Antworten zu schwer auszuwerten wären. Diese fundamentalen Fragen lauten: Wollen wir nach dem Diktat der neuen Anreize leben und arbeiten? Welchen Preis wollen wir für den Wohlstand bezahlen?

KAPITEL 7

Sich selbst vermarkten

WENN EINKOMMEN UNKALKULIERBAR SIND und durchaus die Gefahr besteht, entweder nur wenig Geld oder sehr viel zu verdienen, ist der Anreiz groß, hart zu arbeiten. Doch wie zahlt sich harte Arbeit am besten aus? Schließlich ist es unwahrscheinlich, daß man in großen Organisationen nach oben befördert wird, da sich die meisten Organisationen in Netzwerke von Allianzen und Verträgen zerfasern. Wer genau befördert einen dann eigentlich? Man befördert sich selbst. In zunehmendem Maß besteht in der neuen Wirtschaft die einzige Möglichkeit, befördert zu werden, darin, dies selbst zu tun.

Mitte des 20. Jahrhunderts mied man Menschen, die sich selbst vermarkteten, da sie die soziale Stabilität bedrohten. Der »Mann der Organisation« wollte sich einfügen. Laut William H. Whyte lautete sein oberstes Kredo, »ganz unaufdringlich und keineswegs übereifrig [zu sein]. Er wird der Mann der Mitte sein.«[1] Der Eifer, mit dem er sich den Anforderungen der Organisation anpaßte, verblüffte die zeitgenössischen Sozialkritiker, die noch gut die Schrecken der totalitären Herrschaft in Erinnerung hatten. »[...] gleichzeitig hat sich jedoch ein gewaltiger ideologischer Wandel vollzogen, der die Unterwerfung des einzelnen unter die Gruppe verlangt«, warnte 1950 der Soziologe David Riesman. »Die Gruppe der Altersgenossen ist das Maß aller Dinge. Das Individuum hat wenig Schutzwälle, die die Gruppe nicht niederreißen könnte.«[2] Die Herausforderung bestand nach Meinung der Sozialkritiker darin, seine

Individualität nicht zu verlieren. »[...] der geistige Friede, den die Organisation einem bietet, gleicht einer Niederlegung der Waffen, und er ist es nicht weniger, weil er in Wohlwollen angeboten wird«, schlußfolgerte Whyte und drängte seine Leser dazu, »die Organisation zu bekämpfen.«[3]

Da nur wenige Menschen außerhalb der großen Organisationen erfolgreich sein konnten, setzte der Rat, die Organisation zu bekämpfen, einen gewissen Heldenmut in Gang, mit Sicherheit aber keine Beförderung. Karrieren begannen ganz unten; dort mußte man erst einmal »seine Pflicht erfüllen«. Nachdem man dann reichlich Fleiß und Diensteifer an den Tag gelegt hatte, übertrug einem die Organisation immer mehr Verantwortung. Von nun an war ausschließlich die Organisation für die eigene Karriere verantwortlich: Ging es der Firma gut, dann ging es auch dem Mitarbeiter gut.

Heute ist jeder selbst für seine Karriere zuständig. Finanzieller Erfolg hängt davon ab, wie gut man *sich selbst* verkauft. Und dies kann durchaus zu einer Vollzeitbeschäftigung werden.

WARUM PERSÖNLICHE BEZIEHUNGEN IMMER WICHTIGER WERDEN

Das eigene Verkaufen beginnt mit den richtigen Beziehungen. Sie spielten auch in der alten Wirtschaft eine Rolle. »[Es kommt nämlich darauf an,] wen er kennt und wie er lächelt. Beziehungen, Ben, Beziehungen!« erklärt Willie Loman seinem Bruder.[4] Durch das schrittweise Verschwinden der klassischen Karriereleiter der Organisationen sind Verbindungen noch wichtiger geworden – sowohl für diejenigen, die sich selbst verkaufen wollen, als auch für potentielle Arbeitgeber, die Arbeitnehmer finden und einstellen wollen.

Ohne Collegeabschluß wird es schwer, sich zu verkaufen; doch selbst mit einem Abschluß steht man immer noch ganz am Anfang.[5] Heutzutage hat ein Hochschulabschluß nicht mehr den gleichen Wert wie früher. Nur acht Prozent aller Erwachsenen hatten 1960 in den USA einen Abschluß nach einem vierjährigen Collegestudium. Heute beträgt die Zahl 25 Prozent und entwickelt sich rasant nach oben. Zwei Drittel der High-School-Abgänger werden sich auch danach weiter in Ausbildung befinden. Mehr als die Hälfte aller frisch eingestellten jungen Amerikaner besitzen zumindest einen zweijährigen Collegeabschluß und fast ein Drittel einen vierjährigen. Der Trend zu längerer Ausbildung ist auch angemessen für eine fortgeschrittene Wirtschaft. Durch eine Ausbildung können Menschen ihre guten Ideen formulieren und weiterentwickeln. Doch angesichts einer zunehmenden Anzahl von Universitätsabgängern mit Abschluß erweist sich ein Abschluß allein als wenig nützlich für die eigene Vermarktung.

Der Abschluß an einer Eliteuniversität ist nützlich, doch nicht so nützlich, wie viele ehrgeizige Eltern glauben. Wie bereits erwähnt, verdankt die neue Wirtschaft ihre größten Erfolge begabten Tüftlern und Spürnasen – kreativen und originellen Menschen mit Kenntnissen darüber, was andere Menschen vielleicht ansprechen könnte. Potentielle Arbeitgeber wissen, daß junge Menschen, die diese Attribute in großem Maße besitzen, nicht immer auf die bekanntesten Universitäten gehen. Ihre Zeugnisse und Studienleistungen spiegeln diese Talente nicht automatisch wider; sie ließen sich auch nicht auf irgendeine Weise empirisch ermitteln. Ein Personalwerber einer großen Investmentbank berichtete mir, daß er mit Einserstudenten aus Eliteuniversitäten gar keine Bewerbungsgespräche mehr führt, da er glaubt, daß sie bislang ihr ganzes Leben damit zugebracht haben, gehorsam durch jeden Reifen zu springen, der ihnen vor die Nase gehalten wurde. Sie sind seiner Meinung nach zu stark darauf aus, anderen zu gefallen. Er sucht nach innovativen und aggressiven jungen Menschen, die eher gegen das System rebellieren. Bislang sei er am besten mit Sportlern aus mittelgroßen Universitäten gefahren, die einen Abschluß in Mathematik und einen durchgängigen Notendurchschnitt von Zwei vorweisen konnten. Doch er probiert auch viele andere Kandidaten aus. In der neuen Wirtschaft richtet sich der finanzielle Erfolg mehr nach der Motivation und der Kreativität als nach Prädikatszeugnissen.[6]

Jetzt kommen wir der Wahrheit näher. Der wirkliche Wert eines Collegestudiums für den späteren Beruf hat weniger damit zu tun, was man dort gelernt hat, als vielmehr damit, welche Kontakte man geknüpft hat. Die Eltern von Kommilitonen und deren Freunde stellen die Kontakte zu Sommerjobs und dem ersten Einstieg ins Berufsleben dar, später dann zu Klienten und Geschäftskunden. Dem College treu verbundene ehemalige Absolventen bieten weitere Hilfestellungen. Je berühmter die Universität ist, desto wertvoller sind wahrscheinlich derartige Verbindungen. Der Vorteil eines Studiums an einer Eliteuniversität im Vergleich zu anderen Universitäten liegt weniger in der Größe ihrer Bibliotheken oder der Klugheit ihrer Professoren als in der hohen Güteklasse ihrer Kontakte.[7]

Unternehmen, die Mitarbeiter einstellen wollen, vertrauen immer stärker auf die Empfehlungen von Personen, denen sie vertrauen. Und zwar aus dem gleichen Grund wie Käufer, die in der Flut von Informationen versinken, zunehmend vertrauenswürdige Markenportale als Orientierungshilfe für Qualität benötigen. Selbst in einem dichten Arbeitsmarkt übersteigt die Flut der im Umlauf befindlichen Bewerbungsschreiben die Bearbeitungskapazitäten der Arbeitgeber. Im Cyberspace werden bald ganze Galaxien nur so von Jobbörsen strotzen, mit Millionen von elektronischen Bewerbungsschreiben – sowohl von jungen Einsteigern in den Arbeitsmarkt als auch von älteren Arbeitnehmern, die sich beruflich verbessern möchten. Einige meiner Studenten sind inzwischen so clever, ihre Bewerbungen mit entsprechenden Metatags zu versehen, die mit Sicherheit von jeder Suchmaschine innerhalb der digitalen Verwaltung von Bewerbungen erkannt werden können. Sie verschicken ihre Zeugnisse per Fax en gros an Tausende von Arbeitgebern und durchforsten Internet-Datenbanken, um noch mehr Adressen zu bekommen. Eine Studentin berichtete mir stolz, daß sie mehr als 5000 »persönliche« Bewerbungen abgeschickt habe, in denen sie, entsprechend des Adressaten, die Details ihrer Ausbildung und Erfahrungen hervorgehoben hat, die für den jeweiligen Arbeitgeber am interessantesten sein könnten.

Die meisten Neueinstellungen werden wahrscheinlich von kleineren Unternehmen vorgenommen, die es sich gar nicht leisten können, Hunderttausende elektronisch verschickter »persönlicher« Lebensläufe durchzusehen. Sie sind an Eigenschaften und Talenten interessiert, die sich auf herkömmliche Art gar nicht feststellen lassen. Diese Unternehmen können sich bei der Einstellung nicht viele Fehler leisten, denn sie wissen genau, daß ihr »Human Capital« ihr wichtigstes Gut ist und sie zudem nur eine begrenzte Anzahl an offenen Stellen anzubieten haben. Daher verlassen sie sich in steigendem Maße auf Empfehlungen von kompetenten Freunden und Partnern.

Denken Sie nur an die ganze Werbung in Ihrem Briefkasten! Jeden Tag, so scheint es mir, liegen mehr solcher Sendungen in meinem Briefkasten. Die einzigen Briefe, die ich noch öffne (außer Rechnungen und Überweisungen), sind die, die handschriftlich an mich adressiert sind; kenne ich den Absender, öffne ich diese zuerst. Genauso geht es mir mit E-Mails, deren Menge derart zugenommen hat, daß ich die meisten Nachrichten lösche, ohne sie überhaupt zu lesen. Die einzigen E-Mails, die ich öffne, stammen von Menschen, die ich kenne. Kürzlich haben meine Frau und ich einen Apparat an unser Telephon montiert, der uns anzeigt, woher der Anruf kommt, bevor wir uns entscheiden, den Hörer abzunehmen. Auch hier haben Anrufer, die wir persönlich kennen, die besten Karten. In der heutigen Überfrachtung mit Kommunikation sind persönliche Empfehlungen wie Briefe, E-Mails und Telephonanrufe, die von bekannten Absendern kommen, der beste Weg für Bewerber. Sie funktionieren als bequemer Filter.

BEZIEHUNGEN SPIELEN LASSEN

Der beste Kontakt ist immer noch eine Person, die diejenigen kennt, die für die Einstellungen zuständig sind, und dort direkt ein gutes Wort für den Kandidaten einlegen kann. Somit sind Kandidat und Arbeitsplatz nur durch »zwei Vermittlungsstationen« getrennt, wobei drei oder manchmal sogar vier solcher

Stationen auch noch nicht schlecht sind. Unlängst entdeckte ich eine Internet-Firma namens *sixdegrees.com*. Dort gibt man den Namen aller Freunde und Bekannten ein, und die Software spuckt einen persönlich zugeschnittenen »Kontaktpfad« für denjenigen aus, den man vielleicht treffen möchte. Wollen Sie Alan Greenspan, dem Vorsitzenden der amerikanischen Zentralfinanzbehörde und zugleich mächtigsten Mann Amerikas, eine Nachricht zukommen lassen, dann verrät Ihnen die Software von *sixdegrees.com*, daß Ihr Freund Herman jemanden namens Muriel kennt, die Lester kennt, der wiederum Penelope kennt, die mit Charles bekannt ist, der seinerseits ein guter Bekannter von Alan ist. Es ist also theoretisch möglich, Herman einzuspannen, Muriel zu fragen, ob sie Lester fragen könnte, und so weiter, bis hin zu Charles, der Greenspan fragt, ob er Ihren Anruf annehmen wird oder Ihnen zumindest ein Photo mit Autogramm schickt. *sixdegrees.com* erzielt damit bestimmt nicht immer Erfolge, doch bringt die Firma, in etwas übertriebener Form, genau auf den Punkt, wie das neue System funktioniert.

Der Gedanke, daß wir uns alle kennen und höchstens sechs Vermittlungsstationen auseinander liegen, geht auf sozialpsychologische Experimente zurück, die Stanley Milgram in den sechziger Jahren an der Yale University durchgeführt hat. Milgram verwendete damals eine Art Kettenbrief, den er an 160 zufällig ausgewählte Einwohner von Omaha (Nebraska) verschickte. Dieser Brief enthielt den Namen eines Wertpapiermaklers aus Boston. Milgram bat jeden Empfänger, diesen Brief an einen Freund oder Bekannten zu schicken, der ihn näher an den Adressaten bringen könnte. Jeder Empfänger sandte den Brief dann an jemand anderen weiter, von dem er dachte, daß der Brief somit näher an den Wertpapiermakler käme. Auf ihrem Weg kreuz und quer durch Amerika erreichten die meisten Briefe den Wertpapiermakler in Boston über höchstens fünf oder sechs Vermittlungsstationen.[8] Daher stammt die Bezeichnung »sechs Stationen der Vermittlung«.

Doch nicht alle Beziehungen sind gleichwertig – wie jeder schnell herausfindet, der sich selbst vermarkten möchte. Bei

Milgrams Versuch hatten einige Menschen in der Kette bessere Beziehungen als andere. Die Hälfte der Briefe, die den Wertpapierhändler erreichten, schafften das mit nur drei beteiligten Personen. Das bedeutet für jeden Menschen, der sich selbst verkaufen möchte, daß er die Menschen finden muß, die die besten Beziehungen und ein volles Adreßbuch haben.[9]

Vor einigen Jahren nutzte eine Frau namens Marcia Lewin einen Kontakt in die politische Welt, um ihrer Tochter einen Arbeitsplatz zu beschaffen. Frau Lewin rief ihren Freund Walter Kaye, einen pensionierten Versicherungsbeamten, in New York an, der einer der größten Parteispender für die Demokraten war und die Parteikasse um 300 000 bis 350 000 Dollar reicher gemacht hatte. Kaye war nicht nur zufällig ein guter Freund von Hillary Rodham Clinton, der damaligen First Lady.[10] So bekam Marcia Lewins Tochter Monica Lewinsky durch Kayes Hilfe ein Praktikum im Weißen Haus, und was dann folgte, ist leider inzwischen Geschichte.

Einer der größten wirtschaftlichen Nutzen von Berufspraktika während der Collegezeit besteht in den Kontakten, die man auf diese Weise knüpfen kann. Gleiches gilt für Berufsverbände, Konferenzen, Tagungen, Weltwirtschaftsforen und Wochenendtreffen mit alten Kollegen. In der gesamten Wirtschaft boomen solche Veranstaltungen als »Kontaktbörsen«, die die Adreßbücher aller Teilnehmer erweitern, enorm. Die Veranstaltungsindustrie von Tagungen, einer der sich am schnellsten entwickelnden Dienstleistungsbereiche in den USA, lebt sozusagen von diesen Adreßbüchern. Jede Stadt, die genügend auf sich hält, hat bereits ein neues Tagungszentrum errichtet (oder ist gerade dabei), das gezielt als Kontaktzentrum fungieren soll.

Zehn Prozent der jüngeren Semester der Universität von Peking sind inzwischen der Kommunistischen Partei beigetreten – im Vergleich zu fünf Prozent im Jahre 1991; die Tendenz ist steigend. Die chinesischen Studenten, die nach oben wollen, sind bestimmt nicht stärker von den Inhalten der kommunistischen Doktrin angetan, doch sie sind zunehmend daran interessiert, Zugang zu den aufregenden und möglicherweise lukrativen Jobs in der chinesischen Wirtschaft zu bekommen, die sich verstärkt dem Weltmarkt öffnet. Die KP ist somit zu Chinas wichtigster Jobbörse geworden. Ein junges, etwa 30 Jahre altes Parteimitglied erklärte einem Reporter der *New York Times*, daß die Tatsache, ein »hervorragender Arbeiter« zu sein, allein noch keine Garantie für eine gute Stelle sei; man müsse sich zudem deutlich sichtbar abheben. »Und [die Partei] ist die einzige Vereinigung, der man beitreten kann, um Aufmerksamkeit zu erregen.«[11]

POLITISCHE KONTAKTE

Politische Kontakte unterscheiden sich nicht viel von anderen Kontakten, obwohl sie für unsere Demokratie oft schwerwiegendere Folgen haben. Ihren wirtschaftlichen Nutzen kann man ziemlich genau in der K Street in Washington ablesen, der Prachtmeile am Capitol Hill, und genauso an den steigenden Einkommen gut vernetzter Lobbyisten sowie an den eintreffenden Wahlkampfspenden. Wie bei anderen Beziehungen auch, hat sich der Wettkampf um Gehör bei den Einflußreichen in Washington in den letzten Jahren verstärkt – eine Folge der Fortschritte in der Kommunikations-, Transport- und Informationstechnologie. Aufgrund dieser verbesserten Möglichkeiten werden die Büros der Mächtigen mit Faxnachrichten, Telephonanrufen, E-Mails und sogar persönlich Vorsprechenden geradezu überschüttet. Diejenigen, die sich in diesem Tohuwabohu durchsetzen können und tatsächlich das Gehör einer einflußreichen Person finden und ihm/ihr etwas zuflüstern können, sind natürlich stärker gefragt, und ihr Wert steigt kometenhaft an.

Ehemalige Kongreßmitglieder erreichen die Ohren der Einflußreichen, indem sie sich alter Verbindungen bedienen. Eine unlängst erfolgte Zählung ergab, daß 128 ehemalige Kongreßmitglieder inzwischen bezahlte Lobbyisten sind. Einige begannen nach einer verlorenen Wiederwahl mit der Lobbyarbeit, doch eine wachsende Zahl hat den Kongreß freiwillig verlassen, um ihre Beziehungen zu nutzen. Laut einer Studie haben sich mehr als 20 Prozent der Kongreßmitglieder, die den Kongreß in den neunziger Jahren verlassen haben, der Lobbyarbeit zugewandt, eine Zahl, die früher noch nicht so hoch war.[12] Auch Kongreßberater nutzen ihre Verbindungen immer profitabler, was zum Teil erklärt, warum die Durchschnittsdauer einer Festanstellung von hochrangigen Beratern abgenommen hat. Sogar Verwandte von Kongreßmitgliedern oder ehemaligen Mitgliedern schlagen aus ihren wertvollen Nachnamen eifrig Profit.[13] Anstatt diese Entwicklung als ein weiteres Zeichen des moralischen Verfalls der Hauptstadt der USA zu sehen, könnten wir sie indessen als Folge eines sich intensivierenden Wettbewerbs um Zugang betrachten, was der Wahrheit näher käme. Das mögliche Einkommen, auf das ein Kongreßmitglied, ein Berater oder sein Verwandter verzichtet, indem er nicht Lobbyist wird, macht die Entscheidung, einer anderen Tätigkeit nachzugehen, zunehmend teurer.

Ein reicher Mensch kann den Zugang zu den Mächtigen auch direkt herstellen. Politische Korruption kommt im modernen Amerika kaum noch in Form von offensichtlicher Bestechung oder von Wahlkampfbeiträgen daher, die ganz klar an bestimmte Wählerstimmen gebunden sind. Heutzutage geschieht das wesentlich subtiler. Geld verdirbt die Politik, und das momentane System ist nicht sauber. Doch es deshalb nur als Mittel zu sehen, sich eine bestimmte Politik oder gewisse Gesetzesänderungen direkt zu erkaufen, trifft den Kern der Korruption ganz und gar nicht.

Moderne Korruption funktioniert folgendermaßen: Eine reiche Person erhält eine Einladung zum Kaffee mit dem Präsidenten oder, sagen wir, dem Vorsitzenden eines Kongreßkomitees. Um diese Einladung hat sich die Person unter Umständen gar nicht bemüht, oder aber sie hat explizit darum gebeten. In beiden Fällen besteht der wahre Wert des Treffens darin, daß bei anderen der Eindruck bestätigt wird, diese Person sei in der Lage, die Aufmerksamkeit des Präsidenten oder einer anderen einflußreichen Person in Washington auf sich zu ziehen. Das Photo, das zur Erinnerung an das Treffen, einschließlich Autogramm des Präsidenten, übergeben wird, hängt später im Büro der betreffenden Person natürlich nicht an einer besonders unauffälligen Stelle. Die persönliche Dankesnotiz, die sie von dem betreffenden Politiker ebenfalls bekommt, wird später geschickt anderen präsentiert. Und plötzlich gehen Gerüchte um, daß eine Einladung zum Golf mit der wichtigen Person anstünde.

Welche Vorteile dies alles für die reiche Person hat, kann nicht genau bestimmt werden. Plötzlich ist sie zu jemandem geworden, der Zugang zum Ohr eines Mächtigen hat – sie ist nun eine Person, von der man annimmt, daß sie Verbindungen hat, sie ist selbst zu einer einflußreichen Person geworden. So ein Ruf ist für den Betreffenden in sozialer und wirtschaftlicher Hinsicht und in all den grauen Zwischenbereichen wertvoll. Bei denjenigen, die mit dieser Person in Geschäftsbeziehungen stehen, entsteht das Gefühl, daß diese all das durchsetzen kann, was sie vorschlägt. Denn wenn sie schließlich die Aufmerksamkeit des Präsidenten oder des Kongreßvorsitzenden auf sich ziehen kann, wird sie auch in der Lage sein, jede Tür unterhalb dieser höchsten Ebene aufzustoßen und ihren Willen durchzusetzen. Es spielt keine Rolle, ob diese Vermutung zutrifft oder nicht. Allein der Anschein von Macht bedeutet von jetzt an, daß die Klienten, Kunden, Lieferanten, Gläubiger, Investoren und Vertragspartner dieser Person um so mehr bereit sein werden, Geschäfte mit ihr abzuschließen.

Als Gegenleistung erhält der Politiker eventuell von der reichen Person selbst eine Wahlkampfspende – oder auch nicht. Was den Politiker betrifft, ist diese Spende nicht das Wesentliche der gegenseitigen Kontaktaufnahme. Durch die reiche Person erhält der Politiker seinerseits Zugang zu einem Netzwerk weiterer reicher Personen: Freunden, Geschäftspartnern, Klubmitgliedern und Kollegen der Vorstände, in denen sie vertreten ist. Diese neuen Kontakte haben vielleicht zuvor Zweifel an den Werten oder Zielen des Politikers gehabt. Ihnen sind vielleicht unschmeichelhafte Gerüchte über ihn zu Ohren gekommen. Doch die Beziehung der reichen Person in ihrer Mitte zu diesem Politiker beruhigt sie alle wieder: das Photo, die handgeschriebene Notiz, das gemeinsame Golfen, der Nachmittagskaffee. »Wenn unser Kollege diesem Mann vertraut und ihn schätzt«, sagen sich die anderen, »dann sollten wir vielleicht auch weniger mißtrauisch sein.« Bei der nächsten Gelegenheit werden sie dem Politiker von ihrem Kollegen vorgestellt. Und siehe da, sie entdecken, daß er gar kein übler Kerl ist. Und dann erhalten sie ihre eigenen Einladungen zum Frühstück, zum Abendessen oder zum Golf. Die Mitglieder des wirtschaftlichen Netzwerks, zu dem die reiche Person gehört, sind versöhnt, fühlen sich geschmeichelt und verführt. Mit der Zeit werden auch sie Geld beisteuern und ihrerseits andere veranlassen, es ihnen gleichzutun. Die Verbindungen sind geknüpft.

Dabei ist weder die Politik noch das Gesetz, noch eine Wählerstimme willentlich verändert worden. Doch durch die Teilnahme des Politikers an den endlosen Treffen zum Kaffee, dem Abendessen und den Empfängen innerhalb des Netzwerks der Reichen verändert sich auch seine Sichtweise der Welt. Die Verführung ist beiderseitig. Der Zugang, den der Politiker den Reichen gewährt, und der Zugang, den er seinerseits in das sich ständig vergrößernde Netzwerk des Geldes erhält, verstärken sich gegenseitig. Immer wieder hört der Politiker die gleichen Vorschläge, die gleichen Sorgen und Prioritäten. Es ist klar, daß die Reichen nicht einer Meinung sind, doch sie haben alle die ungefähr gleiche Blickrichtung. Von den weniger begünstigten Mitgliedern unserer Gesellschaft erfährt der Politiker nur indirekt und in abstrakter Form. Sie sind nicht bei seinen Kaffeetreffen und Dinnerpartys zugegen. Sie spielen nicht mit ihm Golf. Sie teilen ihm auch nicht persönlich und wiederholt ihre Sicht der Welt mit. Sie flüstern ihm auch nicht ständig ihre Sorgen und Nöte ins Ohr. Ihre Bedürfnisse erfährt er mit Hilfe von Meinungsforschern, in ihrer Gesellschaft ist er jedoch nicht so häufig anzutreffen wie in der Gesellschaft der Reichen und Wohlhabenden. Somit wird durch den Zugang, den man einem Politiker zum Netzwerk der Reichen gewährt, nicht dessen Einstellung erkauft, sondern ein Forum geschaffen, das einzelnen die Möglichkeit gibt, sich regelmäßig und schmeichlerisch Gehör zu verschaffen.

In regelmäßigen Intervallen bezichtigen die Vereinigten Staaten in guter Absicht gewisse Nationen, einem »Kapitalismus der Vetternwirtschaft« hörig zu sein, in dem trotz aller Schritte zu freien Märkten weiterhin einflußreiche Personen ihren Freunden und Partnern wichtige wirtschaftliche Vorteile zukommen lassen. Doch vielleicht sind wir ebenfalls nicht frei von dieser Anschuldigung. Die zunehmende Bedeutung von persönlichen Beziehungen – in den USA und auch überall sonst – bringt Menschen, die sich innerhalb des Netzwerks der einflußreichen Verbindungen befinden, einen erheblichen Vorteil.

MENSCHEN OHNE BEZIEHUNGEN

In vielerlei Hinsicht ist die neue Wirtschaft ein Arbeitgeber der Chancengleichheit. Angesichts des geringen Angebots an talentierten Tüftlern und Spürnasen kann es sich keine Organisation mehr leisten, aus anderen Gründen zu diskriminieren als aufgrund des Könnens. Rassistische, ethnische oder geschlechtsspezifische Vorbehalte waren nur für diejenigen Firmenbosse ein Auswahlkriterium, die einen breiten Ermessensspielraum besaßen, zu tun und zu lassen, was ihnen beliebte. Der unerbittliche Wettbewerb zwingt sie heute dazu, das zu tun, was den Kunden und Investoren gefällt. Infolgedessen ist eine große Zahl gut ausgebildeter Schwarzer und Hispanoamerikaner in die amerikanische Mittelklasse aufgestiegen, einige sogar noch weiter. Auch Frauen bekleiden zunehmend leitende und geschäftsführende Positionen. Betrachtet man die flexibelsten unternehmerischen Gruppen, findet man dort wahrscheinlich eine sehr bunte Mischung an Mitarbeitern; blickt man in die obersten Ränge der Unternehmen in den extrem schnellen Wirtschaftssektoren, stößt man dort auf weitaus unterschiedlichere Arbeitskräfte als in den Verwaltungsebenen der alten bürokratischen Organisationen.

Nichtsdestotrotz sind Minderheiten und Frauen weiterhin als Geschäftsführer, als Partner von Rechtsanwaltskanzleien und Consulting-Firmen, als Fondsmanager, als Professorinnen mit Langzeitverträgen unterrepräsentiert, ebenso wie in den obersten Ebenen in Stiftungen, Krankenhäusern und anderen gemeinnützigen Institutionen. Das »Glasdach« ist »doppelverglast«. Bei Schwarzen und Hispanoamerikanern liegt es zum Teil an den sich überschneidenden Faktoren Hautfarbe und Armut, da junge Menschen dieser Bevölkerungsgruppen immer noch eher in armen Wohnvierteln, mit nur einem Elternteil und mit mangelhafter Schulbildung aufwachsen. Bei Frauen resultiert es zum Teil aus ihrem Wunsch nach Kindern und Familie, so daß sie sich oft für die weniger steile Karriere oder überhaupt gegen eine Karriere entscheiden. Ein weiterer Grund für die relative Unterrepräsentation von Minderheiten und Frauen in hohen Führungsebenen ist jedoch die zunehmende Bedeutung der Kontakte. Im Vergleich zu weißen Männern haben Frauen und Minderheiten davon zuwenig.

Das Netzwerk der »alten Kumpels« ist inzwischen von einem Netzwerk der »Empfehlungen« abgelöst worden, in dem die besten Stellen an die gehen, die anderen im Netzwerk bereits bekannt sind, die sich für den Bewerber einsetzen. Weniger gutgestellte junge Arbeitnehmer, die nur mit Mühe den High-School-Abschluß geschafft haben, kennen keine Freunde, Väter der Freunde oder Freunde ihrer eigenen Väter, die für sie bei Personen in wichtigen Positionen ein gutes Wort einlegen und damit die Türen zu Arbeitsplätzen und Klienten öffnen könnten. Frauen, die Spitzenpositionen anstreben, haben kein schnell verfügbares Netzwerk von anderen Frauen, die im Vorstand von Kuratorien oder Unternehmen sind oder eine volle Professorinnenstelle bekleiden, die die Kompetenz der betreffenden Frau persönlich bestätigen und damit die Skepsis einiger hochgestellter Herren entkräften könnten. Die Verbindungen, die man sich im Internet aufbaut, gleichen dieses Defizit nicht aus. Wie ich bereits erwähnt habe, verlassen sich Menschen aufgrund der leichten und raschen Kommunikationsmöglichkeiten in der Tat immer stärker auf Empfehlungen und Tips von Personen, die sie kennen und denen sie vertrauen, um die Welle der eintreffenden Nachrichten und

Bewerbungen zu filtern. Und diejenigen, die diese Empfehlungen geben und somit eine Einstellung mitbewirken, sind meistens immer noch weiß und männlich. Eine der wichtigsten Maßnahmen zur Beseitigung und Verhütung von Diskriminierung und zur Behebung ihrer Folgen in der neuen Wirtschaft muß die Verbreiterung dieser informellen Netzwerke werden, damit auch die Menschen ohne soziale Verbindungen mit einbezogen werden.

SICH EINEN NAMEN MACHEN

Kontakte sind ein guter Anfang. Damit hat man schon einen Fuß in der Tür: ein erstes Bewerbungsgespräch, ein Einstiegsjob sowie der Zugang zum Ohr einer einflußreichen Person. Doch um sich in der neuen Wirtschaft einen Namen zu machen, benötigt man eine Möglichkeit, ständig neue Geschäfte anzuziehen. Der eigene Erfolg hängt davon ab, daß man sich an jemanden anschließt, der sich bereits einen Namen gemacht hat und so bekannt ist, daß er Geschäfte anzieht, und ihn dann als Sprungbrett für seinen eigenen Namen benutzt. Diese Verbindung gleicht exakt der in Kapitel 2 aufgezeigten Symbiose, in der sich kleine Unternehmen in Nischenbereichen mit großen Marken zusammentun.

Es ist ein weitverbreiteter Irrtum, daß der leichte Markteinstieg via Internet die Notwendigkeit verringert, sich einen Namen zu machen, und ebenso, daß Spitzenprodukte oder gute Dienstleistungen ganz von allein Kunden anlocken würden. Wenn der produktive Schriftsteller Stephen King seinen neuen Horrorbestseller ins Internet stellen und dort veröffentlichen kann, warum nicht auch Sie? Holen Sie einfach Ihren bislang unveröffentlichten alten Roman aus der Schublade, stellen Sie ihn ins Netz, und verkaufen Sie ihn dann millionenfach direkt im Internet. Täuschen Sie sich nicht! Selbst wenn Ihr Roman gar nicht schlecht sein sollte, wird er doch im Rummel und Wirrwarr untergehen. Auch im Internet, wie überall in der neuen Wirtschaft, bedürfen Käufer einer Orientierung.

Der Rockmusiker Todd Rundgren hat seine eigene Internet-Seite, von der man sich eine Auswahl seiner letzten Stücke herunterladen kann – Elektrogitarren-Feuerwerke und Synthesizer-Percussion mit darübergelegten Rap- und Bluesmedleys, die zunächst die Musik bestimmen, sich dann aber zu einem Klangbrei vermischen. Wenn Sie solche Musik mögen, können Sie sich registrieren lassen, um das ganze Jahr über Todds neue Stücke direkt aus seinem Studio zu erhalten. So umgeht Rundgren die Plattenindustrie und all die Werbe- und Marketingfirmen der Plattenlabels. »Würde ich zu einer Plattenfirma gehen und dort nach einem Vertrag fragen, würden sie hochrechnen, wie viele Menschen wohl meine Platte kaufen würden, und mir einen dementsprechenden Vorschuß überweisen. Sie würden mir in Wirklichkeit also nur einen Bruchteil der Summe leihen, den meine Fans schließlich (zwei oder drei Jahre später) als Gesamtgewinn für die Firma bringen würden«, schreibt Rundgren auf seiner Webseite und faßt damit das alte Modell der Musikindustrie zusammen.[14] »Mir kam der Gedanke, daß ich mit Hilfe einiger moderner Errungenschaften mein Publikum direkt erreichen könnte. Ich könnte es fragen, ob es meine Musik kaufen würde, und sie ihm dann schicken, wenn sie gerade frisch im Studio aufgenommen worden ist.«

Sie mögen vielleicht eine wunderschöne Stimme oder eine großartige Band haben und können nun Ihre eigenen Stücke als »MP3«-Musikdateien ins Internet stellen. Doch glauben Sie bloß nicht, daß Sie nur dadurch eine große Fangemeinde aufbauen werden. Das Internet ist voll unzähliger anderer Stimmen und Bands, und es werden immer mehr. Um sich ein Publikum aufzubauen, müssen Sie sich selbst erst einen Namen machen. Rundgren hat seine Karriere als Musiker auch nicht im Internet begonnen; seine innovative Musik hat die Fans zunächst eben nicht auf diesem Weg direkt angelockt. Als sich Rundgren dem Cyberspace als Vermarktungsmedium zuwandte, hatte er schon eine Fangemeinde. Er wurde stark vermarktet. Die Werbeleute und Promoter der Plattenlabels, bei denen Rundgren unter Vertrag stand, hatten seine Musik verbreitet und ihr genauso ein Publikum geschaffen, wie es die Tourneepromoter getan haben. Durch seinen neuen Online-Auftritt hat Rundgren in Wirklichkeit dieses Marketing ausschließlich »auf sich« gelenkt und seine Techniken verändert. Vermutlich hat er Experten für das Design und die Upgrades seiner Webseite, für die Programmierung der Software, für die Öffentlichkeitsarbeit und Promotion seiner Person angestellt, die alle die Marke »Rundgren« vermarkten. Kurzum: Das Internet hat die Notwendigkeit für Marketing nicht verkleinert, es hat uns allen nur andere Möglichkeiten gegeben, uns selbst bekannt zu machen.

Rundgrens Weg weg von den Plattenfirmen hin zu seiner persönlichen Marke spiegelt sich überall in der neuen Wirtschaft wider – und nicht nur im Internet. Es gibt wohl kaum einen deutlicheren Gegensatz zu Rundgrens Musik aus Synthesizern und Percussion als die beschauliche Investmentfirma Morgan Stanley Dean Witter in New York, ein angesehener Markenname mit einer beeindruckenden Liste von Klienten im Aktienmarkt. Bei Morgan Stanley sind viele Menschen eifrig dabei, sich einen eigenen Namen zu machen, darunter auch Mary Meeker. Sie berät sowohl institutionelle Anleger, wie sie am besten ihre Internet-Spekulationen plazieren, als auch Start-ups im Internet-Geschäft, wie und zu welchem Zeitpunkt sie mit ihren Unternehmensaktien und Anteilen an die Öffentlichkeit gehen. Während ich diese Zeilen schreibe, gilt Meeker in der Branche als »heiß«. Mit ihren 40 Jahren wird sie an der Wall Street als eine der Top-Internet-Analysten gehandelt. Die Zeitschrift *Barron's* nannte sie die »Königin des Netzes«. Meekers typischer Arbeitstag umfaßt wohl zirka 50 Voice-Mails, etwa 100 E-Mails und bis zu einem Dutzend Presseanfragen für öffentliche Interviews oder Auftritte. Um sich hat sie Sekretärinnen und Assistenten geschart und reist mit ungeheurer Geschwindigkeit von einem Meeting zum anderen. Internet-Firmen und Investoren suchen gleichermaßen verzweifelt ihren Rat.

Das kam nicht daher, weil die Firma Morgan Stanley Mary Meeker als clevere und erfahrene Frau einschätzte und sie im

Unternehmen nach oben beförderte, so wie es in der alten Wirtschaft der Fall gewesen wäre. Gewiß ist Meeker klug und kennt sich aus, doch sie beförderte sich selbst. Nach ihrem Abschluß in Betriebswirtschaft und Psychologie an der DePauw University arbeitete sie zwei Jahre lang bei Merrill Lynch und machte dann ihren MBA an der Cornell University. 1986 trat sie in die New Yorker Investmentfirma Salomon Brothers als Junior-Research-Analystin mit Schwerpunkt PC-Industrie ein. Nach dreieinhalb Jahren wechselte Mary Meeker zu Cowen & Company, einer weiteren Investmentfirma in New York, in der sie ebenfalls als Analystin für die Computerindustrie tätig war. Im Frühjahr 1991 wurde sie dann von Morgan Stanley angestellt, die sich ihre Kenntnisse und Erfahrungen im PC-Sektor zunutze machen wollte. Im Dezember 1993 verwaltete Morgan Stanley das Aktienangebot eines Internet-Dienstes namens America Online. Trotz der Tatsache, daß die Aktien für etwa 95 Cents pro Stück gehandelt wurden und das Unternehmen gerade Verluste machte, empfahl Meeker die Aktie ihren Investoren. Heute werden AOL-Aktien für 175 Dollar pro Stück gehandelt und sind, während Sie diese Zeilen lesen, vielleicht sogar noch weit mehr oder weit weniger wert. Das spielt keine Rolle. Der kometenhafte Aufstieg von America Online nach 1993 verhalf auch Mary Meeker zu einem Aufschwung in ihrer Popularität.[15] Zusammen mit einem Kollegen verfaßte sie Mitte der neunziger Jahre eine große Studie mit dem Titel *Der Internet Report*, in der die Internet-Revolution beschrieben wurde. Dieser Bericht setzte eine hitzige Debatte innerhalb der Computerindustrie in Gang, da nicht wenige Unternehmen in diesem Wirtschaftssektor immer noch skeptisch über das kommerzielle Potential des Internets waren. Meeker legte noch zwei Berichte nach, die beide ebenfalls große Aufmerksamkeit erregten. So wurde Mary Meeker eine »Prophetin« des Wirtschaftssektors Internet.

Meekers Gehalt bewegte sich 1999 angeblich im Bereich um 15 Millionen Dollar und überstieg damit die Gehälter vieler männlicher Kollegen in ihrer Firma. Viele der Dotcoms haben inzwischen ihren Glanz verloren, nicht so Mary Meeker.

Sie braucht den Markennamen Morgan Stanley nicht mehr, um Geschäfte auf sich zu ziehen. Im Gegenteil, die Firma Morgan Stanley ist auf den Namen Mary Meeker angewiesen, um Geschäfte auf sich zu ziehen. 1999 nahm Morgan Stanley einige hundert Millionen Dollar an Abschlußgebühren für erste öffentliche Aktienemissionen von Internet-Firmen ein – ein Großteil der Geschäfte kam zustande, weil Meeker bei Stanley Morgan arbeitete. Der Leiter der Abteilung Technologie-Investmentbanking einer Konkurrenzfirma beschreibt das so: »Wir stehen nicht mit Morgan Stanley im Wettbewerb. Wir stehen im Wettbewerb mit Mary Meeker.«[16] Daher hat Morgan Stanley großes Interesse, Mary Meeker entsprechend dem Wert, den ihr Name für das Unternehmen hat, zu entschädigen. Sie wird vermutlich so lange bei der Firma bleiben, bis eine andere Investmentfirma glaubt, daß der Markenname Mary Meeker für sie noch weit wertvoller ist, und ihr ein Angebot vorlegt, das sie nicht ausschlagen kann.

Menschen kurbeln ihre eigene Karriere an, indem sie sich einen Ruf in ihren jeweiligen Fachbereichen erwerben und nicht in ihren Organisationen. Vor Jahrzehnten plagten sich die meisten Journalisten in der Anonymität ihrer Profession ab. Blättert man in Zeitschriften aus den fünfziger oder sechziger Jahren, findet man kaum einen Hinweis auf den Verfasser der einzelnen Beiträge. Der Markenname war die Zeitschrift und nicht der Journalist. Doch in jüngster Vergangenheit hat sich das deutlich geändert. Obwohl *Time* im letzten Vierteljahrhundert ihr Format nahezu beibehalten hat – die Zeitschrift umfaßt jede Woche immer noch 85 Seiten, bietet einen großen Aufmacher, etwa 20 Artikel, kürzere Nachrichten, kleinere Meldungen und einen Essay –, so hat sie sich in einer Hinsicht doch erheblich gewandelt. Mit der Zeit ist den Autoren und Reportern ein immer größerer Platz eingeräumt worden. In den siebziger Jahren waren die Artikel nicht mit Namen gezeichnet. In den frühen achtziger Jahren waren unter etwa der Hälfte aller Beiträge fett die Namen der Journalisten und Reporter abgedruckt. 1988 waren die Namen der Essayautoren deutlich sichtbar direkt unter dem Titel des Essays angegeben, und 1990 begann *Time* damit, die wichtigsten Autoren unter den Überschriften von etwa der Hälfte aller Artikel aufzuführen; etwa Mitte der neunziger Jahre rückten ihre Namen dann nach oben und standen vor jedem Artikel. Inzwischen druckt *Time* sogar eine eigene Rubrik mit Biographien und Photos der Kolumnisten und Artikelautoren ab.

Der Wandel im Journalismus, hin zur Anerkennung des einzelnen, hängt nicht mit einer gestiegenen Neugierde der Leserschaft zusammen, wer welchen Artikel verfaßt hat. Sie hängt damit zusammen, daß sich Journalisten inzwischen selbst verkaufen. Ihr Beruf bietet ihnen weniger Sicherheit, jedoch bessere Chancen, etwas wirklich Lukratives daraus zu machen. Viele Journalisten liefern in schneller Abfolge einen Artikel nach dem anderen und bauen sich so einen Ruf auf. Eine der größten Leistungen eines Journalisten im Bereich Printmedien ist es, ins Fernsehen eingeladen zu werden und dort von nun an »regelmäßiger Gast« zu sein. Zeitschriften und Zeitungen sind ständig auf der Suche nach begabten Journalisten und daher bereit, die verstärkten Wünsche dieser Mitarbeiter nach Bekanntheit zu unterstützen. Außerdem trägt eine journalistische Berühmtheit im Verlag dazu bei, den Absatz der Zeitschrift zu steigern.

Ähnlich verhält es sich auch im Bereich der Computersoftware, in der immer öfter beim Starten eines Programms zunächst Angaben zu den einzelnen Programmierern erscheinen und sogar auf den Verpackungen abgedruckt sind. In Anwaltskanzleien, Investmentbankhäusern und anderen fachberuflichen Personalgesellschaften werden ebenfalls verstärkt die Namen und Leistungen der wichtigen Partner erwähnt. Diese Entwicklung geht in eine Richtung, die in der Filmindustrie schon seit vielen Jahren gängige Praxis ist. Die Aufmachung und Plazierung von Angaben zur Person sowie die Danksagungen waren schon immer einer der am heißesten umkämpften Bereiche bei Vertragsverhandlungen. Hollywood ist schon immer voller Talente gewesen, die sich einen Namen für die Ewigkeit machen wollen.

Auch in der Politik sind die jungen Neuankömmlinge stärker daran interessiert, aus ihrem Namen eine persönliche Marke zu machen, als ihre Parteien zu unterstützen. Zunehmend wenden sie sich gezielt an eigene Sponsoren, entwickeln eigene Images, suchen, unabhängig von der Parteizugehörigkeit, nach persönlicher Anerkennung für Erfolge in der Legislative und erzeugen einen kräftigen Wirbel um ihre Person. Ein Jesse Ventura hätte sich im alten System wohl jahrelang in den Niederungen der Parteipolitik abmühen müssen, bevor er Gouverneur von Minnesota geworden wäre. Statt dessen hat er sich zunächst einen Namen als Ringer gemacht, dessen Markenzeichen Kämpfe mit einer rosa Boa im Scheinwerferlicht der »World Wrestling Federation« waren, und später dann als Talkshow-Moderator beim Radio. Pat Buchanan, ein Dauerkandidat der Präsidentschaftswahlen, gehört keiner Partei an. Sein Name und der damit zusammenhängende Bekanntheitsgrad sind an seinen Ruf als streitlustiger TV-Prediger gekoppelt. 1999 widmete die Presse den möglichen Präsidentschaftskandidaturen von Hollywood-Star Warren Beatty, der Unterhaltungsikone Oprah Winfrey und dem New Yorker Immobilienmagnaten Donald Trump kurzzeitig ehrfürchtige Aufmerksamkeit. Sie alle kamen nicht weit, doch die Tatsache, daß sich jedermann mit einem bekannten Namen heutzutage um das Amt des Präsidenten der USA bewerben kann, signalisiert, wie tief wir uns schon in einem System der Selbstvermarktung befinden. Die amerikanische Politik steht fest in den Fußstapfen Hollywoods. »Diese gesamte Beziehung zwischen Hollywood und Washington ist genauso normal wie eine Ehe«, bemerkt der Fernsehproduzent Norman Lear dazu, »im Grunde sind wir beide im selben Geschäft tätig. Wir buhlen um die Aufmerksamkeit des Publikums.«[17]

SICH SELBST INS SPIEL BRINGEN

Vor Jahren wußten die meisten Menschen nicht, was sie auf dem freien Markt »wert« waren, da es für ihre Dienste kaum einen freien Markt gab. Sie arbeiteten als Beschäftigte in einer

Organisation und waren geneigt, in dieser Organisation zu bleiben. Für sie kam es nicht in Frage, sich um Angebote von Konkurrenzfirmen zu bemühen, ebenso wie es anderen Unternehmen nicht in den Sinn gekommen wäre, Arbeitskräfte abzuwerben. Doch die Menschen wissen inzwischen weitaus besser, was sie auf dem Markt wert sind, weil sie »im Spiel« sind – ebenso wie ihre Kollegen. Internet-Chatrooms (wie »Greedy Associates« für junge Anwälte) haben sich darauf spezialisiert, Berufstätige ständig über ihren Marktwert auf dem laufenden zu halten. Die Mitarbeiter zeigen es ganz offen, daß sie nach neuen Herausforderungen suchen, und Konkurrenzunternehmen bemühen sich inzwischen hemmungslos um sie.

Ein kommender Star versucht ganz gezielt von einem Konkurrenzunternehmen ein Gehaltsangebot zu bekommen, das weit großzügiger als sein aktuelles Gehalt ist, und kokettiert dann mit diesem Angebot vor den oberen Führungskräften. »Ich will wirklich nicht gehen«, teilt ihnen der Star betrübt mit, »es gefällt mir hier ganz besonders gut, und Sie alle waren verdammt gut zu mir.« Und fügt dann mit Unschuldsmiene hinzu: »Was soll ich denn Ihrer Meinung nach *hiermit* tun?« Die Botschaft ist klar: Zieht nach, oder legt was drauf, sonst bin ich weg.

Einige Unternehmen benutzen die Konkurrenzangebote als Maßstab für die Bemessung der eigenen Lohnniveaus. Als einer meiner Bekannten, seines Zeichens Computeringenieur, kürzlich um eine Lohnerhöhung bat, forderte ihn der Leiter der Softwarefirma auf, ein Gehaltsangebot von der Konkurrenz einzuholen, dem er dann entsprechen würde. Seiner Meinung nach gibt es keine bessere Möglichkeit, den Marktwert meines Bekannten als Ingenieur zu ermitteln, als ihn auf dem Markt zu testen.

Vor noch nicht allzulanger Zeit berichtete man, daß der Präsident der Brown University nach nur 18monatiger Tätigkeit von der Vanderbilt University ein Gehaltsangebot bekam, das in etwa dreimal so hoch war wie die 300 000 Dollar Jahresgehalt, die ihm die Brown University bezahlte. Einst war es ein ungeschriebenes Gesetz, daß Universitätspräsidenten der Eliteuniversitäten ihre Stelle zehn Jahre oder länger nicht verließen. Das scheint offensichtlich nicht mehr zu gelten. Der noch neue Präsident der Brown University berichtete der Universitätsleitung vom Angebot der Vanderbilt University und wechselte dann auf die lukrativere Stelle. Zurück blieben eine Menge verletzter Gefühle sowie eine gewaltige Lektion für alle Jungsemester der Brown University zum Thema Geld und Loyalität in der neuen Wirtschaft. Die Kuratorin der Vanderbilt University, die den Präsidenten abgeworben hatte, sagte, sie verstehe die ganze Aufregung nicht. Sie ist Eigentümerin eines Buchgroßhandels und meint dazu: »Konkurrenten werben aus meinem Unternehmen ständig Mitarbeiter ab.«[18]

»Headhunter« haben große Dateien möglicher Kandidaten für potentielle Arbeitsstellen, selbst wenn die Anwärter derzeit mit ihrem Arbeitsplatz zufrieden sind. »Irgendwann wollen sie mal etwas anderes ausprobieren«, berichtet ein Personalvermittler und spielt damit auf seine große Datenbank an Kandidaten an. »Und irgendwann wird sich etwas ergeben, was für den einen oder anderen genau paßt. Wir wollen bereits im voraus Langzeitbeziehungen mit beiden Seiten aufbauen – mit Menschen, die begehrte Kandidaten sind, ebenso wie mit gefragten Unternehmen, die sie wahrscheinlich brauchen könnten.«[19]

Im Profibaseball war das schon so, seit es die freien Spielervermittler gibt. Ballsportvereine haben in ihren Marken wertvolle Franchisepartner. Aufstrebende neue Spieler entwickeln ihre eigenen Markenzeichen. Ich habe meinen Sohn Adam immer zu den Spielen der Red Sox mitgenommen, der Baseballmannschaft aus Boston. Sein Lieblingsspieler der Red Sox war ein hünenhafter »Baseman« namens Mo Vaughn. Mo konnte die Bälle leichter und regelmäßiger weit aus dem Stadion schlagen als irgendein anderer Spieler der Mannschaft. Wenn Mo zum Abschlagpunkt ging, betete Adam insgeheim, daß der Pitcher nicht vor ihm die Ziellinie überqueren würde. Als Mo immer bekannter wurde, zog er natürlich mehr Besucher ins Stadion, und sein Gehalt stieg entsprechend. Vor ein paar Jahren verlangte Mo mehr Gehalt, als ihm die Sox zu bezahlen bereit waren. Ihr Angebot von zirka 64 Millionen Dollar über fünf Jahre hinweg schlug er aus und erzählte seinen enttäuschten Fans: »Es hat mir hier unheimlich viel Spaß gemacht.« Dann zog er von dannen und unterschrieb ein lukrativeres Angebot bei den Anaheim Angels, einer Mannschaft aus einem Vorort von Los Angeles. »Ich gehe nicht im Streit. Ich möchte meinen Teammitgliedern danken. Alles Gute für die Boston Red Sox und *ihre* Fans.« Die Hervorhebung stammt von mir, da ich das veränderte Pronomen betonen möchte. Die beiden Marken »Red Sox« und »Mo Vaughn« gingen ab jetzt getrennte Wege. So sah Mo das auch: »Ich ziehe mich nicht zurück, ich gehe nur woanders meiner Arbeit nach.«[20]

Eine wichtige Folge der Gebote und Gegengebote liegt darin, daß die Kluft zwischen den bestbezahlten und den am schlechtesten bezahlten Mitgliedern jeder Mannschaft oder Gruppe größer wird – und somit natürlich die jeweilige Anziehungskraft des einzelnen widerspiegelt. Dieses Phänomen läßt sich ebenso in Anwaltskanzleien und anderen fachberuflichen Personalgesellschaften feststellen, in denen die Stars, die die Klienten anlocken, ein Vielfaches an Gehalt verdienen, was ihre weniger berühmten Partner erhalten, die nur ihre Arbeit sorgfältig ausführen. Das liegt daran, daß die »Stars« nicht bloß die Firma verkaufen, sondern vor allem ihren Namen und sich selbst. Die Klienten kommen wegen des sorgfältig und gezielt gepflegten Rufs und der Kontakte. Vor Jahren hätte so ein Verhalten keine Rolle gespielt; alle Partner bezogen in etwa das gleiche Gehalt, da sie Partner waren und davon ausgingen, den Großteil ihres Berufslebens miteinander zu verbringen. Doch in der neuen Wirtschaft stehen den wertvollen Stars alle Türen offen. Natürlich erwarten sie Honorare, die ihrem persönlichen Markennamen entsprechen. Sollten sie diese nicht bekommen, dann wechseln sie zu einer anderen Firma, die sich ihnen gegenüber großzügiger verhält – und bringen ihren Markennamen natürlich mit (sowie eine Schar Klienten im Schlepptau).

Der wahrscheinlich letzte Bereich, an dem man dieses

Spiel von Gebot und Gegengebot erwartet hätte, sind die festangestellten Professoren bekannter amerikanischer Universitäten. Einst war es Realität, daß festangestellte Fakultätsmitglieder in derart respektablen Umgebungen diesen ein Leben lang treu blieben, und ihre Treue ging zuweilen sogar noch über den Tod hinaus. Unermüdlich hielten sie Generationen von Studenten die gleichen Vorlesungen in denselben Hörsälen, fügten zu den gleichen Veröffentlichungen kleine Ergänzungen hinzu (die vom stets gleichen Kollegenkreis gelesen und kommentiert wurden) und besuchten alle Jahre die gleichen wissenschaftlichen Tagungen. Man ging davon aus, daß diese Institutionen so großes Prestige hatten, daß die bloße Ehre, dort zu arbeiten und ihnen anzugehören, schon genug Trost für den Ehrgeiz war. Der Schriftsteller und Philosoph Charles Percy Snow sagte einmal, daß die Mäzene der Universität von Cambridge keine anerkannten Männer seien, sondern nur Männer, die Anerkennung und Ehre von einem zum anderen übertrugen.

Und selbst in diesen weltfremden Sphären ist das Grollen der neuen Wirtschaft zu hören. Die Columbia University willigte im Herbst 1998 ein, Robert J. Barro fast 300 000 Dollar Jahresgehalt zu zahlen, wenn er seine Festanstellung an der Harvard University aufgebe und als Professor zur Wirtschaftsfakultät der Columbia University wechsele. Um eine Vorstellung von diesem Angebot zu bekommen, sei gesagt, daß diese Summe zum damaligen Zeitpunkt etwa doppelt so hoch war wie das Spitzengehalt der Professoren der Kunst- und Sozialwissenschaften in Harvard, Columbia oder irgendeiner anderen Eliteuniversität. Laut *New York Times*[21] war Columbia auch bereit, Barro drei geräumige Büros zur Verfügung zu stellen (Büroräume innerhalb der meist aus allen Nähten platzenden Universitätsgebäude gelten als ebenso großer Luxus wie ein freier Parkplatz davor) sowie einen beträchtlichen Forschungszuschuß zu gewähren und zudem noch die Möglichkeit, einige vielversprechende junge Wirtschaftsdozenten eigenhändig werben zu dürfen. Das war jedoch noch nicht alles: Columbia würde auch dafür sorgen, daß Barros Sohn in einer exklusiven

Privatschule in Manhattan unterrichtet werde, seine Frau eine Stelle an der Universität mit einem Jahresgehalt von 55 000 Dollar bekäme und die gesamte Familie Barro überdies noch eine 700 Quadratmeter große universitätseigene Wohnung am Riverside Drive beziehen konnte, die die Universität auf eigene Kosten renovieren und den Barros für die Hälfte ihres geschätzten Mietpreises überlassen würde.

Ich kenne Barro nicht, doch ich glaube gern, daß er in seinem Fachbereich ausgezeichnet ist. Seine theoretischen Abhandlungen zur Wirtschaft haben beträchtlichen Einfluß auf den gesamten Wissenschaftsbereich gehabt, und er war schon eine Koryphäe, bevor er nach Harvard kam. Es ist weniger bedeutsam, was das Angebot, das die Columbia University Barro machte, über ihn oder über die Universität aussagt, als seine Funktion als Indikator für den Stellenwert, den die eigene Marke in der neuen Wirtschaft sogar innerhalb der heiligen Hallen der Alma Mater hat. Zuvor stand es vollkommen außer Zweifel, daß die Marken »Columbia University« und »Harvard University« weit bedeutendere Anziehungspunkte waren als die Namen der einzelnen Professoren in den Fakultäten. Beide Universitäten haben ihre Fakultäten langsam aufgebaut, ihre besten Doktoranden ohne Druck gefördert, ihre Postgraduierten gewissenhaft ausgewählt und nur gelegentlich, und dann mit äußerster Sorgfalt, einige aufstrebende junge Sterne am Wissenschaftshimmel von außerhalb verpflichtet. Und trotz des unvermeidlichen Ballastes, der sich in den Reihen der Vollprofessoren ansammelt, verfügen beide Universitäten über viele große und wache Geister in ihren Reihen, deren Ruf sich mit der Zeit vollkommen zu Recht entwickelt hat.

Doch sogar Harvard und Columbia mutieren zu schnell wachsenden Netzwerken, deren Potential, ständig neue begabte Menschen anzuziehen – Studenten und auch Dozenten –, von den Talenten abhängt, die sie bislang anziehen konnten. Sie müssen glaubwürdige Kreisläufe aufrechterhalten, in denen der Ruf des Markenzeichens Universität die Reputation der einzelnen Fakultätsmitglieder und Studenten verbessert, die beide wiederum den Ruf der Universität fördern, so daß weitere illustre Fakultätsmitglieder und Studenten herbeiströmen. Angesichts von Talenten, die inzwischen ständig in Bewegung sind, bedeutet ein solcher Kreislauf keine Garantie mehr. Hervorragende Mitarbeiter können inzwischen en gros eingekauft werden. Das gilt heute auch für ganze Abteilungen, vorausgesetzt, die Bezahlung und andere Bedingungen sind großzügig genug.

Die Columbia University war bereit, Professor Barro eine für Universitätsmaßstäbe außergewöhnliche Summe zu bezahlen, da man glaubte, daß Barros Ruf als Betriebswirtschaftler den Ruf der gesamten Universität aufwerten und genau diesen glaubwürdigen Kreislauf ankurbeln würde. In der Tat hätte Columbia mit Hilfe von Barro eine noch glänzendere Wirtschaftsfakultät schaffen können – en gros. In einer der Verhandlungsrunden mit Columbia legte Barro eine Liste von zehn oder zwölf aufstrebenden Betriebswirtschaftlern vor und verlangte von der Universität, sie als Teil seines Anstellungsvertrags ebenfalls anzustellen. Vermutlich hätten viele von ihnen sowohl durch Barros Anwesenheit in Columbia als auch durch die Anwesenheit von anderen Jungstars auf der Liste nur zu gerne gewechselt. Und anstatt ihre Fakultät sorgfältig und nacheinander langsam aufzubauen, hätte Columbia diesmal gleich eine ganze Mannschaft eingekauft. »[...] sollte das ganze wirklich ein Erfolg werden, dann wird sich die Art und Weise verändern, wie Menschen über die Entscheidung denken, entweder aufzubauen oder gleich einzukaufen«, kommentierte ein Betriebswirtschaftler der Universität von Chicago diesen Gesamtdeal. »Die Macht des Geldes wird triumphieren, und Blitzaktionen werden funktionieren.«

Bevor Columbia mit dem ersten Angebot an Barro herangetreten war, hatte die Universität zunächst Barros Anziehungskraft überprüft, indem man sich bei anderen Stars unter den Betriebswirtschaftlern informierte. Ein Dekan der Universität holte sogar die Meinung von Milton Friedman ein, einem höchst einflußreichen und wichtigen konservativen Wirtschaftler. »Milton zeigte sich sehr positiv«, berichtete der Dekan später der *Times*. »Er sagte: ›Barro ist jung und hat Weitblick. Das zieht die Menschen an.‹« Einer der Betriebswirtschaftler an der Columbia University beschrieb die Kosten-Nutzen-Relation des Geschäfts so: »Für uns bleibt eine Menge an Mehrwert hängen, den Robert hier schaffen wird.«

Die aggressive Abwerbung der Columbia University erschütterte Harvard bis ins Mark. War das ein Zeichen dafür, daß die Marke Harvard nicht länger genügte, sicherzustellen, daß sich die illustren Geister der Fakultäten binden würden? Der Fakultätsdekan, der sich bis dato gerühmt hatte, daß er noch nie ein Gehaltsangebot einer anderen Universität durch ein Gegengebot habe auffangen müssen, lud Barro zu einem »langen Abendessen« ein, bei dem »viel Wein floß« – so wurde der Abend zumindest beschrieben –, um ihm sein eigenes Angebot zu unterbreiten, das ein neues Forschungszentrum und vieles mehr einschloß. Was auch immer an diesem Abend der Dekan Professor Barro anbot, es erfüllte seinen Zweck, denn letzten Endes entschied er sich, in Harvard zu bleiben. Doch für die Universität war das Ganze ein Alarmsignal, eine Situation, die der Dekan offensichtlich nicht noch einmal durchmachen möchte. Informationen zufolge legt er gerade eine »Kriegskasse« an, um zukünftigen Abwerbungen entsprechend begegnen zu können.

Der Fall Barro ist auch interessant für die subtilen Spannungen zwischen den beiden Marken, für die Barro gearbeitet hat und die dadurch aufgezeigt werden: die Marke »Harvard« und die Marke »Barro«. Während eines Großteils seiner Karriere haben Barros Forschungen und seine Veröffentlichungen dazu beigetragen, die Marke »Barro« weiterzuentwickeln, und haben dabei zugleich den Ruf der Harvard University aufpoliert. Indem Professor Barro an *seinem* Erfolg gearbeitet hat, hat er zugleich auch für Harvard gearbeitet.

Doch selbst Harvard kann nicht überleben, wenn es sich ausschließlich auf einzelne Macher verläßt. Die Universität benötigt auch Mitarbeiter, die in die Institution als Ganzes investieren. Nehmen wir an, Sie sind ein junger Assistenzprofessor in Harvard und waren Zeuge von Barros Beinaheabwanderung zur Columbia University. Klar und deutlich verlangt Harvard von Ihnen, daß Sie forschen und publizieren. Doch zugleich sollen Sie auch noch viele andere Dinge tun, die ausschließlich Harvard helfen und weniger Ihrem eigenen Ruf nützen, ein Genie auf Ihrem Spezialgebiet zu sein. Die Universität verlangt von Ihnen, daß Sie lehren, Studenten beraten, vor ehemaligen Studenten Vorträge halten und in Fakultätsausschüssen mitarbeiten. Wieviel Zeit und Energie werden Sie derartigen institutionsinternen Aktivitäten widmen und wieviel Zeit und Kraft der Arbeit an Ihrem eigenen Markennamen? Wahrscheinlich wird die Universität den kürzeren ziehen. Sie wissen, daß Ihre Chancen für Ihre Karriere schlecht stehen, wenn Sie weiter in Harvard bleiben. Jetzt sehen Sie die beträchtlichen Vorzüge ziemlich deutlich, die eine sorgfältige und eifrige Pflege der eigenen Marke mit sich bringt.

Die neue Wirtschaft bietet umtriebigen Professoren so viele Möglichkeiten wie noch nie, aus ihrem Markennamen Profit zu schlagen. Bald werden sehr bekannte Professoren die Möglichkeit haben, ihre eigene Marke über das Internet zu verkaufen – über ihre Vorlesungen und Kurse, die sie dort anbieten. Anstatt im Jahr 100 Studenten zu haben, von denen jeder einzelne durch seine Studiengebühren indirekt wahrscheinlich 1000 Dollar einbringt, können über das Internet weltweit 100 000 Studenten erreicht werden. Wenn jeder von ihnen dem Professor nur zehn Dollar netto für seine Arbeit einbringt, dann verdient er eine Million (die urheberrechtliche Frage, wem die Vorlesungen und die Marke gehören – dem genialen Professor oder der Marke Universität, unter der er nominell lehrt –, wird wahrscheinlich bald heiße Diskussionen entfachen).

Dieses Szenario kann für alle Institutionen verallgemeinert werden: Angesichts der zunehmenden Mobilität von talentierten Menschen und angesichts eines sich verschärfenden Wettbewerbs ist der Anreiz, in den eigenen Ruf zu investieren, weitaus größer, als die eigene Zeit und Kraft einer Organisation zur Verfügung zu stellen. Abgesehen von einer Gruppe, deren Aufgaben an sich so verlockend sind, daß sie den Ehrgeiz und die Leidenschaften der Mitarbeiter wecken, lautet das oberste Ziel aller Mitarbeiter, sich selbst zu verkaufen.

Der Fall Barro ist auch noch aus einem anderen Grund interessant. Nachdem Professor Barro seinen »Wert« so deutlich festgesetzt hatte, konnten nun Professoren aus ganz Amerika ihre eigenen Gehälter mit dem Angebot, das Barro erhalten hatte, vergleichen und somit ihren eigenen »Marktwert« im Vergleich mit Barro ermitteln. Was sich dadurch offenbarte, hat vielleicht viele Professoren, die sonst weiterhin recht zufrieden gewesen wären, ziemlich unzufrieden gemacht. Wir erinnern uns: In der alten Wirtschaft verdiente jeder ungefähr das gleiche wie ein Kollege, der die gleiche Position mit derselben Dauer an Dienstjahren innehatte. Gehalt wurde damals nicht wettbewerblich diskutiert. Doch in der neuen Wirtschaft, die überquillt von Angeboten und Gegenangeboten, erhält mit großer Wahrscheinlichkeit jeder ein anderes Gehalt als sein Kollege. Und beide Gehälter sind wahrscheinlich kein Geheimnis und drücken somit den jeweiligen »Wert« des Mitarbeiters im Vergleich mit den anderen aus. Fast keine andere Information kann mehr Streß, Sorge und Groll hervorrufen.

Mo Vaughn hätte mit seinen 64 Millionen Dollar von den Boston Red Sox durchaus ein angenehmes Auskommen gehabt. Rechnet man nämlich die Steuern und die Lebenshaltungskosten in Los Angeles dazu, dann hat er sich mit den 72 Millionen Dollar, die ihm die Anaheim Angels nun zahlen, nicht viel verbessert. Doch die New York Metropolitans hatten 1998 Mike Piazza 91 Millionen Dollar angeboten, und die Red Sox bezahlten Pedro Martinez 75 Millionen Dollar. Mo ging wahrscheinlich davon aus, daß er mindestens soviel wert sei wie Pedro. Da das endgültige Angebot der Red Sox bei 64 Millionen Dollar aufhörte, wurde er eines Besseren belehrt. Und genau diese Diskrepanz in der Einschätzung von Mos relativem Wert als Baseballspieler kann durchaus ausgereicht haben, daß er seine Sachen packte.

Ein guter Freund aus der Fakultät hat sich kürzlich entschlossen, an eine andere Universität zu wechseln, die ihm ein besseres Angebot gemacht hatte. Bei uns war er ein geschätzter Kollege und galt nicht unbedingt als jemand, der sich viele Gedanken über die Höhe seines Gehalts machte. Als ich ihn fragte, warum er uns verlassen wolle, blickte er mich lange an und entgegnete: »Ich fühle mich hier einfach nicht wertgeschätzt.«

Zuerst habe ich ihn nicht verstanden. Mein Freund hatte eine Reihe von Auszeichnungen erhalten, war Chef einer wichtigen Abteilung, und alle, die ihn kannten, schätzten seine Forschung und seine Verdienste gegenüber der Universitätsgemeinde; seine Studenten waren begeistert von seinen Kursen. Warum fühlte er sich nicht wertgeschätzt? Er erklärte mir, daß sein gegenwärtiges Gehalt im Vergleich zu dem vieler anderer Professoren an der Universität nicht besonders hoch sei und daß die andere Universität ihr »Allermöglichstes« getan habe, um ihn zu bekommen.

Ich fragte ihn: »Wüßtest du nicht, wieviel alle anderen hier oder an anderen Universitäten verdienen – und wüßte auch sonst niemand diese Zahlen –, würdest du dich immer noch unter deinem Wert eingeschätzt fühlen?« Er überlegte einen Augenblick und entgegnete dann: »Ich glaube, das wäre etwas anderes.«

Es wäre deshalb anders, weil mein Freund dann nach anderen Indikatoren für seinen »Wert« gesucht hätte: nach subtileren und weniger starren Zeichen als sein Gehalt und seine Arbeitsbedingungen im Vergleich zu denen der Kollegen an der Universität und im Vergleich zum höheren Gehalt und zu den besseren Bedingungen, die ihm die andere Universität angeboten hat. Doch die Zahlen auf dem eigenen Gehaltsscheck sprechen eine besonders deutliche Sprache in bezug zu den Zahlen auf anderen Gehaltsschecks – gerade weil jeder diese Zahlen kennt. Ich glaube nicht, daß sich mein Freund viele Gedanken bei seinem Gehalt hinsichtlich dessen gemacht hat, was er sich damit jeden Monat alles kaufen kann. Er war vielmehr sehr empfänglich dafür, was die Zahlen über seinen Marktwert in dem von ihm gewählten Beruf aussagten. Sie waren für ihn wichtige Indizien, wieviel Bedeutung sein Umfeld seiner Tätigkeit beimaß. Er wollte einfach woanders hingehen, wo sein Wert stärker geschätzt wurde.

WARUM SIEGER DOCH NICHT ALLES ABRÄUMEN

Eine in letzter Zeit sehr populäre Theorie erklärt das Phänomen, warum manche Menschen, wie zum Beispiel Robert Barro, so viel mehr verdienen als andere, damit, daß nur wenige im nationalen oder globalen Markt wirklich große Aufmerksamkeit und Glaubwürdigkeit erreichen – und diese wenigen »räumen dann alles ab«.[22] Auf den ersten Blick erscheint diese Erklärung plausibel. Denn in den Erstsemesterklassen der Eliteuniversitäten sind nur wenige Plätze frei, und die Bestsellerliste hat auch nur begrenzten Platz. Doch in einer dynamischen Wirtschaft gibt es tatsächlich nur wenige solcher »K.-o.-Situationen«. Hinter jedem großen Markennamen stehen in der Regel säuberlich aufgereiht eine Menge Menschen, die noch keinen so großen Namen haben, von denen einige jedoch beträchtliches Talent oder Geschäftstüchtigkeit besitzen. Je besser es den großen Namen durch die Unterstützung dieser kleinen Namen geht, um so größer wird auch der Ruf der unbekannteren Mitarbeiter. Und da sie sich ja alle selbst und weniger die Organisation, in der sie arbeiten, vermarkten wollen, können sie, abhängig von ihrem zunehmenden Bekanntheitsgrad, entweder mehr Geld als Honorar ihres »Wertes« fordern oder bei einem besseren Angebot die Firma verlassen.

In seinem Jahresbrief an die Aktionäre im Frühjahr 1999 schwärmte der Vorstandsvorsitzende von Disney, Michael Eisner, von *SportsNight*, einer neuen Comedyserie auf Disneys Sender ABC. »Es ist phantastisch«, schrieb Eisner. »Sie ist einer der Bausteine, die wir mit anderen zusammenfügen, so daß am Ende ABC die Nummer 1 sein wird.«[23] Nehmen wir ruhig einmal an, daß Eisners Begeisterung für *SportsNight* gerechtfertigt ist. Doch wessen »Wert« wird durch einen Fernseherfolg wie diesen eigentlich gesteigert?

Es stellte sich heraus, daß *SportsNight* Disney gar nicht gehörte. Die Serie stammte von einer Produktionsfirma, die von den Filmproduzenten Ron Howard und Brain Glazer sowie dem langjährigen Hollywood-Agenten Tom Krantz geleitet wurde. Die drei hatten schon einige Fernseherfolge gelandet, nicht nur bei ABC, sondern auch bei den Konkurrenten NBC und Fox Broadcasting. Howard, Glazer und Krantz sind in der Branche »heiß«. Falls *SportsNight* einschlagen sollte, würden die Werbekunden Disney Riesensummen für die Reservierung von 30 Sekunden Werbezeit in dieser Serie bezahlen, sobald sie auf ABC gesendet würde. Diese Extraeinnahmen würden nicht in die Kasse von Disney fließen. Sollte Disney weitere Folgen von *SportsNight* von Howard, Glazer und Krantz wollen, müßte es ihnen einen Teil ihrer Gewinne abtreten, da das Trio nun auf dem Markt mehr »wert« wäre. Denn unter den Chefs aller Fernsehsender, die solche Serien einkaufen, hat sich der Ruf der drei verbessert.

Howard, Glazer und Krantz müßten ihrerseits einen Teil ihrer Einnahmen an einige talentierte Autoren und Produzenten abgeben, die sich die schlauen, lustigen und komischen Folgen ausgedacht haben, mit denen die drei ihr Geschäft machen. Einer dieser »Autoren« ist Aaron Sorkin, der ursprünglich die Idee für die Comedyserie hatte und einige ihrer ersten Folgen schrieb. Doch bereits davor war er in Hollywood auf einem aufsteigenden Ast, denn Sorkin schrieb die Drehbücher zu den Filmen *A Few Good Men* und *The American President*. Sollte die Serie *SportsNight* zu einem Volltreffer werden, würde auch Sorkin mehr »wert« sein.

Wenn also der Vorstandsvorsitzende von Disney, Eisner, den Disney-Aktionären *SportsNight* als einen der »Bausteine« verkaufte, die den Sender ABC zur »Nummer eins« machen sollten, dann sagte er nur die halbe Wahrheit. Denn selbst wenn *SportsNight* ein Knaller geworden wäre (was nicht der Fall war), hätten die Aktionäre davon finanziell weitaus weniger stark profitiert, als sie erwartet hätten. Der Grund ist ganz einfach: Statt ganz oben über einer Bürokratie zu thronen, deren »Bausteine« Eisner ganz und gar gehören, sitzt er nur an einem Knotenpunkt – allerdings einem sehr wichtigen – innerhalb eines Netzwerks von Verflechtungen, in dem jeder andere »Knotenpunkt« sich frei überlegen kann, mit wem er in Zukunft Verpflichtungen eingehen möchte. Dadurch wird das Phänomen, der »Gewinner räume alles ab«, erheblich abgeschwächt, da dieses Netzwerk talentierten Menschen wie Sorkin genügend Druckmittel an die Hand gibt, an einem anderen Knotenpunkt das zu bekommen, was er auf dem Markt »wert« ist. Wenn Sorkin von ABC nicht mehr angemessen bezahlt würde, könnte ihn Disneys Konkurrenz abwerben – was im Herbst 1999 dann tatsächlich geschah, als Sorkin eine Erfolgsserie mit dem Titel *The West Wing* für NBC kreierte.

Die neue Wirtschaft hat weitaus weniger Einzelkämpfer wie Mo Vaughn, die alles abräumen – oder fast alles. Den anderen Menschen an der Spitze oder fast an der Spitze geht es zweifellos bemerkenswert gut. Sie haben genau die richtige Mischung aus Begabung und Kontakten und haben sich geschickt verkauft. Doch sie räumen nicht alles ab: Einen Teil ihrer Gewinne teilen sie mit den Talenten in ihrem Gefolge, von denen sie abhängig sind. Diese Menschen ihrerseits teilen einen Teil ihrer Gewinne mit anderen, von denen sie abhängen, und so weiter, so daß sich die Verflechtungen nach außen und nach unten in ein riesiges Netzwerk von Verkettungen ausdehnen. Je stärker sich talentierte Menschen in ihren Fachgebieten einen Namen machen, um so mehr steigt ihr Wert. Den »Aaron Sorkins« von Hollywood geht es beständig besser.

Viele begabte Menschen steigen in der neuen Wirtschaft auf, so daß eben nicht mehr nur ein paar Menschen ganz oben sind und alle anderen weit hinter sich gelassen haben. Das oberste eine Prozent dieser Menschen hat einen hervorragenden Lebensstandard, den folgenden fünf Prozent geht es wesentlich besser als je zuvor, und die obersten zwanzig Prozent führen ein ziemlich angenehmes Leben. Doch jede Sprosse auf der Karriereleiter und Gehaltsskala liegt weiter von der nächsten entfernt als je zuvor. Wie bereits gezeigt, hat die Mittelklasse nicht viel an Boden gewonnen, und all denjenigen auf den Sprossen darunter geht es im direkten Vergleich sogar schlechter als früher.

MARKTGELENKTE MÄNNER UND FRAUEN

In der alten Wirtschaft kam man voran, wenn man überall gerne gesehen war. Selbsthilfebücher gaben ernsthafte Tips, »wie man Freunde gewinnt«.[24] Der erfolgreiche »Mann der Organisation« wurde von allen geschätzt. Auch Arthur Millers Protagonist Willy Loman verrät seinem Sohn das Rezept des Erfolgs: »Sei beliebt, und alles andere kommt von selbst«, sagte er. »Das ist ja das große Wunder an diesem Land, wenn jemand beliebt ist, dann kann er es auch zu Diamanten bringen.«[25] David Riesman, der brillante amerikanische Soziologe der fünfziger Jahre, prägte für die Amerikaner dieser Zeit den Begriff der »außengelenkten« Persönlichkeit. Sie hatte primär nur die Anerkennung durch die Gleichrangigen im Sinn. »[...]: man ist erfolgreich, wenn man Anerkennung gewinnt«, war für Riesman die Quintessenz des amerikanischen Charakters Mitte des 20. Jahrhunderts. »So liegt jetzt alle [...] Macht in den Händen der tatsächlichen oder imaginären Gruppe der Anerkennenden ...«[26]

In der neuen Wirtschaft hingegen ist man nicht erfolgreich, weil man gerngesehen ist, sondern weil man sich gut vermarktet. Das Ziel ist nicht länger, dazuzugehören oder das Wohlwollen der Gleichrangigen zu erreichen. Das Kredo lautet, sich von den Gleichrangigen abzuheben, potentielle Kunden – oder diejenigen, die einen in Kontakt mit Kunden bringen – zu verblüffen und zu inspirieren. Die alte Organisation gibt es kaum noch, sie wird verdrängt von Männern und Frauen, die nicht nur stark von sich überzeugt sind, sondern vor allem andere überzeugen können, ebenfalls stark an sie zu glauben. Dafür ist eine große Portion Selbstachtung wichtiger als geselliges Verhalten, und strahlendes Selbstbewußtsein hilft weit mehr als charmante Bescheidenheit. Um wirklich einflußreich zu werden, muß man sich unbedingt einflußreich *fühlen*; man muß den *Mut haben, reich zu sein*,[27] wie Finanzguru Suze Orman es gerne formuliert. »Ich weiß ganz sicher, daß Ihr finanzieller Wert nur dann so weit ansteigen wird, daß er Ihrem Selbstwert entspricht, wenn Ihr Selbstwertgefühl akzeptiert, was Ihnen alles gehören kann.« Der Managementberater Tom Peters predigt seinen Kunden, daß »Sie von heute an eine Marke sind. Sie sind ganz genauso eine Marke wie Nike, Coke, Pepsi oder The Body Shop«. Will man erfolgreich sein, dann »besteht die wichtigste Aufgabe darin, der oberste Vermarkter der Marke ›Ich‹ zu sein«.[28]

Finanz- und Managementberater sind die neuen spirituellen Führer Amerikas – Fernsehprediger, Psychologen, persönliche Trainer und Coaches, die das geistige »Durchstarten« als wirtschaftliches Erfolgsrezept für das eigene Selbst predigen. In der neuen Ethik der selbstmotivierten wirtschaftlichen Spiritualität wird persönlicher Wert nur noch am Marktwert einer Person gemessen. Somit ist die protestantische Arbeitsethik vollkommen umgekehrt worden: Man ist etwas wert, weil einen der Markt belohnt; man hat finanziellen Erfolg, da man voller Inbrunst nicht etwa an Gott, sondern an sich *selbst* glaubt. Indem man seine Persönlichkeit zu einer Ware macht, die vermarktet werden kann, und sie dann erfolgreich verkauft, steigert man seinen eigenen Wert und erlangt dadurch Wert im »göttlichen Angesicht« des Marktes.

Hinter den »Kapitalspiritualisten« stehen Legionen von persönlichen Promotern, Publizisten, Marketingleuten und Imageberatern, die Köche zu erfolgreichen Vermarktern von Kochbüchern, Kochsendungen im Kabelfernsehen, neuen Suppen und Gewürzkreationen sowie Küchengeräten machen können und ihnen zeigen, wie man Webseiten mit Appetithäppchen aufpeppt. »Wenn man als Küchenchef anfängt«, verrät uns Jacques Torres, Chefkoch bei Le Cirque 2000 in Manhattan, »beginnt man mit einem bestimmten Lohn. Er steigt nach und nach, doch wenn man sich wirklich verbessern will, dann sollte man in die Beratungs-, Bücher- oder TV-Branche einsteigen.«[29] Don Hobbs, Spezialist für »persönliches Marketing« von Immobilienmaklern, rät seinen Kunden, die Werbegelder dafür einzusetzen, »sich zu vermarkten – um zu betonen, warum ich mich von den 5000 anderen Maklern abhebe«. Damit ist nicht gemeint, daß man sich vorstellt als »hallo, ich bin Joe Blow, Immobilienagent«, sondern ein Bild von seiner Person erschafft, in etwa: »wie zwei Mädchen, die ihrem Vater entgegenlaufen. Vati steigt aus dem Wagen. Angenehme Hintergrundmusik... ›Wenn es darauf ankommt... dann kommt Ron Kubek.‹ Er hält dabei die beiden süßen blonden Mädchen im Arm, wobei weiterhin höchst anrührende Musik erklingt. Die Menschen müssen von der emotionalen Seite her erreicht werden.«[30]

Vor noch nicht allzu vielen Jahren war es Ärzten per Gesetz verboten, für sich zu werben. Man glaubte, daß Ärzte kein Bestandteil des Kommerzes seien und es auch nicht werden sollten. Schließlich hatten sie doch alle den Hippokrates-Eid geschworen. Inzwischen vermarkten Ärzte mit Unterstützung von »Publizisten im Ärztebereich« Diätbücher, Gesundheitstips sowie zahlreiche Produkte, die von zuckerfreiem Ahornsirup bis zu einem steroidalen Hormonpräparat namens Pregnenolon reichen.[31] Ein immer größerer Teil dieser Dinge wird über das Internet verkauft, in dem sogar schon Dr. Best vertreten ist. Zahnärzte bezahlen Werbefachleute, um ihre hochtechnischen Zahnfleischlaser und Zahnbeschichtungstechniken allerneuester Prägung zu vermarkten. Ein gewisser Dr. Larry Rosenthal bietet eine ganze Produktlinie unter seinem Namen an, einschließlich einer elektrischen Zahnbürste und Zahnseide, die Ablagerungen zwischen den Zähnen beseitigt.[32]

Menschen mit Talent verkaufen sogar schon Aktienanteile an sich selbst. Der Rockstar David Bowie hat persönliche Obligationen ausgegeben, die den Investoren einen festen Prozentsatz seiner zukünftigen Tantiemen und Konzerteinnahmen garantieren. Innerhalb einer Stunde waren die Obligationen für insgesamt 50 Millionen Dollar gezeichnet.[33] Martha Stewart hat sich amtlich als Unternehmen eingetragen und verkauft nun Anteile an ihrer eigenen Person. Sie leiht ihren Namen nicht einfach nur bestimmten Produkten, wie beispielsweise Minnie Pearl's Fried Chicken. Sie verkauft ihr heiteres Naturell – ihren schlichten, doch eleganten Geschmack, ihre entzückenden Dekorationsideen und Hausmacherrezepte sowie ihr angenehm erfrischendes Lebensgefühl, das impliziert, die Zeit zu haben, aus Wachsresten Citronellakerzen zu basteln.

Diejenigen, die in Martha Stewart investieren, hoffen, daß die Marke »Stewart« unabhängig von der Person einen deutlichen Wert hat, doch sollte Martha Stewart ihr Geld zusammenraffen und sich auf die Niederländischen Antillen als Ruhesitz zurückziehen, werden die Investoren vielleicht feststellen, daß Marke und Person doch nicht trennbar sind.

Aufstrebende Politiker vermarkten inzwischen eher ihre Persönlichkeit als ihre Ansichten oder ihre Parteipolitik und vertrauen dabei auf eine steigende Zahl von Werbeberatern. Ein sich gut vermarktender Politiker braucht eine politische Partei kaum noch, genauso wie ein sich gut vermarktender Professor nicht mehr auf eine bestimmte Universität angewiesen ist. Der ambitionierte Jungjournalist benötigt auch keine bestimmte Zeitung mehr, und der neue Stardrehbuchautor hat keinen Fernsehsender und auch keine Produktionsfirma mehr nötig. Talentierte Baseballspieler kommen auch ohne eine bestimmte Mannschaft aus, und der geniale Investmentanalyst kann ohne ein spezielles Bankhaus überleben. Politische Parteien verändern sich, wie alle anderen Organisationen auch, zu Ansammlungen von Jungunternehmern. Daher sollte es auch nicht überraschen, daß moderne Politiker sich heutzutage immer wieder, unabhängig von ihrer Partei und der Parteipolitik, in Schlammschlachten verausgaben. Wenn anstelle einer Partei oder einer Reihe von politischen Ansichten eine Persönlichkeit vermarktet wird, wird der Wahlkampf unweigerlich eine persönliche Komponente erreichen. Der Wahlerfolg hängt davon ab, seine eigene Person ins Rampenlicht zu rücken und zugleich den Gegner zu vernichten. Der Begriff »Recherche über die politische Opposition« ist ein Euphemismus dafür geworden, Unappetitliches über den Gegner herauszufinden und ihn damit in den Dreck zu ziehen. Diese »Recherche« gehört bei Wahlkampfkampagnen in den USA inzwischen zur Tagesordnung.

SICH SELBST ZU VERKAUFEN stellt unerbittliche Anforderungen an das eigene Leben und macht auch vor persönlichen Kontakten nicht halt. Wenn die eigene Haut zu Markte getragen wird, werden alle Beziehungen zu möglichen Geschäftskontakten. Anders als David Riesmans »außengelenkter« Mensch, der von allen geschätzt werden wollte, will der marktgelenkte neue Mann oder die marktgelenkte neue Frau nur Geschäfte abschließen. Werden jedoch Freunde, Verwandte und flüchtige Bekannte zu Vehikeln für den Verkauf des eigenen Selbst, dann ist keine Beziehung mehr frei von Hintergedanken. In Washington, New York, Hollywood, dem Silicon Valley oder jedem anderen Handelszentrum ist es oft schwer, sich einfach so mit einem »Freund« zum Mittagessen zu verabreden, ohne daß andere nicht argwöhnen, daß einer der beiden etwas kaufen oder verkaufen will. Diese Vermutung trifft häufig zu.

Der Wert einer marktgelenkten Person entsteht nicht durch ihre Akzeptanz bei Gleichrangigen, sondern durch den Preis, den andere bereit sind, für ihre Dienste zu bezahlen. Das ist der Grund, warum es so enorm wichtig ist, gefragt zu sein. In gewissen Kreisen fragt man eine Person, die man schon lange nicht mehr gesehen hat, nicht länger: »Geht es Ihnen gut?«, sondern vielmehr: »Sind Sie *sehr beschäftigt*?« Wird diese Frage bejaht, dann ist die betreffende Person gefragt, und wenn sie gefragt ist, dann *muß* es ihr gutgehen. Die scheinbare Klage: »Ich bin so beschäftigt!« wird zwar ernstgenommen, doch längst nicht mehr als wirkliche Klage verstanden. Wer so stöhnt, hat vielleicht kaum noch Zeit oder Kraft für Aktivitäten neben seiner Berufstätigkeit – hat vielleicht sogar seine Freunde und Familie den unerbittlichen Anforderungen des Erfolgs geopfert –, gilt jedoch trotzdem als jemand, der im Markt erfolgreich ist: Dies ist die ultimative Meßlatte für marktorientierten Erfolg.

Riesmans »außengelenkter« Mensch in der Mitte des 20. Jahrhunderts lief Gefahr, seine individuelle Identität an die Gruppe zu verlieren. Die »marktgelenkte« Person zu Beginn des 21. Jahrhunderts läuft Gefahr, ihre individuelle Identität zu verkaufen. Welches ist die größere? Früher war das Schlimmste, was man jemandem sagen konnte, daß er ausgebrannt sei. Heute ist das Schlimmste, was man jemandem sagen kann, daß er nicht gefragt ist.

KAPITEL 8

Der unglaubliche Schwund der Familie

Es wird kaum noch bestritten, daß die neue Arbeit dem Familienleben einen hohen Preis abverlangt. Weit interessanter ist, wie dieser aussieht und welche Formen er annimmt.

Die Kernfamilie, die Mitte des 20. Jahrhunderts die Regel war (der Ehemann hatte seinen sicheren Arbeitsplatz, die Ehefrau war als Mutter von durchschnittlich 2,7 Kindern den ganzen Tag mit Putzen und Kochen beschäftigt, damit dann alle abends beim Hackbraten vereint waren), war eine Laune der Geschichte. Geht man 100 Jahre zurück, in die Zeit vor der Massenproduktion, lebten die Menschen Mitte des 19. Jahrhunderts in komplexen und variablen Anordnungen unter einem Dach zusammen: Verwandte gingen ein und aus, Kinder starben im Kindbett, Stiefmütter ersetzten leibliche Mütter, die bei der Geburt eines Kindes gestorben waren, Stiefväter traten an die Stelle der leiblichen Väter, die Unfällen, Infektionen oder Krankheiten zum Opfer gefallen waren. Und oft mußten alle Mitglieder einer Familie arbeiten: Männer, Frauen und Kinder. Sie alle verrichteten über viele Stunden hinweg harte körperliche Tätigkeiten, damit ausreichend Essen auf dem Tisch stand und man sich das Dach über dem Kopf leisten konnte. Damals war die wirtschaftliche Lage wesentlich unsicherer als heute und somit das gesamte Leben.

Die Unsicherheit der modernen Lebensarrangements, weit jenseits des industriellen Zeitalters, liegt nicht mehr darin, daß überall der Tod lauert, sondern an der Arbeit an sich. Sie trennt Familienmitglieder für längere Zeitabschnitte von der Familie oder beschäftigt sie, selbst wenn sie körperlich anwesend sind, dennoch in Gedanken weiter, schleicht sich als Sorgenfaktor ein und ist insgesamt weniger kalkulierbar.[1] Die neue Familie existiert innerhalb einer komplexen Anordnung von logistischen Arrangements, damit die verschiedenen Familienmitglieder dorthin gelangen, wo sie sein müssen, um sich den neuen Nachfragen und Herausforderungen der Wirtschaft stellen zu können. Für diese Tatsache haben Soziologen sogar ein neues Akronym kreiert: *DINS – Double Income No Sex.* Damit soll der Streßpegel der modernen Paare beschrieben werden, die abends zu müde und ausgelaugt sind, um im Bett noch etwas anderes zu tun außer zu schlafen. Während sie versuchen, ihre kümmerlichen Portionen Freizeit so aufeinander abzustimmen, daß sie möglichst viel davon miteinander verbringen können, haben sie zugleich einen kleinen Verkaufsboom von Schwangerschaftstests erzeugt. Sobald ein Kind zur Welt kommt, teilt sich ein Drittel aller berufstätigen Eltern die Arbeit und Kinderbetreuung im Schichtbetrieb auf. Ein Partner arbeitet während des Tages, und währenddessen kümmert sich der andere um das Kind; abends werden dann die »Schichten« getauscht.[2] Die Eltern kommunizieren mit Hilfe kleiner gelber Haftnotizen, auf denen steht, wer angerufen hat, während der andere nicht zu Hause war, was über das Baby zu berichten ist und was es zum Abendessen gibt.

Immer mehr Domizile sind über längere Zeitabschnitte unbewohnt. Entweder sind beide Partner geschäftlich unterwegs, oder sie sind, wenn sie ganz in der Nähe arbeiten, tagsüber meist außer Haus. Kleinkinder werden schnell in die Kinderhorte gebracht. Ältere Verwandte leben allein oder in Pflegeheimen. Wenige Familien stimmen ihre Tagesabläufe so aufeinander ab, daß man wenigstens gemeinsam zu Abend ißt. Berufstätige Eltern kommen nach Hause, lange nachdem die hungrigen Mägen ihrer Kinder nach Essen verlangt haben. Der Anteil der verheirateten Amerikaner, die »definitiv« behaupten, daß »unsere ganze Familie in der Regel zusammen zu

Abend ißt«, hat sich in den letzten 20 Jahren um ein Drittel von 50 auf 34 Prozent verringert.[3]

Einige Familien sind inzwischen sogar schon so weit, daß sie jede Woche ein Familientreffen vereinbaren. Craig Forman, Geschäftsführer von *myprimetime.com*, einer Firma, deren Internet-Seite vielbeschäftigten Berufstätigen dabei helfen soll, ihre Zeit effektiver zu nutzen, trifft sich jeden Sonntagabend um 18.30 Uhr mit seiner Frau Cecile und dem siebenjährigen Sohn Elliot. Den Herausgebern von *Fast Company*[4] berichtete Forman: »Meine Woche hat keinen echten Anfang und kein Ende. Ich lebe das Leben eines Jungunternehmers: Ich reise viel und trage eine Handvoll Mobiltelephone und einen Internet-Pager mit mir herum. Unser Familientreffen gestattet uns, zusammenzukommen und uns gegenseitig auf den neuesten Stand zu bringen, was in der kommenden Woche so ansteht.« Bei einem dieser Treffen besprachen die Formans, ob Elliot, der in französischsprachigen Schulen gewesen war, bevor die Familie ihren derzeitigen Wohnsitz nach San Francisco verlegte, einen Privatlehrer für Französisch haben sollte. »Unsere Familientreffen sind wie die Meetings zu Projektbesprechungen in meiner Firma«, sagt Forman. »Jeder berichtet der Reihe nach, was er für die kommende Woche auf seinem Plan hat und was ihn beschäftigt.«

BETRACHTEN WIR KURZ eine typische Familie, wie sie in den frühen siebziger Jahren zusammengelebt hat, und vergleichen dieses Bild mit dem Familienleben nur 25 Jahre später. Als größten Unterschied werden wir feststellen, daß der Prozentsatz von Ehepaaren mit Kindern *gesunken* ist: von 45 Prozent im Jahre 1972 auf 26 Prozent im Jahre 1998. Gleichzeitig ist der Prozentsatz von unverheirateten Menschen ohne Kinder *angestiegen*, und zwar von 16 auf 32 Prozent.[5] Der typische Haushalt hat sich also von Eheleuten mit Kindern zu unverheirateten ohne Kinder verlagert. Mitte des 20. Jahrhunderts spiegelten Sitcoms, die zu Hause spielten, wie *Father Knows Best* oder *Leave It to Beaver*, die Norm der Familienhaushalte. Heute thematisieren Sitcoms den neuen Lebensstil junger Singles ohne feste Beziehungen wie zum Beispiel *Ally McBeal* und *Friends*.

Diese Veränderungen erklären sich durch einige Entwicklungen, die bereits in den siebziger Jahren eingesetzt haben. Zunächst gewannen die Frauen eine größere Kontrolle über die Schwangerschaft. Sie hatten Zugriff auf wirksamere Verhütungsmittel als die Pille.[6] 1973 entschied der Oberste Gerichtshof zudem, daß die Bundesstaaten Frauen nicht verbieten dürften, eine Abtreibung im Frühstadium der Schwangerschaft durchführen zu lassen, und auch Ärzte nicht daran hindern dürften, diese durchzuführen. Die größere Selbstbestimmung der Frauen in puncto Schwangerschaft reicht jedoch als Erklärung für diese Veränderungen allein nicht aus. Studien zeigen einen deutlich gesunkenen *Wunsch* der Menschen nach großen Familien. Noch 1972 war die Mehrheit der Erwachsenen, nämlich 56 Prozent, der Meinung, daß die ideale Kinderzahl pro Familie drei oder mehr Kinder wäre. Ende der neunziger Jahre vertraten nur noch knapp 40 Prozent diese Ansicht.[7]

In den siebziger Jahren haben auch andere Prozesse begonnen, die sich seither beschleunigt haben. Es handelt sich dabei um zwei Faktoren, die eng miteinander zusammenhängen. Beide zählen zu den größeren Entwicklungen, die wir uns bereits angesehen haben, verdienen jedoch getrennte Betrachtung.

DER GROSSE WANDEL IN DEN FAMILIEN (I)

Der erste Faktor, der einige Frauen in den frühen siebziger Jahren veranlaßt hat, berufstätig zu werden, war der relative Rückgang im Verdienst ihrer Partner oder Ehemänner. Der Wechsel von der Massenproduktion hin zu innovativen Ideen und persönlichen Dienstleistungen hat sich besonders hart auf männliche Arbeitnehmer ausgewirkt, die ja bislang den Großteil der Produktionsarbeit verrichtet hatten. Als sie weniger verdienten, begannen ihre Frauen arbeiten zu gehen, um das gemeinsame Familieneinkommen zu sichern.[8] (Natürlich haben viele bedürftige Frauen niemals aufgehört, bezahlte Arbeit zu verrichten.)

Der Rückgang der Löhne bei den männlichen Arbeitnehmern ist bereits hinreichend dokumentiert worden, obwohl man sich über das drastische Ausmaß des Rückgangs noch uneins ist. In gewisser Hinsicht geht es einer Arbeiterfamilie im Jahre 2001 immer noch besser als 1979, selbst dann noch, wenn sich ihr Einkommen entsprechend der Inflationsrate verringert hat. Wegen des neuen Innovationsgeistes sind einige Produkte und Dienstleistungen heute billiger als früher, viele Dinge sind qualitativ besser, und unzählige neue Produkte sind hinzugekommen. Ferngespräche kosten weniger, auch Fernseher, Flugtickets und eine Menge anderer Dinge sind billiger geworden. Man kann inzwischen Digitalrekorder, Lernsoftware, Antidepressiva und Viagra kaufen. Ein Arzt kann heutzutage ein spezielles Diagnosegerät so programmieren, daß es Ihren Körper Schicht für Schicht einscannt, was die Früherkennung auch der kleinsten Krebsanzeichen ermöglicht. So leben Sie eventuell länger. Und wie ich bereits betont habe, kann man heute wesentlich effizienter nach den besten Angeboten Ausschau halten.

Doch selbst in einem Zeitalter des Überflusses fühlen sich einige Menschen vielleicht immer noch ziemlich unterprivilegiert verglichen mit dem Status, den sie in der Gesellschaft einmal gehabt haben. Angesichts des weiterhin ansteigenden allgemeinen Lebensstandards in den USA haben Familien, die nicht an wirtschaftlichem Boden gewinnen, verständlicherweise das Gefühl, ihn sogar zu verlieren. Sowohl männliche als auch weibliche Mitglieder solcher Familien sind bereit, gegen mehr Lohn Überstunden zu machen, da sie die Notwendigkeit erkennen, wieder etwas Boden gutmachen zu müssen. Ihre Motivation basiert weniger auf dem Neid auf die Nachbarn, denen es besser geht, als vielmehr auf dem Gespür für einen minimalen akzeptablen Lebensstandard für sich selbst und ihre Familie. Viele Arbeiterfamilien spüren, daß sie sich seit den späten siebziger Jahren mehr plagen mußten, nur um ihren

Status quo nicht zu verlieren. Frauen traf es dabei besonders hart.

DER GROSSE WANDEL IN DEN FAMILIEN (II)

Noch eine zweite Gruppe von Frauen hat mit der Berufstätigkeit begonnen – allerdings aus einem anderen Grund. Sie reagierte auf die zunehmende Anerkennung, die kreativen Arbeitskräften entgegengebracht wird, die neue Ideen entwickeln, Probleme lösen und herausfinden, wie man Kosten drücken kann. Diese neuen Chancen für Frauen haben sich in den frühen siebziger Jahren aufgetan, als die Wirtschaft ihre momentane Richtung einschlug. Sie haben seither an Geschwindigkeit und Vielfalt zugenommen, und wir können in Zukunft sogar mit noch besseren Chancen für begabte Frauen rechnen.

Als ich in den späten sechziger Jahren Student am College war, wollten die meisten meiner Kommilitoninnen Lehrerinnen oder Krankenschwestern werden. Doch in den frühen siebziger Jahren hatten nur noch wenige Studentinnen diese ehrenhaften, doch unterbezahlten Berufe im Sinn. In der Zwischenzeit hatten sich andere Möglichkeiten aufgetan, die weit besser bezahlt wurden. Dies lag zum Teil daran, daß sich die Kreuzzüge einer Gruppe höchst fähiger und zukunftsorientierter Frauen ausgezahlt hatten und den Frauen weitere Türen aufgestoßen worden waren. Die nachfolgenden Gesetze gegen Diskriminierung am Arbeitsplatz von seiten der Arbeitgeber taten ihr übriges. Doch diese Türen wären heute wahrscheinlich immer noch zu, hätte sich die neue Wirtschaft mit ihrer ansteigenden Nachfrage nach hellen Köpfen und kreativen Geistern nicht deutlich bemerkbar gemacht. Die Einkommen und Chancen für gut ausgebildete Frauen sind seit den siebziger Jahren, als die neue Wirtschaft immer mehr Boden gutmachte, kometenhaft nach oben gestiegen.

Diese zweite Gruppe von Arbeitnehmerinnen hat nicht zu arbeiten begonnen, um das Familieneinkommen zu sichern.

Sie hatten gut ausgebildete Männer geheiratet, die zu den obersten 20 Prozent der Lohn- und Gehaltsempfänger zählten. Man beachte, daß im Jahre 1979 55 Prozent der Frauen mit solch wohlhabenden Ehemännern außer Haus arbeiteten und im Durchschnitt 15 800 Dollar Jahresgehalt (Dollarwert wie 1996) erwirtschafteten. Ende der neunziger Jahre arbeiteten bereits 75 Prozent dieser Frauen außer Haus und verdienten durchschnittlich 27 175 Dollar pro Jahr. Ihr Verdienst stieg also um 113 Prozent – weit höher und schneller als der Verdienst der Frauen, deren Ehemänner nicht zu den obersten 20 Prozent der Gehaltsempfänger zählten. Er stieg auch weit schneller an als das Einkommen ihrer Ehemänner selbst.[9]

Weit entfernt von der inneren Befriedigung, die ihnen eine Tätigkeit außer Haus geben könnte, sahen sich diese Frauen den ständig ansteigenden Kosten gegenüber, die es bedeutete, *nicht* zu arbeiten. Angesichts einer sich für sie immer besser entwickelnden Vielfalt an Arbeitsmöglichkeiten und des Anstiegs ihrer potentiellen Verdienstmöglichkeiten wurde der Preis, sich für die Karriere oder für die Familie zu entscheiden, ebenfalls höher.

Das mag ein Grund dafür sein, warum sich mehr Frauen als je zuvor am College einschreiben – sogar insgesamt mehr Frauen als Männer. Etwa 70 Prozent aller Mädchen gehen direkt von der High-School aufs College, im Gegensatz zu 64 Prozent der männlichen High-School-Abgänger. Wenn sich diese Entwicklung bis zum Jahre 2007 fortsetzt, dann wird es 9,2 Millionen Collegestudentinnen gegenüber 6,9 Millionen Collegestudenten geben.[10] Dies kennzeichnet eine verblüffende Kehrtwendung von Entwicklungen, die selbst nur einige Jahre zurückliegen, als eine weitaus größere Zahl Jungen als Mädchen aufs College gingen. Die Eltern, die es sich Mitte des 20. Jahrhunderts nicht leisten konnten, alle Kinder aufs College zu schicken, sandten meist ihre Söhne dorthin und behielten ihre Töchter zu Hause, da sie (richtigerweise) davon ausgingen, daß junge Männer mit einer Collegeausbildung bessere Chancen auf dem Arbeitsmarkt haben als Töchter mit einer solchen Ausbildung.

Immer noch verdienen gut ausgebildete Frauen weniger als ihre männlichen Kollegen, selbst wenn sie die gleiche Arbeit verrichten. Wie bereits erwähnt, ist die Geschlechterdiskriminierung noch nicht vollständig aus der Gesellschaft verschwunden. Doch sollten die momentanen Entwicklungen anhalten, dann gilt es als sicher, daß irgendwann in diesem Jahrhundert Frauen endlich voll gleichberechtigt sein werden. Die neue Wirtschaft erkennt Qualitäten an, die Frauen genauso besitzen wie Männer: Erfindungsgabe und Empathie, beides Qualitäten, die, wie ich schon beschrieben habe, sowohl Tüftler als auch Spürnasen in hohem Maße aufweisen. Darüber hinaus, wie ich ebenfalls schon sagte, hängt die Ausbildung sehr stark mit dem zukünftigen Einkommen zusammen (und mit den wertvollen Kontakten, die zu guten Jobs führen). Wenn also bald genauso viele Frauen wie Männer Collegediplome haben, einschließlich der Beziehungen, die sie dort geknüpft haben, wird sich diese Kluft weiter schließen. Man kann bereits jetzt eine leichte Annäherung feststellen: In doppelverdienenden Familien haben die Frauen im Vergleich zu den Männern dauerhaft Boden gutgemacht. 1980 hat weniger als ein Fünftel aller berufstätigen Frauen mehr verdient als ihre Ehemänner. Im Jahre 2000 war es schon ein Drittel. Und bei Frauen mit gehobener Ausbildung sind es fast schon 50 Prozent.[11] Inzwischen übernehmen Frauen zunehmend Managementjobs und freiberufliche Arbeitsbereiche. Abgesehen von Lehrerinnen und Krankenschwestern waren 1970 nur knapp 20 Prozent dieser Arbeitsbereiche von Frauen besetzt; 1999 betrug die Zahl schon 36 Prozent. Unter den sehr ambitionierten und ehrgeizigen Freiberuflern ging der Anteil von 9,2 Prozent im Jahre 1970 auf mehr als 25 Prozent im Jahre 1998 nach oben.[12]

Doch hier liegt der Hund begraben. Da ja, wie gezeigt, extrem anspruchsvolle Arbeiten in der neuen Wirtschaft völligen Einsatz verlangen, stellt sich die Frage: Alles oder nichts? Langsame oder schnelle Karriere? Entscheidet man sich für die steile Karriere, muß man bis spät abends mit Kunden und Klienten arbeiten, jederzeit erreichbar sein, Kontakte und Beziehungen pflegen und ausbauen sowie allen neuen Entwicklungen immer einen Schritt voraus sein. Trotzdem versorgen nach wie vor viele Frauen primär ihre Familien. Sehr zu ihrem Leidwesen wollen das auch viele Männer gar nicht anders. Für Frauen ist es fast unmöglich, beide Bereiche zu vereinen: Hauptverdiener zu sein *und* sich hauptsächlich um die Familie zu kümmern.

Wenn Männer genausogern Kinder wollen wie ihre potentiell gut verdienenden Frauen, sind diese Frauen in einer Position, ihren Männern ein Geschäft vorzuschlagen: Sie sollen mindestens die Hälfte der Betreuung und Verantwortung übernehmen. Sollte es sich hingegen zeigen, daß Männer mehr als Frauen auf Kinder verzichten wollen, haben Frauen leider immer noch das Pech, daß ein großer Mangel an potentiellen Ehemännern und Lebenspartnern herrscht, die willens sind, mindestens die Hälfte aller Aufgaben zu Hause zu übernehmen. Daher werden Frauen weiterhin vor der Entscheidung zwischen der schnellen Karriere ohne oder der langsamen Karriere mit Kindern stehen – eine Wahl, die im Augenblick viele Frauen beschäftigt.

Frauen können nicht alles haben. Männer auch nicht. Vor kurzem hat Alice Hector, damals Partnerin einer ambitionierten Anwaltskanzlei in Miami (dieselbe, in der einst Justizministerin Janet Reno arbeitete), das Sorgerecht für ihre beiden Töchter an ihren Exmann Robert Young verloren. Während Hector viele Stunden in der Kanzlei schuftete, war Young, ein arbeitsloser Bauunternehmer, zu Hause bei den gemeinsamen Töchtern gewesen. Hector hatte nach der Scheidung und im Verlauf der Sorgerechtsklage angeführt, daß sie so viel Zeit mit ihren Töchtern verbringen würde wie die meisten selbständig berufstätigen Eltern auch. Vielleicht hatte sie das tatsächlich getan. Ihr Argument jedoch hat den vorsitzenden Richter nicht überzeugt. Er war mehr daran interessiert, welcher Elternteil sich die meiste Zeit um die Kinder gekümmert hatte. Schließlich sprach der Richter dem Vater das Sorgerecht für die beiden Töchter mit folgender Begründung zu: »Aus meinen Unterlagen geht klar hervor, daß Mr. Young für die Kinder nach der Schule Zeit hatte, daß er sie zum Arzt gebracht und zu Zahnarztterminen begleitet hat. Außerdem nimmt er aktiv an allen Schul- und Nachmittagsaktivitäten teil.« Nachdem das Urteil gefallen war, fügte Young noch hinzu: »Der Grund, warum Alice so viel Zeit für ihre Arbeit hatte, war, daß mein Lebensinhalt unsere beiden Töchter waren. Väter können auch Mütter sein.«[13]

Dieser Vorfall erlaubt möglicherweise einen Blick in die Zukunft. Selbst wenn beide Elternteile Vollzeit arbeiten, muß sich vermutlich immer einer von beiden zwischen der schnellen und der langsamen Karriere entscheiden. Frauen, denen es wichtiger ist, für ihre Kinder da zu sein, als Geld zu verdienen und die damit zusammenhängende Macht und das Prestige zu genießen, werden nicht den gleichen Fehler wie Alice Hector machen. Sie lassen ihre Ehemänner weiterhin eine schnelle Karriere verfolgen und konzentrieren sich selbst auf eine langsamere, so daß sichergestellt ist, daß ihnen, im Falle einer Trennung, die Kinder auf jeden Fall zugesprochen werden.

Die Einstellungen gegenüber Ehe und Arbeit haben sich genauso gewandelt wie die Wirtschaft – jedoch mit einer kleinen zeitlichen Verzögerung. Ende der siebziger Jahre waren beispielsweise die meisten Amerikaner der Meinung, daß Frauen noch nicht einmal etwas zum Haushaltseinkommen beisteuern sollten. Ende der achtziger Jahre, als die neue Wirtschaft immer härtere Zugeständnisse von den Familien verlangte, vertraten nur noch 51,7 Prozent diese anachronistische Ansicht. Zu Beginn der neunziger Jahre jedoch war eine Mehrheit dafür, daß Frauen *durchaus* zum Haushaltseinkommen beitragen sollten, und gegen Ende der neunziger Jahre hat sich diese Zahl auf 75 Prozent aller Amerikaner erhöht. Ein deutliches Indiz dafür, daß sich inzwischen eine Generation von Männern und Frauen in ihren Ansichten voll der neuen Wirtschaft angepaßt hat. Ganz ähnlich waren Mitte der siebziger Jahre etwa zwei Drittel der Amerikaner der Meinung, es sei »viel besser für alle Beteiligten, wenn der Mann außer Haus erfolgreich ist und die Frau sich um Haus und Kinder kümmert«. Ende der neunziger Jahre waren ebenfalls zwei Drittel mit dieser Ansicht ganz und gar nicht mehr einverstanden.[14]

DER GROSSE DRUCK

Ungeachtet dessen, ob Frauen nun arbeiten, um das Familieneinkommen zu sichern, oder nur die vielen Möglichkeiten wahrnehmen wollen, die klare Folge dieser Entwicklung ist ein deutlicher Schwund der Familien. Frauen bringen weniger Kinder zur Welt oder gar keine mehr. Der Grund ist zum einen, daß Frauen sich keine Kinder mehr leisten können, und zum anderen, daß sie ihren Kindern nicht mehr die Zeit und Energie geben können, die diese brauchen. Vielleicht liegt es auch an beidem.

In einer immer riskanteren Wirtschaft – in der jedes Unternehmen eifrig bemüht ist, Fixkosten in variable Kosten umzuwandeln, und somit alle Jobs und Einkommen erheblich unsicherer werden – wollen viele Frauen (und Männer) einfach nicht mehr die größten Fixkosten überhaupt übernehmen: die Kosten für ein Kind. Wenn ich von Kindern als »Fixkosten« spreche, dann will ich durch diese unsensible Formulierung nur darauf hinweisen, daß die Bedürfnisse von Kindern dauerhaft sind. Ein Kind braucht Sicherheit und Zuverlässigkeit, wenn es ordentlich aufwachsen und gedeihen soll. Doch die Dynamik der neuen Wirtschaft bietet das genaue Gegenteil: Sie ist nicht dauerhaft und alles andere als stabil und zuverlässig.

Daher ist es nicht verwunderlich, daß die Geburtenrate bei verheirateten Frauen ständig gesunken ist, als sich die Wirtschaft veränderte, nämlich von 98 Geburten pro 1000 verheirateter Frauen Ende der siebziger Jahre auf 80 pro 1000 Frauen Ende der neunziger Jahre. Aller Wahrscheinlichkeit nach wird diese Rate noch weiter nach unten gehen, wenn die neue Wirtschaft weitere Bereiche unseres Lebens erobert. In der Tat ist es bei jungen Frauen nicht selten, daß sie sich gänzlich gegen Kinder entscheiden. Mitte der siebziger Jahre waren nur etwa zehn Prozent aller Frauen mittleren Alters kinderlos. Dazu zählten Lehrerinnen, Nonnen und Krankenschwestern, die ihr Leben vollkommen ihrer Arbeit widmeten. Ihre Entscheidung, kinderlos zu bleiben, wurde respektiert, sie setzte sie jedoch zugleich von anderen Frauen ab und schuf ihnen eine eigene kleine Subkultur ohne Kinder. Heute ist diese Entscheidung kein großes Thema mehr. 19 Prozent aller Frauen zwischen 40 und 45 hatten nie ein Kind. Einige von ihnen sind glücklich verheiratet. Sie verfolgen schlicht andere Interessen als das Mutterdasein.[15]

Selbst Frauen, die gerne Kinder haben möchten, lassen sich lange Zeit. Die Geburtenrate unter Teenagern ist dramatisch nach unten gesunken und hat im Jahre 2000 in den USA den niedrigsten Wert erreicht, seit es eine Regierungsstatistik dazu gibt – nämlich seit 1906. Das gleiche Muster trifft für alle rassischen oder ethnischen Gruppen zu. Die Geburtenraten bei Frauen um die 20 stagnieren inzwischen ebenfalls. Die einzige Zunahme ist bei Frauen um die 30 zu verzeichnen.[16] In meinem Heimatstaat Massachusetts bringen inzwischen mehr Frauen über 30 Jahre Kinder zur Welt als Frauen unter 30.

Frauen lassen sich Zeit mit dem Kinderkriegen und reagieren damit vollkommen rational auf die Entwicklungen der neuen Wirtschaft. Weniger wohlhabende Frauen warten so lange, bis sie und ihre Partner sich Kinder leisten können. Frauen in leitenden Positionen warten, bis sie einen Partner gefunden haben oder sich anderweitig selbst auf ein Leben mit Kindern eingerichtet haben. Sie alle spüren, daß sie, sobald sie ein Kind in die Welt setzen, nicht mehr auf dem gleichen Einkommensniveau sein werden wie vorher – und damit haben sie vermutlich recht. Ganz gleich, ob reich oder arm – junge, kinderlose, berufstätige Frauen sind den Einkommensniveaus der Männer am nächsten. Doch sobald eine Frau ihr erstes Baby hat und vor der Wahl steht, sich für die schnelle oder langsame Karriere zu entscheiden, wählt sie sehr oft die langsame Variante und verliert damit im Vergleich zu männlichen Kollegen an wirtschaftlichem Boden. Es sei denn, sie ist bereit, den Weg höchst ambitionierter Frauen wie Alice Hector einzuschlagen.

DIE ZUNAHME AN KLEINEREN sowie später geplanten Familien kann durchaus mit Hilfe der Entwicklungen der neuen Wirtschaft erklärt werden. Doch warum nehmen Eheschließungen ebenfalls sehr stark ab? Laut der schon fast 100 Jahre alten Heiratsstatistik der USA heiraten Amerikaner heute wesentlich seltener als jemals zuvor. Das kam so: Der drastische Rückgang bei Eheschließungen begann in den siebziger Jahren. Ein kurzer Rückblick in diese Zeit zeigt uns 68 Prozent Verheiratete und 15 Prozent Ledige – der Rest ließ sich scheiden, trennte sich oder war verwitwet. Ein kurzer Rückblick auf das Ende der neunziger Jahre zeigt uns 56 Prozent Verheiratete und 23 Prozent Ledige.[17]

Erinnern wir uns: Als die an der Massenproduktion orientierte Wirtschaft in den siebziger Jahren abzunehmen begann, gab es bei den meisten Arbeitern eine relative Stagnation beziehungsweise Verringerung der Löhne. Dies hat sich seither fortgesetzt. Selbst Einkommen, die stabil blieben, werden zunehmend unsicherer. Als Folge davon sind Männer keine so gute Partie mehr für Frauen, wie sie es einmal waren. Nichts läge mir ferner, als den romantischen Aspekt der Ehe vollkommen zu ignorieren, doch bei ihrer Entscheidung für oder gegen die Ehe sind die meisten Frauen auch nicht vollkommen verträumt. Sie überlegen sich genau, wer was zur Lebensgemeinschaft beitragen wird. Vor 25 Jahren konnte ein Mann mit einem sicheren Arbeitsplatz in der Massenproduktion eine ganze Menge einbringen. Darüber hinaus hatten Frauen damals noch kaum eigene Einkommensquellen. Unter diesen Umständen hatte die Bereitschaft des Mannes für eine stabile Ehe einen bedeutenden Wert für Frauen. Seither ist dieser Wert stetig gesunken – wie ein Aktienanteil an einem Unternehmen, dessen Börsenkurve rapide fällt.

Betrachten wir auch *ihr* eigenes Einkommen. Obwohl die Verdienste der Frauen weit unterhalb der Einkommenshöhen der Männer beginnen und immer noch hinterherhinken, zeigt die Kurve der Frauen im allgemeinen nach oben. Dabei ist nicht zu vergessen, daß, selbst wenn der Mann gut verdient, das noch lange nichts über seine wirtschaftliche Zukunft in der unkalkulierbaren Wirtschaft aussagt. Sollte er seine Arbeit verlieren und keine andere finden oder sollte seine nächste Stelle sehr schlecht bezahlt sein, wer garantiert dann, daß er sich nicht an ihrem Verdienst schadlos halten wird?[18]

Also ist es für eine Frau absolut sinnvoll, auf Nummer Sicher zu gehen. Vielleicht hält sie sich ihre Möglichkeiten offen und bietet ihrem Mann eine Vereinbarung im Sinne von »Steure deinen Teil bei, und wir bleiben zusammen« an, die in etwa so aussehen könnte: »Hör mal, du kannst hier so lange bleiben, solange du zu den Haushaltsausgaben beiträgst. Wenn du damit aufhörst oder dich rausmogeln willst, dann kannst du gehen.« Ich will damit nicht unterstellen, daß die meisten ledigen Frauen eine Heirat ausschließlich vom wirtschaftlich-pragmatischen Standpunkt aus betrachten. Ich möchte nur klarmachen, daß in der neuen Wirtschaft solche Überlegungen vollkommen logisch sind. Und ganz gleich, ob sie nun bewußt oder unbewußt angestellt werden, es hat den Anschein, als würde eine steigende Zahl von Frauen tatsächlich darüber nachdenken.[19]

Moralisten fordern inzwischen strengere Scheidungsgesetze. Einige Bundesstaaten verlangen von Ehepaaren, daß sie eine Eheberatungsstelle aufsuchen, wenn ihre Ehe zu scheitern droht. Andere Staaten fordern eine bessere Vorbereitung auf die Ehe. Der Staat Florida bietet zum Beispiel jedem Ehepaar, das vorher einen Kurs zur »Vorbereitung auf die Ehe« besucht hat, einen Nachlaß bei den Bearbeitungsgebühren für den Trauschein. An Bemühungen, Menschen dazu zu bringen, gründlicher nachzudenken, bevor sie sich dazu entscheiden, eine perfektere Lebensgemeinschaft einzugehen, ist nichts auszusetzen – und noch weniger daran, sie dazu zu bewegen, noch angestrengter nachzudenken, bevor sie diese Lebensgemeinschaft wieder verlassen wollen. Doch all diese Bemühungen gehen am entscheidenden Punkt vorbei. Der Rückgang der Eheschließungen hat nichts mit einem moralischen Schlendrian zu tun oder mit einer Welle an Tagträumerei. Er ist zu einem Großteil auf einen Wandel in der Wirtschaft zurückzuführen, in dessen Folge sich große Unterschiede herausgebildet haben, was Mann und Frau in die Ehe einbringen. Viele Männer sind keine besonders gute Partie mehr. Frauen müssen nicht länger heiraten, um eine gewisse wirtschaftliche Sicherheit zu haben. Eine Heirat könnte ganz im Gegenteil sogar ihr wirtschaftliches und persönliches Wohlergehen gefährden. Der Anstieg der Scheidungen ist bereits geringer geworden, was zum größten Teil daran liegt, daß überhaupt weniger Frauen heiraten.

DER SITTENVERFALL IST HARMLOSER, ALS SIE GLAUBEN

Was die Sittenwächter richtig erzürnt, ist der starke Zuwachs an außerehelichen Geburten. Vergleichen wir: Mitte des 20. Jahrhunderts brachten nur winzige 5,3 Prozent aller Mütter ihre Kinder unverheiratet zur Welt – im Vergleich zu 32 Prozent Mitte der neunziger Jahre. Ähnliche Entwicklungen lassen sich auch in anderen Nationen feststellen. In Großbritannien ist die Zahl unehelicher Kinder inzwischen in etwa so hoch wie in den USA, was eine Vervierfachung in nur einer Generation bedeutet.[20]

Der Anstieg an unehelichen Geburten kennzeichnet zweifellos eine ernstzunehmende Krise, die jedoch bei weitem nicht so schlimm ist, wie sie oft dargestellt wird. Man darf nicht vergessen, daß immer weniger Frauen heiraten und daß sie, selbst wenn sie verheiratet sind, weitaus weniger Kinder haben. Daher wächst die Wahrscheinlichkeit, daß immer mehr Kinder zur Welt kommen, deren Mütter unverheiratet sind. Das ist zwar schlecht für die Kinder (dazu später mehr), doch es ist noch lange kein Indiz für einen ausgewachsenen Trend zu unehelichen Kindern. Stellen wir uns vor, eine verheiratete Frau bringt drei Kinder zur Welt und eine unverheiratete Frau eines, dann ist rechnerisch nur jedes vierte Kind unehelich. Vergleicht man dies mit einem Szenario, in der die verheiratete Frau zwei Kinder und die ledige Frau nur eines hat, dann ist jedes dritte Kind unehelich. Ist die Rate der unehelichen Geburten nun angestiegen? Höchstens relativ zur Gesamtzahl aller Geburten. Im zweiten Szenario jedoch hat sich die ledige Frau genauso verhalten wie im ersten. Mit anderen Worten: Ein Teil der sogenannten »Krise der unehelichen Kinder« ist ein Nebenprodukt der weitreichenderen Tendenz zu weniger Ehen und weniger Geburten bei verheirateten Paaren. Da mehr Frauen sich für weniger oder gar keine Kinder entschieden haben, hat sich dadurch selbst die Geburtenrate bei ledigen Frauen eingependelt.[21]

Lassen Sie mich noch eine irreführende Halbwahrheit klarstellen: Fast 70 Prozent aller schwarzen Babys haben ledige Mütter. Was bei dieser Zahl allerdings unterschlagen wird, ist, daß schwarze Frauen heute zunächst einmal überhaupt weniger Babys in die Welt setzen. Der größte Geburtenrückgang ist nämlich bei verheirateten schwarzen Frauen zu verzeichnen, der wiederum automatisch die Rate der schwarzen unehelichen Geburten nach oben treibt, da ja die Chancen steigen, daß die Mütter von schwarzen Neugeborenen ledige Schwarze sind.[22] Doch auch ledige schwarze Frauen haben weniger Babys. Ihre Geburtenrate ist seit 1989 ständig gesunken und hat in den späten neunziger Jahren den tiefsten Stand innerhalb von 40 Jahren erreicht.[23] Kurzum: Es gibt keine Woge von »unmoralischen«, unehelichen Geburten bei schwarzen Frauen.

Weit interessanter ist hingegen die Frage, warum schwarze Frauen insgesamt weniger Babys zur Welt bringen. Diese Frage läßt sich ähnlich wie im Falle von weißen Frauen beantworten, jedoch mit etwas drastischeren Gründen. In den siebziger Jahren begann das Einkommen schwarzer Männer dramatisch zu sinken, infolgedessen schwarze Frauen länger und härter arbeiten mußten, um die Lücke zu füllen. Zur gleichen Zeit boten sich schwarzen Frauen mehr und bessere Arbeitsmöglichkeiten. Und folglich hat sich ihr Preis, Kinder großzuziehen und *nicht* zugleich zu arbeiten, erhöht, genauso wie bei den weißen Frauen, die auf dem Arbeitsmarkt bessergestellt waren. Der Geburtenrückgang bei schwarzen Kindern ist in der Tat deutlicher gewesen als bei den Weißen, was jedoch viel damit zu tun hat, daß schwarze Frauen die Einkommensskala schneller nach oben geklettert sind als weiße Frauen – sie haben auch weit hinter den weißen Frauen begonnen. Schwarze Frauen mit High-School-Abschluß können inzwischen das gleiche verdienen wie weiße Frauen mit gleicher Qualifikation (bei schwarzen Frauen 926 Dollar gegenüber 1000 Dollar bei weißen Frauen). Im Gegensatz dazu hinken schwarze Männer mit High-School-Abschluß nach wie vor weit hinter weißen Männern her: Sie verdienen 732 Dollar im Vergleich zu 1000 Dollar ihrer weißen Kollegen. Schwarze Frauen mit vier Jahren College verdienen heute das gleiche wie weiße Frauen mit dieser Ausbildung. Und immer mehr schwarze Frauen schließen die High-School oder das College ab.[24] Mit anderen Worten, der »Preis angesichts der Möglichkeiten« für schwarze Frauen, von der Verantwortung einer Schwangerschaft in jungen Jahren aus dem Berufsleben geworfen zu werden, ist heutzutage weitaus höher als noch vor 30 Jahren.

Nichts von dem, was ich bisher geschrieben habe, soll den besorgniserregend hohen Anteil an bedürftigen Kindern lediger Mütter verharmlosen. Im Augenblick verdienen fast 40 Prozent aller ledigen Mütter weniger als das Existenzminimum, um sich und ihren Kindern angemessene Ernährung, Kleidung und Unterkunft zu finanzieren. Ihr Problem ist jedoch nicht, daß sie allein sind. Nicht wenige leben in Wirklichkeit mit Männern zusammen. Einigen ginge es besser, wären sie verheiratet – doch nicht allen. Viele Männer, die für sie als mögliche Ehemänner in Frage kämen, verdienen sehr schlecht; einige sind gewalttätig. Sie gehören zu den Arbeitnehmern, die durch die postindustriellen Entwicklungen am härtesten getroffen wurden. Für schwarze Frauen ist es manchmal schlauer, sich für eine gewisse Zeit mit einem Lebenspartner zusammenzutun, der für einen gewissen Zeitraum zur Haushaltskasse beisteuert, als zu heiraten oder verheiratet zu bleiben.

Das Problem der Armut bei alleinerziehenden Elternteilen hängt nicht mit einem ansteigenden Prozentsatz von bedürftigen Frauen zusammen, die Kinder zur Welt bringen, die sie sich nicht leisten können. Wie ich betont habe, ist der allgemeine Trend bei Frauen, insgesamt weniger Kinder zu haben, und das trifft auch auf bedürftige Frauen zu. Das tatsächliche Problem besteht darin, daß immer einige Frauen Kinder haben werden, die sie sich nicht leisten können. Sie waren vielleicht zu sorglos oder zu unverantwortlich. Andere haben vielleicht versucht, ihre Familien im voraus zu planen, haben aber leider Pech gehabt, sind von den Männern, auf die sie zählten, im Stich gelassen worden oder schlichtweg von einer Wirtschaft ins Gesicht geschlagen worden, die immer unsicherer wird.

Es ist eine bittere Tatsache, daß der Verdienst einer Frau, die Tätigkeiten verrichtet, die ganz unten auf der Einkommensleiter angesiedelt sind, nicht ausreicht, um sich und ihre Kinder zu versorgen, selbst wenn sie mit einem berufstätigen Mann zusammenlebt, der ebenfalls einen schlechtbezahlten Job hat, und die Einkünfte geteilt werden. Die Abschaffung unseres nationalen Sozialhilfesystems im Jahre 1996 hat vielleicht bedürftige nicht berufstätige Frauen weniger »abhängig« von Regierungszahlungen gemacht, hat sie jedoch nicht aus der Armut befreit. Obwohl die Arbeitslosenrate für alleinerziehende Mütter mit Kindern seither gesunken ist und ein Großteil von ihnen nun Arbeitsstellen hat, steht weiterhin die schlichte Tatsache fest, daß trotz der besten Wirtschaftslage seit Generationen die Armut kaum weniger geworden ist. Ein Großteil der Armen mit Sozialhilfe ist nun zu Armen mit schlechtbezahlter Arbeit geworden. Sollte die Wirtschaft, wenn Sie dieses Buch lesen, bereits stagnieren, wird dieses Problem noch bedrohlicher über unseren Köpfen schweben.

Daher ist das eigentliche Thema nicht so sehr die Debatte über einen »Sittenverfall« innerhalb der amerikanischen Familie, sondern vielmehr das zunehmende Mißverhältnis zwischen dem Angebot der neuen Wirtschaft in Form von Arbeit und den Bedürfnissen der Kinder in Form von finanzieller Unterstützung, Fürsorge und Aufmerksamkeit. Viele Männer verdienen relativ gesehen jetzt weniger, als es für einen angenehmen Lebensstandard in der Gesellschaft notwendig wäre, und auch weniger, als sie anfangs erwartet hatten. Immer mehr Tätigkeiten, ganz gleich, ob sie von einem Mann oder einer Frau verrichtet werden, erfordern mehr Energie und Zeit. Und das Einkommen wird immer unkalkulierbarer. Die Bedürfnisse der Kinder haben sich jedoch nicht verändert. Dieses grundlegende Mißverhältnis hat viele Frauen dazu veranlaßt, weniger Kinder in die Welt zu setzen, lange damit zu warten oder sich von vornherein ganz gegen Kinder zu entscheiden. Nicht, weil Frauen (oder Männer) Kinder heute weniger lieben oder sie die Mutter- oder Vaterrolle weniger befriedigt, sondern einfach weil Kinder nicht so leicht den Anforderungen der neuen Wirtschaft unterzuordnen sind. In einer anderen Wirtschaft, in einer anderen Zeit würde man sich wieder mehr Kinder wünschen.

Dennoch haben die meisten Frauen Kinder. Und die meisten dieser Mütter zählen zur berufstätigen Bevölkerung – entweder weil sie müssen oder weil der Preis, nicht zu arbeiten, für sie zu hoch geworden ist. Einige der Kinder sind noch sehr jung. Mitte des 20. Jahrhunderts hatten nur 15 Prozent aller Frauen mit Kindern unter sechs Jahren einen Beruf. In den siebziger Jahren, als sich die Wirtschaft zu verändern begann, waren es bereits 39 Prozent, und gegen Ende des 20. Jahrhunderts arbeiteten 65 Prozent aller Mütter. Dieser Prozentsatz wird vermutlich noch ansteigen.

Diese Entwicklung zeigt übrigens einen Weg auf, zu verstehen, warum die amerikanische Öffentlichkeit mit bedürftigen Müttern, die eher Sozialhilfe in Anspruch nehmen, als arbeiten zu gehen, kein Mitleid mehr hat. Mitte des 20. Jahrhunderts war es die Regel, daß Mütter mit kleinen Kindern zu Hause blieben. Mütter, deren Partner arbeiteten, verließen sich auf deren Einkommen; alleinstehende Mütter verließen sich auf die Sozialhilfe. Doch Ende des Jahrhunderts war es die Regel, daß auch Mütter mit kleinen Kindern außer Haus einer Beschäftigung nachgingen. Als sich die Norm also von Müttern, die zu Hause bleiben, zu berufstätigen Müttern verschoben hatte, begannen sich die Menschen zu fragen, warum ärmere Mütter vom Staat subventioniert werden sollten, damit sie zu Hause bleiben und ihre Kinder versorgen können, während die Mütter, denen es auch nicht gutging, aber dennoch zu gut, um für Sozialhilfe in Frage zu kommen, arbeiten gehen sollten. Niemand hatte auf diese Frage eine besonders gute Antwort. Anstatt alle Frauen, die mit kleinen Kindern zu Hause blieben, zu unterstützen – wie es in einigen europäischen Ländern der Fall ist –, haben sich die USA statt dessen für die komplette Streichung der Unterstützung entschieden.

»OUTSOURCING« DER FAMILIENFUNKTIONEN

Im Jahre 1776 stellte Adam Smith die Ineffizienz abgeschiedener Behausungen fest, die über die schottischen Highlands verstreut waren und in denen sich Bauernfamilien zum Großteil als Eigenversorger durchschlagen mußten. Diese armen und überarbeiteten Familien dienten ihm als Beispiel dafür, die grandiosen Vorzüge der Arbeitsteilung zu loben, die einen in der Stadt erwarteten. Momentan sind wir gerade dabei, Smiths grundlegendes wirtschaftliches Kredo in einem noch nie dagewesenen Ausmaß in unserem häuslichen Leben umzusetzen. Alles, was einst von der Familie verrichtet wurde, wird nun mittels Dienstleistungsverträgen an Spezialisten ausgelagert, einschließlich des Kochens und Putzens, der Kinderbetreuung, der Altenpflege und des täglichen Gassigehens mit dem Hund. Während wir immer tiefer in die neue Wirtschaft vordringen, ist es sehr wahrscheinlich, daß immer mehr Familienfunktionen »ausgelagert« werden.

Die Kosten-Nutzen-Rechnung, die eine Familie aufstellt, um zu entscheiden, ob sie eine bestimmte Aufgabe nicht mehr selbst erfüllt, ist die gleiche, die ein Unternehmer anstellt, um herauszufinden, ob er eine bestimmte betriebliche Funktion »outsourcen« soll. Kann der externe Dienstleister die betreffende Aufgabe genauso gut und auch noch billiger ausführen als ein Familienmitglied, wenn man den Faktor »Zeit« in Betracht zieht? Zeit, die das betreffende Familienmitglied für etwas anderes verwenden kann? Da ja zeitlich gesehen die wichtigste Alternativbeschäftigung jedes Familienmitglieds darin besteht, Geld zu verdienen, ist die Rechnung ganz klar: Man errechnet seinen Nettolohn für eine Arbeitsstunde, zählt dazu jede Form von psychischer Befriedigung, die man während der Arbeit verspürt, und kalkuliert zugleich die Möglichkeit ein, daß der

Job, falls man ihn ausschlägt, morgen schon nicht mehr da sein könnte (das Eisen schmieden, solange es noch heiß ist) oder daß die Kontakte, Verbindungen und der eigene Ruf als engagierter Arbeitnehmer zu sehr leiden könnten. All diese Faktoren vergleicht man dann mit den Kosten und der Qualität der von außen angebotenen Dienstleistung zuzüglich der psychischen Befriedigung, die man daraus zöge, wenn man diese betreffende Hausarbeit eigenhändig verrichten würde. Ist unter dem Strich die erste Summe höher als die zweite, wird die angebotene Dienstleistung eingekauft.

Familien stellen solche Rechnungen ständig auf – vielleicht nicht so systematisch, doch mit Sicherheit mit einem gewissen Fokus auf relative Kosten und Nutzen. Und da Männer und Frauen beide härter arbeiten, lagern sie immer mehr Verantwortungen aus, die früher die Familie erfüllt hatte. 1996 überstiegen die Ausgaben für den Heimlieferservice von Restaurants die Ausgaben aller Abendessen in Restaurants. 1997 überstiegen die Ausgaben für den Heimservice an Essen *und* die Restaurantkosten die Gesamtausgaben für Lebensmitteleinkäufe.[25] Selbst Supermärkte bieten schon immer mehr Fertiggerichte an: gegrilltes Hähnchen, Suppen, gegrillten Lachs, gedünstetes Gemüse und Schmorgerichte. Man kann sogar sein Essen oder seine Lebensmittel über Telephon, Fax oder Internet bestellen.

Maid Brigade, eine Lebensmittelkette mit Sitz in Atlanta, hat im letzten Jahrzehnt einen jährlichen Zuwachs ihrer Dienstleistungen von 20 Prozent verzeichnet. Unter ihren Kunden befinden sich 80 Prozent berufstätige Männer. Für eine kleine Mitgliedsgebühr baut die Firma Streamline *(www.streamline.com)* in Ihrer Garage eine große Kiste inklusive Kühlschrank und Alarmsystem ein, in der Sie schmutzige Wäsche, Videos, zu entwickelnde Filme, Lebensmittel, Pharmazeutika und so ziemlich alles andere deponieren können, damit diese Dinge dort abgeholt und auch wieder dorthin geliefert werden, während Sie nicht da sind. Der Marketingdirektor von Streamline erklärt, daß, »wie in großen Unternehmen auch, Familien die Zahl der Verknüpfungen mit den Lieferanten abspecken«.[26] Bislang holt Streamline noch keine Kinder ab, um sie zu Klavierstunden oder Spielenachmittagen und wieder zurück zu bringen – die Kiste ist für Kinder auch ziemlich unbequem –, doch andere Dienstleister übernehmen diese Aufgaben. Einige Familien verlassen sich auf private Busdienste, die ihre Kinder von einem Ort zum nächsten befördern. Ein luxuriöser Appartementblock in Manhattan bietet sogenannte »Ersatzeltern« an, was bedeutet, daß eine Hausmeisterin/Mutter oder ein Hausmeister/Vater auf Abruf dem Kind »den Weg zum nächsten Milchshake zeigt, Arzttermine für das Kind vereinbart oder die Spice Girls für den Debütantinnenball der geliebten Tochter bucht«.[27]

Wenn ich als Junge Geburtstag hatte, buk mir meine Mutter einen Kuchen aus Mehl, Zucker und anderen wichtigen Zutaten. Als meine jüngere Schwester ihren ersten Geburtstag feierte, verwendete Mutter bereits eine fertige Backmischung. Dann kam der große Wandel: Als meine eigenen Söhne in jungen Jahren ihre Geburtstage feierten, bestellten meine Frau und ich bereits fertige Geburtstagstorten mit ganz speziellen Grüßen darauf. Inzwischen hat es sich fast schon eingebürgert, daß Eltern die gesamte Geburtstagsparty von Restaurants organisieren lassen, die sich auf die Organisation von Kindergeburtstagen spezialisiert haben. Die Restaurants stellen nicht nur den Kuchen zur Verfügung, sondern liefern auch gleich alle Luftballons, Partygegenstände und Spiele – plus die absolut wichtige Beaufsichtigung und die anschließende Reinigung. Legt man noch ein paar Dollar drauf, dann gibt es auch noch einen Clown und sogar jemanden, der die ganze Party auf Video filmt. Währenddessen können Mama und Papa verschwinden und überprüfen, ob sie wichtige Nachrichten erhalten haben.

Familien der oberen Einkommensklassen des Goldenen Zeitalters hatten ihre Hausmädchen, Chauffeure, Köche, Gärtner und Kindermädchen, da sie reich genug waren, sich so ihre Freizeit zu erkaufen. Die moderne Familie der gehobenen Einkommensklassen verfügt ebenfalls über Bedienstete. (»Für mich arbeiten mehr Menschen daheim als im Büro«, berichtet

Diane Swonk, leitende Volkswirtschaftlerin bei Bank One Corporation in Chicago. Sie beschäftigt ein Hausmädchen, ein Kindermädchen, einen Koch und einen Gärtner. »Ich bin im Grunde selbst schon eine kleine Firma.«[28]) Der Unterschied zu früher liegt darin, daß sich die moderne Familie der oberen Einkommensklassen keine Freizeit erkauft. Sie kauft sich zusätzliche Zeit, die die einzelnen Familienmitglieder dann wiederum in Arbeit investieren können. Sie alle kalkulieren, daß die Gewinne aus der zusätzlichen Arbeitszeit die Kosten der Auslagerung von Familienaufgaben übersteigen.

Der größte Bereich, der heutzutage außer Haus gegeben wird, ist die Kinderbetreuung. Die meisten Kinder unter fünf Jahren – mehr als zehn Millionen in den USA – brauchen jemanden, der sich um sie kümmert, während Mutter und Vater ihrer Arbeit nachgehen. 44 Prozent dieser Kinder werden von Verwandten versorgt, ältere Geschwister eingeschlossen. 30 Prozent gehen in Kinderhorte oder Kindergärten. 15 Prozent werden von anderen Erwachsenen in deren Zuhause betreut und der Rest von Kindermädchen, Nachbarn oder Babysittern.[29] Ein großer Teil dieser Kinder erfährt nicht viel persönliche Zuwendung in diesem Durcheinander der Kinderbetreuungsarrangements; dem entsprechenden Markt geht es jedoch, wie wir im nächsten Kapitel detaillierter sehen werden, sehr gut. Die Menge und Qualität persönlicher Zuwendung ist direkt abhängig vom Preis, den man dafür bezahlt.

Die öffentliche Meinung hat sich bei diesem Thema ebenfalls zeitgleich mit den veränderten Wirtschaftsentwicklungen gewandelt. In den siebziger Jahren, bevor Mütter mit Kindern auf den Arbeitsmarkt drängten, bezweifelte die Mehrzahl der Bevölkerung, daß eine berufstätige Mutter eine ebenso »warme und stabile *Beziehung* zu ihren Kindern« haben könnte wie eine Mutter, die zu Hause blieb. Ende der neunziger Jahre waren schon zwei Drittel der Amerikaner der Meinung, daß sie es durchaus könnte.[30]

Als all diese Tätigkeiten – Kinderbetreuung, Reparaturen, Lieferungen, Kochen, Putzen, Garten rechen, Hecken schneiden und eine Geburtstagsparty vorbereiten – innerhalb des

Familienverbunds stattfanden, tauchten sie nicht im nationalen Bruttosozialprodukt auf, da ja kein Geld den Besitzer wechselte. Die Arbeit der Frauen im Haushalt erschien nicht in den Berechnungen des Sozialprodukts eines Landes. Doch jetzt, da Familien alles, was sie früher selbst verrichtet haben – und noch mehr –, nach außen geben, bilden diese Tätigkeiten plötzlich einen wichtigen, wachsenden Industriezweig und steigern das Sozialprodukt nicht unwesentlich. Hier herrscht in Wirklichkeit der Multiplikatoreneffekt: Viele der Menschen – meist Frauen –, die für die Ausführung dieser aus der Familie ausgelagerten Aufgaben bezahlt werden, verwenden einen Teil ihres Verdienstes, um jemand *anderen* zu bezahlen, einige der Tätigkeiten zu verrichten, für die sie selbst nicht länger die Zeit oder Kraft haben, sie in ihren *eigenen* Familien zu leisten.

Als meine Mutter meinen Geburtstagskuchen buk, trug dies nur indirekt zur Wirtschaftsstatistik bei, und zwar – durch die Zutaten, die sie für den Kuchen kaufte – als kleine Steigerung in den Bereichen landwirtschaftliche Erzeugnisse und Einzelhandel. Als sie dann die Backmischung für den Geburtstagskuchen meiner jüngeren Schwester verwendete, wuchs damit im Sozialprodukt der Bereich »fertige Lebensmittel« minimal an. Die fertig gelieferten Geburtstagstorten für unsere Söhne haben den amerikanischen Dienstleistungssektor um die Arbeit der Bäcker, die solche Kuchen backen, gesteigert. Eine moderne, komplett organisierte Geburtstagsparty fügt diesem wachsenden Dienstleistungssektor noch mehr hinzu, einschließlich der persönlichen Dienste der Partyveranstalter, der Kellner, des Clowns und des Videofilmers. Jede Stufe ist ein Zeichen für gestiegenen Wohlstand, obwohl die Kuchen seit damals nicht viel besser geworden sind.

WAS BLEIBT AM ENDE ÜBRIG?

Juristisch definiert sich »Familie« nach vier einfachen und grundlegenden Kriterien, die bislang als sicher galten: Von Familienmitgliedern wird erwartet, daß sie ein Leben lang zueinander stehen. Sie verbringen viel Zeit gemeinsam unter einem Dach. Familien pflanzen sich biologisch fort und unterstützen ihren Nachwuchs beim Erwachsenwerden. Und alle Mitglieder einer Familie helfen sich gegenseitig – finanziell und in Form von Zuwendung.

Die meisten Familien entsprechen diesen vier grundlegenden Kriterien noch immer, doch in weit geringerem Maß. Und in jedem Bereich verläuft die Entwicklung in die entgegengesetzte Richtung – größtenteils, wie wir gesehen haben, aufgrund der Veränderungen in der Organisation und Entlohnung von Arbeit. Kontakte sind zunehmend zeitlich begrenzt, Menschen verbringen weniger Zeit miteinander, Paare haben weniger Kinder, die gegenseitige finanzielle Unterstützung innerhalb der Ehe wird schwammiger, und Betreuung und Zuwendung für Kinder werden an externe Dienstleister übertragen. Denkt man diese Entwicklungen in die Zukunft weiter, wird der Begriff »Familie« bald etwas komplett anderes bezeichnen als bisher.

Das ist jedoch noch nicht automatisch ein Problem. Menschen *wollen* diese neue Art von »Familienleben« – zumindest in dem oberflächlichen (und zugegeben tautologischen) Sinn, den sie für sich selbst so gewählt haben. Und ihre Einstellung in puncto ideale Familie hat sich geändert, so daß sie besser den Entscheidungen unterzuordnen ist, die sie getroffen haben – was ich ebenfalls gezeigt habe. Sicherlich gibt es auch in diesem neuen »Familienleben« Strapazen und Spannungen. Es erfordert zum Beispiel ein Höchstmaß an Kraft und Aufwand, gute und bezahlbare Kinderbetreuung oder Altenpflege zu finden. Viele Menschen behaupten, sie würden gerne eine ausgewogenere Balance zwischen Arbeit und Familie finden. Doch insgesamt passen sie sich der neuen Wirtschaft an, indem sie ihre Familien verkleinern und die entsprechenden Aufgaben »outsourcen«.

WIRTSCHAFTLICHE UND TECHNOLOGISCHE Kräfte können nicht alles erklären, und ich warne davor, das gesamte Lob oder den gesamten Tadel für alle Entwicklungen, denen sich die

Familie ausgesetzt sieht, auf diese Faktoren zu schieben. Zweifellos sind hier auch kulturelle Veränderungen am Werk. Dennoch ist es auffallend, daß der Wandel in der Familienstruktur und den Einstellungen zur Familie direkt parallel zu den Veränderungen in unserem Wirtschaftssystem verläuft, die in den siebziger Jahren begannen und sich seither stetig beschleunigen. Das alte System der Massenproduktion bot den meisten Männern weit sicherere Arbeitsplätze und stabilere Gehälter, Frauen allerdings weniger Möglichkeiten zur bezahlten Arbeit. Das neue System der ständigen Innovationen ist durch ein weniger kalkulierbares Einkommen, von Jahr zu Jahr oder sogar von Monat zu Monat, sowie ein größeres Ungleichgewicht bei diesen Einkommen charakterisiert. Und es verlangt von jedem Menschen weit mehr Arbeitseinsatz hinsichtlich seiner Zeit und seiner emotionalen Energie.

Es kann nicht geleugnet werden, daß die neue Wirtschaft uns Konsumenten und Investoren große Vorzüge bietet. Wir haben mehr Wahlmöglichkeiten, und wir können leichter zu besseren Geschäften wechseln. Wir können uns mit unseren Dollars mehr leisten, und die Produktivität nimmt zu. Die neue Wirtschaft bietet talentierten Frauen und Männern auch bessere Möglichkeiten, mehr Geld zu verdienen. Und sie ermöglicht fast allen Frauen, eine bezahlte Arbeitsstelle anzunehmen, anstatt vollständig auf den männlichen Versorger angewiesen zu sein.

Vor dem Hintergrund dieses neuen wirtschaftlichen Systems sind alle Entscheidungen, die die Menschen bezüglich der Familie treffen, vollkommen einleuchtend. Doch die weit fundamentalere Entscheidung hat sich noch nie abgezeichnet, und die wesentlich grundlegendere Frage hat sich noch nie gestellt: Würden wir uns wirklich für jeden Aspekt dieser neuen Wirklichkeit entscheiden, wenn wir all ihren Konsequenzen auf das Familienleben, das wir sonst führen würden, abschätzen könnten? Mit anderen Worten: Ist die neue Wirtschaft in diesem Aspekt unseres Lebens, wie in vielen anderen Bereichen auch, wirklich den hohen Preis wert, den sie uns kostet?

KAPITEL 9

ERKAUFTE ZUWENDUNG

Es geht um etwas Grundlegendes: Ihr Leben. Machen Sie die einzigartige Erfahrung des Private Banking bei J. P. Morgan. Wir steigern und verwalten nicht nur Ihr Kapital, sondern geleiten Sie auch sicher durch alle Bereiche des Vermögensmanagements. Und verwalten somit Ihr Leben.
Anzeige, März 2000

DIE ART UND WEISE, wie Arbeit zukünftig organisiert und honoriert wird, verleiht der persönlichen Zuwendung eine ganz besondere Bedeutung. Sie macht einen immer größeren Teil des Bruttosozialprodukts aus, und der Anteil dessen, was dafür ausgegeben und damit verdient wird, steigt immer stärker an. Berufe, in denen sich Menschen um andere Menschen kümmern, zählen zu den Bereichen, die sich am rasantesten entwickeln. In diesem Sektor übernehmen Arbeitnehmer die Betreuung, Pflege oder Beaufsichtigung von Kindern, älteren Menschen, Behinderten, depressiven und ängstlichen Menschen. Und sie geben ebenso allen mehr oder weniger gesunden Mitbürgern Zuwendung, die für sich selbst mehr Aufmerksamkeit wollen und bereit und in der Lage sind, dafür zu bezahlen.

Der Anstieg der »Zuwendungsindustrie« hat zwei bestimmte Gründe. Erstens nimmt die Zahl der Menschen zu, die härter arbeiten und immer mehr Aufgaben auslagern, die früher zu den Pflichten der Familie zählten. Zweitens steigt die Produktivität der Maschinen weiter – wie die computergesteuerten Geräte und Roboter in den Fabriken, Geldautomaten, vollautomatischen Zapfsäulen, Anrufbeantworter mit Spracherkennung und digitalen Geräte, die im Dienstleistungsbereich bald alle Aufgaben werden übernehmen können. Eines kann eine Maschine allerdings nicht leisten: nämlich persönliche Zuwendung. (Vielleicht wird eines Tages ein Roboter soweit sein, den Menschen ein Gefühl der Zuwendung vermitteln zu können; doch das bezweifle ich immer noch stark.) Daher verkaufen heute viele Menschen, deren Arbeitsplätze nun von höchst produktiven Maschinen besetzt sind, statt dessen ihre persönliche Zuwendung; die Tendenz ist rasch ansteigend.

WARUM MENSCHLICHE NÄHE ZÄHLT

Nicht immer ist Menschen persönliche Aufmerksamkeit lieber als reine Technik. Alltägliche Bankgeschäfte wie Einzahlungen oder Abhebungen vom Konto mache ich lieber am Geldautomaten als bei einem Bankangestellten. Nicht nur deswegen, weil der Automat um die Ecke jederzeit zur Verfügung steht, sondern auch, weil ich mich ihm gegenüber nicht immer höflich verhalten oder mit ihm reden muß. Meine knapp bemessene soziale Energie spare ich mir lieber für wichtigere Treffen auf. Auch sind mir die automatischen Zapfsäulen lieber als der Full-Service samt Tankwart. Sie sind einfach billiger und schneller.

Dennoch stimmt es durchaus, daß persönliche Aufmerksamkeit sehr angenehm sein kann und man verunsichert ist, wenn man sie nicht bekommt. Ich gehe gerne in Restaurants, in denen sich die Kellner wegen mir überschlagen, und verabscheue hingegen große Einkaufszentren, in denen man schon zu den Glücklichen gehört, wenn man eine Verkäuferin oder einen Verkäufer findet. Der Wunsch jedes Menschen nach Zuwendung reicht jedoch weit tiefer. In der Tat vermuten Wissenschaftler, daß jeder Mensch ein gewisses Maß an persönlicher Zuwendung *braucht*, um gesund zu sein. In den vierziger Jahren verglich der österreichische Psychoanalytiker René Spitz zwei Gruppen von Kindern. Die erste Gruppe war die ersten Monate ihres Lebens in einem Waisenhaus untergebracht, dessen Schwestern den Kindern ausreichend Nahrung und Kleidung gaben, jedoch keine Zeit hatten, sich ausgiebig persönlich um sie zu kümmern. Die zweite Gruppe wuchs in einem Heim für straffällige Mütter auf, die den ganzen Tag lang für ihre Kinder da waren. Spitz fand heraus, daß sich nur die Kinder der zweiten Gruppe normal entwickelten.[1] Unlängst hat Mary Carlson von der Harvard University Spitz' Studie weiterverfolgt und Kinder in rumänischen Waisenhäusern beobachtet, die ebenfalls genügend medizinische Versorgung und Nahrung erhalten hatten, doch sehr wenig persönliche Zuwendung. Als Neurologin war Carlson am meisten daran interessiert, welche Auswirkungen dies auf die Gehirne der Kinder hatte. Sie stellte fest, daß die Kinder geistig und körperlich zurückgeblieben waren und zu einem Großteil repetitive Körperbewegungen zeigten, die denen von Affenjungen ähnelten, die körperlich von ihren Artgenossen isoliert worden waren.[2]

Menschliche Nähe scheint ein wichtiger Aspekt der Aufmerksamkeit zu sein. Eine Studie verglich zwei Gruppen von zu früh geborenen Babys. Die Babys der ersten Gruppe wurden in Brutkästen gelegt, wo sie die notwendige Versorgung und Wärme erhielten, die sie zum Aufwachsen benötigten. Die Babys der zweiten Gruppe bekamen noch etwas zusätzlich: Ihre Körper wurden zehn Tage lang dreimal täglich von einer Krankenschwester massiert, die mit ihren Händen durch die sterilen Schleusen in die Brutkästen hineingriff. Die Babys der zweiten Gruppe legten 47 Prozent mehr Gewicht zu und konnten sechs Tage früher aus dem Brutkasten genommen werden als die Babys, die diese Massagen nicht erhalten hatten. Jahre später wogen die Kinder der zweiten Gruppe immer noch mehr als die Kinder der ersten und schnitten bei Standardtests über geistige und motorische Fähigkeiten besser ab.[3]

Persönliche Zuwendung scheint auch die Gesundheit von Erwachsenen zu fördern. In einem der ehrgeizigsten Forschungsprojekte, die jemals begonnen wurden, haben Epidemiologen von 1965 bis 1974 mehr als 4000 ältere Einwohner der Stadt Alameda in Kalifornien beobachtet. Zu Beginn der Studie haben die Forscher die Testpersonen nach etwa dem gleichen Gesundheitszustand und Einkommen geordnet. In den folgenden neun Jahren war in jeder Gruppe die Sterberate bei denjenigen, deren Bindungen zu Freunden, Partnern oder entfernten Familienangehörigen schwach waren, dreimal höher als bei denjenigen, die stabile und starke soziale Kontakte hatten.[4] Eine weitere Studie von mehr als 1000 älteren Mitbürgern stellte fest, daß die zwei wichtigsten Vorzeichen für körperliches und geistiges Wohlbefinden die Häufigkeit von Besuchen von Freunden sowie die Teilnahme an Treffen waren; je mehr Kontakt und Aufmerksamkeit diese Menschen hatten, um so gesünder waren sie.[5] Eine dritte Studie, gesponsert von der MacArthur-Stiftung, untersuchte über einen Zeitraum von zweieinhalb Jahren die Veränderungen in der Hautstraffung am Unterkörper, der Koordination und der manuellen Geschicklichkeit in einer Gruppe von älteren Männern. Die Forscher fanden heraus, daß das beste Vorzeichen für körperliches Wohlbefinden die emotionale Unterstützung und Aufmerksamkeit anderer Menschen war.[6]

Unlängst haben Forscher der Carnegie Mellon University die Auswirkungen des Internets auf die Psyche untersucht.[7] Nach dem Zufallsprinzip wählten sie 169 Menschen aus dem Großraum Pittsburgh aus und beobachteten ihr Verhalten über ein bis zwei Jahre.[8] Es stellte sich heraus, daß die Menschen, je mehr Zeit sie im Internet verbrachten, um so depressiver und einsamer wurden. Dieses Ergebnis überraschte nicht nur die Forscher, sondern auch einige der Computer- und Software-Unternehmen, die diese Studie finanziell unterstützt und natürlich mit einem anderen Ergebnis gerechnet hatten. Da Menschen im Internet problemlos via E-Mails und in »Chat-Rooms« mit anderen in Kontakt treten können, nahmen die Forscher zunächst an, daß sich ein abwechslungsreicheres Beziehungsgeflecht anbieten würde, als es normalerweise von Angesicht zu Angesicht der Fall wäre, das zu einem gesteigerten psychischen Wohlbefinden bei den Testpersonen beitragen würde. Im Verlauf der Studie berichteten die Testpersonen jedoch, daß sie tatsächlich E-Mails verschickten und »Chat-

Rooms« im Internet besuchten. Doch sie fügten auch hinzu, daß, je mehr Zeit sie online verbringen würden, um so mehr ihre direkten Interaktionen mit ihrer Familie oder Freunden abnehmen würden, weil sie einfach weniger Zeit für sie hätten. Während also die *Menge* der Kontakte zu anderen Menschen gleich blieb oder sogar noch anstieg, nahm ihre *Qualität* ab. »Wir vermuten, daß man mehr oberflächliche Beziehungen aufbaut, die dann dazu führen, daß das Gefühl der Verbundenheit zu anderen Menschen insgesamt zurückgeht«, erklärte Robert Kraut, Professor für Sozialpsychologie im Human-Computer Interaction Institute der Carnegie Mellon University. Beziehungen »über weite Entfernungen ohne Kontakt von Angesicht zu Angesicht bieten nicht die Art von Unterstützung und Zwischenmenschlichkeit, die typischerweise zu einem Gefühl der psychischen Stabilität und Sicherheit oder zu einem Glücksgefühl beitragen«.[9]

Niemand weiß genau, warum direkter menschlicher Kontakt so wichtig für unsere körperliche und geistige Gesundheit zu sein scheint, doch Neurologen, die sich mit Gehirnen befassen, haben hierzu einige Vermutungen. Positive Zuwendung von einer anderen Person senkt den Ausstoß gewisser Hormone, die normalerweise bei Streß ausgeschüttet werden – insbesondere Epinephrin, Norepinephrin und Kortisol. Der Urin von Kindern, die geschaukelt oder massiert werden, enthält geringere Mengen dieser Streßhormone als der von Kindern, die keine persönliche Zuwendung erfahren haben.[10] In der vorhin erwähnten, von der MacArthur-Stiftung gesponserten Studie über die älteren Mitbürger hatten die Menschen mit häufigeren zwischenmenschlichen Kontakten und Zuwendung ebenfalls geringere Mengen an Epinephirn, Norepinephrin und Kortisol in ihrem Urin als diejenigen, deren Kontakte kärglicher waren und die weniger Zuwendung erfuhren.[11]

Aus evolutionärer Sicht überrascht es eigentlich wenig, daß menschlicher Kontakt streßsenkend wirkt. Das menschliche Wesen entwickelte sich im Familienverbund und in Sippschaften, die sowohl Schutz boten als auch das gemeinsame Überleben sicherten. Die primitiven Bereiche unseres Gehirns erinnern sich vermutlich daran, daß das Alleinsein oder die Kontaktarmut im wahrsten Sinne Gefahr bedeutet, wohingegen eine starke Zuwendung der eigentliche Kern von Geborgenheit und Sicherheit ist.

Zu Beginn des 21. Jahrhunderts stellt dieses Bedürfnis nach persönlichem Kontakt ein nicht zu unterschätzendes Problem für die Menschen dar, die oft nicht von alleine das Maß an persönlicher Zuwendung geben können oder erhalten, das sie eigentlich möchten. Die neue Form der Arbeit erfordert zuviel ihrer Zeit, ihrer emotionalen Energie und ihres psychischen Einsatzes. Wie reagieren sie darauf? Sie kaufen sich persönliche Zuwendung in verstärktem Maße.

MEHR ZUWENDUNG KAUFEN – ODER WENIGER

Mehr als drei Millionen Menschen in den USA und eine Million in Europa verbringen ihre Arbeitstage inzwischen in kleinen Kabinen mit einem Kopfhörer auf dem Kopf, haben ihren Blick starr auf einen Monitor gerichtet und versuchen nach bestem Wissen einen unablässigen Strom an Fragen oder Beschwerden von Kunden über elektronische Geräte, Rentenpläne, Kreditkarten, Bankkonten, Versicherungen, Internet-Käufe oder Familienprobleme zu beantworten. Und die Zahl dieser Callcenter, Helpdesks oder Kundenservice-»Hot-Line«-Telephondienste nimmt in Städten wie Cincinnati, Leeds und Dresden rasant zu – alles Städte, in denen Arbeitsplätze in den Fabriken inzwischen verschwunden sind, jedoch nicht die Scharen der zuverlässigen Arbeiter.

Warum beschäftigen Firmen für derartige Aufgaben immer noch Menschen, die pro Kundenanruf 5 Dollar kosten, wenn programmierte »sprechende Computer« den Kunden für nur 50 Cents pro Anruf in etwa die gleiche Antwort geben könnten (nachdem sich der Anrufer durch eine Abfolge von »Menüpunkten« gewühlt und mehrere Telephontasten gedrückt hat), oder ein Internet-Service dies zum Preis von nur ein paar Pennies pro Anruf leisten könnte, bei dem der Kunde nur seine Fragen oder Kommentare in die Tastatur eintippen muß? Weil eine freundliche menschliche Stimme die Kunden bindet. Dieser Meinung war zumindest Howard McNally, Vizepräsident des Endkunden-Produktmanagements bei AT&T, anläßlich der Präsentation der neuen speziellen »0-0«-Telephonauskunft von AT&T. »Unser neuer Telephonauskunftsservice ist weniger nach den traditionellen Vorstellungen von Produktivität ausgerichtet, sondern bietet einen persönlich gehaltenen Service, von dem wir uns einen Wettbewerbsvorteil erhoffen.«[12]

Doch selbst wenn Unternehmen ihre Callcenter verstärken, investieren sie zugleich auch in billigere Möglichkeiten, Kundenanfragen zu beantworten. Es ist so gut wie sicher, daß sie bald herausgefunden haben werden, wie sie solventere Kunden, die gerne bereit sind, für verstärkte persönliche Aufmerksamkeit mehr zu bezahlen, von weniger solventen Kunden trennen können, die dann nur noch von programmierten Abrufgeräten oder dem Internet bedient werden. Lassen Sie es mich anders sagen: In zunehmendem Maße werden Kunden das Maß an Zuwendung bekommen, für das sie bezahlen.

Stellen Sie sich diese Entwicklung als eine Art Zuwendungsskala vor, deren Zuwendung je nach Höhe des Preises unterschiedlich ist. Die billigste Form der Zuwendung wird nicht mehr von Menschen geleistet, sondern nur noch via einprogrammierter Information, die über das Internet abgerufen werden kann. Bezahlen Sie etwas mehr, dann sprechen Sie mit einem Roboter mit einprogrammierter menschlicher Stimme oder vielleicht sogar mit dem dreidimensionalen Hologramm eines Menschen. Legen Sie etwas mehr drauf, dann antwortet Ihnen am anderen Ende der Leitung tatsächlich ein echter Mensch, doch nur für kurze Zeit. In der nächsthöheren Preiskategorie kümmert sich dann jemand aus einem Callcenter um Sie und nimmt sich die Zeit, einige persönliche Informationen über Sie herunterzuladen und diese mit einer Datenbank abzugleichen – so daß Sie nützliche Informationen erhalten sowie das beruhigende Gefühl, daß man sich ganz speziell um Sie kümmert. Bezahlen Sie wiederum ein wenig mehr, dann steht sogar der persönliche Besuch eines Beraters bei Ihnen zu Hause oder im Büro an. Und für ganz viel Geld werden Sie schließlich rundherum nach Herzenslust gehätschelt.

Die Maklerfirma Merrill Lynch teilt gerade emsig ihre Kundenbetreuung in eine Hierarchie ein. Klienten mit Kundenkonten von weniger als 100000 Dollar Einlage werden gebündelt und den Callcentern des Kundenservices übertragen, die ihnen ihre Anfragen knapp und standardisiert beantworten. Dies setzt Merrill Lynchs speziell ausgebildete »Finanzberater« frei, die nun mehr Zeit haben, sich mit den solventeren Kunden zu beschäftigen, was wiederum höhere Provisionen ergibt.[13] Unlängst verschickte Merrill Lynchs Regionalleiter für Long Island, eine der lukrativsten Niederlassungen, E-Mails an seine Makler, in denen er die neue Firmenpolitik mit bewundernswerter Offenheit beschrieb: »Wenn wir die Finanzberater der reichen, erfolgreichen Menschen und Unternehmensbereiche sein wollen, haben wir keine Zeit für persönlichen Kundenservice für die weniger Wohlhabenden ... Erinnern Sie sich ..., bei uns geht es um immer mehr Einlagen in größeren Konten. Sollte es bei uns noch F[inanz] B[erater] geben, denen es richtig Spaß macht, sich den kleinen Kundenkonten zu widmen, dann lassen Sie mich das wissen, und ich verschaffe ihnen einen netten Angestelltenjob im Bereich Investorenservice, wo sie sich nach Herzenslust mit weniger wohlhabenden Menschen beschäftigen können.«[14]

Was genau bekommen die »Reichen und Erfolgreichen«? Sie bekommen zum Teil auf den Kunden zugeschnittene Beratung. Doch ein großer Bereich ist einfach persönliche Aufmerksamkeit – eine beruhigende Stimme, eine bekannte Person, jemand, der vielleicht zu einer Vertrauensperson werden könnte. Im Goldenen Zeitalter des späten 19. Jahrhunderts bedeutete Luxus Waterfordkristall, Wedgwoodporzellan sowie eine Schar von Bediensteten. Die Reichen stellten ihren Status durch »demonstrativen Konsum« zur Schau, um den denkwürdigen Ausdruck von Thorstein Veblen zu verwenden, ein Konsum, der unablässig ihre Befreiung von den Niederungen des industriellen Lebens, ihre Untauglichkeit für manuelle Arbeit und ihr nahezu unbegrenztes Maß an Freizeit demonstrierte.[15] Im Gegensatz dazu haben die Reichen von heute viel Geld, aber wenig Zeit. Luxus stellt sich für sie daher in Form von exquisiter persönlicher Betreuung dar, mit dem Zweck, das eigene hektische Leben so effektiv und angenehm wie möglich zu gestalten. Menschen mit bescheideneren Mitteln haben unterdessen Zugang zu leistungsfähigeren Technologien, die ihnen den Großteil dessen bieten, was sie brauchen, dies jedoch mit abnehmender menschlicher Komponente.

Michelle Siron, eine 38jährige Managementberaterin, wird von ihrem Hotel in London von einem Chauffeur in einem Range Rover abgeholt, der sie in sanfter und entspannender Fahrt zum Flughafen Heathrow bringt. Am Randstein wartet dort bereits ein Bediensteter, der sie eincheckt, noch bevor sie das Auto verläßt, sie dann in eine private Lounge begleitet, wo sie Tee schlürft und an gegrillten Lachssandwiches knabbert, während ihre Haare geschnitten und gefönt werden. Ist sie dann an Bord, bekommt sie noch eine Maniküre und eine Nakkenmassage. Ständig stehen Flugbegleiter zu ihrer Verfügung. »Das alles nimmt mir wirklich den Streß des Reisens«, berichtet Michelle (eine real existierende Person, die all das tatsächlich erlebt hat).[16]

Vergleichen wir nun Michelles Art des Reisens mit der eines normalen Economy-Class-Passagiers, den wir Jennifer nennen. Jennifer kommt vollbepackt mit Gepäck am Flughafen an, drängt sich durch den vollen und lauten Flughafen Heathrow, wartet eine Stunde in der Schlange vor ihrem Check-in-Schalter, findet dann gerade noch einen freien Plastikstuhl, auf den sie sich im überfüllten Wartebereich setzen kann, und wartet dort, bis sie an Bord des Flugzeugs darf. Dort quetscht sie sich in einen zu engen Sitz, ganz hinten im Flugzeug, bekommt von einem gestreßten Flugbegleiter, der sich den gesamten Flug über nicht mehr blicken läßt, achtlos einen Snack hingeworfen und sieht sich sechs Stunden später am Zielflughafen einer einstündigen Wartezeit an der Gepäckausgabe gegenüber. Am Ende von Jennifers Reise ist ihr Streßhormonhaushalt wahrscheinlich auf einem recht hohen Niveau.

Doch sie hat keinen Grund, sich über die Mühsal oder ihren Flug zu beklagen. Ihre Reise kostete weit weniger als Michelles. Sie kostete vermutlich sogar weniger als jemals zuvor. Denn auch die Fluggesellschaften sehen sich mit einem ansteigenden Wettbewerbsdruck konfrontiert, so daß sie die Preise für Reisende in der Economy-Class senken müssen. Dies ist mit Hilfe von technischen Verbesserungen wie Triebwerken, die weniger Sprit verbrauchen, weiterentwickelter Aerodynamik und computergesteuerter Reservierung und Weiterleitung alles möglich geworden. Doch man hat sich um Jennifer weniger persönlich gekümmert als jemals zuvor, da sie und alle anderen preisbewußten Reisenden ja eher daran interessiert sind, weniger für ihren Flug zu bezahlen, als umsorgt zu werden. Jennifer entschied sich für einen günstigen Flugpreis, daher bekommt sie auch weniger Aufmerksamkeit.

Donald Casey, stellvertretender Generaldirektor von Trans World Airlines, spricht in seiner Erklärung zur neuen Strategie von TWA genau dies an: »In ganz Amerika und auf der übrigen Welt gilt inzwischen der Grundsatz: ›Man bekommt das, wofür man bezahlt hat‹.«[17] TWA und die meisten anderen Fluggesellschaften investieren verstärkt in eine attraktivere Gestaltung ihrer Business-Class-Leistungen – durch den Einsatz von mehr Flugbegleitern, mehr Loungepersonal, mehr Verhätschelung, mehr persönlichen Annehmlichkeiten und mehr Aufmerksamkeit überhaupt. Für all diese Zuwendungen werden jedoch nicht zusätzliche Mitarbeiter eingestellt. Vielmehr versetzen die meisten Fluggesellschaften ihr Personal und konzentrieren ihre Aufmerksamkeit auf die Kunden, die gerne dafür zahlen wollen, und nicht auf die Kunden, die nicht dafür bezahlen.

Es gibt einen einfachen wirtschaftlichen Grund, warum Fluggesellschaften Geschäftsreisende der Oberklasse wie Michelle aufmerksamer behandeln und Budgetreisende wie Jennifer entsprechend weniger. Aus dem gleichen Grund will Merrill Lynch von seinen Maklern, daß sie sich verstärkt den wohlhabenden Kunden zuwenden: Bei ihnen springen höhere Erträge heraus. 1999 betrug die oberste Klasse der Flugpassagiere in der Business-Class nur 9 Prozent aller Flugreisenden, doch von ihnen kamen 44 Prozent aller Erträge der Flugindustrie. Also wird jede Fluggesellschaft, selbst wenn sie einerseits erbittert versucht, dabei mitzuhalten, Budgetpassagieren wie Jennifer immer interessantere Angebote zu offerieren, andererseits ebenso emsig Reisende wie Michelle umwerben, die bereit sind, viel Geld für persönliche Aufmerksamkeit hinzulegen.

Solange die »Michelles« dieser Welt weiterhin mehr persönliche Zuwendung wünschen und diese auch gerne bezahlen, wird man ihnen diesen Wunsch erfüllen und ihnen die entsprechende Rechnung vorlegen. Solange die »Jennifers« dieser Welt weiterhin günstigere Angebote möchten und sich eifrig nach ihnen umsehen, werden die Kosten für Billigreisen sinken. Michelle erhält einen ständig luxuriöseren persönlichen Service, und Jennifer profitiert von den Vorteilen der neuen Technologie in Form von immer weniger persönlichem Firlefanz. In Wirklichkeit also bezahlen Michelle und Jennifer für zwei verschiedene Produkte: Jennifer zahlt dafür, von Punkt A nach Punkt B zu gelangen. Michelle bezahlt sowohl ihre Reise als auch die Verhätschelung während der Reise.

Übrigens hat Michelle ihre luxuriöse Reise wohl kaum aus eigener Tasche bezahlt. Da es sich um eine Geschäftsreise handelte, muß Michelles Klient zum Teil für die Kosten aufkommen (oder genauer: im Falle einer AG die Aktieninhaber) und zum Teil der Steuerzahler, der die Lücke füllen muß, die entsteht, wenn Unternehmen die Reisekosten ihrer Mitarbeiter vom zu versteuernden Umsatz abziehen. Michelles Reise war rein geschäftlicher und nicht privater Natur, obwohl sie sicherlich auch etwas Vergnügen aus dieser Geschäftsreise gezogen haben dürfte. Doch die Kosten für das Vergnügen sind auch Geschäftskosten. Das ist das Muster der Zukunft. Reichlich exquisite persönliche Aufmerksamkeit wird den Menschen zuteil, die sehr damit beschäftigt sind, viel Geld zu verdienen, während sie es verdienen. Das Vergnügen, in einem Fünf-Sterne-Hotel umsorgt zu werden, mit Geschäftskunden aus einer Stadionkabine mit Catering-Service die World Series im Baseball zu verfolgen oder mit Zulieferern in einem todschicken Restaurant zu Abend zu essen, kommt bei den

Bemühungen, mehr Geld zu verdienen, als steuerfreier Extragenuß hinzu. Unternehmen übernehmen gerne die kompletten Kosten für all diese Annehmlichkeiten, nur damit sie talentierte Menschen, dankbare Klienten und zuverlässige Lieferanten anlocken und an sich binden – insbesondere, da ja der Steuerzahler einen Teil der Kosten übernimmt.

VERWÖHNT WERDEN KOSTET GELD

In einer Welt mit mehr Technik und weniger Zeit ist es der Luxus schlechthin, von anderen Menschen ausgiebig Zeit gewidmet zu bekommen. Die charmante Concierge zum Beispiel kümmert sich persönlich um Ihren Aufenthalt, der Hotelpage besorgt Ihnen frische Blumen, faltet die Handtücher nach Ihrem Geschmack, schüttelt die Kissen auf, legt den weichen Baumwollkimono und die samtenen Plüschhausschuhe bereit und fragt Sie anschließend, ob Sie vor dem Zubettgehen noch einen Wunsch haben. Am nächsten Morgen werden Sie um 6.00 Uhr von einer echten menschlichen Stimme statt von einem Wecker mit Computerstimme geweckt. Im Restaurant spricht Sie der Oberkellner mit Namen an, geleitet Sie an Ihren Lieblingstisch, an dem sich die Kellner um Sie bemühen und der Weinkellner Ihnen seine persönliche Empfehlung des Abends verrät, während der Chefkoch bereits Ihr Lieblingsgericht zubereitet. In Ihrem Appartementgebäude überreicht Ihnen der Portier diensteifrig das Päckchen, das für Sie abgegeben wurde, und erkundigt sich nach dem Wohlbefinden der Familie.

Die ausgeprägteste Form des exquisiten Verwöhnens und zugleich auch ihre teuerste Variante leistet eine Person, deren Job es ist, sich wie ein Freund und Vertrauter zu verhalten. Jeffrey Kalinsky, Besitzer einer exklusiven Modeboutique in einem Einkaufszentrum in Atlanta, wählt die Kleidungsstücke nach dem Geschmack seiner verschiedenen Kunden aus und liefert sie ihnen dann direkt zur Anprobe. Anschließend erhalten sie von ihm kleine Nachrichten mit Tips, wie sie die neuen

Stücke am besten tragen sollten, und in besonders dringenden Fällen der Modeberatung steht er bis spät in die Nacht zur Verfügung. Er verwöhnt seine besten Kunden mit kleinen Aufmerksamkeiten und begleitet sie sogar zu Modenschauen nach Europa. Einige von Kalinskys Kunden fliegen ihrerseits extra von New York nach Atlanta, um ihn zu besuchen. »Jeffrey… ermutigt einen, Dinge auszuprobieren, die man sonst nie machen würde. Er hat eine absolute Vision«, schwärmt einer von Kalinskys Kunden. Kalinsky schult seine 28 Mitarbeiter darin, sich genauso wie er zu verhalten und die Kunst des exquisiten persönlichen Verwöhnens immer mehr zu vervollkommnen – die Kunst, den Menschen das Gefühl zu geben, daß man sich um sie kümmert.[18]

Sollten Sie zu der zunehmenden Zahl von Menschen gehören, die monatlich mehrere hundert Dollar für einen »persönlichen Coach« bezahlen, dann erwarten Sie höchstwahrscheinlich mehr von ihm als nur Ratschläge. Sie erwarten, daß er ausschließlich an Ihrem Wohlbefinden interessiert ist – sie wollen einen *Freund*, auf den Sie zählen können, der nur für Sie allein da ist, vielleicht weil alle Ihre wirklichen Freunde viel zu beschäftigt sind. »Es ist wunderbar, beste Freunde zu haben. Doch ist Ihr bester Freund ein Profi, dem Sie so stark vertrauen, daß Sie zusammen mit ihm an den wichtigsten Aspekten Ihres Lebens und/oder Ihres Berufes arbeiten?« Diese Frage stellt eine Werbeanzeige der Personal and Professional Coaches Association. Wenn Sie einen persönlichen Coach bezahlen, dann können »Sie beides haben – einen besten Freund und einen Coach«.[19]

Die Tatsache, daß diese »Freunde« außer Freundschaft noch einen Hintergedanken haben, hat der Begeisterung der Menschen für ihre Dienste keinen Abbruch getan. Die Zahl der persönlichen Coaches hat sich seit den frühen neunziger Jahren jährlich verdoppelt, berichtet Thomas Leonard, Gründer der Coach University mit Sitz in Houston, die bereits Tausende solcher Coaches ausgebildet hat. Valerie Olson aus Minnesota verdient jährlich eine knapp sechsstellige Summe, indem sie 30 Klienten coacht, von denen jeder pro Monat 250 Dollar für vier halbstündige Sitzungen bezahlt. »Coaches sind dazu ausgebildet, sich komplett auf die Tagesordnung der Klienten einzustellen – im zwischenmenschlichen Bereich«, sagt Valerie. Sie versuchen sich nicht als Psychoanalytiker ihrer Klienten. Sie hören vielmehr zu, zeigen Mitgefühl und bieten volle Zuwendung.[20]

Neben den persönlichen Coaches hat auch die Zahl der persönlichen Vertrauten, spirituellen Führer und Berater sowie der Therapeuten zugenommen. Bill Clinton hat sich während seiner Amtszeit im Weißen Haus auch der Hilfe einiger spiritueller Berater bedient, doch soweit ich weiß, niemals der eines Therapeuten. Das liegt vielleicht daran, daß es als völlig normal gilt, einen Coach, Berater, spirituellen Führer oder Ratgeber zu haben. Viele von uns spüren gelegentlich das Bedürfnis nach einem aufmerksamen Vertrauten und finden dann nicht immer gleich einen Freund oder ein Familienmitglied, die dieses Bedürfnis angemessen befriedigen könnten. Doch jemand, der zu einem Therapeuten geht, hat immer noch anscheinend große »Probleme«.

Bis vor wenigen Jahren waren Heilbäder Orte, an denen Menschen mit viel Freizeit ihren Urlaub verbrachten, manchmal monatelang. Sie »nahmen das Wasser« schwefelhaltiger Quellen, sogen an wunderschönen abgelegenen Orten das Aroma des Tannennadeldufts auf und machten ausgedehnte Waldspaziergänge. Doch den meisten Menschen, die sich solche Erholungen finanziell leisten können, fehlt dazu die Zeit. Sie sehnen sich jedoch unvermindert danach, daß sich jemand um sie kümmert. Deswegen sind in den Großstädten die Fitneß- und Gesundheitscenter samt Mitarbeitern, die den gestreßten Wohlhabenden reichlich Zuwendung widmen, zunehmend beliebter geworden. Die Zahl der persönlichen Trainer verdoppelte sich in den neunziger Jahren auf mehr als 100 000. Dazu kommen noch Masseure, Rolfer, Trainer, persönliche Schönheitsspezialisten, Stylisten, Fußpfleger, Aromatherapeuten und Aerobictrainer – eine kleine Heerschar an persönlichen Betreuern für Wohlhabende.

Das neue Lebensmotto lautet: »Tu dir etwas Gutes«, und es

fordert auf, nicht zu zaudern, für derartige Dienstleistungen zu bezahlen – sofern man über die entsprechenden finanziellen Mittel verfügt. Was hier in Wirklichkeit ver- und gekauft wird, ist weder ein Trainingsplan (die entsprechenden Übungen könnte man allein zu Hause ebensogut machen) noch eine Beratung (die gibt es bequemer im Internet oder in Büchern), sondern das angenehme Gefühl, daß ein anderer Mensch sich persönlich um einen kümmert.

Erinnern Sie sich, wie gut die zu früh geborenen Babys auf die Körpermassagen reagiert haben? Wenn der menschliche Körper gestreichelt, gerieben oder gehalten wird, dann verringern sich offenbar die Streßhormone auf die gleiche Art, wie wenn man von einem anderen Menschen volle Zuwendung erhält. Die Mitarbeiter des Pacific Athletic Club mit Sitz in Redwood City (Kalifornien) fahren auf Führungskräftetreffen ins Silicon Valley und massieren dort die Teilnehmer, während diese auf ihren Bürostühlen sitzen. Schicke Ambientes wie der New Yorker Reebok Sports Club oder der Elizabeth Arden Red Door Salon Spa geben die Kleidung ihrer Kunden in die Reinigung, während sie ihren Körpern solche Wundermittel angedeihen lassen wie die »Sea-Spa-Pediküre« (eine sogenannte »kosmetische Gesichtsbehandlung für die Füße«). Sie erhalten auch die »Salt-Glow-Escapes-Aromatherapie« (eine kräftige Ganzkörperreinigung mit grobkörnigem Salz, gefolgt von einer feuchtigkeitspendenden Lotion), die »Double-Oxygen-Behandlung« (eine Gesichtsreinigung mit Alpha-Hydroxyd-Fruchtsäure samt Hautpeeling und Massage, gefolgt von einem 15minütigen Hochdrucksauerstoffstrahl, der »den Zellstoffwechsel in Schwung bringt«), Pediküren mit heißer Milch und Mandelmilch (bei der die Füße in eine große Schüssel mit warmer Vollmilch gestellt werden, dann mit einer Mischung aus Meersalz und Mandelmilch abgerieben werden, damit das tote Gewebe abfällt) sowie Ingwermassagen (bei denen Arme, Beine und der Rücken mit einer Mischung aus Ingwer und Öl eingerieben werden, was die Haut »entgiften« und den Körper erwärmen soll). Bei Felissimo in New Yorks West 56th Street kann man sogar seinen Schoßhund mit einer Aromatherapie verwöhnen, die »Ihren geliebten Hund mit einem euphorischen Glücksgefühl und lustvollem Körpergefühl wiederbelebt«.

Was daher ebenfalls ver- und gekauft wird, ist eine zwischenmenschliche Beziehung – die lockere Familiarität, mit der man von seinem persönlichen Trainer begrüßt wird, die Freundschaft mit dem Massagetherapeuten, die kleinen Vertrautheiten, die man mit seinem Rolfer austauscht, ja sogar mit demjenigen, der das Auto auf den Parkplatz fährt. »Die Mitglieder entwickeln die gleichen Beziehungen zu den Valet-[Park]hilfen wie zu den Trainern. Das verstärkt diesen Aspekt der Dienstleistung zusätzlich«, berichtet Phil Swain, Geschäftsführer des Sports Club in Los Angeles.[21]

PERSÖNLICHE BETREUUNG ZU HAUSE ODER PFLEGEHEIME

Viele berufstätige Menschen haben nicht die Zeit oder die Kraft, ihren Familienangehörigen die Qualität und das Maß an Betreuung zu geben, die sie benötigen – ihnen zuzuhören, mit ihnen zu sprechen, ihre müden Muskeln zu massieren, ihnen das Gefühl zu vermitteln, daß man sich um sie kümmert, daß man sie achtet, liebt und respektiert. Einen Teil dieser Betreuung kann man kaufen, selbst wenn die dafür bezahlten Dienstleister nicht aus familiären Verpflichtungen heraus motiviert sind. Familiäre Bande erzeugen nicht automatisch mehr Fürsorge als finanzielle Bande. Beide können unterstützen und stärken, und beide können auch mißbraucht werden.

An persönlicher Zuwendung wird als erstes gespart, wenn eine Familie nur noch das absolut Nötigste bezahlen kann und wenn die gesetzliche Krankenversicherung oder die Arbeitgeberleistungen in diesem Sektor verringert werden. Medizinische Versorgung ohne Firlefanz bedeutet inzwischen immer mehr Technik, jedoch immer weniger Fürsorge. Tatsächlich wandelt sich die medizinische Versorgung zu einem Zweiklassensystem: In der einen Klasse werden Ärzte direkt von den Patienten bezahlt, damit sie ihnen eine Menge Zeit und Aufmerksamkeit widmen. In der anderen Klasse werden Ärzte, die von den Krankenversicherern weniger Geld bekommen, die Patienten so schnell wie möglich wieder fit machen. Das Einkommen der Ärzte (und auch das der Pfleger und Pflegehilfen) hängt in dieser zweiten Klasse davon ab, wie viele Menschen sie in einer gewissen Zeitspanne versorgen – und nicht vom subjektiven Gefühl der Patienten, wie gut man sich um sie kümmert. (Augenscheinlich sind Ärztinnen in der zweiten Klasse im allgemeinen eher bereit, Mehreinkommen für zusätzliche Minuten zu opfern, die sie mit einem Klienten oder Patienten verbringen, als ihre männlichen Kollegen.) Eine unlängst abgeschlossene Studie stellte fest, daß Ärzte in der Regel nicht mehr als elf Minuten pro Patient verbringen, wohingegen Ärztinnen diese bemerkenswerte Geschwindigkeit nur bei einem Drittel ihrer Patienten an den Tag legen.[22]

Dennoch ist persönliche Zuwendung in Wirklichkeit *kein* Firlefanz. Die eingangs dieses Kapitels erwähnte Studie signalisiert, daß kranke oder behinderte Menschen ebenso wie ältere Mitbürger oder ganz junge Menschen (und vielleicht wir alle) in körperlicher und emotionaler Hinsicht höchstwahrscheinlich von einer fürsorglichen Beziehung profitieren. Fällt diese Beziehung weg, kann sich der Gesundheitszustand verschlechtern, und dem Menschen geht es insgesamt schlechter. Der Soziologe Timothy Diamond berichtet von einer Pflegehilfe in einem Altenpflegeheim, die während der Nachtschicht in das Zimmer einer 87 Jahre alten Bewohnerin kam, um nach ihrem Gesundheitszustand zu sehen. Auf die Frage: »Kann ich etwas für Sie tun, Rose?« antwortete die alte Dame: »Ja. Bleiben Sie bei mir.« Die Pflegehilfe konnte Rose diesen Wunsch leider nicht erfüllen, da noch 29 andere Pflegefälle zu besuchen und ihr Gesundheitszustand zu protokollieren war.[23] Dennoch wollte und brauchte Rose nichts weiter als einfach menschliche Zuwendung. Ihr Gesundheitszustand wird sich vermutlich ohne die Anwesenheit einer Person, die sich mit ihr beschäftigt, rasch verschlechtern.

Altenheime bieten Pflege und eine Grundversorgung an,

doch wenig Zuwendung. Ihr Ziel ist es, Menschen zu beschützen, die gefährdet wären, würden sie allein leben. Persönliche Betreuung zu Hause baut eine Beziehung zwischen den Menschen auf, befreit sie vom Streß der Isolation, schafft eine zwischenmenschliche Ebene und stellt direkten Körperkontakt her. Berufstätige Familien sind oft zu sehr beschäftigt, um eine der beiden Formen der Zuwendung zu geben, doch eine liebevolle Betreuung zu Hause ist ein Luxus.

Die ältere Bevölkerung nimmt in den Vereinigten Staaten pro Jahr um 2,7 Prozent zu und wird etwa ab dem Jahre 2011 noch stärker ansteigen, wenn die geburtenstarken Jahrgänge der fünfziger Jahre ihrerseits 65 Jahre alt werden. Diese Zunahme an älteren Mitbürgern wird den berufstätigen Familien, die jetzt schon von der neuen Wirtschaft stark gefordert sind, ihren Kindern eine angemessene Betreuung zuteil werden zu lassen, eine noch größere Last aufbürden. Das gesamte Land wird weniger junge Menschen haben, die sich um ältere Personen kümmern können. In anderen modernen Nationen, deren Bevölkerung an jungen Menschen stagniert oder abnimmt, wie beispielsweise in Japan, steigt der Prozentsatz an Älteren bereits überproportional an. All diesen älteren Menschen eine sichere Umgebung zu schaffen wird eine schwere Aufgabe werden: Sie müssen gebadet und gefüttert werden; sind sie bettlägerig, muß man sie umbetten und waschen (ich habe unlängst von der Erfindung eines Roboters für Altenpflege gehört, der einige dieser Aufgaben verrichten kann). Doch all diesen älteren Menschen angemessene persönliche Zuwendung zu geben wird bei weitem die größere Herausforderung sein. Im Augenblick kommt die Regierung der Vereinigten Staaten für zwei Drittel der Pflegekosten der 1,6 Millionen Bewohner amerikanischer Pflegeheime auf (zum Großteil durch »Medicaid«, den staatlichen Gesundheitsdienst für Bedürftige), jedoch kaum für die Kosten der Langzeitversorgung zu Hause oder der ambulanten Tagespflege in den einzelnen Kommunen. Beides würde den meisten älteren Menschen ebenso große Sicherheit bieten wie Pflegeheime und ihnen zugleich auch mehr Zuwendung von Freunden und Familienmitgliedern ermöglichen.

Und selbst wenn gesetzliche Versicherungen für die häusliche Gesundheitsbetreuung aufkommen (meist durch »Medicare«, die Krankheits- und Krankenhausversicherung für Rentner), umfassen die Leistungen ausschließlich medizinische Heilverfahren und nicht emotionale Zuwendung.[24]

Viele Kinder leiden unter dem gleichen Aufmerksamkeitsentzug wie die alten Mitbürger. Organisierte Kinderbetreuung ist weit davon entfernt, eine Beziehung zu Kindern aufzubauen. Doch auch hier erhält man die Zuwendung, für die man bezahlt. Die Kosten für organisierte Kinderbetreuung reichen pro Jahr von 4000 Dollar pro Kind bis zu 20000 Dollar. Das ganze Spektrum nennt sich zwar »Kinderbetreuung«, doch am unteren Ende der Skala herrschen andere Zustände als weiter oben. Eine Betreuung im unteren Bereich stellt vielleicht eine sichere Umgebung zur Verfügung, hat jedoch weniger Betreuer pro Kind als im oberen Bereich; das Personal ist in der Regel schlechter ausgebildet und wird sich wahrscheinlich in Kürze eine andere Arbeit suchen (weil in diesem Sektor zuwenig bezahlt wird und immer mehr geleistet werden muß). Aus diesen Gründen haben Kinder am unteren Ende der Skala weniger Chancen, eine Beziehung zu ihren Betreuern aufzubauen, als die Kinder am oberen Ende der Skala. Diese Unterschiede in Ausmaß, Qualität und Inhalt der Betreuung können für die Kinder erhebliche Konsequenzen in ihrem späteren Leben haben.[25]

Die Auswirkungen scheinen bis ins Erwachsenenalter anzuhalten. Eine Studie untersuchte Kinder von 111 armen schwarzen Familien aus Chapel Hill (North Carolina), die alle aufgrund ihres Sozialstatus gefährdet waren, in der Schule schlecht abzuschneiden, frühzeitig die High-School zu verlassen und somit eine weitere Generation von armen Kindern in die Welt zu setzen. Die Studie begann 1972, als die Kinder noch klein waren. 57 zufällig ausgewählte Kinder nahmen bis zum Alter von fünf Jahren an einem Vollzeit-Kinderbetreuungsprogramm teil. Diese Betreuung umfaßte ein hohes Maß an persönlicher Zuwendung, in der das Personal persönliche Beziehungen zu den Kindern aufbaute. Ein Betreuer hatte nur wenige Kinder zu betreuen (von etwa drei bis zu sieben vierjährige Kinder pro Erzieher). Das Personal hatte in etwa die gleiche Ausbildung wie Lehrer an staatlichen Schulen; fast kein Betreuer verließ das Programm während der Studie oder wurde ausgewechselt. Diese Kinder bekamen viel intellektuelle Stimulation und emotionale Unterstützung. Die 54 Kinder der anderen Gruppe erhielten Lebensmittelmarken und gelegentliche Besuche von Sozialarbeitern, damit sichergestellt war, daß es den Kindern gutging und sie gesund waren; während sie aufwuchsen, erfuhren sie darüber hinaus keine Extrazuwendung. Als alle Kinder dann fünf Jahre alt wurden, besuchten sie ähnliche Kindergärten, Grundschulen und High-Schools.

Die Studie verfolgte die Kinder bis zum Alter von 21 Jahren. Obwohl alle Kinder ab dem Alter von fünf Jahren gleich behandelt wurden, zeigte sich jedoch, daß fast zwei Drittel der Kinder, die eine Kinderbetreuung voller Zuwendung genossen hatten, an ihrem 21. Geburtstag entweder noch ein College besuchten oder bereits eine gutbezahlte Arbeitsstelle gefunden hatten. Aus der anderen Gruppe war dies nur 40 Prozent gelungen. Die Kinderbetreuung voller Zuwendung war eine kostspielige Angelegenheit gewesen: Sie hatte für heutige Verhältnisse in etwa 11000 Dollar pro Kind jährlich gekostet.[26] Doch angesichts der Langzeitauswirkungen könnte man sagen, daß sich diese Ausgaben gelohnt haben. Aber die bittere Realität ist, daß sich die meisten Familien etwas Derartiges schlicht nicht leisten können.

Qualitativ gute Kinderbetreuung finanzieren zu können ist ein Problem. Ein weiteres besteht darin, sicherzustellen, daß die Kinder auch wirklich die Zuwendung erfahren, für die ihre Eltern bezahlen. Kleinkinder werden sich kaum bei ihren Eltern beschweren können, daß sie entweder überhaupt nicht beachtet oder sogar mißhandelt werden. Das gleiche trifft natürlich auch auf ältere und gebrechliche Menschen zu sowie auf psychisch Kranke und Zurückgebliebene. Mit trauriger Regelmäßigkeit werden immer wieder Fälle über mangelnde Betreuung in Pflegeheimen aufgedeckt. Viele Pflegeheime gehören zu großen profitorientierten Unternehmen, und auch Kinderbetreuung wird zunehmend zu einem lukrativen Geschäft. Wirtschaftlich ausgerichtete Unternehmen müssen ihren Aktionären eine gute Investitionsrendite bieten, möglicherweise auf Kosten von Investitionen in die Qualität der Zuwendung. Einige Eltern, die sich darüber ärgern, greifen inzwischen selbst, während sie bei der Arbeit sind, gern auf technische Innovationen zurück, die von modernen Kinderbetreuungszentren angeboten werden, wie zum Beispiel kleine Webkameras, die an der Decke und den Wänden der Spielzimmer in der Kindertagesstätte montiert sind und den Eltern gestatten, mittels eines kleinen Fensters in einer Ecke ihres Computermonitors ihre Kleinkinder den ganzen Tag zu beobachten.

DIE NEUE TRENNLINIE

Sollten Sie (oder Ihre Kinder) nicht die richtigen Begabungen, Ausbildungen oder Beziehungen haben, um in kreativen Wirtschaftsbereichen eine Arbeit zu finden – und dort Designs, Konzepte, Pläne, Strategien, Geschäfte und Kenntnisse zu entwickeln und zu vermarkten –, ist es wahrscheinlich, daß Sie (oder Ihre Kinder) persönliche Zuwendung verkaufen werden. Denn dieser Bereich ist ein weiterer Sektor der Wirtschaft, in dem im Augenblick Arbeitsstellen extrem zunehmen. Doch Sie sollten auch wissen, wenn Sie es nicht bereits schon wissen, daß die meisten Menschen vom Verkauf persönlicher Aufmerksamkeit nicht besonders reich werden. Dafür gibt es verschiedene Gründe.

Erstens ist persönliche Zuwendung an und für sich eine relativ unproduktive Dienstleistung. Sie wird von Angesicht zu Angesicht ausgeführt, und ihre Aufgabe besteht darin, *Zeit* zur Verfügung zu stellen. In der gleichen Zeit, die ein Software-Ingenieur, ein Managementberater oder ein Investmentbanker benötigt, um ein Produkt zu entwickeln oder eine Dienstleistung zu verändern, die das Leben von Hunderten, wenn nicht sogar Hunderttausenden von Menschen beeinflussen wird, haben Kindergärtner, Pflegehilfen oder persönliche Trainer mit nur ein paar Dutzend Menschen direkt gearbeitet.[27]

Zweitens steigt das Angebot an Menschen, die persönliche Zuwendung anbieten, selbst in einem dichten Arbeitsmarkt genauso schnell, wenn nicht sogar schneller als die Nachfrage nach ihnen an und begrenzt damit die Lohnniveaus. Trotz gelegentlicher Personalengpässe in speziellen Bereichen dieses Sektors, wie zum Beispiel bei Krankenschwestern oder beim Hilfspersonal für ambulante Alten- und Krankenpflege, ist das Gesamtangebot an Menschen, die ihre Dienste in diesem Sektor anbieten, relativ groß. Einige dieser Arbeitnehmer im Bereich der persönlichen Betreuung sind Frauen, die weiterhin arbeiten gehen werden, um das Familieneinkommen zu sichern. Viele sind sowohl legale als auch illegale Einwanderer, die ebenfalls in diesem Bereich ihr Glück versuchen. Einige Mitarbeiter sind Menschen, die mehrere Jobs haben oder Überstunden machen, da sie auf das Geld angewiesen sind. Andere wiederum sind von ihren alten Arbeitsstellen im Dienstleistungssektor als Telephonistin, Schalterangestellter bei einer Bank oder Einzelhandelsmitarbeiter von den neuen Technologien verdrängt worden. Obwohl der Großteil der Arbeitnehmer in diesem Sozialbereich weiterhin Frauen sind, steigt die Anzahl ihrer männlichen Kollegen, deren ehemalige Stellen in den Fabriken gekürzt oder verlagert worden sind.

Und schließlich genießt eine Tätigkeit im Sozialbereich kein besonders hohes Ansehen in der Gesellschaft. Derartige Tätigkeiten waren schon immer traditionelle »Frauenarbeit«, zum Großteil unbezahlt, und wurden oft von Ehemännern, Kindern und älteren Familienangehörigen als selbstverständlich und gratis betrachtet. Man ging einfach davon aus, daß Frauen diese Tätigkeiten verrichten, da sie in ihren Verantwortungsbereich, wenn nicht sogar zur »spezifisch weiblichen Berufung« gehörten. Frauen erschienen auf dem Arbeitsmarkt zunächst als Krankenschwestern, Nonnen, Lehrerinnen und Stewardessen und boten ihre persönliche Zuwendung gegen recht niedrigen Lohn an. Schwarze Frauen konnten als Zimmer-

oder Kindermädchen in den Mittelklassehaushalten gerade so ihr Überleben finanzieren.[28] Frauen aus Einwandererfamilien waren ebenfalls schon immer stark in diesem Sektor vertreten, insbesondere bedürftigere Frauen aus Entwicklungsländern. Schwarze Frauen und Einwandererfrauen sind immer noch diejenigen, die die schwerste Form der persönlichen Zuwendung übernehmen: Sie heben gebrechliche Alte aus den Betten und in ihre Rollstühle, waschen ihre Körper und leeren die Bettschüsseln aus.

In den Pflegeheimen der USA arbeiten mehr als zwei Millionen Beschäftigte als Pflegehilfen, Diätassistenten und Wirtschafterinnen. Ein Großteil davon sind Frauen, die einen Verdienst erhalten, der nur knapp über dem Mindestlohn liegt – was im Jahre 2000 zwischen 7 und 8 Dollar pro Stunde bedeutete. Weitere 700000 Menschen arbeiten als Hilfskräfte im ambulanten Pflegedienst oder sind als Haushaltshilfen mit der Betreuung von Senioren, Kranken oder Behinderten in deren Zuhause beschäftigt. Der Großteil dieser Hilfskräfte ist ebenfalls weiblich und verdient im Durchschnitt zwischen 8 und 10 Dollar pro Stunde. Weitere 1,3 Millionen arbeiten für etwa den gleichen Stundenlohn als Sanitäter und Wachpersonal in den Krankenhäusern. Es gibt 2,1 Millionen registrierte Krankenschwestern in den USA, die zwischen 10 und 25 Dollar pro Stunde erhalten. Das US-Bundesamt für Statistik prognostizierte fundamentale Zuwächse in all diesen Berufen.[29] Ein Fünftel aller neuen Arbeitsstellen im kommenden Jahrzehnt wird im Gesundheitssektor entstehen, und davon die meisten im Bereich der persönlichen Betreuung.

Man schätzt, daß etwa 2,3 Millionen Menschen derzeit in den USA dafür bezahlt werden, auf Kinder aufzupassen und sie zu betreuen. Etwa die Hälfte von ihnen arbeitet als Kindermädchen oder Hilfskraft in Kinderbetreuungszentren, andere in organisierten Spielgruppen. Ihr Durchschnittsverdienst lag im Jahre 1999 bei 6,17 Dollar pro Stunde, meist ohne Versicherungsleistungen, und damit unter dem Durchschnittsverdienst eines Mitarbeiters eines Bestattungsunternehmens (7,16 Dollar pro Stunde) oder eines Kammerjägers (10,25 Dollar pro

Stunde). Der Großteil der Kinderbetreuung wird ebenfalls von Frauen übernommen.

Eine halbe Million Menschen sind als Sozialarbeiter tätig, weitere 200 000 gelten als Beschäftigte im Bereich »Human Service«, das heißt im persönlichen Dienstleistungsbereich. Sie alle kümmern sich um Einzelpersonen und Familien mit schwerwiegenden Problemen. Ihr Stundenlohn liegt derzeit zwischen 8 und 15 Dollar. Der größte Teil der Personen, die sich von Berufs wegen mit psychisch Kranken auseinandersetzen, sind jedoch Polizeibeamte, die sie an kalten Nächten von der Straße auflesen und in Notunterkünfte bringen oder wegen kleiner Verstöße gegen das Gesetz eine Nacht lang einsperren, sowie die Wächter, die sie dort bewachen. In New York – wie übrigens in allen amerikanischen Großstädten – sind Obdachlosigkeit und das Übernachten auf öffentlichen Straßen und Plätzen strafbar: Entweder verbringen die Obdachlosen die Nacht legal in städtischen Notunterkünften (viele davon sind gefährlich), oder sie werden festgenommen und verbringen die Nacht in städtischen Gefängnissen (viele davon sind gefährlich).

Diejenigen, die bei festlichen Abendessen für persönliche Aufmerksamkeit sorgen oder Hotelgäste mit ihrer Zuwendung verwöhnen, erhalten ebenfalls eine geringe Bezahlung, obwohl ihr Verdienst und ihr Trinkgeld besser werden, je gehobener das Etablissement ist. Wirtschafterinnen im New Yorker Pierre Hotel erhalten anfangs einen Stundenlohn von 11 Dollar, der sich bis auf 16 Dollar pro Stunde steigern kann, einschließlich zwei Wochen Urlaub und Sozialversicherungen.[30] Festangestellte Chauffeure von Limousinendiensten sind ebenfalls stärker gefragt und verdienen somit zwischen 10 und 25 Dollar pro Stunde. Auch die Nachfrage nach Bediensteten für das Valet-Parking, die die Autos der Hotel- oder Fitneßklubgäste auf den Parkplatz oder in die Tiefgarage fahren, ist nach oben geschnellt: Sie erhalten nur den Mindestlohn plus Trinkgeld. Die Gelben Seiten von Los Angeles verzeichnen unter der Rubrik »Valet-Parking« inzwischen 45 Einträge.[31]

Genauso rasch wachsen die Berufsgruppen der persönlichen Trainer, Sporttherapeuten, Fitneßtrainer, Massagetherapeuten, Hand- und Fußpfleger und anderer Dienstleister, die den menschlichen Körper straffen, durchkneten, knuffen, mit den Fäusten bearbeiten, massieren, eincremen und verjüngen. Diese Tätigkeiten bringen etwa zwischen 15 und 70 Dollar pro Stunde ein. Spitzentrainer und -masseure, die den Körpern der Glamourwelt eine ganz besonders exquisite Zuwendung angedeihen lassen, können natürlich mehr verdienen. Fast nie sind bei diesen Löhnen Versicherungen eingeschlossen. Wie bereits erwähnt, hat sich die Zahl der persönlichen Coaches ebenfalls rasant erhöht, wobei ihr Lohn anscheinend davon abhängt, wieviel sich die einzelnen Klienten die jeweiligen Dienstleistungen kosten lassen.

IN DER ALTEN WIRTSCHAFT, zur Zeit der Massenproduktion, verdienten die Menschen, die mit ihrer Arbeit die Autos und Fernsehgeräte herstellten, genug, um sich diese Produkte auch kaufen zu können. Henry Ford war bekanntlich der Ansicht, daß es wirtschaftlich gesehen vollkommen logisch war, Fließbandarbeitern einen Tageslohn von fünf Dollar zu bezahlen, damals ein relativ hoher Betrag, damit sie auch genügend Kaufkraft hätten, um den Ford Model-T zu kaufen, den die Ford Motor Company damals gerade in hoher Stückzahl produzierte. Ähnlich verhält es sich bei den Arbeitnehmern im Dienstleistungsbereich wie Schalterbeamten, Mitarbeiterinnen bei der Telephonvermittlung und Einzelhandelsverkäufern, die ja die gleichen Dienstleistungen in Anspruch nahmen, die sie selbst anboten, wenn sie in eine Bank gingen, telephonierten oder ein Einkaufszentrum besuchten.

Doch inzwischen verdienen die Millionen Menschen, die persönliche Zuwendung verkaufen, in zunehmendem Maße nicht mehr genug, um selbst die Dienstleistungen in Anspruch nehmen zu können, die sie anbieten. Daher fällt ihre Wahl auf abgespeckte Leistungen wie zum Beispiel Billigflugreisen ohne viel persönliche Zuwendung, Essen zum Mitnehmen, Arztbesuche nur im äußersten Notfall (viele Arbeitnehmer können sich nicht einmal eine Krankenversicherung leisten) sowie

Kinder- und Altenbetreuung, die zum Großteil von Freunden und Verwandten übernommen wird. Sie sind keine Mitglieder in Gesundheitsklubs, lassen sich auch nicht in Limousinen herumchauffieren oder speisen in schicken Restaurants. Ihre Autos parken sie übrigens auch selbst.

Viele dieser Arbeitnehmer finden keine Wohnung, die relativ dicht an ihrem Arbeitsplatz liegt, an dem sie die persönliche Zuwendung leisten, da die Wohnungen dort zu teuer sind. Die Beschäftigten in den Urlaubsorten, Restaurants und Heilbädern von Vail (Colorado) oder Park City (Utah) wohnen beispielsweise so weit entfernt, daß sich sogar ihre Chefs Sorgen machen. Eine Studie errechnete, daß ein Durchschnittsarbeitnehmer in Vail mit einem Stundenlohn von zehn Dollar insgesamt fünf Vollzeitjobs haben müßte, um so viel zu verdienen, daß er nahe an seinem Arbeitsplatz wohnen könnte. »Im Dienstleistungssektor möchte man Mitarbeiter, die warm, kuschelig und verfügbar sind. Wenn die Menschen täglich 160 Kilometer pendeln müssen, dann wird das nicht besonders gut funktionieren«, sagt Myles Rademan, ein Berater für Urlaubsorte aus Park City, der etwa die Hälfte seiner Arbeitskräfte tagtäglich »importiert«.[32] Ich bezweifle allerdings, daß tatsächlich viele der im Bereich persönliche Betreuung Beschäftigten täglich 160 Kilometer einfach zu ihrem Arbeitsplatz pendeln, dennoch bleibt das Problem der Anfahrtswege bestehen. Die Gärtner, Gesundheitsberater, Massagetherapeuten und Trainer, die in Greenwich (Connecticut) arbeiten, wo der Durchschnittspreis für ein Haus bei 1,1 Millionen Dollar liegt, pendeln gezwungenermaßen täglich aus der Bronx oder ähnlichen Gegenden mit günstigeren Mieten zur Arbeit.

Die reiche Oberschicht aus dem Goldenen Zeitalter beschäftigte Bedienstete, die auf der anderen Seite der Stadt wohnten, und diese Bediensteten putzten Zimmer und chauffierten Kutschen, die sie sich nie selbst würden leisten können. Doch nach und nach veränderte die industrielle Massenproduktion diese Ordnung und erzeugte einen Massenmarkt für en gros produzierte Waren und standardisierte Dienstleistungen und ließ dabei eine gewaltige Mittelklasse entstehen. Dies war eine der großen Leistungen des modernen Kapitalismus, die die amerikanische Gesellschaft genauso wie die Wirtschaft stärkte.

Die neue Wirtschaft beschert uns zwar keinen Rückschritt, doch sie führt anscheinend zu einer neuen Form der sozialen Trennung. Zweifellos hat sich der materielle Wohlstand der meisten Menschen verbessert: Vor 20 Jahren hätte Jennifer zum Beispiel kein so günstiges Flugticket bekommen, da damals einfach noch kein so großer Wettbewerb unter den Fluggesellschaften herrschte und auch die technischen Entwicklungen noch nicht so weit fortgeschritten waren, um die Kosten für Flugreisen zu senken. Immer mehr Menschen werden sich des Internets bedienen können, so daß selbst Helfer im ambulanten Pflegedienst für alle möglichen Dinge, die sie brauchen, exzellente Online-Angebote finden werden – die Kaufkraft ihrer Dollars ist also angestiegen. Doch ungeachtet dieser Fortschritte und Vorteile wird in den kommenden Jahren höchstwahrscheinlich ein immer deutlicheres Ungleichgewicht in der Verteilung von persönlicher Zuwendung herrschen – mit einer deutlichen Tendenz zu denjenigen, die sie sich finanziell leisten können, und weg von denjenigen, die es nicht können.

Die Art und Weise, wie bezahlte Arbeit in der neuen Wirtschaft weiterhin organisiert und entlohnt werden wird, treibt die Menschen dazu, länger und härter zu arbeiten und sich selbst mit immer größerem Eifer zu verkaufen. Die Folge davon ist weniger Platz für die Familie, die verkleinert wird und deren Funktionen ausgelagert werden. Persönliche Zuwendung – einst Verantwortungsbereiche der Ehepartner, Eltern und Kinder von älteren Familienangehörigen – bewegt sich rasch in die freie Marktwirtschaft hinein, in der diese Zuwendung denjenigen gewährt wird, die sie bezahlen können. Ironischerweise werden die Menschen, die sich diese erkaufte Zuwendung nur selten oder gar nicht leisten können, in zunehmendem Maße diejenigen sein, die sie verkaufen.

KAPITEL 10

Die Gemeinschaft als Ware

Onkel Billy [sehr emotional, fast einem Gefühlsausbruch nahe]: George, Mary hat's getan! Sie hat es getan! Sie hat ein paar Menschen gesagt, daß du in Schwierigkeiten bist, und sie haben in der ganzen Stadt Geld gesammelt. Keiner hat Fragen gestellt, sie haben nur gesagt: »Wenn George in Schwierigkeiten steckt – dann kannst du auf mich zählen.« So etwas gab es noch nie.
Frank Capra, *Ist das Leben nicht schön?*, Drehbuch, 1946

DIE LETZTEN KONSEQUENZEN der neuen Wirtschaft für unser persönliches Leben betreffen die Gemeinschaften, in denen wir leben. Früher haben sie dort angesetzt, wo Familien aufhörten. Staatliche Schulen ersetzten den Hauslehrer; sehr kranke Menschen wurden von zu Hause in örtliche Krankenhäuser verlegt; Bibliotheken und Spielplätze boten Möglichkeiten für alle an, die für sich genommen so teuer waren, daß nur wenige Familien sie sich privat hätten leisten können. Stellt man sich eine »Gemeinschaft« vor, sieht man wahrscheinlich einen Ort, wo sich Menschen um einander kümmern – eine traditionelle Nachbarschaft, eine Kirche, eine ehrenamtliche Gruppe, eine Bürgersitzung in einem kleinen Ort in Neuengland, ein Richtfest auf einer Farm weit draußen im Wilden Westen, ein Nähkränzchen, die Freiwillige Feuerwehr oder ein

Wohltätigkeitsbankett. Die letzte Szene in Frank Capras Film *Ist das Leben nicht schön?* aus dem Jahre 1946 typologisiert das amerikanische Ideal: Genau in dem Moment, in dem George (James Stewart) aus lauter Verzweiflung aufgeben will, stellt er fest, daß er sich auf die Großzügigkeit und Güte seiner Nachbarn verlassen kann, so wie sie sich stets auf seine eigene verlassen konnten. Sie alle sind verbunden durch freundschaftliche Bande gleicher Interessen.

Vergleichen wir nun dieses Szenario mit dem aktuellen Klagelied, Amerikaner hätten keine Gemeinschaften mehr. Wir seien nicht mehr gesellig. Wir würden unsere Nachbarn nicht mehr kennen. »Wir spielen allein.«[1] Da die Mehrzahl von uns härter arbeitet und sich mit immer größerem Eifer zu verkaufen sucht, sollte niemand überrascht sein, wenn wir kaum noch die Kraft haben, uns mit unseren Nachbarn zu beschäftigen.

Doch die Sichtweise, daß wir nicht mehr gesellig sind, ist nicht ganz richtig, da sie den wichtigsten Aspekt dessen, was passiert, nicht einbezieht. Wir schließen uns immer noch zusammen, um Kinderbetreuung, Altenfürsorge, Schulen, Gesundheitswesen, Versicherungen, Gesundheits-, Investment- und Shoppingklubs, Erholungseinrichtungen, private Sicherheitskräfte und alles andere bezahlen zu können, was für einen allein viel zu teuer wäre. Doch wir schließen uns nicht als Partner zusammen, sondern als Konsumenten. Wir werfen unser Geld in einen Topf, um so das Beste rauszuholen.

Die gleichen Fortschritte in der Kommunikations-, Transport- und Informationstechnologie, die uns eine breitere Produkt- und Investitionsauswahl ermöglichen, gewähren uns auch mehr Alternativen, mit wem wir gemeinsame Sache machen wollen und welches Ziel wir dabei verfolgen. Und wie auch in anderen Bereichen unseres neuen Lebens, können wir auf unserer Suche nach noch besseren Geschäften die Gemeinschaft, die wir uns ausgesucht haben, gleich wieder verlassen und zu einer anderen wechseln. Ebenso wie persönliche Zuwendung wird auch die Gemeinschaft zu einer Ware. Wir bekommen das, wofür wir bezahlen, und wir bezahlen keinen Pfennig mehr als nötig für das, was wir bekommen.

NEUE GRUPPEN

Beinahe in der gesamten Menschheitsgeschichte hatten die Mitglieder einer Gemeinschaft wenig Wahlmöglichkeiten, mit wem sie sich zusammenschlossen. Sie wurden in eine Gemeinschaft hineingeboren und gehörten ihr in der Regel bis zu ihrem Tode an. Einige brachen mit ihren Gemeinschaften oder wurden ausgestoßen, doch diese Trennungen waren eher selten und stark traumatisierend. Selbst bis weit in die industrielle Ära hinein lebten die Menschen in großen Familienverbünden und Sippen, die in den Großstädten ganze Nachbarschaften klar voneinander abgrenzten. Die Mitglieder solcher Gemeinschaften blieben ihr mindestens eine oder sogar zwei Generationen treu.

Die Gemeinschaften gaben ihren Mitgliedern Sicherheit und kümmerten sich um sie. Der Preis dafür waren allerdings oft Langeweile und geringe Veränderungsmöglichkeiten. Eine der größten Leistungen der Geschichte war es, Menschen die Möglichkeit der Wahl zu geben. Ein enorm großer Teil der Amerikaner (und auch die Bürger anderer moderner Länder) genießt heute die Freiheit, die Gemeinschaft, in die er hineingeboren wird, verlassen zu können. Man kann sich aussuchen, wem man sich anschließen will, und sich später wieder nach Belieben neuen Gruppierungen zuwenden – oder in eine andere Wohngegend ziehen, in einen anderen Fitneßklub gehen, einem anderen Gesundheitsprogramm folgen oder ein anderes Kinderbetreuungszentrum wählen. Internet-Gemeinschaften können mit einem Mausklick verlassen werden. Anstelle des zufällig bestimmten Schicksals tritt nun die Wahlmöglichkeit und bereichert somit sicherlich das Leben der Gemeinschaften, läßt es harmonischer und glücklicher werden. Wie sollte es auch anders sein?

Zunächst einmal reichte die Zugehörigkeit zu Gemeinschaften früher in viele Lebensbereiche jedes Mitglieds hinein. Es gab natürlich viele verschiedene Konstellationen, doch die gegenseitigen Verpflichtungen und Vorteile waren in der Regel untrennbar damit verbunden: Produktion, Verteidigung,

Betreuung, Ernährung, Elternschaft, Unterhaltung und Spiritualität. Als Mitglied einer Gemeinschaft trug man genau so viel zu ihr bei, wie von einem erwartet wurde, und man profitierte genau in dem Maße davon, wie es ebenfalls von einem erwartet wurde. Angehörige großer Sippen produzierten für die Sippe und kümmerten sich um die Kinder, Kranken oder älteren Mitglieder.

Im Gegensatz dazu bieten die neuen Gemeinschaften sehr spezielle Vorteile. Man wählt sie exakt nach den spezifischen Bedürfnissen aus, die sie hoffentlich erfüllen werden. Genauso wie in anderen Aspekten des neuen Lebens sucht man nach der besten Gemeinschaft, die man sich leisten kann. Da man jede kinderleicht wieder verlassen kann und ihre Vorzüge so gezielt zugeschnitten sind, erfordern diese neuen Gemeinschaften bei weitem nicht soviel Engagement wie die alten, bieten ihren Mitgliedern allerdings auch nicht die gleiche Sicherheit, wenn sie einmal auf die Hilfe der anderen Mitglieder angewiesen sein sollten. Selbstverständlich lernt man in der Kindertagesstätte Menschen kennen, die Freunde werden können, doch man ist bei weitem nicht mehr so offen und ehrlich zueinander und kann außerdem diese Freundschaft jeden Moment beenden, so wie es auch die anderen können.

Hier liegt der Hund begraben. Angesichts der vielen Wahlmöglichkeiten und der Leichtigkeit des Wechselns wählen wir die Gemeinschaften von Menschen mit etwa dem gleichen Einkommen, den gleichen Fähigkeiten, den gleichen Risiken und den gleichen Bedürfnissen. Wo wir leben, hängt stärker denn je davon ab, was wir verdienen. Wie zum Beispiel die Menschen, die in Städten wie Vail oder Greenwich leben, auf der einen Seite stehen und die Menschen der Gemeinschaften, die diese Städte instand halten, auf der anderen Seite – jedoch in einem weit größeren Ausmaß. Die Menschen, die von der neuen Wirtschaft am stärksten betroffen wurden – deren Einkommen sich am deutlichsten verschlechtert hat, deren Verdienste bedenklich niedrig sind –, werden sich wahrscheinlich alle in den gleichen ärmeren Gemeinschaften wiederfinden.[2] Ihre Schulen zählen zu den schlechtesten. Sie haben geringere medizinische Versorgung. Ihre Versicherungsbeiträge sind am höchsten. Selbst wenn die Eltern von Kleinkindern ihr ganzes Geld zusammenkratzen, bringen sie nicht genügend zusammen, um sich eine qualitativ gute Kinderbetreuung leisten zu können. Dieser Prozeß hat vor Jahren begonnen und nimmt weiter zu, gerade jetzt, da die Menschen, die in weniger attraktive Gemeinschaften weggedrängt werden, die gemeinschaftliche Unterstützung am dringendsten bräuchten.

DER AUSLESEMECHANISMUS

Will man begreifen, welche Prozesse gerade stattfinden, muß man den Auslesemechanismus verstehen. Bei sonst gleichen Vorzeichen will jemand, der sich in eine Gemeinschaft einkauft, die höchste Rendite auf seine oder ihre Investition – den besten Wert, den besten Service, höchst angenehme und anregende Menschen mit den gleichen Interessen und so viel Prestige, wie er oder sie für Geld bekommen kann. Diejenigen, die bereits zur Gemeinschaft gehören, wollen ebenfalls bestmöglich von ihrem neuen Mitglied profitieren – sie wollen einen Menschen, der sich genauso stark oder noch stärker als sie engagiert und den gemeinsamen Topf an Finanzmitteln möglichst wenig strapaziert. Mit Ausnahme von wohltätigen Motiven gibt es keinen Grund, sich einer Gemeinschaft von Menschen anzuschließen, die bedürftiger sind als man selbst und mehr Geld brauchen, so daß man sie am Ende sogar noch mitfinanzieren muß. Es ist unlogisch für eine Gemeinschaft, besonders viel Mühe darauf zu verwenden, neue Mitglieder anzulocken, oder Vorteile anzubieten, die höchstwahrscheinlich Menschen anziehen werden, die ihnen dann eine Last sind.

Als ein Freund kürzlich eine Anstellung an der University of California in Los Angeles bekam und seine Frau einen Job in einem Bankhaus in Downtown Los Angeles fand, fuhren sie viele verschiedene Gegenden ab, die alle innerhalb von 50 Minuten Fahrzeit zu ihren beiden Arbeitsstellen lagen, um ein gutes Wohnviertel zu finden. Nachdem die in Frage kommenden Gegenden sehr geschrumpft waren, sahen sie sich einige Appartementblöcke und selbstverwaltete Wohnungen an. Schließlich entschieden sie sich für das Beste, was sie sich leisten konnten – eine Wohnung in einem Appartementkomplex mit eigenem Wachpersonal, einem Hausmeisterteam, akzeptablen Freizeiteinrichtungen und sogar einem Breitband-Internet-Anschluß – in einem Viertel, das sicher war, hübsch aussah und eine gute Grundschule hatte, auf die sie ihre Tochter schicken würden. Bei der Entscheidung hatten sich meine Freunde natürlich den Appartementpreis sowie die monatlichen Fixkosten und Kommunalabgaben genau ausgerechnet. Beide haben sich nicht bewußt nach einer Gegend umgesehen, in der wenig bedürftige Menschen leben, deren Kinder Extrahilfe in der Schule benötigen und deren Bedürfnisse als Familien insgesamt mehr Sozialeinrichtungen und somit höhere Kommunalabgaben erfordern, die dies finanzieren müssen. Sie haben auch nicht absichtlich einen Appartementkomplex gewählt, dessen Mietpreishöhe automatisch bedürftige Menschen mit größeren Familien abschreckt, die ja die gemeinschaftlichen Einrichtungen verstärkt beanspruchen würden. Meine Freunde wollten einfach nur den besten Gegenwert für ihr Geld. Sie hatten sich gut informiert und eine große Vielfalt an Möglichkeiten zur Auswahl (Siedlungen mit verschiedenen Kommunalsteuersätzen, private Wohngegenden mit unterschiedlichen monatlichen Fixkosten).

Der Auslesemechanismus wird um so wirksamer, je mehr Wahlmöglichkeiten man hat und je schneller man wechseln kann. Einzelpersonen versuchen, sich Gruppen anzuschließen, die ihnen das beste Angebot machen – nicht nur die besten Städte, Siedlungen oder die besten privaten Wohngegenden, die sie sich leisten können, sondern auch die besten Universitäten, Grund- und Hauptschulen, Kindertagesstätten, Privatkliniken und Altenpflegeheime, Versicherungsgemeinschaften, berufliche Partnerschaften und Unternehmen. Solche Gruppen wetteifern untereinander um die attraktivsten Mitglieder – die, die am meisten beisteuern und am wenigsten einfordern.

Infolgedessen sind die *attraktivsten* Interessenten im ganzen Land in ähnlichen Gruppen unter sich – manchmal sogar weltweit. Und mit immer größerer Wirksamkeit schließen sie diejenigen aus, die nicht so begehrenswert sind oder mehr Bedürfnisse haben. Somit ist die *zweitattraktivste* Gruppe von Menschen ebenfalls unter sich und schließt alle diejenigen aus, die noch mehr Geld kosten als sie selbst. Und so setzt sich das bis ganz nach unten hin fort.

Das klingt alles wie eine kühle mathematische Aufstellung – herzloser und berechnender, als die Entwicklung im Grunde ist, doch ich wollte auf diese Weise die Logik aufzeigen, die immer deutlicher wird, je mehr die Auswahl zunimmt, die Informationen besser werden und der Wechsel zu noch besseren Angeboten noch leichter wird. Wenige Menschen setzen diesen Mechanismus der Auslese bewußt ein. Er ist vielmehr die Konsequenz einer Vielzahl von vernünftigen persönlichen Entscheidungen.

AUSLESE DES WOHNVIERTELS

Betrachten wir die Entscheidung meines Freundes und seiner Frau bezüglich ihres Wohnviertels: In einer Welt vermehrter Alternativen und problemloser Wechsel machen mehr und mehr Menschen ebenso wie Sie ihre Entscheidungen davon abhängig, was sie für ihr Geld an Gegenwert bekommen, und entscheiden sich damit stillschweigend dagegen, Menschen zu unterstützen, die wahrscheinlich weniger zu den gemeinsam angehäuften Ressourcen beitragen oder vergleichsweise viele dieser Ressourcen aufbrauchen. Da Wohnviertel zu Waren geworden sind – und vermarktet, geschätzt und gekauft werden wie jede andere Ware auch –, ist es für Käufer leichter, genau das zu bekommen, was sie wollen. Und die Verkäufer haben eine stärkere Veranlassung, exakt solche Angebote anzubieten.

Kommunalleistungen in *privaten* Wohngegenden – der Bereich des amerikanischen Immobilienmarktes, der am schnellsten wächst – werden von den Mitgliederabgaben getragen. Kommunalleistungen in exklusiven *öffentlichen* Siedlungen, wie Vail oder Greenwich, werden durch die örtliche Grundsteuer finanziert. Doch ganz gleich ob privat oder öffentlich, der Auslesemechanismus ist im Grunde der gleiche. Private Wohngegenden lassen große Familien, die viele Schulen und Sozialeinrichtungen benötigen, deren Kinder laut sein könnten oder zu kleinkriminellen Handlungen neigen, nicht zu, indem sie enorme Preise für die Wohnungen und Häuser sowie hohe Mitgliederbeiträge verlangen und zudem die Zahl der Schlafzimmer jedes Hauses oder jeder Wohnung genau begrenzen. Siedlungen der gehobenen Klasse machen dies, indem sie fordern, daß die Grundstücksgröße für jedes Haus zwischen 8000 und 16000 Quadratmetern beträgt, und das Zusammenwohnen von mehreren Familien unter einem Dach untersagen. Trotz des Arbeitskräftemangels in Vail weigern sich die Einwohner dort, Wohnungen für Einkommensschwache zu bauen, die den Wiederverkaufswert ihres Eigentums gefährden könnten. Das einzige Gebiet mit bezahlbaren Wohnungen oder Häusern, über das sich noch niemand in Vail beschwert hat, liegt in einem alten Schotterbecken auf einem Überflutungsstreifen, etwa 70 Kilometer von Vail entfernt.[3]

»Bürgerinitiativen« gegen bundesstaatliche und kommunale Steuern sind von privaten Hausbesitzervereinigungen vehement unterstützt worden, die nicht einsehen, warum sie Geld bezahlen sollten, um Familien außerhalb ihrer Grundstücksbegrenzungen zu unterstützen, wenn sie innerhalb ihrer eigenen Siedlungsmauern, finanziert durch ihre Abgaben, alles bekommen, was sie wollen. 1990 entschärfte die gesetzgebende Körperschaft von New Jersey eine solche Initiative, indem sie einwilligte, den Bewohnern privater Wohngegenden die Steuern zurückzuerstatten, die sie für die öffentliche Müllbeseitigung, den Winterdienst, die Straßenbeleuchtung und andere Annehmlichkeiten öffentlicher Bereiche bezahlt hatten. Die Bewohner dieser Wohngegenden waren ja dafür bereits privat aufgekommen. Mit anderen Worten: Hausbesitzer bezahlen nur für das, was sie auch in Anspruch nehmen und unterstützen nicht länger andere Gemeinschaften, die mehr benötigen.

Je nachdem, welches der effektivere Weg der Auslese ist, werden private Wohngegenden zu öffentlichen Siedlungen und umgekehrt. Am 24. März 1999 wandelte sich die Siedlung »Leisure World« für Ruheständler in Orange County (Kalifornien) von einer umzäunten Privatgemeinschaft zu einem der jüngsten Stadtbezirke Kaliforniens namens »Laguna Woods«, deren Einwohner ein Durchschnittsalter von 77 Jahren besaßen. Durch diese Veränderung konnten die Bewohner einen größeren Teil ihrer Steuergelder für sich behalten und ihn nur zur Finanzierung der Swimmingpools, Tennisplätze, Reitställe und der Rasenpflege innerhalb der Grenzen des neuen Stadtbezirks ausgeben, anstatt ihn für Schulen und soziale Einrichtungen für Kinder aus dem übrigen Amerika verwenden zu müssen.

Dieses Phänomen habe ich einmal mit dem Begriff »Sezession der Erfolgreichen« beschrieben, doch in letzter Zeit hat sich die Auslese auch auf Einkommensbereiche ausgedehnt, die weiter unten angesiedelt sind. Angesichts des Schwunds an Haushalten von Ehepaaren mit Kindern und der Zunahme an älteren Mitbürgern weisen immer mehr Schulbezirke eine größere Konzentration an älteren Menschen auf, die für Steuersenkungen und Einsparungen im Schulbereich stimmen, jedoch nicht umgekehrt. In den Städten der USA entstehen inzwischen alle Arten von Vierteln mit »speziellem Service« für Anwohner und Geschäftsinhaber der Mittelklasse, die bereit sind, mehr Abgaben für mehr Müllabfuhr, Straßenreinigung und Polizeistreifen zu bezahlen – vorausgesetzt, daß dieser »Extraservice« auch nur in ihrem Viertel geleistet wird. Exklusive Gemeinschaften werden immer exklusiver verkabelt. In naher Zukunft werden dort alle Haushalte, Schulen, Einzelhandelsgeschäfte und Büros an einigen gigantischen Hochgeschwindigkeitsnetzwerken hängen, so daß Lehrer leichter mit Eltern, Geschäftsleute leichter mit ihren Mitarbeitern und alle anderen mit den städtischen Behörden kommunizieren können.[4] Umzäunte Gemeinschaften waren einst nur für die Superreichen gedacht, doch inzwischen mehrt sich das Interesse der Mittelklasse, sich dort einzukaufen. 1970 waren in Amerika mehr öffentliche Polizeibeamte als private Sicherheitskräfte im Dienst; inzwischen ist das Verhältnis umgekehrt und beträgt 3:1 – in Kalifornien sogar 4:1.[5]

Die Abgrenzung von Familien aus der Mittelklasse und der unteren Mittelklasse bringt die USA daher zurück in die Zeiten der rassisch getrennten Nachbarschaften. Während der neunziger Jahre sank die Wahrscheinlichkeit, daß ein schwarzer Student weiße Kommilitonen hat. Diese Entwicklungen lassen sich in fast allen amerikanischen Großstädten feststellen. Anfang der neunziger Jahre galten etwa 10 Prozent der Nachbarschaften in Chicago als integriert (mit einem Anteil schwarzer Familien von 10 bis 50 Prozent); Mitte des letzten Jahrzehnts waren es nur noch knapp 3 Prozent.[6]

AUSLESE DER SCHULEN

Da es immer mehr Einsatz erfordert, eine gute Schulbildung zu erhalten, sind Eltern erheblich aggressiver auf der Suche nach der besten Schule, die sie sich für ihre Kinder leisten können. Und am interessantesten sind die Schulen, in denen die Mitschüler mindestens genauso intelligent, ehrgeizig und intellektuell stimulierend wie die eigenen Kinder sind und seltener die knapp bemessene Aufmerksamkeit der Lehrer beanspruchen, indem sie Unruhe stiften oder viel Extrahilfe benötigen.

Einflüsse von Gleichaltrigen unter Kindern im schulpflichtigen Alter sind nicht zu unterschätzen – eine Tatsache, von denen die Eltern von Teenagern ein Lied singen können. Die Wahrscheinlichkeit, daß High-School-Schüler anschließend auch aufs College gehen, nimmt, je nachdem, wie viele ihrer Klassenkameraden dies auch vorhaben, entsprechend zu.[7] Ungeachtet ihrer Befähigungen haben Schüler im Durchschnitt bessere Leistungen in Gruppen, die schon weiter sind als sie selbst, als in Gruppen, die noch nicht soweit sind, obwohl dieser Prozeß nicht symmetrisch verläuft. Studenten, deren Fähigkeiten noch nicht soweit entwickelt sind, ist mehr gedient, wenn sie in den Klassenzimmern mit Studenten zusammensitzen, die schon weiter sind, anstatt sie dadurch zu demotivieren, daß sie mit langsameren Kommilitonen zusammensitzen.[8] Neue Erkenntnisse lassen stark darauf schließen, daß sich der Einfluß von Gleichaltrigen während der Kindheit auch nach der Schulzeit bis in die Gemeinschaften hinein fortsetzt, in denen man später lebt. Eine Studie mit zufällig ausgewählten armen Familien aus den Innenstadtbereichen zeigte, daß sich das Verhalten ihrer Kinder, nachdem man den Familien Wohnungsberechtigungsscheine gegeben hatte, die ihnen gestatteten, in Vorstädte mit einkommensstärkeren Familien umzuziehen, im Vergleich zu den Kindern der Familien verbesserte, die diese Berechtigungsscheine ebenfalls wollten, bei der Vergabe aber leider nicht mehr berücksichtigt werden konnten.[9]

Auch in diesem Bereich wird der Auslesemechanismus immer effizienter. Reichere und ehrgeizigere Eltern wählen für ihre Kinder Privatschulen mit bestem Ruf oder gute staatliche Schulen in todschicken Vorstadtbezirken, in denen die Mitschüler höchstwahrscheinlich einen positiven Einfluß auf ihre Kinder ausüben und Störenfriede sowie Schüler, die sich beim Lernen etwas schwerer tun, still und leise ausgegrenzt werden können. (Die »Schulgebühr« für eine gute staatliche Schule in einer reichen Nachbarschaft ist in der Tat bereits im Kaufpreis eines Hauses der gehobenen Kategorie und den damit zusammenhängenden Grundbesitzabgaben enthalten.) Oder die Eltern entscheiden sich für eine von der öffentlichen Hand subventionierte »Charterschule«, die etwas mehr Spielraum als staatliche Schulen haben, welche Schüler sie zulassen und welche nicht. In den meisten Bundesstaaten haben solche Charterschulen rechtlich nicht viele Möglichkeiten, Schüler abzulehnen oder zuzulassen, doch sie können faktisch ihre Zulassungsbedingungen und Angebote so gestalten, daß weniger erwünschte Schüler abgeschreckt werden, indem sie beispielsweise keine Betreuung für Kinder mit Lernschwierigkeiten anbieten oder nur Kinder aus den gehobenen Nachbarschaften der Umgebung annehmen. (Eine jüngste Studie von Charterschulen in Michigan fand heraus, daß die meisten dieser Schulen Schüler ausschlossen, deren Ausbildungskosten besonders hoch gewesen wären, wie zum Beispiel Schüler, die spezielle Lernförderung und Unterstützung benötigen. In vielen extrem wohlhabenden Schulbezirken lehnten Charterschulen auch die Aufnahme von Bewerbern außerhalb der Wohnviertelgrenzen ab.)[10]

Der gleiche Auslesemechanismus bietet auch eine Erklärung für die deutliche Zunahme an privaten »Elternstiftungen« in der Folge von Gerichtsentscheiden, die reichere Schulbezirke verpflichteten, ärmere Schulbezirke zu unterstützen. Anstatt Extrasteuern zu zahlen, konzentrieren die Eltern ihre Unterstützung still und heimlich auf solche wohltätigen Stiftungen und binden damit immer mehr Geld an die eigenen Viertel. Schon zwölf Prozent der mehr als 14 000 Schulbezirke Amerikas werden von solchen Stiftungen unterstützt,[11] die finanziell alles fördern – von der neuen Schulaula (Bowie, Maryland) bis hin zu einer High-Tech-Wetterstation und geisteswissenschaftlichen Schulkursen (Newton, Massachusetts).[12] Das *Wall Street Journal* stellte fest, daß »Elternstiftungen der deutliche Beweis dafür sind, wie sich Eltern bemühen, ihr Geld ihren eigenen Kindern zugute kommen zu lassen«.[13] Und, nicht zu vergessen, somit eben gerade nicht den Kindern, die bedürftiger sind und mehr finanzielle Unterstützung benötigen.

Die Folge dieser Auslese ist, daß ärmere Kinder, die von guten Lehrern viel Aufmerksamkeit benötigen, verstärkt mit genauso bedürftigen Kindern, die ebenfalls viel Extrahilfe benötigen, in Schulen gebündelt werden, die zunächst einmal grundsätzlich weniger Mittel zur Verfügung haben.[14] Vor diesem Hintergrund überrascht es wenig, daß Eltern aus ärmeren Gemeinschaften gerne Schulberechtigungsscheine annehmen. Durch sie erhalten sie zumindest eine Möglichkeit, ihre Kinder von den Störenfrieden abzugrenzen, die sogar noch zusätzliche Aufmerksamkeit von Lehrern beanspruchen, deren Zeit und Aufmerksamkeit sowieso schon knapp bemessen ist, und die zugleich noch ein extrem schlechter Umgang für ihre Kinder sind. Schulen, die diesem System angehören, haben größere Spielräume, besonders ungehorsame Kinder aus der Schule zu entfernen. Konfessionsschulen haben diese Möglichkeit schon immer gehabt, was zum Teil erklärt, warum bedürftige Kinder, die diese Schulen besuchen, bei Standardtests besser abschneiden als bedürftige Kinder aus staatlichen Schulen. Durch die strikte Umsetzung des »Null-Toleranz«-Prinzips beim Verhalten der Schüler in der Schule gehört das Entfernen von Störenfrieden immer mehr zur Tagesordnung. Doch wohin gehen all diese Kinder? Sie alle finden sich wieder am unteren Ende des gesamten Schulsystems, und zwar in Schulen, die im Grunde Erziehungsheime sind. Sollten die Kinder selbst diesen Einrichtungen noch zu ungehorsam sein, dann wartet als nächste Station oft der Jugendarrest. Der Auslesemechanismus hat gegriffen.

Niemand hat das Schul- und Universitätssystem so angelegt. Die Eltern meinen es gut, wenn sie ihr Vertrauen in Privatschulen, gute staatliche Schulen in gehobeneren Wohnvierteln, Charterschulen, lokale Elternstiftungen oder Schulberechtigungsscheine legen und sie als einen Weg sehen, ihren Kindern die beste Ausbildung zu ermöglichen, die sie sich leisten können. Sie wollen damit nicht in erster Linie andere Kinder ausgrenzen, deren Ausbildung mehr kostet als die ihrer eigenen. In Wirklichkeit tragen sie jedoch durch ihre individuellen Entscheidungen Stück für Stück zu einem großangelegten Auslesemechanismus bei. Ist er einmal in Fahrt gekommen, entwickelt er seine eigene Dynamik. In Kalifornien ist dies drastisch zu beobachten: Dieser Bundesstaat hatte in den sechziger Jahren eines der am stärksten geförderten und besten staatlichen Ausbildungssysteme für Schüler. Inzwischen jedoch zählt Kalifornien zu den Bundesstaaten, die das Schulsystem am wenigsten unterstützen, und hat damit eines der schlechtesten Schulsysteme. Als sich seine Einwohner in reichere und ärmere Wohnviertel aufteilten, begann es mit den weniger wohlhabenden Schulen den Bach hinunterzugehen. Nachdem durch Klausel Nr. 13 im Jahr 1978 die kommunale Grundsteuer nach oben hin begrenzt wurde und ein Gerichtsurteil ein einigermaßen faires Gleichgewicht in den Ausgaben für alle Schulbezirke in ganz Kalifornien verlangte, wandte man sich im gesamten Staat gemeinsamen Finanzmitteln zur Ausbildungsunterstützung zu. So verlagerte man die Steuereinnahmen von den reichen Städten auf die armen. Für wohlhabende Eltern schmälerte dies den Vorteil in der Schulausbildung für ihre Kinder, wenn sie sich für eine reichere Stadt als Wohnsitz entschieden; daher begannen sie ihre Kinder in Privatschulen zu schicken und entzogen damit dem öffentlichen Schulsystem ihre finanzielle Unterstützung. Als Folge davon sanken alle Ausgaben der öffentlichen Hand für Ausbildung drastisch, und fast alle staatlichen Schulen verschlechterten sich.

In der neuen Wirtschaft wird Erfolg sehr stark von Begabung, Geschicklichkeit, der Fähigkeit, sich selbst verkaufen zu können, und von Beziehungen abhängen. Die Qualität der frühen Ausbildung eines Kindes und der Charakter der Gemeinschaft, in der es aufwächst, sind vor diesem Hintergrund eminent wichtig. Doch mit immer größerer Wirksamkeit grenzt der Auslesemechanismus Kinder entsprechend den Gemeinschaften und Schulen aus, die sich ihre Eltern leisten können. Die Entscheidungen der Eltern sind im einzelnen jeweils durchaus logisch, doch was für einzelne logisch sein mag, muß noch lange nicht für eine Gesellschaft als Ganzes nachvollziehbar sein. Bewußt würden wir uns als Bürger, die sich um die Zukunft unserer Nation Gedanken machen, für dieses Ergebnis auch nicht entscheiden.

AUSLESE DER UNIVERSITÄTEN

Nehmen wir an, Sie sind ein ausgezeichneter High-School-Schüler und überlegen sich gerade, auf welches College Sie gehen sollten. Vor 20 Jahren hätten Sie sich unter den besten Universitäten in Ihrem Bundesstaat umgesehen, vielleicht sogar in Ihrer Region. Heute haben Sie viel bessere Vergleichsdaten über alle Colleges im ganzen Land, angefangen bei der von *U.S. News* veröffentlichten Rankingliste bis hin zu einer Flut von Informationen im Internet. Darüber hinaus kann es sein, daß die Universität in Ihrem Bundesstaat Ihnen nicht mehr das beste Angebot bietet, denn staatliche Subventionen für die Universitätsausbildung sind bei weitem nicht mehr so großzügig wie früher (die Gründe dafür später).

Der Wandel zu einem nationalen (und in vieler Hinsicht globalen) Markt in der Universitätsausbildung hat bei allen Colleges und Universitäten zu einem viel direkteren Wettbewerb untereinander geführt. Sie müssen aus ganz Amerika, ja sogar aus der ganzen Welt die hellsten Köpfe anlocken, um ihren Ruf zu bewahren oder zu verbessern. Auch Universitäten und Colleges haben inzwischen mehr und bessere Informationen über brillante High-School-Abgänger. Angesichts des sich verschärfenden Wettbewerbs um diese »Genies« bieten sie diesen weit interessantere Stipendien an.

Auch die Eltern solcher blitzgescheiten Schüler sind schlauer geworden und veranstalten geradezu Auktionen um ihre Sprößlinge, die denen ähneln, die hochbezahlte Arbeitnehmer zur Ermittlung ihres eigenen Marktwerts durchführen. »Wir schlagen jedes Angebot!« Unter diesem Motto ermutigt die Carnegie Mellon University brillante Bewerber ausdrücklich, Offerten anderer Universitäten mitzubringen, damit die Universität diese entweder erfüllen oder übertrumpfen kann. Harvard verhält sich genauso, allerdings seinem Stil gemäß etwas dezenter: »Wir erwarten, daß einige unserer Studenten besonders attraktive Angebote von den Institutionen eingeholt haben, die neue Ausbildungszuschußprogramme anbieten«, steht in Harvards Mitteilung an neue Bewerber, »und diese Studenten sollten nicht den Fehler machen, zu glauben, daß wir darauf nicht reagieren würden.«

Die Folge davon ist, daß natürlich weniger Stipendien für finanzschwächere Studenten übrigbleiben. »Eine finanzmittelunabhängige Zulassung« – bei der die Universitäten die Bewerber nach ihren Leistungen akzeptierten und sicherstellten, daß jeder, der zugelassen worden war, auch genügend finanzielle Unterstützung bekam, um an der Universität bleiben zu können – gehört fast schon der Vergangenheit an. Immer mehr Stipendien gehen ausschließlich an die Besten und Brillantesten. Michael S. McPherson, Präsident des Macalester College in

Saint Paul, meint: »Früher einmal galt die Vergabe von Zuschüssen und Stipendien als wohltätige Sache. Heute ist es eine Investition, vergleichbar der Vermarktung einer Marke.«[15]

Das bedeutet, daß besonders begabte, gut organisierte und motivierte Studenten sich stärker als je zuvor in den Eliteuniversitäten wiederfinden. Ihre Chancen, es später im Leben zu etwas zu bringen, sind bereits vor ihrem Eintritt in die Colleges oder Universitäten hoch. Durch das Studium mit ihresgleichen verbessern sich ihre Aussichten auf eine erfolgreiche Zukunft noch weiter. Nicht nur, weil sie sich gegenseitig durch ihre Talente und ihren Ehrgeiz anspornen, sondern weil die Fülle an Beziehungen und Kontakten für die ganze Gruppe den Zugang zu noch besseren Arbeitsmöglichkeiten eröffnet. Und dadurch, daß sie an den jeweiligen Universitäten unter sich sind, wird das Prestige des Markennamens ihrer Universität zudem gesteigert. Junge Menschen, die etwas weniger diszipliniert und motiviert sind, jedoch durchaus gut bei Standardexamen abschneiden, studieren dann auf »zweitklassigen« Universitäten und machen dort Erfahrungen, die ihre Neigungen und Beziehungen, die »ganz gut, aber eben nicht spitzenmäßig sind«, verstärken. Die Auslese geht so weiter, bis ganz nach unten. (Wie bereits in einem Kapitel ausgeführt, stimmen die Universitätsrankings jedoch nicht exakt mit den Talenten überein, die in diesen Institutionen gehobener Ausbildung anzutreffen sind. Zudem machen sich einige der besten kleinen Universitäten gerade einen Namen für exzellente Forschung in speziellen Bereichen und lenken so die Aufmerksamkeit von Weltklassedozenten und Studenten auf sich.)

Diese Entwicklung hat seit einigen Jahren an Kraft gewonnen. Neu hinzugekommen ist die Wirksamkeit des Auslesemechanismus. Der Wettbewerb ist auf beiden Seiten intensiver geworden – zukünftige Studenten wollen die Zulassung zu den besten Universitäten, und Universitäten wollen nur die besten Studenten. Die Folge davon ist eine immer größere Konzentration von Begabungen und Fähigkeiten. Das erklärt eventuell, warum das Ungleichgewicht im Einkommen selbst unter Collegeabsolventen zunimmt.[16]

AUSLESE DES RISIKOS

Eine traditionelle Aufgabe der Gemeinschaft bestand darin, das Risiko eines möglichen Unheils auf alle Mitglieder zu verteilen. Gemeinsam wappnete man sich gegen die Möglichkeit, daß irgendein Mitglied aus der Gemeinschaft einmal in besonderen Nöten stecken würde. In den frühen Jahrzehnten des 20. Jahrhunderts war man der Ansicht, daß Nationen als Ganzes all ihren Bürgern den nötigen sozialen Versicherungsschutz zur Verfügung stellen sollten. Jeder amerikanische Bürger sollte »eine Altersvorsorge direkt von dem Versicherungssystem erhalten, dem er sein Leben lang angehörte«, beschrieb Franklin D. Roosevelt das System, dessen Ratifizierung er gerade unterzeichnete. »Sollte er keine Arbeit haben, erhält er einen Zuschuß. Wenn er krank oder behindert ist, bekommt er auch einen.«[17]

Doch der Auslesemechanismus unterläuft diesen Versicherungsschutz. Warum das so ist, erklärt sich aus dem Verständnis zweier grundlegender Faktoren, die bedingen, daß man sich und seine Familie überhaupt versichert: Erstens schließt man deshalb eine Versicherung ab – entweder privat bei einer Versicherungsgesellschaft oder gesetzlich bei der öffentlichen Hand durch Steuergelder an die Regierung –, weil man nicht weiß, ob und in welchem Ausmaß man sie später braucht. Wüßte man das, wäre es keine Versicherung mehr, sondern einfach nur eine besondere Anzahlung für etwas, von dem man jetzt glaubt, daß man es später braucht – wie zum Beispiel alle fünf Jahre ein neues Auto. Zweitens entspricht der Jahresbeitrag für eine Versicherung – die Versicherungsprämie oder die entsprechenden Lohnabzüge – dem durchschnittlichen Risikograd jedes einzelnen Mitglieds innerhalb der Gruppe der Versicherten. Solange jede Gruppe in etwa die gleiche Mischung von Menschen mit mehr oder weniger hohen Risikofaktoren aufweist oder die Gruppe an sich ein nationaler Risikofaktor ist wie zum Beispiel Sozialhilfeempfänger oder Patienten im »Medicare«-Programm, bleiben die Kosten für jeden einzelnen ungefähr gleich. Da man sowieso kein besseres Angebot bekommen kann, hat man auch keine Veranlassung, sich danach umzusehen. In diesem System unterstützen die Menschen, denen das Glück hold ist, unweigerlich letzten Endes diejenigen, die weniger Glück im Leben hatten. Da man sein Schicksal nicht in der Hand hat, scheint diese Lösung nur gerecht.

Wenn es keine starken sozialen Beziehungen gibt, wird der Anreiz des einzelnen, zu einem Versicherungspool beizutragen, erheblich gebremst, da man glaubt, daß man das, was man einbezahlt, aller Wahrscheinlichkeit nach selbst wesentlich seltener beanspruchen wird als jemand anderer. »Sozialhilfe«, wie sie in Roosevelts Sozialversicherungskonzept ursprünglich angelegt war, sollte Müttern zugute kommen, deren Männer gestorben waren und die somit als Verdiener ausschieden. In diesem Sinne war das Konzept auch sehr beliebt, denn dieses Unglück konnte fast jeder Familie zustoßen. Doch als Sozialhilfe dann als Unterstützung für das Einkommen lediger Mütter betrachtet wurde, von denen ein Großteil schwarze Frauen waren, galt es nicht länger als eine Versicherung. Statt dessen wurde es als regelmäßige Überweisung an die Armen, die »sie nicht verdienten«, betrachtet – die sie scheinbar noch weniger verdienten angesichts der Tatsache, daß mehr und mehr verheiratete Mütter mit kleinen Kindern arbeiten mußten. Die politische Lobby für die Sozialhilfe versiegte, und die Sozialhilfe schrumpfte.

Breit angelegte Sozialversicherungen stehen bei älteren Mitbürgern weiterhin hoch im Kurs (das beweist die alle vier Jahre wiederkehrende große Aufregung um »Medicare« und Sozialhilfe), doch reichere und wohlhabendere Mitbürger haben bereits andere Gedanken. Viele begreifen allmählich, daß sie besser wegkommen, wenn sie sich ohne die Ärmeren und Kränkeren zusammenschließen.

Die neue Kraft, die hier am Werk ist, ist nicht purer Egoismus, sondern die Technologie, die immer mehr Informationen über die Risikofaktoren jedes einzelnen preisgibt. So kann der genetische Code in unseren Zellen heutzutage bereits nach der Wahrscheinlichkeit abgefragt werden, mit der man irgendwann lebensbedrohliche Krankheiten bekommen wird und in welchem Ausmaß. Die eigene Familiengeschichte – wie alt die Eltern und Großeltern wurden und woran sie starben – verrät noch mehr. Ein weiterer Indikator ist die Art und Weise der eigenen Lebensführung – was man und wie man ißt, wie aktiv man ist, wo man lebt, wie hoch das Einkommen ist, welche Ausbildung man hat und welche Gewohnheiten und Abhängigkeiten. All das kann analysiert werden, um noch mehr spezifische Informationen darüber zu erhalten, wie wahrscheinlich es ist, daß man krank wird, einen Unfall erleidet oder irgendein anderes Unglück auf sich zieht. Es ist nicht mehr so, daß man selbst und auch die Gemeinschaft, die einen versichert, im unklaren darüber ist, wie hoch die Wahrscheinlichkeit ist, ob und in welcher Höhe man die Leistungen der Versicherung wird in Anspruch nehmen müssen. Das Ausmaß des Risikofaktors »Versicherter« kann immer präziser prognostiziert und festgestellt werden.

Der Auslesemechanismus bei Versicherungen funktioniert genauso wie bei sozialen Einrichtungen und in der Ausbildung: Das beste Geschäft ist das, bei dem die eigenen Dollars niemandem anderen zugute kommen, der einen größeren Risikofaktor darstellt als man selbst. Die jährlichen Ausgaben der Amerikaner für Lebens- und Krankenversicherungen im privaten Versicherungsmarkt betragen mehrere Zehnmilliarden Dollar. Versicherungen, die in diesem Bereich im Wettbewerb stehen, haben allen Grund, die »Guten« herauszupicken, also nach Kunden mit möglichst geringem Risikofaktor zu suchen, und diese mit geringeren Prämien zu ködern. Angesichts der Verfügbarkeit von immer mehr und besseren Informationen müssen Versicherte, die sich gesünder ernähren, sich regelmäßig von guten Ärzten untersuchen lassen, ein höheres Einkommen haben und über eine bessere Schulbildung verfügen, eine progressiv geringere Prämie zahlen. Sie verkörpern den Gegenpol zu den Versicherten, die ein höheres Risiko darstellen, weil sie eine konträre Lebensführung zu den oben genannten Versicherten haben. Diese bezahlen entsprechend höhere Prämien, so daß die Schere in den Versicherungsprämien weiter aufklafft.

Der Auslesemechanismus hat aus der privaten Krankenversicherung bereits eine Vielzahl von verschiedenen Segmenten gemäß dem Kosten-Nutzen-Prinzip gemacht. »HMOs« betreiben in wohlhabenden Vorstädten und in Unternehmen mit hohem Lohnniveau, deren Mitarbeiter voraussichtlich seltener kostspielige medizinische Versorgung benötigen werden, verstärkt Eigenwerbung. Arbeitgeber ihrerseits beschneiden oder senken inzwischen ihren Anteil am Krankenversicherungsschutz der schlechter bezahlten und gefährdeteren Mitarbeiter und erhöhen gleichzeitig den Anteil für ihre wertvollsten Mitarbeiter. Anstatt weiterhin Krankenversicherungen für die Gesamtheit der Mitarbeiter abzuschließen und alle Mitarbeiter mit einem gemeinsamen Schutz zu versorgen, kündigte Xerox Ende 1999 an, daß alle Mitarbeiter Coupons bekämen, mit denen sie sich selbst krankenversichern könnten; diese Strategie half dem Unternehmen, die Kosten zu senken, und beendete zugleich auch implizit die Unterstützung gefährdeterer Mitarbeiter durch weniger gefährdete Kollegen. Da viele große Unternehmen, die bislang allen Mitarbeitern Krankenversicherungsschutz angeboten haben, ihre Betriebsfunktionen verkleinern und Arbeitsbereiche an kleinere Unternehmen per Unterverträge auslagern, sind die einzigen Mitarbeiter, die beim Mutterunternehmen verbleiben und somit auch durch Arbeitnehmer-Krankenversicherung geschützt sind, die wertvollen Manager, die sowieso schon wohlhabender und gesünder sind als der Rest der Belegschaft.

Der »gemanagte«, nach Unternehmensprinzipien geführte, Gesundheitsbereich verringert unterdessen die medizinische Versorgung für unversicherte bedürftige Menschen. Städtische Krankenhäuser hatten bislang immer noch eine Notfallversorgung für die Bedürftigsten und Gefährdetsten unter uns und versorgten diejenigen kostenlos, die nicht bezahlen konnten, beispielsweise in Notfallzentren für traumatisierte Menschen oder Spezialabteilungen für Verbrennungen, für die Behandlung von Tuberkulosepatienten, bei denen Medikamente nicht mehr anschlugen, Spezialabteilungen für Aids-Kranke, Drogenabhängige, Opfer von Gewalt in Familien sowie eine medizinische Grundversorgung für frisch Zugewanderte. Die Krankenhäuser konnten all dies anbieten, denn die Krankenversicherungen subventionierten die Krankenhäuser indirekt, indem sie ihnen stets ein wenig mehr Kosten erstatteten, als die Behandlung des versicherten Patienten tatsächlich gekostet hatte. Doch in zunehmendem Maße wetteifern die »HMOs« ebenfalls wie wild miteinander, um die Kosten einzudämmen, so daß städtische Krankenhäuser keine Extras mehr bekommen. Der neue Wettbewerb veranlaßt sogar Krankenhäuser ihrerseits, um Patienten mit geringem Risikofaktor durch reichhaltige Versorgungsangebote zu buhlen – wie zum Beispiel um Frauen aus Mittelklassefamilien, die dort ihre Kinder zur Welt bringen sollen – und zugleich unversicherte Drogenabhängige und Traumatisierte links liegen zu lassen. Des weiteren führt diese Entwicklung dazu, daß Ärzte der kostenlosen medizinischen Versorgung immer weniger Zeit widmen. Eine unlängst abgeschlossene Studie zeigt, daß in Gemeinschaften, in denen der Wettbewerb um medizinische Versorgung nach Heil- und Kostenplänen extrem hart ist, Ärzte etwa 25 Prozent weniger kostenlose Versorgung leisteten als ihre Kollegen in Gemeinschaften, in denen sich diese noch nicht durchgesetzt haben.[18]

Der Grundgedanke von »Medicare« bestand einmal darin, jedem Rentner eine gewisse Minimalkrankenversicherung zu garantieren, die durch die Beiträge aller Arbeitnehmer finanziert wurde. Kein Arbeiter konnte sicher sagen, wieviel medizinische Versorgung er oder sie in Anspruch nehmen würde, wenn er oder sie das Rentenalter erreicht hätte, so daß dieses System recht ausgewogen erschien. Doch die reicheren und gesünderen Mitbürger haben inzwischen eine bessere Idee und möchten lieber separate »Sparkonten für die medizinische Versorgung« einrichten, um individuell das beste Geschäft zu machen anstatt die chronisch Kranken durch ihre Versicherungsbeiträge mitzufinanzieren. Dieser Wunsch ist vollkommen rational. Dennoch würde eine derartige Auswahl, sollte sie sich durchsetzen, die Kränksten und Ärmsten in deren teuren und von der öffentlichen Hand finanzierten Versicherungen zurücklassen, deren Prämienzuschüsse dann extrem stark den Kürzungen im Staatsbudget unterliegen.

Ähnlich war der Grundgedanke bei der gesetzlichen Rentenversicherung: Ein Teil der Einkommensteuer von besser verdienenden Arbeitnehmern sollte abgezweigt werden, um die Leistungen für Rentner mit geringerem Einkommen aufzubessern. Da die Beschäftigten zu Beginn ihrer Karrieren nicht wissen konnten, wieviel Geld sie im Laufe ihrer Karriere verdienen würden, schien das eine faire Regelung. Doch inzwischen haben sich gut ausgebildete junge Arbeitnehmer mit guten Beziehungen ausgerechnet, daß sie im Laufe ihrer Karriere erheblich mehr Vermögen ansammeln werden als Arbeitnehmer mit vergleichsweise schlechterer Ausbildung und weniger guten Beziehungen, von denen ein Großteil vermutlich keine oder wenig Ersparnisse haben wird. Also ist es völlig verständlich, daß auch sie lieber ihre Rücklagen mit denen anderer junger Menschen mit ähnlich vielversprechender beruflicher Zukunft in einen gemeinsamen Fonds tun und lieber aus diesem Topf privater Investitionen die kompletten Renditen abschöpfen, als ärmere Rentner mitzutragen. Eine »Privatisierung« der Rentenversicherung mit Hilfe einer derartigen Auswahl bewirkt, daß Rentnern mit geringerem Einkommen in Zukunft noch weniger bleiben wird.

FÜHRUNGSKRÄFTE ALS FREIER DES NEUEN MARKTES

Früher bestand die Aufgabe von Führungskräften darin, Entscheidungen zu treffen. Heute besteht sie darin, Investitionen und begabte Mitarbeiter anzulocken (und zu binden). Das liegt daran, daß Geld und Talente mobiler sind als je zuvor. Leiter von Unternehmen, Universitäten, Museen, Krankenhäusern und anderen Institutionen möchten gerne brillante Kreise schaffen, in denen sich Geld und Talente mit viel anderem Talent und Geld vermählen. Im Zuge dieser Verbindung möchten sie die gegenseitigen Vorzüge des Gruppenprestiges und der Innovationskapazität der in diesen Kreisen stattfindenden Lehre und Weiterbildung, der Qualität der Dienstleistungen, die ihren Mitgliedern zur Verfügung stehen, oder der niedrigen Kosten und Risiken für Mitglieder einer solchen Gruppe an sich binden. Das Problem ist allerdings, daß sich ein solch vorzüglicher Kreis an einem bestimmten Punkt umdrehen kann und zu einem Teufelskreis wird. Die talentiertesten Mitglieder verlassen die Gruppe, weil sich irgendwo anders ein noch besseres Angebot aufgetan hat, und nehmen andere im Schlepptau mit. Es kann sogar zu großen Massenabwanderungen kommen, die dann die Ausmaße eines »Massenexodus der besten Köpfe« und der »Kapitalfluchten« annehmen. Verbreiteter Zugang zu Informationen und erleichtertes Ausscheiden werden in Zukunft voraussichtlich weitere derartige Massenfluchten in Gang setzen. Die Aufgabe eines Leiters besteht also darin, die Teufelskreise anzuhalten, bevor sie an Tempo zulegen.

Führungskräfte im privatwirtschaftlichen Sektor treffen nicht länger spektakuläre strategische Entscheidungen. Ihre Zeit wird vollständig davon beansprucht, Aktienanalysten, Risikokapitalgebern und institutionellen Anlegern von der rosigen Zukunft des Unternehmens vorzuschwärmen und attraktive Arbeitnehmer davon zu überzeugen, dem Unternehmen beizutreten und sich zu verpflichten, indem sie sie mit Aktienoptionen und interessanten Projekten umschwänzeln. Viele dieser Anwerbungen müssen persönlich erfolgen, damit auch die maximale Wirkung erreicht wird. Nachdem IBM 1994 die feindliche Übernahme von Lotus in Höhe von drei Milliarden Dollar abgewickelt hatte, begann Louis Gerstner jun., Vorstandsvorsitzender und Generaldirektor von IBM, per Hubschrauber seine persönliche Wallfahrt von der Unternehmenszentrale in Armonk (New York) hinunter nach Cambridge (Massachusetts), um Ray Ozzie, einen der kreativsten Köpfe von Lotus, persönlich davon zu überzeugen, bei Lotus zu bleiben. Die Idee zum erfolgreichsten Software-Produkt des Unternehmens, nämlich *Lotus Notes*, mit dessen Hilfe Mitarbeiter in weitverzweigten Betriebsbereichen großer Firmen von überallher verschiedene Dokumente einsehen können, stammte ursprünglich von diesem genialen Tüftler. Gerstners persönliche Vorsprache bei Ozzie erwies sich als erfolgreich: Er blieb noch drei weitere Jahre bei Lotus, bevor er dann Ende 1997 ausschied und eine neue Firma gründete.[19]

Leiter von gemeinnützigen Institutionen sind ebenfalls eifrig damit beschäftigt, ständig Talente und Finanzmittel anzulocken. »Um heutzutage eine Institution zu leiten, muß man opportunistisch sein«, findet Marcia Tucker, Exkuratorin des New Museum of Contemporary Art in New York. »Man muß jeden gesellschaftlichen Anlaß zum Spendensammeln und zum Aufbau sozialer Kontakte nutzen.«[20] Während Universitätsdekane eifrig geniale potentielle Fakultätsmitglieder umwerben (wie wir im Falle Robert Barros gesehen haben, in verstärktem Maß durch Gebots- und Gegengebotspoker), werden die meisten Collegepräsidenten fast überrollt von der Aufgabe, Geldmittel aufzutreiben. »Man muß betteln, schmeicheln, im Dreck kriechen und den Hofnarren spielen«, beschreibt Leon Botstein, Präsident des Bard College, diese Aufgabe.[21] Die großen Universitätspräsidenten von früher, die voller Visionen waren, die Amerikas Gedankengang in gewichtigen Fragen veränderten – wie zum Beispiel James Conant, der in seiner Amtszeit als Präsident von Harvard von 1933 bis 1953 die Nation über die Wichtigkeit der zivilen Kontrolle der Atomenergie aufklärte, oder Robert Maynard Hutchins, der von 1929 bis 1951 der Universität von Chicago vorstand und Amerika mit provokanten Vorschlägen und Ideen über Ausbildung und Gerechtigkeit bombardierte –, sind zum Großteil abgelöst worden von einer Riege an Präsidenten, deren einzige Vision darin besteht, großzügige Spenden zu beschaffen. Neil Rudenstein, zu Beginn des neuen Jahrtausends Präsident der Harvard University und ein bescheidener Mann, war außerhalb der Harvard-Gemeinde fast unbekannt, erwies sich jedoch als sehr geschickt, große Geldsummen von Menschen zu erbitten, die gerne ihren Namen auf der Steinplatte zu Ehren der Universitätsmäzene eingraviert sehen wollten. Um diese Aufgabe auch wirklich gut zu machen, vermied es Rudenstein absichtlich, kontroverse Themen des Tagesgeschehens anzusprechen. »Ich muß mir ganz, ganz wenig Gedanken darüber machen, wo ich stehen sollte, sondern viel, viel mehr Gedanken darüber, wo Harvard stehen sollte«, erklärte er.[22]

REGIERUNGSVERTRETER ALS GESCHICKTE VERKÄUFER

Vertreter der Regierungen müssen auf größerem Parkett werben. Gouverneure und Bürgermeister beeilen sich, Menschen mit attraktiven Fähigkeiten und hohem Einkommen, von deren hervorragenden Verbindungen das Wachstum des jeweiligen Regierungsbezirks abhängt, als Anwohner in ihre Zuständigkeitsbereiche zu ziehen und dort zu binden. Denn diese locken wiederum ihrerseits Gleichgesinnte an und mit ihnen das Weltkapital. Die Mobilität solcher Einzelpersonen entspricht ihrer Ausbildung. Während pro Jahr nur 1,6 Prozent aller High-School-Abgänger in einen anderen Bundesstaat umziehen, tun dies bereits 4 Prozent aller Collegeabsolventen.[23] Diejenigen mit besserer Ausbildung haben nicht nur mehr Jobs und weitaus mehr Beziehungen an unterschiedlicheren Orten zur Auswahl als die weniger gut Ausgebildeten, sondern sind, wie gezeigt, auch in der Lage, via Internet ihre Dienste von fast jedem Standort auf der Welt anzupreisen.

Wie lockt man nun besser ausgebildete und kreative Arbeitnehmer an und bindet sie am eigenen Ort? Indem man ihnen Steuervergünstigungen gewährt, ihnen sichere und attraktive Lebens- und Arbeitsumgebungen anbietet und ihnen die Anfahrt zu Flughäfen, Ausflugszielen, Museen und Sportstadien mit schicken Tribünen erleichtert. Sonst ziehen sie nämlich wieder weg, wenn sie etwas Besseres gefunden haben. Das haben die High-Tech-Angestellten in Massachusetts, die in den letzten Jahren scharenweise wegen der niedrigeren Steuerbelastungen nach New Hampshire umgesiedelt sind, deutlich gezeigt.

Dieses Umwerben ist zum Teil dafür verantwortlich, daß sich

die staatlichen und kommunalen Steuerbelastungen klammheimlich von den einkommensstarken mobileren Arbeitnehmern auf die Steuerzahler, die weniger Möglichkeiten haben, sich ihren Wohnort auszusuchen, verlagert haben. Die Einkommensteuer – die bekanntlich das Einkommen der besser Verdienenden zu einem größeren Teil belastet – wird verstärkt durch Mehrwertsteuer, Treibstoffsteuer, Tabak-, Spirituosen- und Glücksspielsteuern ersetzt, die in der Summe zu einem größeren Teil das Einkommen der schlechter Verdienenden belasten. Seit 1993, als die Finanzkassen der Bundesstaaten immer voller wurden, haben die Staatsgouverneure Steuern gesenkt, doch erstaunlicherweise sind zwei Drittel dieser Steuersenkungen im Bereich der Einkommensteuer anstatt der Mehrwertsteuer erfolgt.[24]

Das Umwerben erklärt auch zum Teil die Senkung staatlicher Unterstützung für die gehobene Ausbildung. Denn schließlich verdoppelt ein Staat angesichts des Zusammenhangs zwischen Ausbildung und geographischer Mobilität die Wahrscheinlichkeit, eine Arbeitskraft an einen anderen Staat zu verlieren, wenn er seine jungen Bürger unterstützt, einen Collegeabschluß zu erwerben, anstatt nur die High-School abzuschließen. »Wir stehen vor einer Abwanderung gut ausgebildeter Köpfe«, klagt Ben Nelson, Gouverneur von Nebraska, und signalisiert damit, daß es, je besser Nebraskas Studenten bei Standardtests abschneiden, desto wahrscheinlicher wird, daß sie ihren Heimatstaat verlassen.[25] Nebraska bezahlt daher nur noch Hochschulgebühren für die Studenten, die sich verpflichten, mindestens drei Jahre lang nach ihrem Abschluß in diesem Bundesstaat zu arbeiten.

Staatsgouverneure und Bürgermeister müssen auch die Unternehmenswelt dazu bringen, sich in ihren Regierungsbezirken niederzulassen und dort zu bleiben. Angesichts der Tatsache, daß Produkte leichter, der Transport und die Kommunikation ständig billiger werden und ein Ort auf der Landkarte in zunehmendem Maße durch jeden anderen x-beliebigen ausgetauscht werden kann, nehmen der Kampf und der Angebotspoker um Unternehmen zu. Staaten und Städte wetteifern immer verbissener um die Ansiedlung und Bindung von Wirtschaftsbereichen, indem sie generöse Subventionen und Steuervorteile anbieten. Überall auf der Welt sinkt die Körperschaftssteuer.

Vor einigen Jahren habe ich mitgeholfen, die feierliche Unterzeichnung eines »Vertrags« zwischen Kommunalvertretern von New York, New Jersey und Connecticut auf den Weg zu bringen, in dem sich alle drei Bundesstaaten verpflichteten, dem gegenseitigen Abwerben von Unternehmen eine Ende zu bereiten. Dieser Vertrag wurde genau zehn Tage lang eingehalten, bis eine der drei Parteien den Überredungskünsten einer Firma zum Opfer fiel, die zwischen den Zeilen anklingen ließ, daß sie durchaus in die entsprechende Kommune umziehen würde, wenn man ihr von deren Seite etwas entgegenkäme. Inzwischen geben alle drei Bezirke pro Jahr mehr als 2,5 Milliarden Dollar für das gegenseitige Pokern um Angebote und Gegenangebote aus, und im Grunde bieten alle drei die gleichen Arbeitsplätze an. Der Gouverneur von New York und der Bürgermeister von New York City haben stolz ein gemeinsames Paket an Steuervorteilen und Subventionen in Höhe von 720 Millionen Dollar für die New Yorker Börse angekündigt, damit diese ein 60 Stockwerk hohes Bürogebäude genau gegenüber ihrem alten Standort – Ecke Broad Street und Wall Street – bauen kann, an dem sie seit 1902 angesiedelt ist. Auch New Jersey hat versucht, die New Yorker Börse mit großzügigen Offerten in seinen Regierungsbezirk zu locken, obwohl die Angebote anscheinend nicht verlockend genug waren. Ich will dem Garden State überhaupt nichts Böses, doch was soll man schon Spektakuläres von einer Notierung an der »New Jersey Börse« erwarten. Übrigens werden sowieso in wenigen Jahren die Ziegel- und Mörtelwände aller großen Börsen, ganz gleich, wo sie stehen, vermutlich durch elektronische Börsenhandelssysteme ersetzt werden. Ein Leitartikel in der *New York Times* erklärte, daß »die Wirklichkeit so aussieht, daß sich andere, hungrigere Städte und Bundesstaaten, sollte New York City sich weigern, dieses Spiel mitzuspielen, diese Trägheit schnell zunutze machen werden. Dann wird insbesondere Manhattan zusehen müssen, wie sein Prestige und seine Anwohner einfach abgeworben werden – wie so viele freie Agenten auch«.[26]

Viel schlimmer jedoch ist, daß die Steuervorteile und Subventionen, mit denen man die Unternehmen ködert, zu Lasten der Leistungen der öffentlichen Hand gehen, die von vielen weniger wohlhabenden Bürgern in den jeweiligen Bezirken dringend benötigt werden – wie zum Beispiel gute Schulen. Staatliche und kommunale Verwaltungen haben im Jahr 1999 Unternehmen mehr als 17 Milliarden Dollar an Steuervorteilen und Subventionen gewährt; ein Betrag, der, hätte man ihn für Schulen verwendet, ausgereicht hätte, um im selben Jahr 1,5 Millionen Grundschüler mit *verdoppelten* Finanzmitteln pro Schüler unterrichten zu können.[27]

Für Kommunalpolitiker sind sogar Schulen als Einsatz im Poker um Sportstadien nicht mehr heilig. Der Kampf um die Standorte von Sportarenen verschärft sich – sehr zum Leidwesen der Schulen in ärmeren Gegenden. 1999 stimmte der Staat Pennsylvania der Investition von 160 Millionen Dollar für den Bau eines neuen Baseballstadions für die »Eagles« und »Phillies« in Philadelphia sowie eines neuen Footballstadions für die »Pirates« und »Steelers« in Pittsburgh zu – komplett mit Tiefgaragen und überdachten Tribünen. Zugleich platzten die staatlichen Schulen Philadelphias aus allen Nähten, ihre Dächer waren brüchig, und die Lehrmittel gingen aus. Pittsburghs Schulen mußten diese Probleme mit einem um 30 Millionen Dollar gekürzten Budget lösen.[28] 1995 bot die Stadt Cleveland 175 Millionen Dollar an, um die »Browns« dazu zu bewegen, nicht nach Baltimore umzuziehen, und das, obwohl die Stadt gleichzeitig elf staatliche Schulen wegen Geldmangels schließen mußte.[29] Während ich diese Zeilen schreibe, fordert der Besitzer der »New York Yankees« die Stadt New York lautstark auf, der Footballmannschaft ein mehrere Millionen Dollar teures Stadion zu bauen, und der Bürgermeister scheint dieser Forderung nachzugeben. Gleichzeitig sind New Yorks Schulen völlig überfüllt und gefährlich und haben Subventionen bitter nötig. Warum machen Politiker diesen Kuhhandel? Mit Sicherheit werden Sportmannschaften wegziehen, wenn ihre Forderungen nicht erfüllt werden, doch wohin können die Schulkinder der Innenstädte schon gehen?

All das, was ich geschildert habe, ereignet sich auf der ganzen Welt. Vor mehr als 100 Jahren boten die Vereinigten Staaten der Welt an, ihre »müden … armen … bedrängten Massen, die danach lechzten, frei durchatmen zu können«,[30] hierherzuschicken, doch inzwischen beschäftigen wir uns lieber damit, die klugen, gut ausgebildeten Software-Ingenieure anzulokken, die danach lechzen, reich zu werden. Obwohl der zunehmende Strom an armen Einwanderern in unserem Land für vermehrte Unruhe sorgt, haben amerikanische High-Tech-Unternehmen heftiges Interesse bekundet, die Einwanderungsquoten für High-Tech-Facharbeiter zu heben. Andere Länder locken nämlich ebenfalls auf ihre Art derartiges Talent an: So versucht Irland Autoren von Bestsellerromanen mit großzügigen Steuervergünstigungen in das Land zu ziehen. 1998 boten die Oberhäupter des Iran Wissenschaftlern aus der ehemaligen Sowjetunion, die einst in der Biowaffenforschung gearbeitet hatten, ein Monatsgehalt von bis zu 5000 Dollar an – mehr als das Jahresgehalt eines Wissenschaftlers im jetzigen Rußland. Der Iran rechtfertigte sein Angebot damit, daß andere Staaten in dieser unsicheren Region die Talente anlocken würden, wenn man ihnen nicht zuvorkäme.[31]

Auf der anderen Seite sieht sich Kanada mit einer Massenabwanderung seiner Manager und Ärzte, seines Krankenpersonals, seiner Wissenschaftler und anderer freier Berufsgruppen konfrontiert, die zum Teil damit zusammenhängt, daß Kanadas Steuersätze bis zu 50 Prozent des Einkommens verschlingen.[32] Auch Schwedens Wissenschaftler und Ingenieure verlassen ihre Heimat, da sie Maximalsteuersätze von bis zu 59 Prozent bezahlen müssen plus 1,5 Prozent Vermögensteuer auf Eigentum, dessen Wert über 120 000 Dollar geschätzt wird. Weltweit agierende Unternehmen, deren Geschäftssitze irgendwo auf der Welt sind, nehmen diese Scharen an Fachpersonal mit offenen Armen auf. Es ist also nur eine Frage der Zeit, wann sich Kanada und Schweden genötigt sehen, die Steuerbelastung für ihre wertvollsten Staatsbürger zu senken.

Auch Staatsoberhäupter machen Global Players den Hof. Einst beschäftigten sich Diplomaten mit Verträgen, Bündnissen und dem delikaten Gleichgewicht der Kräfte, und die wichtigsten Treffen fanden zwischen Staatsoberhäuptern statt. Heutzutage beschäftigen sich Diplomaten hauptsächlich damit, Investitionen anzuziehen und die Kapitalflucht zu verhindern, so daß die wichtigsten Treffen zwischen Staatsoberhäuptern, Vorständen der Weltbanken und den Fondsmanagern stattfinden. Ähnlich einem Marktschreier, der sich abmüht, die Menschenmassen in sein Zelt zu locken, sind Staatspräsidenten und Premiers eifrig damit beschäftigt, durch Zusicherungen aller Art, als Gegenleistung für Investitionen des Weltkapitals, attraktive globale Investoren anzulocken (und zu binden). Sie umschwänzeln alle diejenigen, die Kapitalströme steuern, und schmeicheln sich bei ihnen ein. Fast alle senken die Unternehmensteuern. Wo immer nötig, werden Haushaltsdefizite glattgebügelt – einschließlich der Ausgaben der öffentlichen Hand für Sozialversicherungen, Gesundheitsvorsorge und Schulen –, nur um auf alle Fälle das Vertrauen der Investoren zu gewinnnen.

ZUSAMMENFASSUNG: DIE AUSWAHLGEMEINSCHAFT

Die Folge all dieser Manöver und Strategien ist, daß die Kosten und Belastungen für all das, was weniger wohlhabende Mitglieder jeder Gesellschaft am dringendsten benötigen, immer gleichmäßiger auf exakt deren eigene Schultern verlagert werden. Diese Verlagerung ist die schlußendliche Konsequenz des Auslesemechanismus.

Menschen, die bei Verhandlungen die besten Karten haben, die in der Lage sind, bei der Auswahl der Schulen und Universitäten, der Kinderbetreuung, Gesundheitsvorsorge, Versicherungen, Steuerbelastungen und Kapitalrenditen die günstigsten Geschäfte zu machen, sind sowieso schon am besten dran. Sie haben wahrscheinlich von vornherein eine gute Ausbildung (oder haben gut ausgebildete Eltern), sind gesund, wohlhabend bis reich und wirtschaftlich abgesichert. Die Menschen, die die schlechtesten Karten bei Verhandlungen haben, da auf ihren Schultern die Lasten der wirtschaftlichen Veränderungen am schwersten drücken, müssen sich mit den schlechtesten Schulen, wenig oder kaum Universitätszugang, minimaler oder nicht vorhandener Kinderbetreuung, schlechter bis nicht existenter Gesundheitsvorsorge sowie keinerlei Absicherungen gegen die Launen des Marktes begnügen. Und da ihre soziale Isolation wächst, verlieren sie auch den Kontakt zu einer sich ausweitenden Wirtschaft, die immer mehr auf Beziehungen beruht. Der Verhandlungsspielraum jedes einzelnen zwischen diesen beiden Extremen verhält sich daher reziprok zu seinen Bedürfnissen.

Niemand hat dieses System so geplant und konzipiert oder gar seine Konsequenzen beabsichtigt. Sie sind das Ergebnis einer zunehmenden Menge an separaten Entscheidungen von Einzelpersonen, die nur das Beste für sich und ihre geliebten Menschen herausholen wollen. Das soll nicht heißen, daß Menschen mit mehr Geld und mehr Glück im Leben gegenüber Menschen mit weniger Geld und weniger Glück sowie größeren Bedürfnissen nicht mehr wohltätig sind. Vielleicht wollen die Bessergestellten ernsthaft all denen helfen, die langsam zurückbleiben. Viele Menschen spenden Geld für eine Menge sinnvoller Zwecke. Unter Umständen lehnen sie sogar selbst die Auswahl ab, die gerade in der Gesellschaft stattfindet, zumindest soweit sie ihnen bewußt ist. Die Auslese selbst kann jedoch ihre Wahrnehmung trüben, wie andere, denen es weniger gut geht, in Wirklichkeit leben. Selbst wenn ihnen diese sozialen Ungerechtigkeiten bewußt vor Augen wären, hat sich jedoch im Auslesemechanismus auch für sie der Preis erhöht. Die Entscheidung, sich in einer ärmeren Gemeinschaft niederzulassen, würde eventuell bedeuten, daß sie eine angenehme Nachbarschaft, gute Schulen, Zugang zu ausgezeichneten Universitäten, qualitativ hochwertige Gesundheitsvorsorge sowie Kinderbetreuung aufgeben würden. Es würde auch heißen, auf wertvolle Beziehungen und Kontakte zu verzichten sowie alle anderen Vorzüge in den Wind zu schlagen, die die Zugehörigkeit zu einer exklusiveren Gemeinschaft mit sich bringt. Eine anständige Gesellschaft sollte sich nicht nur auf hehre Akte der Nächstenliebe verlassen müssen.

Der Auslesemechanismus erhöht den Druck, ein möglichst hohes Einkommen zu erwirtschaften. Guter Verdienst verschafft einem selbst und seiner Familie Zugang zu ausgezeichneten Gemeinschaften. Geringes Einkommen zwingt einen dazu, in weniger wohlhabenden Gemeinschaften zu wohnen – mit weniger guten Schulen, weniger Grünanlagen oder Spielplätzen, nachts unsicheren Straßen sowie einem erhöhten Maß an sozialem Zündstoff. Da die verschiedenen Auslesemechanismen verstärkt greifen, klaffen die Vorzüge, Mitglied in einer attraktiven Gemeinschaft zu sein, und der Preis, sich in einer weniger wünschenswerten Gemeinschaft niederlassen zu müssen, weiter auseinander, so daß der Einsatz, der insgesamt auf dem Spiel steht, steigt.

Die Geschichte ist damit jedoch noch nicht zu Ende. Wir sind weder den momentanen Entwicklungen und Trends sklavisch ausgeliefert, noch sind wir die willfährigen Opfer des Auslesemechanismus. Wenn wir wollen, können wir darauf bestehen, daß unsere gegenseitigen Verpflichtungen als Bürger weiter reichen als bis zu unserem rein wirtschaftlichen gegenseitigen Nutzen, und uns entsprechend reorganisieren. Wir haben auch hier, genauso wie in anderen Aspekten der neuen Wirtschaft, durchaus Wahlmöglichkeiten.

TEIL 3

Entscheidungen

KAPITEL 11

DIE ENTSCHEIDUNGEN DES EINZELNEN

Lieben und arbeiten.
Sigmund Freuds Antwort darauf, was ein normaler Mensch können sollte[1]

DIE MEISTEN VON UNS sind wohlhabender als jemals zuvor. Wir besitzen mehr. Wir können hervorragende Geschäfte machen. Dennoch betreffen die tiefsten Ängste dieses florierenden Zeitalters Aspekte unseres Lebens, die nicht erkauft werden können. Viele von uns sind besorgt über den Zerfall der Familien, über die eigenen Unzulänglichkeiten als Lebenspartner oder Eltern, über die Schwierigkeiten, echte und dauerhafte Freundschaften aufrechtzuerhalten, über die Zerbrechlichkeit unserer Gemeinschaften sowie über die Anstrengungen, die eigene Integrität zu bewahren.

Bezahlte Arbeit beansprucht uns zeitlich immer mehr und nimmt in zunehmendem Maße auch unsere emotionale und psychische Energie in Anspruch. Wie gezeigt, arbeitet ein typischer Amerikaner pro Jahr 350 Stunden mehr als sein europäischer und auch mehr als sein japanischer Kollege. Und dieses gehetzte Tempo beinhaltet noch nicht einmal die Zeit, die die sich immer stärker verbreitenden Kommunikationsgeräte wie Telephone, Faxe, Beeper, E-Mails einfordern oder die Geschäftsreisen, die sich im Leben jedes einzelnen breitmachen. Hinzu kommen die gedankliche Fixierung, die Freude sowie alle Ängste, die ein Beruf mit sich bringt und die tagsüber und manchmal sogar nachts im Schlaf in unser Leben eindringen. Vielen von uns geht die Kraft weitaus schneller aus als die Zeit. Immer *in Betrieb* zu sein – kreativ zu sein, zu lehren, zu überzeugen und zu verkaufen – kann den Menschen emotional auslaugen. »Burnouts« können bereits bei einer 40-Stunden-Woche eintreten. Selbst wenn es tatsächlich noch Zeit für Freunde, Familie, die Gemeinschaft und die eigene Ruhe gibt, dann nur in Form von körperlicher Anwesenheit – den psychischen Freiraum gibt es kaum noch. Wir werden statt dessen von unserer Arbeit so vereinnahmt, daß wir keine Kraft für etwas anderes aufsparen wollen. Unser übriges Leben schrumpft immer mehr, wird ausgelagert und aussortiert.

Haben wir uns wirklich dafür entschieden? Ist das die Zukunft des Erfolgs?

WAS WOLLEN WIR WIRKLICH?

Wirtschaftswissenschaftler und die meisten Sozialwissenschaftler nehmen an, daß man am besten untersuchen kann, was Menschen wollen, indem man studiert, was sie tun. Psychologen und Psychoanalytiker sind der Meinung, daß, ganz gleich welche Wünsche die Menschen äußern, sich die ganze Wahrheit erst durch das zeigt, was sie wählen. Wenn die Menschen nach verschiedenen Prioritäten leben wollten und auch bereit wären, die Opfer im Zusammenhang mit diesen unterschiedlichen Werten zu akzeptieren, dann würden sie sich vermutlich entsprechend verhalten.

Einige Menschen sind aufgrund wirtschaftlicher Notwendigkeiten dazu gezwungen, härter und verbissener zu arbeiten, doch solche Zwänge reichen für eine komplette Erklärung der Entwicklung nicht aus. Amerikanische Manager und Freiberufler, denen es wirtschaftlich bereits gutging, erreichten von der Mitte der achtziger Jahre bis zum Ende des 20. Jahrhunderts einen nochmals deutlich verbesserten Wohlstand. Dennoch stieg im gleichen Zeitraum der Anteil der Arbeitnehmer, die mehr als 50 Stunden pro Woche an ihrem Arbeitsplatz verbringen, um 30 Prozent an. Wie bereits gezeigt, ist die Wahrscheinlichkeit tatsächlich größer, daß man um so härter arbeitet, je mehr man verdient. Man verdient nicht mehr, *weil* man härter arbeitet; man arbeitet härter, weil man dadurch mehr verdienen kann. Knapp 40 Prozent aller männlichen Collegeabsolventen und 20 Prozent aller weiblichen Collegeabsolventen arbeiten mehr als 50 Stunden pro Woche gegen Entgelt. Collegeabsolventen verdienen deutlich mehr als Arbeitnehmer ohne Collegeabschluß, doch ist die Wahrscheinlichkeit bei ihnen viermal so hoch, daß sie mehr als 50 Stunden pro Woche arbeiten.

Es gibt sogar Anzeichen dafür, daß mit steigendem Einkommen die eigenen Kinder im Teenageralter mit größerer Wahrscheinlichkeit spüren, daß ihr Leben hektischer als das der Eltern ist. Eine Umfrage bei Jugendlichen im Alter von 13 bis 17 Jahren ergab, daß Teenager aus wohlhabenden Familien deutlich öfter als Jugendliche aus weniger wohlhabenden Familien – ungeachtet der Rasse oder des Geschlechts – angaben, daß ihr Leben härter und stressiger sei als das ihrer Eltern.[2] Das liegt vielleicht daran, daß Jugendliche aus weniger wohlhabenden Familien die Berichte über die Mühen und Plackereien ihrer Eltern kennen und deshalb glauben, ihr eigenes Leben sei im Vergleich zu dem ihrer Eltern leichter. Jugendliche aus wohlhabenden Familien kennen hingegen die »Erfolgsstorys«, die alle die implizite Warnung enthalten, nicht in Verzug zu geraten. Das erinnert mich an einen Cartoon von Roz Chast aus *The New Yorker* (eine Zeitschrift, deren Leserschaft kaum mittellos sein dürfte), der unter der Überschrift »Die Erfolgreichen von morgen« zwei Jungs mit Baseballmützen und Rucksäcken zeigt. Ein Junge sagt zum anderen: »Ich würde total gerne rüberkommen und mit dir rumhängen, aber da wir jetzt im globalen Markt miteinander konkurrieren, kann ich einfach nicht.«

Die Haltung der Collegestudenten verlagert sich anscheinend auch dahin gehend, daß sie bereit sind, noch härter für noch mehr Geld zu arbeiten. Wie ich ebenfalls gezeigt habe, gaben 1968 nur 41 Prozent der College-Erstsemester »sehr großen finanziellen Wohlstand« als äußerst wichtiges Ziel an. Damals war der Großteil der Erstsemester noch mehr daran interessiert, »eine sinnvolle Lebensphilosophie zu entwickeln«. Doch der finanzielle Wohlstand gewann dauerhaft an Bedeutung, und die Lebensphilosophie verlor ebenso kontinuierlich an Boden, bis 1998 dann 74 Prozent der College-Erstsemester »sehr großen finanziellen Wohlstand« als Thema Nummer eins für ihre Zukunft nannten. Wie ich betont habe, soll das nicht als Indiz gewertet werden, moderne Studenten seien geldgieriger als frühere Semester. Die Zahl der Collegestudenten, die ehrenamtlich in ihren Gemeinden und Wohnvierteln soziale Arbeit verrichtet, ist so hoch wie nie zuvor. Für sie ist schlicht der Schwerpunkt im Leben mehr auf Geld ausgerichtet.

Auch für erwachsene Amerikaner scheint es immer wichtiger zu werden, daß ihre Kinder harte Arbeit als essentiell für das Leben empfinden. Jedes Jahr wird eine große Auswahl an Amerikanern gebeten, aus einer Reihe von fünf Alternativen diejenige auszuwählen, von der sie denken, daß sie »am wichtigsten für ein Kind zu erlernen sei, um den Sohn oder die Tochter auf das zukünftige Leben vorzubereiten«. Die fünf Möglichkeiten lauten: eigenständig denken, gehorchen, hart arbeiten, anderen helfen sowie geschätzt und beliebt sein. Seit 1986, als man diese Umfrage begann, gab zirka die Hälfte der Befragten kontinuierlich an, »eigenständiges Denken« sei am wichtigsten. Doch im Laufe der Jahre war die einzige Qualität, die in dieser Befragung *unablässig* an Bedeutung zugenommen hatte, »hart arbeiten« – sie stieg von 11 Prozent im Jahre 1986 auf 18 Prozent im Jahre 1998.[3]

Vom sozialwissenschaftlichen Standpunkt aus gesehen, der von der Annahme ausgeht, man verstehe am besten, was Menschen wollen, indem man beobachtet, wie sie sich verhalten, kommt man angesichts dieser Entwicklungen ganz schnell zu dem Schluß, daß die Amerikaner harte Arbeit für sich und ihre Kinder wählen, weil sie es so *wollen*. Schluß mit einem »ausgewogeneren Leben«! Das ganze Gerede über die Schaffung von Freiräumen für das Leben außerhalb der Arbeit – über die Bedeutung von Familie, Freunden, Gemeinschaften, persönlichen Vorlieben und spiritueller Erfüllung – ist nichts als oberflächliche Lippenbekenntnisse voller Koketterie vor laufender Kamera.

Dennoch tritt eine persönliche Wahl nicht in einem gesellschaftlichen Vakuum auf. Wir wählen den einen oder anderen Weg, weil mit dieser Entscheidung bestimmte Konsequenzen verbunden sind; Konsequenzen, die teilweise damit zusammenhängen, wie eine Gesellschaft gewählt hat, sich zu organisieren. Die Tatsache, daß sich ein Häftling entscheidet, eine hohe Betonmauer, die oben mit Stacheldraht umgeben ist, hinaufzuklettern, deutet nicht auf seinen Wunsch hin, Betonmauern hochzuklettern und Stacheldrahtgeflecht zu überwinden. Sie verweist einzig und allein auf die Umstände, die ihn dazu bewegt haben, dieses gefährliche Unterfangen zu wagen. Würden sich seine Haftbedingungen stetig verschlechtern oder würde die Welt jenseits der Gefängnismauern weitaus angenehmer, würde er wahrscheinlich noch höhere und gefährlichere Mauern hochklettern. Doch aus seiner Tat zu folgern, daß er plötzlich eine Vorliebe für höhere Mauern entwickelt, zeugt von einem Unverständnis der fundamentalen Entwicklungen und Realitäten. Die zunehmende Anstrengung des Häftlings hängt zusammen mit einem wachsenden Gegensatz zwischen seinem Leben innerhalb der Mauern und dem Leben, das er außerhalb führen könnte.

ZUSAMMENFASSUNG: DER GROSSE WANDEL

Warum arbeiten die meisten Amerikaner härter als noch vor 30 Jahren? Bestimmt nicht, weil sie heute mehr Hingabe für ihren Beruf empfinden als früher oder auf der Evolutionsleiter eine andere Stufe erreicht haben. Irgend etwas anderes muß geschehen sein und dauert vermutlich noch an. Warum verbringt ein durchschnittlicher amerikanischer Arbeitnehmer 350 Stunden mehr pro Jahr bei der Arbeit als der Durchschnittseuropäer und will noch härter für mehr Geld arbeiten? Ganz sicher nicht, weil die Gehirne der Amerikaner anders funktionierten als die der Europäer. Dafür muß es andere Gründe geben als ihre Erbanlagen. Gründe, die eher damit zusammenhängen, in welchen Situationen sich Amerikaner und Europäer heutzutage befinden.

Warum legen Collegestudenten heute größeren Wert auf finanziellen Wohlstand als ihre Kommilitonen vor 30 Jahren? Sie sind auch nicht geldgieriger als damals. Was hat sich verändert? Warum legen moderne Eltern mehr Wert darauf, daß ihre Kinder harte Arbeit schätzen lernen, als die Eltern vor drei Jahrzehnten? Auch hier muß etwas passiert sein, das die Sorge der Eltern um die Konsequenzen, nicht hart zu arbeiten, größer werden läßt.

Warum haben Menschen immer weniger Kinder? Nicht, weil sie heute Kinder weniger lieben als früher. Auch hier muß es eine andere Erklärung geben. Warum ist die Wahl der Wohngegend und der Gemeinschaft jetzt viel wichtiger als noch vor wenigen Jahren? Nicht, weil Bürger heutzutage mehr als früher in angenehmen Nachbarschaften mit guten Schulen wohnen wollten. Hier ist ebenfalls eine Veränderung eingetreten, die die Berechnungen beeinflußt und die Einsätze in die Höhe getrieben hat. Bei all diesen und anderen Beispielen, die ich auf diesen Seiten vorgestellt habe, wurden die persönlichen Entscheidungen bezüglich Arbeit und Leben innerhalb eines größeren Zusammenhangs gesellschaftlicher Veränderungen getroffen.

Wir müssen vorsichtig sein und nicht den technologischen und wirtschaftlichen Veränderungen allein zuviel Verantwortung für diese Entwicklungen zuschreiben. Das menschliche Wesen ist eine komplizierte Kreatur und durch unterschiedlichste Faktoren zu beeinflussen. Dennoch habe ich auf den bisherigen Seiten umrissen, wie Veränderungen in Technologie und Wirtschaft die Organisations- und Entlohnungsprozesse der Arbeit verändern, die ihrerseits wiederum Einfluß darauf haben, wie jeder einzelne sein Leben gestaltet. Lassen Sie mich zusammenfassen:

• Ihr Lohn oder Gehalt ist weniger sicher als je zuvor. Sie sind sich heutzutage weitaus unklarer darüber, was Sie in Zukunft verdienen werden, als es im alten Wirtschaftssystem der Massenproduktion der Fall war. Selbst wenn Sie Ihre Arbeit gründlich und gut verrichten, kann die Nachfrage für eine Dienstleistung plötzlich unerwartet sinken, da Kunden überall bessere Geschäfte finden und abschließen können. Sie als Arbeitnehmer befinden sich in einem Dilemma, da ja ein Großteil Ihrer Lebenshaltungskosten Fixkosten sind – Hypotheken, Mieten, Kredit für das Auto, Versicherungen und so weiter. Was tun Sie in so einem Fall? Wie verändert sich Ihr Verhalten im Vergleich zu der Zeit, als Ihr Einkommen stabiler war? Sie müssen jetzt das Eisen schmieden, solange es noch heiß ist. Also werden Sie härter arbeiten, wenn Arbeit da ist, für den Fall, daß sich Ihr Einkommen zukünftig verringern wird.

• Sollten Sie über Kenntnisse verfügen, die gerade sehr gefragt sind, dann werden Sie heute wahrscheinlich besser bezahlt, als diejenigen im alten Wirtschaftssystem bezahlt wurden, die fast an der Spitze der Einkommensskala waren. Damals hing das Einkommen größtenteils mit der Position oder den Dienstjahren zusammen. Heute bezahlt man Sie für Ihre Ideen und Ihre Verkaufstüchtigkeit. Sollten Sie ein wahrlich exzellenter Tüftler oder eine tolle Spürnase sein, dann können Sie eine Menge Geld machen. Außerdem kommen Sie vermutlich in den Genuß großzügiger Arbeitgebervorzüge und einer prima Arbeitsplatzumgebung, möglicherweise sogar mit einem Whirlpool und einem Fitneßraum. Zudem ist Ihre Tätigkeit wahrscheinlich interessant und macht sogar Spaß. Sollten Sie jedoch eine repetitive oder Routinetätigkeit verrichten, die viele Menschen hier oder sonstwo auf der Welt ebensogut leisten können oder die sogar von computergesteuerten Maschinen oder via Internet gemacht werden kann, riskieren Sie, daß Sie jetzt weniger Geld für die gleiche Tätigkeit bekommen als früher und eventuell auch weniger Vorzüge genießen. Whirlpool und Fitneßraum können Sie gleich vergessen. Sie verlieren unter Umständen Ihren Arbeitsplatz sogar ganz. Wenn Sie nicht die Ausbildung und Fähigkeiten für einen Tüftler oder eine Spürnase haben, ist es sehr gut möglich, daß Ihr neuer Job darin besteht, persönliche Dienstleistungen bei relativ geringem Verdienst anzubieten. Einige dieser Arbeiten sind befriedigend und geben Ihrem Arbeitsleben Sinn, viele sind jedoch beschwerlich und frustrierend.

- Sollten Sie zu den Arbeitnehmern der letztgenannten Kategorie gehören und in bezug auf den Lebensstandard, den die meisten Menschen für angemessen halten, Boden verlieren, müssen Sie härter arbeiten, um das Einkommen Ihrer Familie zu sichern. Ihrem Ehe- oder Lebenspartner wird es vielleicht nicht anders ergehen. Gehören Sie zu denjenigen, denen es wirtschaftlich immer besser geht, möchten Sie vielleicht trotzdem länger und härter arbeiten, diesmal allerdings aus einem anderen Grund. Die Opfer, die Sie bringen müßten, würden Sie *nicht* so hart arbeiten – das Einkommen und die Vergünstigungen, die Sie aufgäben, sowie die Herausforderungen und die Freude –, sind viel größer als im alten Wirtschaftssystem. Aus dem gleichen Grund werden Sie wahrscheinlich eine dieser hochbezahlten Arbeitsstellen anstreben, anstatt, nehmen wir mal an, Lehrer oder Lehrerin werden zu wollen. Würden Sie ein eher bescheidenes Einkommen wählen, würden Sie heutzutage auf weit mehr verzichten als mit der gleichen Entscheidung noch vor wenigen Jahren.

- Selbst wenn es Ihnen materiell gutgeht, müssen Sie dennoch weiterrennen. Der Markt verändert sich rasch, Kunden werden ständig mit einer Menge neuer Alternativen überflutet, zu denen sie leicht wechseln können. Der Wettbewerb ist hart. Keine Zeit zum Zurücklehnen, kein Ende in Sicht, kein Ausruhen auf den Lorbeeren und kein Wiegen in der Sicherheit langer Dienstjahre! Die großartigen Ideen der modernen Wirtschaft sind vielleicht nach einigen Tagen oder Wochen schon veraltet, da die Konkurrenz schnell dabei ist, sie zu kopieren und mit noch besseren Ideen auf den Markt zu kommen.

• Des weiteren verfolgen Sie entweder eine schnelle Karriere oder eine langsame. Entweder Sie stehen ständig in engem Kontakt mit Ihren Klienten und Kunden, bauen Ihre Beziehungen weiter aus und sind, was neue Entwicklungen in Ihrem Feld angeht, immer auf dem neuesten Stand, oder Sie verdienen eben erheblich weniger und haben vielleicht eine nicht so spannende Tätigkeit. Selbstverständlich gewährt Ihnen die neue Organisation der Arbeit mehr Flexibilität, wie und wann Sie sie verrichten. Sicherlich ist es heute leichter als früher, Teilzeit zu arbeiten, einen langen Urlaub zu machen oder ein Jahr und länger wegen Ihres Babys Erziehungsurlaub zu nehmen. Doch Vorsicht: Wenn Sie sich für eine dieser Möglichkeiten entscheiden, kostet Sie das eine Menge. Glauben Sie bloß nicht, Sie könnten danach sofort und problemlos Ihre steile Karriere wiederaufnehmen; während Sie abwesend waren, hat sich viel zuviel ereignet: Ihre Kollegen haben Ihre Klienten übernommen, Ihre Kontakte benutzt und sich mit den neuen Entwicklungen befaßt.

• Sie arbeiten nicht länger in einem Großunternehmen alten Stils, in dem Sie einfach befördert werden, weil Sie Ihre Arbeit fachkundig und gut verrichten. Sie sind mehr und mehr auf sich allein gestellt, was bedeutet, daß Sie sich *selbst* befördern müssen. Klug oder kreativ zu sein und laufend coole Ideen zu haben reicht einfach nicht mehr aus. Viele Menschen sind klug und kreativ und haben ständig coole Ideen, und sie alle konkurrieren mit Ihnen um Aufträge und Geschäftsabschlüsse. Sie müssen Kunden anlocken und binden. Um zu expandieren und mit der Nachfrage nach Ihren Dienstleistungen Schritt halten zu können, müssen Sie vielleicht auf all Ihre Beziehungen zurückgreifen – einschließlich Ihrer Freunde und entfernten Bekannten. Sie müssen sich selbst einen Namen machen, anstatt viel Zeit und Engagement in eine bestimmte Firma oder Organisation zu investieren. Sie müssen sich ins »Spiel« bringen, indem Sie geschickt Preisauktionen für Ihre Dienstleistungen inszenieren.

• Der Auslesemechanismus greift immer stärker. Wenn Sie hart arbeiten, sich selbst effizient verkaufen und es Ihnen gutgeht, dann sind Sie in der Lage, Ihre Gewinne mit anderen Gleichgestellten in einen Topf zu werfen. Dadurch können Sie in hübschen, sicheren Wohnvierteln leben, Ihre Kinder in einen Ganztages-Kindergarten geben, sie später auf eine ausgezeichnete Schule schicken (eine öffentliche Schule in einer exklusiven, wohlhabenden Gegend oder eine Privatschule der Spitzenklasse) und noch später auf eine der besten Eliteuniversitäten. Sie sind Mitglied in einem angenehmen Fitneßklub: entweder einem »öffentlichen« Klub in Ihrer eigenen schicken Nachbarschaft oder einem Privatklub. Sie sind umfassend versichert und zahlen moderate Versicherungsprämien, genießen eine gute medizinische Versorgung bei Ärzten, die sich für Sie Zeit nehmen, und werden in einem Krankenhaus oder einer Privatklinik besten Rufs behandelt. Der Auslesemechanismus wird Sie jedoch um so schlechter behandeln, je weniger Geld Sie auf den Tisch legen. Sollte sich Ihr Einkommen am Ende oder nahe dem Ende der Einkommensskala befinden, wohnen Sie wahrscheinlich in einer eher schäbigen und gefährlichen Wohngegend mit schlechten Schulen und einer minimalen beziehungsweise nichtexistenten Gesundheitsversorgung.

KURZUM: SIE ARBEITEN GRÖSSTENTEILS deswegen härter als der typische Europäer oder Japaner, weil in den USA Arbeit so organisiert und entlohnt ist, daß sie noch härteres Arbeiten auslöst. Es bestehen eine größere Unsicherheit, ein größeres Ungleichgewicht, eine verstärkte Auslese und ein weitaus verbissenerer Wettbewerb. Sie arbeiten auch deshalb härter als früher, weil für Sie in all diesen Bereichen bedeutend mehr auf dem Spiel steht. Junge Collegestudenten sind erheblich stärker als früher daran interessiert, finanziell gut dazustehen, weil ihre potentiellen finanziellen Chancen größer sind als zuvor. Ebenso sind die Folgen bitterer geworden, wenn man diesen finanziellen Wohlstand nicht erreicht. Deshalb ist es für Erwachsene so eminent wichtig, daß ihre Kinder früh harte Arbeit schätzen lernen. Man entscheidet sich für weniger Kinder, da die Beanspruchung durch bezahlte Tätigkeiten für eine Großfamilie kaum noch Platz läßt. Wo man wohnt und welchen Gemeinschaften man sich anschließt, hat heute weitreichendere Auswirkungen als früher, weil der Auslesemechanismus stärker greift.

Natürlich treffen immer noch Sie die Entscheidungen. Niemand *verlangt* von Ihnen, so hart zu arbeiten, sich so stark auf Ihre Beschäftigung zu konzentrieren und ihr so viel emotionale Energie zu widmen. Sie könnten sich, wenn Sie wollen, für weniger Arbeit entscheiden und damit mehr Zeit und Kraft für sich, Ihre Freunde, Ihre Familie und Ihre Lebensumgebung haben. Sie könnten sich auch für mehr Kinder entscheiden und deren Betreuung auch nicht auslagern. Sie könnten das »Erkaufen« persönlicher Aufmerksamkeit samt bezahlter »Freunde« in Gestalt von Coaches und Beratern ablehnen. Sie könnten ein Zuhause in einer weniger wohlhabenden Nachbarschaft wählen, anstatt die beste auszusuchen, die Sie sich leisten können.

Einerseits sind das alles Ihre persönlichen Entscheidungen. Andererseits jedoch sind es ganz und gar keine persönlichen Entscheidungen, da die Vorteile von noch mehr bezahlter Arbeit und die Nachteile, sich dagegen zu entscheiden, ebenso wie die Vorzüge und Kosten, in der einen Wohngegend oder der anderen zu leben, heutzutage weitreichender sind, als das früher der Fall war. In den USA trifft das weitaus stärker zu als in anderen Ländern. Sie müssen keine hohen Betonmauern hochklettern, doch die Folgen, dies nicht zu tun, sind schwerwiegender, und der Lohn, sie hochzuklettern, ist süßer als je zuvor. Und sowohl der Geschmack der bitteren als auch der süßen Pille wird intensiver.

Damit will ich nicht implizieren, daß Sie alle persönlichen Anstrengungen über Bord werfen sollen, eine bessere »Ausgewogenheit« zwischen Arbeits- und Privatleben zu erreichen. Ich möchte Sie nur warnen, daß jede Bemühung in diese Richtung heutzutage größere Stärke erfordert als früher. Sollten die in diesem Buch diskutierten Entwicklungen in diese Richtung weitergehen, dann werden zukünftig noch weitaus mehr Mut und Entschlossenheit gefragt sein. Wiederholt hören wir und sagen wir uns, daß es durchaus in unserer Macht steht, eine »Ausgewogenheit« zu erreichen, wenn wir uns nur bewußter machen würden, was uns wirklich wichtig ist, wenn wir unsere Zeit besser in den Griff bekämen oder wenn wir das Leben vereinfachten. Alles noble Ziele, doch wir täuschen uns selbst, wenn wir tatsächlich glauben, daß durch derartige Herangehensweisen die Ängste unseres Wohlstandszeitalters gelöst würden. Alles, was mit uns geschieht und wie wir damit umgehen, nur im persönlichen Bereich anzusiedeln und abzukoppeln von den allgemeineren Entwicklungen in unserer Wirtschaft und Gesellschaft, geht sehr stark an der Wahrheit vorbei und schränkt unseren Handlungsspielraum unnötig ein.

SELBSTBEWUSSTSEIN

Auf jeden Fall sollten Sie sich klarer darüber werden, was für Sie wirklich wichtig ist. Viele von uns wissen besser über ihre Arbeitswelt Bescheid als über ihr übriges Leben. Leistungen am Arbeitsplatz werden dauernd bewertet, evaluiert und gewürdigt. Wir kennen unseren Marktwert genauer, denn unsere Gehälter fallen oder steigen entsprechend. Wenn wir zu den sehr gefragten Arbeitnehmern zählen, gibt es Leistungszulagen, Aktienoptionen und interessantere Jobangebote; wenn nicht, dann werden diese Vorzüge entsprechend weniger. Doch die Qualität unseres übrigen Lebens entzieht sich oft der Würdigung und Einschätzung. Wenn wir nicht arbeiten, sind wir uns bei weitem nicht so sicher, was von uns erwartet wird oder was wir von uns selbst erwarten sollten. Wir haben möglicherweise ein vages oder nebulöses Gefühl, daß etwas fehlt, doch wie sollen wir etwas fassen, was nicht existiert?

Wenn die Gesellschaft durch die Nachricht schockiert wird, daß Schulkinder in einer schicken Vorstadt das Feuer auf Mitschüler eröffnen, regt sich in ihr der leise Verdacht, daß etwas faul ist. Solche Vorfälle, so tragisch sie auch sind, schockieren weniger, wenn sie an den ärmeren Schulen der Innenstädte passieren, aber doch bitte nicht in den schicken, sorgsam ausgewählten Vorstädten! Experten, Prediger und Politiker äußern dann eine Zeitlang ihre Vermutungen, daß unser Wertesystem falsch wäre, unserem Leben die »Ausgewogenheit« fehle und ob wir etwa doch nicht genügend Zeit und Energie für die »wichtigen Dinge« wie zum Beispiel unsere Kinder hätten. Dann legt sich die Krise wieder, die Bestürzung verschwindet aus den Schlagzeilen, und wir alle gehen wieder unserer bezahlten Arbeit nach, oft hektischer als zuvor.

Viele Frauen sind sich völlig im klaren darüber, daß der Druck in ihrem Leben stark zunimmt, sind jedoch unsicher und verwirrt, was sie (und andere) von sich selbst erwarten sollen. Der Großteil von ihnen übernimmt weiterhin den Löwenanteil der Belastung und Verantwortung für die Kinderbetreuung, den Ehemann oder Lebenspartner, die älteren Verwandten sowie alle Hausarbeiten, und sind dabei noch vollzeitbeschäftigt.[4] Einige glauben, daß sie sogar noch härter arbeiten müssen, wollen sie den ihrer Meinung nach angemessenen Lebensstandard halten. Andere glauben, härter arbeiten zu müssen, wenn sie weiterhin eine steile Karriere verfolgen, Kontakte pflegen und mit der Dynamik in ihren jeweiligen Berufssparten Schritt halten möchten. Heutzutage kann sich eine berufstätige Frau glücklich schätzen, wenn sie all das, was ihrer Meinung nach ihre Pflicht ist, an einem einzigen Tag schafft. Mehr als einmal muß sie jedoch schmerzhaft erfahren, daß sie das nicht kann.

Für viele Männer kommt die schmerzhafte Erfahrung, wenn irgend etwas in ihrem Leben zerbricht. Entweder gibt es Schwierigkeiten in der Ehe oder Probleme mit der Gesundheit oder den Kindern. Oder sie wachen plötzlich mitten in der Nacht schweißgebadet auf, weil sie ihre Arbeit nicht zur Ruhe kommen läßt. Oder ihr Job wird so befriedigend, daß sie plötzlich feststellen, daß alle anderen Lebensbereiche vollkommen unwichtig geworden sind – diese Erfahrung habe ich gemacht.

Gibt es eine sicherere Möglichkeit, sich selbst über die impliziten Entscheidungen, die wir treffen, klar zu werden?

Müssen wir wirklich warten, bis es weh tut? Unlängst habe ich fast zwei Wochen mit dem Studium von Selbsthilfebüchern, Hörkassetten, Anleitungen zum Selbststudium, Infobroschüren und Ratgebern zum Thema »Ausgewogenheit« zwischen Beruf und Privatleben zugebracht, die heutzutage massenweise erhältlich sind.

Eine der Techniken, die dort empfohlen wird, lautet, sich eine Liste anzulegen oder Diagramme zu zeichnen, die alles das enthalten, woran man in seinem momentanen Leben Gefallen findet oder nicht Gefallen findet, und aufzulisten, was einem sehr wichtig beziehungsweise sehr unwichtig ist. Anhand dieser Darstellungen soll man sich dann Gedanken darüber machen, wofür man tatsächlich seine Zeit verwendet oder seine Kraft einsetzt. Welche Dinge sind doch zu Prioritäten geworden trotz des eigenen Vorsatzes, daß sie unwichtig sind oder sein sollten? Eine makabre Version dieser Selbsterfahrungsübungen besteht darin, sich vorzustellen, man hätte nicht mehr lange zu leben und zöge gerade Bilanz, was die Prioritäten im Leben hätten sein sollen. Was erweist sich im Rückblick als wirklich wichtig und was nicht? Was würde man gerne nach seinem Ableben zurücklassen? Wie möchte man gerne den Menschen in Erinnerung bleiben? Das Ergebnis seiner Überlegungen vergleicht man dann mit seinem aktuellen Lebensablauf. All diese Ratgeber haben mir immer wieder versichert – obwohl ich dazu keine verläßlichen Statistiken zur Untermauerung finden kann –, daß niemand im Angesicht des Todes bereut hat, zuwenig Zeit an seinem Arbeitsplatz verbracht zu haben.

All diese Übungen zum Thema Selbstreflexion schaden nichts und nützen vielleicht sogar etwas. Denn ihnen allen liegt eine einfache, banale Erkenntnis zugrunde: Wir treffen ständig Entscheidungen, obwohl wir gerne behaupten, wir hätten keine Wahl. Vielleicht akzeptieren wir nur ungern die damit zusammenhängenden Konsequenzen. Als ich in Washington arbeitete, wollte ich nicht wahrhaben, daß ich kaum mehr ein Leben außerhalb meiner Arbeit hatte, weil ich meinen Job so sehr liebte, daß ich gar nicht darüber nachzudenken wagte, was er mir eigentlich alles nahm. Doch ich hatte mich dafür entschieden. All die Menschen, die diese Bücher oder Hörkassetten kaufen, die sich in Selbsthilfegruppen einschreiben oder persönliche Berater befragen, haben sich bereits so viele Gedanken zum Thema gemacht, daß sie beschlossen haben, daß sich in ihrem Leben etwas verändern muß. Der härtere Teil kommt dann, wenn es darum geht, zu entscheiden, was genau man verändern will, und dies dann tatsächlich zu tun.

ZEITMANAGEMENT

Viele Menschen versuchen, ihre Zeit besser zu organisieren. Sie sind die Kunden einer weiteren kleinen Industrie von Ratgebern, Hörkassetten und Büchern zum Thema »Zeitmanagement« sowie Kunden entsprechender Coaches und Mitglieder von Selbsthilfegruppen. Seitdem Frederick Winslow Taylor, Experte zum Thema »effizientes Management«, in der ersten Dekade des 20. Jahrhunderts seine Zeitstudien durchgeführt hat, ist man der Ansicht, daß menschliche Handlungsabläufe und Aktivitäten viel effektiver gestaltet werden können, wenn man unnötige Schritte vermeidet. Überlegen Sie sich zu Beginn einmal genau, was Sie alles an einem normalen Tag tun, und schreiben Sie die Zeit auf, die Sie mit jeder Handlung verbringen. Erstellen Sie auf diese Weise ein »Zeit-Tagebuch«:

aufstehen, waschen, kurze Gymnastik, sich anziehen	40 min
hastig frühstücken	10 min
Schlagzeilen in der Zeitung überfliegen	8 min
Gassigehen mit dem Hund	14 min
Sohn zur Schule bringen	11 min
zur Arbeit fahren	28 min
Telephonate während des Tages	145 min
E-Mails beantworten	135 min
Meetings	220 min
Gespräche mit Kollegen	75 min
nach Hause fahren	24 min
Erholung nach dem Gassigehen mit dem Hund	4 min
aufräumen, Papierkorb leeren, Müll rausbringen	18 min
Abendessen vorbereiten helfen	19 min

mit der Familie zu Abend essen	22 min
abräumen und abwaschen	18 min
Zeit für den Sohn	4 min
Rechnungen durchsehen und Haushaltsbuchführung erledigen	13 min
zu Hause telephonieren	32 min
schreiben, lesen, fernsehen, Musik hören	138 min
E-Mails zu Hause schreiben (einschließlich Nachricht an Sohn im College)	45 min
Zeitung, Zeitschriften und ein wenig im Buch lesen	74 min
Sohn gute Nacht wünschen	7 min
kurze Gymnastik	12 min
waschen, duschen	12 min
ins Bett gehen, mit Ehefrau reden	14 min

Analysieren Sie dann Ihren typischen Tagesablauf. Schreiben Sie auf, womit Sie zuviel beziehungsweise zuwenig Zeit verbringen – je nach Ihren Prioritäten. Welche Abläufe können Sie verdichten, um woanders mehr Zeit zu haben? 180 Minuten fürs E-Mail-Schreiben, doch nur 22 Minuten mit dem Sohn und 30 Minuten mit Ihrer Frau (Abendessen vorbereiten nicht mit eingerechnet)? Da stimmt doch etwas nicht. E-Mail-Schreiben also auf 120 Minuten begrenzen, so daß Sie für den Sohn und die Ehefrau je 30 Minuten mehr Zeit haben. Der Kontakt zu Ihren Freunden müßte mehr gepflegt werden, also 30 Minuten weniger Gespräche mit Kollegen ergibt 30 Minuten mehr am Abend für Telephonate mit Freunden. Und was ist eigentlich aus Ihrem Vorsatz geworden, sich mehr in Ihrer Gemeinschaft zu engagieren? Schaffen Sie sich auch dafür Zeit! Ach, übrigens, Sie schlafen schon lange nicht mehr genug. Also 60 Minuten weniger Meetings (Sie schlafen doch sowieso bei den meisten gleich ein), ergibt eine Stunde mehr Schlaf. Vielleicht noch ein paar Minuten mehr Gymnastik?

Es klappt nicht. Die Entscheidung, wo man Abstriche macht, fällt leicht, doch es ist fast unmöglich, den neuen Zeitplan einzuhalten. Ich kenne jemanden, der an seinem Gürtel einen kleinen Digitalzeitplaner hat, der immer dann summt, wenn sich die betreffende Person mit etwas anderem beschäftigen soll. Ich bezweifle, daß die Person effizienter geworden ist, auf jeden Fall aber nervöser.

Ein Problem besteht darin, daß neue Möglichkeiten oder Krisen im Job nicht einfach auftauchen, wenn man ihnen nur genug Zeit reserviert. Das gilt insbesondere für die neue Wirtschaft, die ganz klar eine Reihe von Überraschungen bereithält. Der zähe Wettbewerb und die konstanten Innovationen führen unvermeidlich zu Ereignissen, die nicht im voraus geplant werden können – beispielsweise einen Klienten in einer Krise, eine neue »Wahnsinnsanwendung« eines Konkurrenten, ein nahezu unersetzbarer Mitarbeiter am Rande des Nervenzusammenbruchs. Je größer die eigene Verantwortung ist – je näher man also am Tumult dran ist –, um so weniger Kontrolle hat man über die Anforderungen, die an die eigene Arbeitszeit gestellt werden.

Ein weiteres Problem ist, daß die tatsächlich im Beruf verbrachte Zeit nur einer der Zwänge der neuen Wirtschaft ist. Nicht vergessen sollte man auch die emotionale Energie und die psychische Konzentration, die einem der Job abverlangt.

Und schließlich funktionieren andere Menschen, mit denen man außerhalb der Arbeit in Kontakt steht und weiterhin stehen möchte – genau die Menschen nämlich, die aufgrund der Belastungen durch den Job vielleicht zu kurz kommen –, nicht nach einem ausgeklügelten Zeitplan. Ein Ehepartner hat nicht nach Terminkalender Lust auf intime Gespräche und Zärtlichkeiten. Eine der besten Qualitäten einer engen Beziehung ist ja ihre Spontanität. Sie in einen spezifisch bemessenen Zeitabschnitt zu zwängen ist vergleichbar mit dem Einpacken eines kleinen Hundes in eine Schachtel: Bleibt er zu lange darin, wird er träger und lebloser, selbst wenn er genügend zu trinken und zu fressen bekommt.

Auch Kinder funktionieren nicht nach einem festgesetzten Zeitplan. Ich kenne mich zwar nicht mit der Erziehung von Mädchen aus, doch für Jungs kann ich es mit Sicherheit sagen. Wie ich an anderer Stelle bereits gesagt habe, sind Jungs im Teenageralter wie Muscheln: Sie öffnen sich nur für einen Moment, um etwas Nahrung aufzunehmen und Exkremente auszuscheiden. Danach schließt sich die Muschel wieder. Ist man gerade anwesend, wenn sie sich öffnet, hat man Gelegenheit, in ihrem Inneren etwas Wunderbares zu sehen. Zugleich bekommt man eine kurze Chance, an sie heranzukommen.

Doch genau diesen Moment muß man erwischen. Die Muschel schließt sich sofort wieder, und dann kann man weder etwas erkennen noch daran etwas ändern. Vergessen Sie alles, was Sie über »wichtige Zeit für die Kinder« gehört haben: Jungs im Teenageralter wollen sie nicht, können nichts mit ihr anfangen und haben Besseres zu tun. Als ich aus Bill Clintons Kabinett nach Hause kam und plötzlich ganze Wochenenden lang Zeit für meine Söhne hatte, wartete ich darauf, daß einer meiner Söhne mein Angebot, »wichtige Zeit« mit ihnen zu verbringen, annehmen und mich ansprechen würde. »Tut mir leid, Papa. Ich würd' wahnsinnig gerne mit dir zum Spiel gehen, aber... na ja, weißt du, David, Jim und ich, wir wollen uns nachher in der Stadt treffen.« »Toller Film, Papa, aber... um die Wahrheit zu sagen, ich würd' ihn mir lieber mit Diane ansehen.« Ich schlug vor, daß wir einen Plan ausarbeiten, unsere Kalender entsprechend abstimmen. Doch als dann der Tag kam, gab es immer irgend etwas anderes oder irgend jemand anderen. Jungs im Teenageralter sind nicht planbar.

DAS EINFACHE LEBEN

Einige Menschen entscheiden sich dafür, ihr Leben zu vereinfachen. Es gibt sogar eine Bewegung der »freiwilligen Einfachheit«, die wiederum von einer Reihe von Selbsthilfebüchern, Konferenzen, Infobroschüren und Selbsthilfegruppen begleitet wird. Ihre Grundidee ist so einfach wie ihr erklärtes Ziel. Auf dem Bucheinband eines unlängst erschienenen Buches zu diesem Thema ist es äußerst treffend formuliert: »Weniger – weniger Arbeit, weniger Hektik, weniger Schulden ist mehr – mehr Zeit für die Familie und Freunde, mehr Zeit für die Gemeinschaft, mehr Zeit für die Natur.«[5] Entscheiden Sie zunächst, wieviel Geld (oder Macht oder Ansehen) Sie wirklich brauchen. Kommen Sie auch mit einem kleineren Haus aus? Mit weniger Restaurantbesuchen? Weniger Kram? Angenommen ja, dann schrauben Sie alle Arbeiten zurück, die Sie nur deshalb tun, um sich mehr Dinge anschaffen zu können. Leben Sie einfacher, und haben Sie so mehr Zeit zur Verfügung.

All diese Bücher erinnern mich an Diätpläne. Sie betrachten Habgier ähnlich wie zwanghafte Eßstörungen. Alles, was man kauft, aber eigentlich nicht braucht, ist wie Nahrung, die der Körper nicht absorbieren kann und die sich in Fettzellen anlagert. Will man nicht aufgehen wie eine Dampfnudel, muß man sich einschränken und den Diätplan einhalten. Man muß seine Gelüste zügeln. Zur Vereinfachung des Lebens wird sogar so etwas wie ein Zwölf-Stufen-Diätplan angeboten, und außerdem gibt es Selbsthilfegruppen, die man zur Unterstützung der eigenen Vorsätze aufsuchen kann.

In Wirklichkeit kann man all das, was man sich kauft, nicht mit dem gleichsetzen, was man ißt. Der menschliche Körper kann Nahrung nur bis zu einem gewissen Maß aufnehmen, doch gibt es kein garantiertes Höchstmaß an angenehmem Leben dadurch, daß man sich Waren und Dienstleistungen kauft. Der Ansatz der »freiwilligen Einfachheit« des Lebens geht davon aus, daß »Bedürfnisse« leicht von »Wünschen« und »Notwendigkeit« von »Luxus« getrennt werden können. Jenseits des nackten Existenzminimums sind »Bedürfnisse« jedoch vollkommen subjektiver Natur.

Im Grunde benötigt der Mensch nicht viel zum Überleben – etwa 1000 Kalorien täglich, einschließlich einer Mischung aus Vitaminen und Mineralstoffen. Ein bis zwei Liter Wasser pro Tag, genügend Kleidung, um den Körper vor Unterkühlung zu schützen und die Körpertemperatur auf 37 Grad Celsius zu halten, sowie etwas sportliche Betätigung. Wie bereits erwähnt, ist dabei auch persönliche Zuwendung hilfreich. Und Antibiotika. Alles darüber hinaus bedeutet Komfort. 1856 schrieb Henry David Thoreau: »Derjenige, der an äußeren Gütern wenig besitzt, ist der Reichste an inneren Gütern.«[6] Thoreau, der inoffizielle Anführer der Bewegung der »freiwilligen Einfachheit« des 19. Jahrhunderts, zog sich in die Wälder nahe

Concord (Massachusetts) zurück, lebte dort in einer einfachen Holzhütte am Waldensee und ernährte sich von allem, was er anbauen oder fangen konnte. »Unser ganzes Leben verzetteln wir in Kleinigkeiten [...] Einfachheit, Einfachheit, Einfachheit!« war sein Motto. »Befaß dich mit zwei oder drei Angelegenheiten, aber nicht mit hundert oder tausend. Statt bis zu einer Million zähl bis zwölf und schreib dir deine Rechnung auf den Daumennagel.«[7]

Jenseits des Existenzminimums hängt alles, was Menschen »brauchen«, damit zusammen, was für die Mehrheit der Menschen in einer Gesellschaft von Wert ist. Notwendigkeit ist ein dehnbarer Begriff, ebenso wie Entbehrung. »Fast jeder Luxus und viele der sogenannten Bequemlichkeiten des Lebens sind nicht nur entbehrlich, sondern ein ausgesprochenes Hindernis für die Höherentwicklung der Menschheit.«[8] Jemand, der im modernen Amerika unter Entbehrungen leidet (sich so fühlt oder so erscheint), gilt vermutlich in der Sahelzone Afrikas als wohlhabend. Ein Fernseher zählt nicht unbedingt zu den überlebenswichtigen Geräten, doch viele Menschen würden ihn auf ihre Liste der Notwendigkeiten setzen. Ein Auto ist für viele Familien notwendig, insbesondere dann, wenn sie an Orten wohnen, wo es keine Busse oder Straßenbahnen gibt. Die Installation von Rohren im Haus für den Wasserzufluß und -abfluß gehört ebenfalls zu den Notwendigkeiten, obwohl man von Urlaubern aus der Oberschicht weiß, daß sie den Veranstaltern von »Survivaltrips« viel Geld bezahlen, sie dorthin zu führen, wo es keine Wasserleitungen gibt. Bislang zählen Computer noch nicht zu den Notwendigkeiten, doch das wird sich bald ändern. Kinder, die in Familien ohne Computer aufwachsen, sind »digital« benachteiligt und müssen voraussichtlich später wirtschaftliche Einbußen erfahren.

Ironischerweise wird die Vorstellung davon, was man benötigt, entsprechend größer, je mehr man bereits besitzt. Stellen Sie sich die Frage, was Sie alles »brauchen«, einmal anders und überlegen sich, wieviel zusätzliches Einkommen Sie von Ihren Geldsorgen befreien würde. Ihre Antwort hängt wahrscheinlich davon ab, wieviel Sie verdienen. In einer jüngst durchgeführten Studie gaben zufällig befragte AOL-Abonnenten, deren Jahreseinkommen jenseits der 100 000-Dollar-Grenze lag, an, sie bräuchten weitaus mehr zusätzliches Geld, damit ihre Geldsorgen aufhörten, als diejenigen Befragten, deren Jahresverdienst unter 40 000 Dollar lag. Der Anteil der Besserverdienenden, die aussagten, sie bräuchten im Jahr mehr als 90 000 Dollar extra, war fünfmal höher als der bei den Geringerverdienenden.[9]

Eine neue Zeitschrift mit dem Titel *Real Simple* (ein weiteres Produkt aus dem unerschöpflichen Lager der *Time* Inc.) widmet sich laut seinem Gründer und Herausgeber dem Thema, »mitzuhelfen, jeden Aspekt des Lebens zu vereinfachen: das Zuhause, die Ernährung, Geld, Kleidung, Gesundheit, Aussehen, Arbeit, Familie und Urlaub... [Es geht darum] von möglichst vielen Dingen loszukommen und das zu behalten, was man hat.«[10] Die erste Ausgabe der Zeitschrift strotzte vor Hochglanzwerbungen für solch pure Notwendigkeiten wie Nieman-Marcus-Perlen, De-Beers-Diamantschmuck, Atencio-Sterlingtafelsilber, Todd-&-Holland-Tee (100 Gramm für schlappe 56 Dollar), Ralph-Lauren-Bettwäsche und einen Cadillac Catera. Außerdem enthielt sie alle möglichen praktischen Anregungen zur Vereinfachung des Lebens wie zum Beispiel, weniger Kreditkarten zu haben oder nur noch einfache Woll-T-Shirts für 365 Dollar das Stück zu tragen. *Real Simple*, so zeigt sich, will seine Leser nicht von irgend etwas befreien. Es will Frauen, die eine Menge Geld, jedoch kaum noch Zeit haben, dabei helfen, ihr Leben zu entwirren, indem sie nur noch wenige exklusive, geschmackvolle Dinge kaufen.

WENN SIE MEINEN, daß eine Beschneidung Ihrer Lebenshaltungskosten Ihr Leben vereinfacht, dann denken Sie noch mal nach. Sich über die eigenen »Notwendigkeiten« klar zu werden löst noch nicht die Probleme, eine klare Wahl zu treffen. Die Wahl findet nämlich nicht wirklich zwischen bezahlter Arbeit und Ihrem übrigen Leben statt, sondern nur zwischen zwei unterschiedlichen Formen von Beschäftigtsein. Die Leser von *Real Simple* haben das Geld, so »einfach« zu leben, wie sie wollen, doch die meisten Menschen können sich diesen Luxus nicht leisten. Wollen Sie mehr Zeit und Kraft für Ihr übriges Leben, indem Sie weniger arbeiten und verdienen, müssen Sie auf einige der Dinge verzichten, die momentan Ihr übriges Leben leichter und angenehmer machen, da Sie sich diese nicht mehr werden leisten können. Thoreaus Luxus ist meine Notwendigkeit. Ich möchte nicht in einer Holzhütte im Wald leben und mein Abendessen täglich selbst fangen – nein danke!

Wenn Sie Thoreaus Tagebuch lesen, werden Sie feststellen, daß er dauernd beschäftigt war. Er mußte extrem hart arbeiten, um sich selbst, ohne die Hilfe anderer und ohne dafür zu bezahlen, warm zu halten und angemessen zu ernähren. Thoreau hatte da draußen in seiner Holzhütte keine Familie und, soweit ich weiß, auch nicht viele Freunde. Es ist schon ein Wunder, daß er überhaupt die Zeit und Kraft hatte, in seinem Tagebuch zu schreiben.

Einfachheit ist nicht einfach. Ein Freund aus dem College hat sich vor Jahren mit seiner Familie auf der Suche nach einem einfacheren Leben nach Vermont zurückgezogen. Er steht jeden Morgen um 4.30 Uhr auf, um mit den täglichen Aufgaben zu beginnen, die erst spät abends erledigt sind. Er und seine Frau versuchen mit wenig Berufstätigkeit zu überleben, was bedeutet, daß sie fast alles selbst machen müssen.

Ohne Spezialisierung würde unser Leben wesentlich unfreier verlaufen, als es jetzt der Fall ist. Ich habe mich auf die Lehre und das Schreiben spezialisiert. Vor einigen Tagen habe ich mit einem Teil meines Verdienstes aus meiner Schreib- und Lehrtätigkeit jemanden bezahlt, der meinen Computer repariert hat, auf dem ich gerade diese Zeilen schreibe. Ich fange weder mein Essen selbst, noch repariere ich Computer. Ein System von Spezialisierungen wie Nahrungsmittelherstellung und Computerreparatur ist weitaus effektiver als ein System, in dem jeder sein Abendessen selbst fängt und seinen Computer eigenhändig repariert.

Brot zu backen und kleine Tiere zu fangen, weil man das gerne tut, ist eine Sache, doch wenn man es tun muß, weil man Hunger hat, ist es eine andere. Das gleiche gilt auch für die Reparatur von Computern. »Einfachheit« ist kein Rezept dafür, wie man mehr Zeit für das findet, was man gerne tun möchte, es sei denn, man will mehr Zeit mit den Dingen zubringen, die andere Menschen gegen Geld effizienter für einen verrichten, als man es selbst könnte. Das einfache Leben auf der Grundlage, alles selbst zu machen, ist für mich viel zu kompliziert – und für Sie wahrscheinlich auch.

AUF JEDEN FALL SOLLTEN SIE sich mehr Gedanken darüber machen, wie Sie Ihr Leben tatsächlich leben und wie Sie es gerne leben würden. Definieren Sie Ihre Prioritäten neu. Verwalten Sie Ihre Zeit besser, falls Sie es können. Kommen Sie mit weniger Geld aus, wenn es das ist, was Sie wollen. Fassen Sie neue Vorsätze. Bitten Sie Ihren Lebens- oder Ehepartner, mehr Aufgaben im Haushalt zu übernehmen. Machen Sie einen Spaziergang im Regen. Nehmen Sie ein heißes Bad. Hören Sie mit dem Fernsehen auf. Lassen Sie sich von Ihrem persönlichen Coach beraten. Kaufen Sie Bücher, die Sie inspirieren. Machen Sie all das oder nur einiges davon, und vielleicht leben Sie dann so, wie Sie wollen. Aber bauen Sie nicht darauf!

Wir sind für alle Entscheidungen, die wir im Leben treffen, persönlich verantwortlich. Doch wir leben in einem System von Anreizen, die einige Entscheidungen erschweren oder erleichtern. Eine »bessere Ausgewogenheit« im Alleingang zu suchen, ohne solche Anreize mit einzubeziehen, ignoriert die weitreichenderen Kräfte, die in erster Linie unsere Unausgewogenheit verursachen. Persönliche Entscheidungen werden durch gesellschaftliche Entscheidungen abgesteckt. Daher muß eine umfassende Betrachtung der individuellen Wahlmöglichkeiten auch die Wahlmöglichkeiten untersuchen, mit denen wir uns alle befassen müssen.

KAPITEL 12

ENTSCHEIDUNGEN DER GESELLSCHAFT

Denn wozu dient alle Mühe, Arbeit und Lärm in der Welt? Was ist die Absicht des Geizes und der Ehrsucht?
Adam Smith, *Theorie der moralischen Empfindungen* (1759, deutsche Ausgabe 1770)*

OBWOHL WIR NICHT SICHER sagen können, wie die Zukunft aussehen wird, sind viele Entwicklungen, die uns dorthin bringen werden, jetzt schon klar. Wir sehen heute die Entstehung einer pulsierenden neuen Wirtschaft, die vor Innovationen strotzt. In naher Zukunft werden die Kunden genau das bekommen können, was sie wollen – von überallher und zum besten Preis und Gegenwert. Sobald sich ein besseres Geschäft auftut, können Sie im Handumdrehen – oder mit einem Mausklick – zu diesem wechseln. Kapitalanleger werden in der Lage sein, in Windeseile ihr Kapital weltweit in besseren Angeboten anzulegen. Menschen, deren Dienstleistungen stark gefragt sind, werden ebenfalls mit immer größerer Leichtigkeit zu besseren Möglichkeiten wechseln können. Jobs wird es in Hülle und Fülle geben – viele von ihnen spannend und gut bezahlt.

Dieses Szenario gibt sehr zur Freude Anlaß, enthält aber

* Adam Smith: *Theorie der moralischen Empfindungen* (Braunschweig: Meyerische Buchhandlung 1770), S. 118.

auch einige Elemente, die unsere Euphorie zumindest etwas bremsen sollte. Mit der wirtschaftlichen Dynamik, die sich vor unseren Augen abzeichnet, gehen auch finanzielle Unsicherheit, immer hektischere und allgegenwärtige Arbeit, eine immer weiter auseinanderklaffende Schere beim Einkommen und beim Wohlstand sowie eine stärkere Schichtung der Gesellschaft einher. Dies sind alles Faktoren, die das persönliche, familiäre und gemeinschaftliche Leben beeinträchtigen. Daher scheint die Frage angebracht, ob wir uns in eine Richtung bewegen, in die wir uns bewegen wollen. Das heißt die gesellschaftlichen Auswahlmöglichkeiten genauer zu beleuchten, die vor uns liegen.

FUNDAMENTALE ENTSCHEIDUNGEN

Es mag vielleicht verwundern, von der neuen Wirtschaft in Form von gesellschaftlichen Entscheidungen zu sprechen. Die Entstehung der globalen, hochtechnisierten Wirtschaft scheint größtenteils außerhalb der Macht jedes einzelnen zu liegen. Scheinbar setzt eine Entwicklung die nächste in Gang, ohne daß irgendeine klare Entscheidung über die Konsequenzen getroffen worden wäre. Niemand hat explizit entschieden, daß die Kommunikations-, Transport- und Informationstechnologien so schnell voranschreiten. Oder daß diese Technologien das Wirtschaftssystem von der Massenproduktion zu einer Vielzahl an innovativen Produkten und Dienstleistungen treiben würden und einen kinderleichten Wechsel zu den jeweils besseren ermöglichen. Oder daß diese Entwicklung ihrerseits den Wettbewerb verschärfen und Innovationen in Gang setzen würde, deren Folge ein rascheres Wirtschaftswachstum und tolle Geschäfte in allen Produktbereichen wären. Auch hat niemand im besonderen entschieden, die Schattenseiten dieses Fortschritts zu akzeptieren.

Stellen Sie sich vor, vor einigen Jahrzehnten wäre plötzlich ein gigantischer Flaschengeist am amerikanischen Himmel erschienen und hätte das gesamte Land vor eine schwerwiegende Wahl gestellt: »Entweder ihr bleibt bei der wirtschaftlichen Ordnung, die ihr jetzt habt, arbeitet so weiter wie bisher, oder … Ich habe da ein tolles Angebot für euch! Zu Beginn des nächsten Jahrhunderts werden einige von euch unglaublich reich sein, den meisten von euch wird es materiell wesentlich besser gehen, und eure Wirtschaft wird boomen. Doch das ist noch nicht alles. *[Der Geist kichert.]* Der andere Teil des Angebots ist folgender: Eure Arbeitsplätze werden unsicherer sein, euer Einkommen schwerer kalkulierbar; es wird größere Unterschiede bei Einkommen und Reichtum geben; eure Gesellschaft wird sich zersplittern. Ihr werdet alle härter arbeiten müssen, und euer übriges Leben wird sehr stark beengt sein. *[Der Geist kichert wieder.]* Ihr habt die Wahl! Daumen nach oben oder Daumen nach unten, ihr habt 15 Sekunden Zeit! Die Mehrheit gewinnt!« *[Der Geist lacht abermals. Sein Gelächter wird lauter, und sein Gesicht wird größer, bis sein Lachen die Luft erfüllt und sein Gesicht den gesamten Himmel einnimmt. Und dann recken alle Amerikaner ihre Hände gen Himmel mit nach oben oder unten gerichteten Daumen.]*

Wie würden Sie wählen, jetzt, nachdem Sie all das wissen? Ist unser beispielloser Wohlstand den Preis wert? Amerika hat natürlich nie gewählt. Zumindest nicht direkt – nicht auf eine Art und Weise, die wir als aktive Wahl bezeichnen würden.

In der Tat *treffen* Gesellschaften viele Entscheidungen über ihre wirtschaftlichen Arrangements, egal, ob wir sie als solche wahrnehmen oder nicht. Der »freie Markt« existiert nicht per se. Er wurde nicht von Gott an einem der ersten sechs Tage der Schöpfung geschaffen, noch wird er durch göttlichen Willen aufrechterhalten. Er ist ein menschliches Konstrukt, die veränderliche Summe einer Reihe von Urteilen über individuelle Rechte und Verantwortlichkeiten. Was ist mein? Was ist dein? Was ist unser? Wie definieren wir Taten, die diese Grenzen bedrohen – Diebstahl, Gewalt, Betrug, Erpressung oder Nachlässigkeit –, und wie gehen wir damit um? Womit darf gehandelt werden, womit nicht? (Drogen? Sex? Babys? Gene? Wählerstimmen?)

Die Antworten auf diese Fragen ergeben sich nicht allein

aus Logik und Analyse. Verschiedene Staaten haben zu verschiedenen Zeiten unterschiedliche Antworten darauf gefunden. Die Antworten hängen von den Werten ab, zu denen sich eine Gesellschaft bekennt, von dem Gewicht, das sie auf Solidarität, Wohlstand, Tradition und Gläubigkeit legt. Während eine Kultur Antworten auf diese Fragen sammelt, kreiert sie ihre Version des Marktes. In dem Maße, wie das Thema in der politischen Rhetorik als eine einzige große Wahlmöglichkeit zwischen staatlich gelenktem und freiem Markt dargestellt wird, wird uns der Blick auf eine Reihe der weisesten und gerechtesten Möglichkeiten aus einer schier endlosen Menge von Alternativen vernebelt, wie die Regeln von Besitz und Austausch festgeschrieben werden können. Sind solche Regeln nicht vorhanden, handelt es sich nicht um einen freien Markt, sondern um gar keinen Markt. Dazu muß man sich nur Rußland ansehen.

Die Entstehung unserer Wirtschaft hing nicht nur von unzähligen schlauen und hart arbeitenden Menschen ab – sie gibt es überall auf der Welt. Sie war auch abhängig von zahllosen Entscheidungen über Wirtschaftsverträge, die Organisation von Banken und Effektenmärkten, über das, was besteuert wird und was nicht, über Patente und Copyrights, Antitrusts, Handelszonen und den internationalen Handel (um nur einige der wichtigsten Bereiche zu nennen). Keine dieser Entscheidungen zielt darauf ab, daß eine Regierung im Markt »intervenieren«, sondern darauf, wie der Markt organisiert werden sollte. Es ist unmöglich, diese Art von Entscheidungen *nicht* zu treffen. Nicht zu wählen erzwingt lediglich einen Rückgriff auf ältere Entscheidungen oder läßt in den Bereichen, in denen ältere Entscheidungen keine klaren Vorgaben bieten, Unsicherheit entstehen.

Nach welchen Kriterien sollten solche und andere marktbildende Entscheidungen getroffen werden? Richter, Gesetzgeber, Leitartikler und der Durchschnittsbürger bilden sich ihre Meinungen auf der Grundlage der Alternativen, die das wirtschaftliche Wachstum am stärksten vorantreiben oder den Wohlstand des Kunden am schnellsten erhöhen, indem Preise gesenkt und bessere Produkte erzeugt werden. Oder die Entscheidungen werden auf Grundlage der Gerechtigkeit getroffen. Doch neben Wachstum und Gerechtigkeit bedenken sie vielleicht auch die möglichen Folgen solcher Entscheidungen für die Gesamtqualität unseres Lebens. Sie fragen sich möglicherweise, welche Anordnungen am besten geeignet sind, um wirtschaftliche Sicherheit, persönliche Integrität, starke Familienbande und gute Bürgerrechte zu fördern.

DIE FUNDAMENTALEN ENTSCHEIDUNGEN DER INDUSTRIELLEN ÄRA

Zu Beginn des industriellen Zeitalters, im ausgehenden 19. und beginnenden 20. Jahrhundert, sahen sich die Amerikaner einem ähnlichen Dilemma gegenüber wie wir heute. Die neu entstandene industrielle Wirtschaft präsentierte enorme Vorteile, was billigere und bessere Produkte betraf. Die Massenproduktion, die auf den damals neuen Technologien beruhte, machte Apparate, Autos, Schuhe, Kleidung, Küchengeräte, Nahrungsmittel sowie viele weitere Produkte für eine anwachsende Mittelklasse verfügbar. Doch diese Vorteile hatten ihren Preis. Zuvor waren wir eine Nation, die meist aus kleinen Städten und unabhängigen Gemeinschaften bestand, deren Wirtschaft größtenteils auf Landwirtschaft beruhte und deren Bewohner auf freundschaftlicher oder nachbarschaftlicher Ebene gut miteinander bekannt waren. Innerhalb von 50 Jahren war Amerika zu einer Gesellschaft aus Großstädten voller Einwanderer und Armer, voller Großunternehmen und Trusts, mit einem größeren Ungleichgewicht zwischen Einkommen und Reichtum sowie voller gigantischer Fabriken geworden, die Tausende von Lohnarbeitern beschäftigten.

Kein Flaschengeist stellte Amerika damals vor die Wahl, ob die Vorzüge der Industrialisierung all das wert waren. Statt dessen trafen die Amerikaner damals vor dem Hintergrund der Annehmlichkeiten und der Unannehmlichkeiten der neuen industriellen Ordnung unzählige persönliche Entscheidungen über ihre Lebensgestaltung.[1] Sollte man die Farm verlassen, ein Leben als Fabrikarbeiter beginnen und statt auf dem Land in der Stadt wohnen? Sollte man alles hinter sich lassen, was angenehm und vertraut war, und an einen Ort gehen, der eventuell einen höheren Lebensstandard ermöglichte und an dem das Leben auf jeden Fall spannender wäre? Sollte man auch die Kinder dazu ermutigen?

Hier war jedoch noch nicht Schluß. Diese persönlichen Entscheidungen hatten natürlich ihre Wirkung auf die *gesellschaftlichen* Entscheidungen der Zeit. Durch die Technik wurde zum Beispiel der Bereich der wertvollen Herstellung von Waren durch geschickte Kinderhände erweitert, so daß die Landkinder vor einer Wahl standen, die wichtiger als jemals zuvor war. Sollte man die Kindheit schützen, um zu lernen und zu spielen, oder sollte man Kinder in die Fabriken schicken? Diese Entscheidung ging nur die einzelnen Familien etwas an, und man überließ sie ihnen auch einige Jahrzehnte lang. Einige Familien beschlossen, ihre jungen Söhne und Töchter in die Fabriken zu schicken. Doch mit der Zeit entschied sich die Nation als Ganzes gegen die Kinderarbeit.

Damals bestand auch die vorherrschende Meinung, daß Industriearbeiter besser geschützt werden müßten. Amerika war schockiert über die Existenz von Ausbeutungsbetrieben, in denen junge Männer und Frauen viele Stunden für wenig Lohn in unsicheren Arbeitsumgebungen schufteten. Man verabschiedete Gesetze, die einen Mindestlohn und eine Höchstarbeitszeit festlegten sowie einen 150prozentigen Überstundenzuschlag. Gewerkschaften und Tarifverhandlungen wurden gesetzlich anerkannt. Genauso verhielt es sich mit dem Schutz der Gesundheit und der Sicherheit der Arbeitnehmer, indem Bestimmungen zur Gebäudesicherheit, zur Hygiene am Arbeitsplatz und im Bergbau erlassen wurden.

Als die neue industrielle Ordnung die amerikanische Arbeiterklasse neuen Formen der wirtschaftlichen Unsicherheit aussetzte, erkannte man die Notwendigkeit der Sozialversicherung: Sie bedeutete eine Absicherung bei Verletzungen am Arbeitsplatz, bei Verlust des Arbeitsplatzes, beim plötzlichen

Tod eines arbeitenden Ehepartners und bei zuwenig Rücklagen für die Rente.

Mit der Industrialisierung stieg das wirtschaftliche Ungleichgewicht rapide an. Wie sollte sich die junge Industrienation verhalten? Reformern war klar, daß Erfolg in der neuen industriellen Ordnung erheblich von einer Schulausbildung abhing, die über das 8. Schuljahr hinausgehen mußte. Die »High-School-Bewegung« in den ersten Dekaden des 20. Jahrhunderts verlängerte die Schulausbildung in den kostenlosen öffentlichen Schulen bis zum 12. Schuljahr und führte für Kinder bis zum 16. Lebensjahr die Schulpflicht ein. Auch Kindergärten wurden geschaffen.

Im Jahre 1913 wurde die Einkommensteuer per Gesetz vorgeschrieben und stieg in den folgenden Jahrzehnten stetig an. 1950 war das höchste Berufseinkommen, das in den offiziellen Berichten der Aufsichtsbehörde über das Börsen- und Aktienwesen aufscheint, das von Charles E. Wilson, dem Präsidenten von General Motors, mit einem Betrag von 626 300 Dollar. Angenommen, er hätte 1950 alles bar auf einmal ausgezahlt bekommen, so daß er für den ganzen Betrag hätte Einkommensteuer bezahlen müssen, dann hätte der Staat ungefähr 462 000 Dollar für sich behalten und ihm nur ungefähr 164 300 Dollar belassen.[2]

Es gab auch heftige Debatten darüber, wie man die Lebensgewohnheiten der Bürger bewahren und vor den großen Industriegiganten schützen könnte, die sie anscheinend bedrohten. Woodrow Wilson befürchtete, daß die riesigen Unternehmen die moralischen und bürgerlichen Grundlagen der amerikanischen Demokratie unterlaufen würden, es sei denn, man sprenge die Giganten. Theodore Roosevelt war der Ansicht, daß Regulierungen die beste Möglichkeit seien, die Vorteile der Massenproduktionsindustrie zu behalten und zugleich die aus ihr resultierenden Gefahren zu minimieren.[3] »Industriezusammenschlüsse sind das Ergebnis des wirtschaftlichen Imperativs«, erklärte Roosevelt. »Die Bemühungen, alle Zusammenschlüsse zu verbieten, sind grundlegend gescheitert. Der Ausweg liegt nicht darin, zu versuchen, solche Giganten zu verbieten, sondern sie im Interesse des öffentlichen Wohlstands vollständig zu kontrollieren.«[4] Schließlich einigte sich die Nation, wie so oft, auf einen Kompromiß: Antitrustgesetze wurden in moderater Form umgesetzt, und Regulierungsbehörden wurden geschaffen, um Regeln in Absprache mit der Industrie zu erstellen. Andere Nationen erließen ähnliche Gesetze.

All diese Debatten drehten sich in Wirklichkeit nur darum, wie man möglichst viele Vorzüge der neuen Ordnung behalten und zugleich ihre Übermacht ausschalten und ihre Ungerechtigkeiten abschwächen könnte – wie man also ein neues, soziales Gleichgewicht herstellen könnte.

Die Gesetze, Regeln und sozialen Übereinkünfte, die in der präindustriellen Wirtschaft des 19. Jahrhunderts gegriffen hatten, waren für die neuen Herausforderungen einer nationalen Wirtschaft, die sich auf der Basis von Lohnarbeit entwickelte und von gigantischen Unternehmen dominiert war, größtenteils irrelevant. Dennoch war es unmöglich, den Weg vorherzusagen, den die Industrialisierung einschlagen würde. Die Nation mußte gezwungenermaßen Entscheidungen auf der Grundlage der besten zu diesem Augenblick verfügbaren Informationen, auf Vermutungen über die Zukunft sowie unter Berücksichtigung der eigenen dauerhaften Werte fällen.

Genau das müssen wir heute wieder tun.

DIE FUNDAMENTALEN ENTSCHEIDUNGEN DER NEUEN WIRTSCHAFT

Wir bewegen uns momentan rasch in eine neue Wirtschaft und eine neue Gesellschaft hinein, in denen einige dieser alten Entscheidungen wenig hilfreich, ja sogar obsolet sind. Wie ich bereits ausgeführt habe, hat man viele Regulierungen, mit denen man die Großkonzerne kontrollierte, abgeschafft, da die Massenproduktionswirtschaft keine Rolle mehr spielt und kleinere Einheiten inzwischen wirksam mit Großunternehmen konkurrieren können. Gegner von Wirtschaftstrusts machen sich heutzutage weniger Sorgen um die reine Größe oder die

Marktbeherrschung von Unternehmen – die Wirtschaft verändert sich so schnell, und so vieles davon sieht sich dem weltweiten Wettbewerb ausgesetzt, daß derartig statische Konzepte irrelevant werden. Vielmehr sorgen sie sich um eine »übertriebene Kundenbindung«, bei der Firmen mittels elektronischer Kommunikationsstandards fast eine Monopolstellung erreichen, wie zum Beispiel Microsoft durch seine Anwendersoftware. In diesem Zusammenhang finden auch Diskussionen über die Zukunft des geistigen Eigentums statt: Soll man Gene patentieren lassen dürfen oder neue Geschäftsabläufe wie Verkäufe via Internet per Mausklick? Haben neue mathematische Formeln einen Anspruch auf das Copyright? Oder neue Methoden des Klonens?

Wie bereits gezeigt, dämmert es vielen Menschen inzwischen, daß Gesetze, die dem Arbeitgeber die Verantwortung für Löhne und Gehälter, Arbeitszeit, Arbeitsbedingungen, Tarifverhandlungen und andere Aspekten der Arbeitswelt zuweisen, der steigenden Zahl von Vertragsarbeitern, Kontingentarbeitern, Freiberuflern, Internet-Beschäftigten, Arbeitern auf Provisionsbasis, Fachkräften und Managern sowie all denen, die ihre Dienstleistungen in der neuen Wirtschaft selbst verkaufen, wenig helfen. In vielen Wirtschaftsbereichen kann man immer schwerer unterscheiden, wer nun »Arbeitgeber« und wer »Arbeitnehmer« ist.

Genauso war die Sozialversicherung in der alten Wirtschaft auf große und stabile Gruppen von Menschen ausgerichtet, die nicht abschätzen konnten, welche Risiken ihnen als Individuen drohten. Doch der Auslesemechanismus gibt nun reicheren und gesünderen Staatsbürgern bessere private Alternativen an die Hand. Infolgedessen entscheiden sich viele reichere und gesündere Mitbürger, aus diesem System auszusteigen – und lassen somit ihre weniger gesunden und nicht so wohlhabenden Mitbürger zurück. Die Diskussionen um eine Privatisierung der Sozialhilfe und um eine Änderung von »Medicare« in ein System von erstattungsfähigen »Einzelkonten für medizinische Leistung« nehmen zu. Auch die Idee einer Krankenversicherung für ganze Bevölkerungsgruppen wird heftig diskutiert: Nach welchen Kriterien soll man diese Gruppen auswählen, und was soll mit älteren und kränkeren Mitbürgern geschehen, die sich nicht für die Aufnahme in solche Gruppen qualifizieren?

Da sich die Amerikaner mit Hilfe des Auswahlmechanismus ihrem Einkommen entsprechend selbst in Gruppen aufspalten, wird schließlich der Zerfall von Gemeinschaften vorangetrieben. Schulen, Grünanlagen, öffentlichen Erholungsorten, Büchereien und anderen Annehmlichkeiten in den Wohnvierteln der Armen und der Arbeiterklasse, die größtenteils am Tropf der kommunalen Grundsteuern hängen, werden die Geldmittel gekürzt. Das alte Vertrauen in öffentliche Gelder paßte besser in die Zeit, als reiche und arme Bürger gemeinsam in den Städten wohnten. Heute erzeugt es jedoch riesige Schieflagen angesichts der Tatsache, daß reiche und arme Bürger dazu neigen, in unterschiedlichen Bezirken zu leben. Das Problem geht weit über die Finanzierung hinaus. Die Schulen, die die Kinder besuchen, und die Gemeinschaften, in denen sie aufwachsen, sind für ihre Zukunft eminent wichtig. Eine große Bündelung von armen oder nahezu armen Familien zementiert die Barrieren immer stärker, die eigentlich überwunden werden müßten. In einer Zeit sozial isoliert zu sein, in der Beziehungen mehr denn je zählen, und wirtschaftlich abgespalten zu sein, vor dem Hintergrund verschwimmender Karrieren und abnehmender Jobs in der Produktion, benachteiligt junge Menschen aus ärmeren Gemeinschaften. In einem System, das auf wirkliche Vorbilder und soziale Unterstützung angewiesen ist, genau beide nicht zu haben, gibt diesen Menschen nur begrenzte Möglichkeiten, in der neuen Wirtschaft Fuß zu fassen.

Die Ängste unserer Zeit unterscheiden sich im Grunde nicht wesentlich von den Ängsten, die man zu Beginn der industriellen Ära hatte. Man war besorgt über den Streß und die Unsicherheit einer damals neuen Wirtschaft; man sorgte sich um die Erosion der Familien, über die aufklaffende Schere zwischen Einkommen und Reichtum und den Zerfall der Gemeinschaft. Nur leider ist es so, daß die Antworten, die die

Zeitgenossen damals fanden, um den Sorgen und Problemen Herr zu werden – die Ausgewogenheit, die sie fanden, zwischen dem, was die neuen wirtschaftlichen Kräfte boten und welchen Preis sie forderten –, nicht mehr auf die Wirtschaft und die Gesellschaft passen, an deren Schwelle wir stehen.

Überall auf der Welt entbrennt eine Diskussion über die Vorteile, die uns die neue Wirtschaft hinsichtlich unserer Lebensqualität bietet. Diese Diskussion taucht sporadisch und in Abständen auf, so wie die Spitze eines riesigen Eisbergs, an den alle möglichen anderen, detaillierteren Debatten stoßen. Französische Arbeitnehmer legen einfach die Arbeit nieder, um sich auf diese Weise für oder gegen die 35-Stunden-Woche auszusprechen. Deutsche Industrielle, die besorgt sind über die hohen Löhne und die Bestimmungen, die es ihnen erschweren, Mitarbeiter zu entlassen oder herabzustufen, drohen mit einer Verlagerung der Arbeitsplätze ins Ausland. Amerikaner demonstrieren in Seattle gegen die Welthandelsorganisation. In einer landesweiten Umfrage gab die Mehrheit der Amerikaner an, sie glaube, daß die globale Wirtschaft dem Durchschnittsbürger schade. 75 Prozent sind besorgt darüber, daß die guten Jobs ins Ausland abwandern werden und in Amerika nur die Jobs bleiben werden, von denen man nicht leben kann.[5] In der Zwischenzeit beklagen sich kleinere Nationen über »heißes Geld«, das genauso schnell in ihren Wirtschaftskreislauf hinein wie auch wieder aus ihm herausströmt und somit großen sozialen Schaden anrichtet. In vielen Ländern ziehen Bewegungen des rechten Spektrums erbost gegen Einwanderer und Fremde zu Felde – gelegentlich sogar gegen ärmere Minderheiten aus ihrer Mitte; Bewegungen des linken Spektrums sind entrüstet über die globale Geldelite, die ganze Länder unterhöhlt, ja nachgerade überschwemmt, ihr Geld in Steuerparadiesen parkt, in den schönsten Idyllen Urlaub macht und in den »schicken Glitzervierteln der Großstädte«[6] lebt und arbeitet. Niemand, so hat es den Anschein, mag die »Global Players« besonders gerne, deren Topmanager den Ruch von Geld- und Habgier haben. Ebensowenig mag man die Magnaten der Wall Street, die emsig dabei sind, Geschäftsbereiche zu »restrukturieren«, und schamlos die Gemeinschaften mißachten, die sie dabei entwurzeln oder zerstören.

Doch ein Großteil dieser Diskussionen geht in die falsche Richtung, ebenso wie sich viele Schuldzuweisungen an die falsche Adresse richten. Was einen möglichen Feind angeht, so kennen wir ihn, denn wir sind es selbst. Die meisten von uns *wollen* die hervorragenden Geschäfte der neuen Wirtschaft. Wir alle sind Konsumenten und in zunehmendem Maß auch Investoren. Sich schnell entwickelnde Technologien schaffen ein weltweites Netzwerk, in dem wir exakt das bekommen können, was wir wollen, von überallher zum niedrigsten Preis und besten Gegenwert. Wir haben vielfältigste Auswahlmöglichkeiten und können uns blitzschnell anders entscheiden. Kurzum: der Sündenbock ist nicht irgendwo da *draußen* – weder in den globalen Unternehmen noch unter den geldgierigen Managern, bei den unsensiblen Eliten, den Einwanderern oder den armen Minderheiten. Er ist *direkt in uns*, in unserem eigenen Appetit, in dem, was wir einkaufen möchten, und in all den tollen Schnäppchen, die wir machen möchten. Menschen aus Kulturen, denen es materiell nicht so gut geht wie der Mehrzahl der Amerikaner, sehen auf ihren Satellitenfernsehern all die tollen Dinge und den Glamour des amerikanischen Mittelklasselebens und sagen sich: *Das wollen wir auch haben*. Und zwar schnell, bitte.

Doch der Preis, den eine Gesellschaft dafür zahlen muß, steigt ebenfalls. Wenn wir nur verstünden, was wir in Wirklichkeit für all das bezahlen, dann wären wir weniger enthusiastisch über die tollen Angebote, die wir bekommen. Anderen Nationen in der Welt würde es ebenso gehen.

Daumen nach oben oder unten? Betrachten Sie beide Extreme. Einerseits könnten Amerika und andere Nationen den Neoludditismus einführen: Gesetze verabschieden, um Computer vom Netz zu nehmen, Software vernichten, hohe Zolltarifgrenzen als Blockade gegen die Einfuhr billiger ausländischer Produkte einrichten, unser Land durch einen hohen Stacheldrahtzaun vor billigen ausländischen Arbeitskräften schützen, den Fluß des Weltkapitals blockieren, feindliche

Übernahmen verhindern, Aktionäre entmachten, extrem lange Patentschutzrechte garantieren, alle Arbeitsplätze so bewahren, wie sie jetzt sind, unsere Nachbarschaften in ihrer gegenwärtigen Form belassen und die Innovationen einfach stoppen. Die Gesellschaft, die wir dadurch schaffen würden, wäre vielleicht ruhig und stabil, das Ungleichgewicht könnte vermutlich verringert werden, und alle Staatsbürger wären frei, sich der Kontemplation zu widmen. Eine derartige Gesellschaft würde jedoch materiell eher schlecht dastehen, verglichen mit dem Reichtum, den sie anderweitig erzeugen könnte, und sie wäre mit Sicherheit in vielen Bereichen erheblich unterdrükkend. (Glauben Sie übrigens nicht, daß so eine neoludditische Strategie in einer Zeit der globalen Technologie nicht möglich wäre! Fundamentalisten, Puritaner, Fanatiker und Eiferer vielerlei Couleur haben so etwas schon gemacht. Irgendwo und irgendwann werden sie versuchen, es wieder zu tun.)

Andererseits könnten wir den Fuß aufs Gaspedal setzen und richtig Gas geben. Wir könnten den Weg der schnellsten Entwicklung, der größten Auswahlmöglichkeiten und der raschesten Wechsel einschlagen. Folgt man ihm bis zu seinem logischen Ende, wären wir dann alle Arbeitnehmer in einem gigantischen globalen Netzwerk. Unser Einkommen würde jeweils von unablässigen Angebotsauktionen in unseren jeweiligen Branchen abhängen. Alle Regierungshilfen – Regulierungen, Versicherungen, gemeinsamen Vorzüge – würden demontiert werden, da der Auslesemechanismus weltweit perfekt greifen würde. Die Bandbreite jeder Nation von extrem reich bis zu extrem arm würde exakt das maximale Spektrum zwischen Reichtum und Armut in der ganzen Welt widerspiegeln. Die eigene Position in dieser Skala hinge davon ab, wie hart man arbeitet und wie geschickt man sich selbst verkauft. Die zukünftige Position unserer Kinder hinge davon ab, wie hart sie bereits arbeiteten, um kleine Vorbilder an Ehrgeiz und an potentiellem Marktwert zu werden. Wir würden in materiellem Wohlstand baden, doch niemand würde sich wirtschaftlich sicher fühlen. In der Zwischenzeit würde unsere Gesellschaft auseinandergerissen und drastisch selektiert werden und sich von keinem anderen Fleck auf diesem Planeten mehr unterscheiden.

Daumen hoch oder Daumen runter? Wie fällt unsere Entscheidung aus? Für die meisten Menschen ist keines der beiden Extreme verlockend. Was uns daher am Ende bleibt, ist die Frage nach der Ausgewogenheit.

EIN NEUER GESELLSCHAFTLICHER MITTELWEG

Welches ist die beste Position zwischen diesen beiden Extremen? Welches ist der beste soziale Mittelweg? Die Antwort darauf fällt nicht leicht, denn es gibt nicht einen »besten« Weg zwischen wirtschaftlicher Dynamik und sozialem Frieden. Doch auf der Suche nach einer Antwort stellen Sie sich vielleicht die gleichen grundsätzlichen Fragen, die sich Amerikaner vor 100 Jahren schon gestellt haben, als sie mit der damals neuen industriellen Ordnung zu kämpfen hatten: Wie können wir von den Vorteilen einer neuen Wirtschaft profitieren und zugleich ihre Übermacht verhindern und ihre Ungerechtigkeiten abschwächen?

Sie erinnern sich: Alle Vorteile wie auch alle Belastungen der alten industriellen Wirtschaft sind aus einer stabilen Massenproduktion heraus entstanden. Daher konzentrierten sich die Reformer vor 100 Jahren darauf, die Arbeitsbedingungen zu verbessern und ungebremste wirtschaftliche Kräfte zu kontrollieren. Im Gegensatz dazu basieren die Vorteile der neuen Wirtschaft auf Innovationen und der zunehmenden Leichtigkeit für Kunden, zu besseren, schnelleren und billigeren Produkten aus aller Welt wechseln zu können. Das gleiche trifft auch auf Investitionen mit höheren Renditen und allen gemeinsamen Annehmlichkeiten zu, die eine moderne »Gemeinschaft« ausmachen. Wie wir gesehen haben, tragen genau dieselben Merkmale der neuen Wirtschaft aber auch zu finanzieller Unsicherheit, weitaus hektischerer Arbeit, einer tieferen Kluft bei Einkommen und Reichtum, einem immer effektiveren

Auslesemechanismus und somit auch zum Zerfall des persönlichen, familiären und gemeinschaftlichen Lebens bei.

Ein Weg zu einer besseren Ausgewogenheit in der Gesellschaft könnte ein großflächiges neues moralisches und spirituelles »Aufwachen« sein, in dem sich die Menschen en masse erheben und den Übertreibungen eines auf Gewinn ausgerichteten Individualismus entsagen. Solche Massenbewegungen haben sich von Zeit zu Zeit in der Geschichte ereignet. Doch die Geschichte zeigt auch, daß die Folgen nicht immer nur positiv waren. Ist der moralische Eifer erst entbrannt, ist er nur schwer wieder einzudämmen. Es erscheint daher sicherer und praktikabler, besonnenere und bescheidenere Reformwege zu untersuchen. Einige von ihnen sind Sache der Regierungen, andere wiederum sollten besser dem gemeinnützigen Bereich, den Glaubensinstitutionen, Universitäten und sozialen Unternehmern überlassen werden.

Anstatt sich zu bemühen, entweder die alten Arbeitsplätze, die alten Gemeinschaften und die alten Beziehungen zu bewahren und zu schützen oder sich dem anderen Extrem zuzuwenden und richtig Gas zu geben, würde eine ausgewogene Gesellschaft im wesentlichen versuchen, folgende Ziele zu erreichen:

DIE MENSCHEN GEGEN EINEN PLÖTZLICHEN WIRTSCHAFTLICHEN SCHOCK ABFEDERN. Es gibt viele Möglichkeiten, den einzelnen und ganze Familien vor der Unbeständigkeit der neuen Wirtschaft zu schützen, die nichts mit neoludditischen Maßnahmen zu tun haben, welche die Wahlmöglichkeiten blockieren und Wechsel verhindern wollen. Ein Mittel, den plötzlichen Druck einer Arbeitslosigkeit zu lindern, wäre, sicherzustellen, daß jeder, der einen Job braucht, diesen auch hat. Gibt es im Moment keine Arbeitsplätze, könnten Arbeitsstellen im öffentlichen Dienst diese Lücke füllen. Zusätzlich könnte die Arbeitslosenversicherung (ein Erbe der industriellen Ära, als »Beschäftigung« die Regel war) durch eine Einkommensversicherung ersetzt werden, um die sonst empfindlichen Einkommenseinbußen auszugleichen.[7] Nehmen wir an, Ihr

Einkommen sinkt von einem Jahr zum nächsten um 50 Prozent. Die Einkommensversicherung käme dann für die Hälfte der Differenz auf. Verdoppelt sich Ihr Einkommen von einem Jahr zum nächsten, würden Sie einen Teil Ihres Gewinns in diese Versicherung einbezahlen. Die Einkommensversicherung käme nicht nur armen Menschen zugute, sondern auch allen Arbeitnehmern der mittleren und oberen Gehaltsklassen, die davor Angst haben, plötzlich und unerwartet wirtschaftlichen Boden zu verlieren. Eine derartige Versicherung könnte jeden Arbeitnehmer einschließen, sogar Teilzeitarbeiter. Wir könnten auch garantieren, daß alle Arbeitnehmer ein angemessenes Mindesteinkommen erhalten. Jeder, der mindestens 40 Stunden pro Woche arbeitet, käme für eine Einkommensbeihilfe in Frage, die sein Gesamteinkommen zumindest bis zur Hälfte des landesweiten Durchschnittseinkommens sichert.

Des weiteren könnte man solche Schocks abfedern, wenn man die Arbeitnehmervergünstigungen ausweiten würde. Anstatt also die Krankenversicherungs- und Rentenvorzüge durch eine Steuervergünstigung dieser Ansprüche (ein weiteres Überbleibsel aus der industriellen Zeit) an bestimmte Arbeitsstellen zu binden, könnte man sie von spezifischen Jobs abkoppeln und sie statt dessen an die Menschen binden. Die Steuerersparnis könnte dann direkt zur Unterstützung der Krankheits- und Pensionsbedürfnisse der Beschäftigten verwendet werden, ganz gleich, wo sie arbeiten oder gearbeitet haben. Arbeitnehmer mit geringem Einkommen würden auf diese Weise mehr Unterstützung erhalten. Allen Bürgern stünde somit eine bezahlbare Krankenversicherung zur Verfügung.

Wir könnten die drastischen Schocks für eine Gemeinschaft durch das plötzliche Abwandern von Geschäfts- oder Finanzkapital lindern, indem man eine *Gemeinschafts*versicherung einführt. Büßt beispielsweise eine Gemeinschaft oder eine Region, sagen wir, mehr als fünf Prozent seiner wirtschaftlichen Grundlage im Laufe eines Jahres ein, bekäme sie automatisch Überbrückungszuschüsse, so daß sie ihre Bürger umschulen, Anbietern lokaler Dienstleistungen beim Gesundschrumpfen helfen und die Verringerung der Grundstückswerte ausgleichen könnte. So eine Versicherung könnte durch eine kleine Steuer auf Gewerbe und Kapital, das plötzlich in eine bestimmte Gemeinschaft oder Region einströmt, finanziert werden. Die gleiche Idee könnte man auf ganze Nationen ausdehnen in Form einer kleinen »Transaktionssteuer« – sagen wir, 0,1 Prozent – auf den Wert aller schnell agierenden globalen Finanztransaktionen. So eine kleine Steuer würde nicht nur die Geschwindigkeit der Spekulationen der internationalen Finanzwelt etwas bremsen, sondern könnte auch einen Stabilisationsfonds zur Entschärfung des Auf und Ab der Landeswährungen speisen.[8]

Man könnte Handelsgesetze erlassen, um größere Unabhängigkeit von plötzlichen Massenimporten zu erreichen, als es unter der sogenannten Schutzklausel der bestehenden Handelsverträge möglich ist. Nationen sind derzeit zu solch zeitlich begrenztem Handelsschutz nur dann berechtigt, wenn die einheimische Wirtschaft durch so eine Importwelle in ihrer Wettbewerbsfähigkeit drastisch geschädigt wird. Man könnte jedoch auch *soziale* Beeinträchtigungen als Berechtigungsgrundlage zulassen. Arbeitnehmer und ihre Gemeinschaften sollten eine zeitlich begrenzte Unterstützung gegen das Risiko einschneidender Arbeitsstellenverlagerung und Abwanderung aus den Gemeinschaften beantragen dürfen, wenn diese durch unerwartete Massenimporte hervorgerufen werden.

DEN KREIS DES WOHLSTANDS ERWEITERN. Die Schere bei Einkommen und Reichtum klafft weiter auseinander als je zuvor seit den frühen Tagen der Industrialisierung im späten 19. und frühen 20. Jahrhundert. Was kann man dagegen tun? Die meisten Menschen, die auf der Strecke bleiben, haben keine adäquate Ausbildung – die erste Voraussetzung für Erfolg in der neuen Wirtschaft. Daher ist eine Verbesserung ihres Reservoirs an »Human Capital« die beste Investition für ihren zukünftigen Wohlstand. Dazu kommen wir gleich. Ausbildung erfordert jedoch beträchtliche Zeit. Und selbst wenn Kinder aus ärmeren Familien wie die Verrückten lernen würden, würden sie doch ihr Erwachsenenleben von einer stark benachteiligten Position aus beginnen. Die Ausbildung beschäftigt sich nicht mit ihren sozialen Nachteilen, ihrer Isolation und ihrem Mangel an Beziehungen. Sie bezieht sich ebensowenig auf ihren Mangel an Kapitalvermögen.

Eine weitere Möglichkeit, den Wohlstand auszuweiten, wäre daher, Kapitalvermögen besser zugänglich zu machen. Seit vielen Jahren befördert der »Lift« namens »Kapitalvermögen« die Reichen Amerikas immer weiter nach oben, ohne daß sie dafür einen Finger krümmen müssen (außer vielleicht mit ihren Finanzverwaltern zu telephonieren). Die größte einzelne Konsequenz der Hausse in den neunziger Jahren war, daß diejenigen, die vor 1991 schon reich waren, noch erheblich reicher wurden. Selbst wenn und falls die Börse fällt, sind die langfristigen Prognosen für Kapitalvermögen weiterhin rosig. Daher sollten wir uns zusätzlich zu besseren Schulen auch überlegen, ob wir nicht jedem jungen Amerikaner ab Vollendung des 18. Lebensjahrs ein finanzielles »Startguthaben« von, sagen wir, 60000 Dollar auszahlen, das er oder sie dann in zusätzliche Ausbildung, in eine Geschäftsidee, in Aktien und Obligationen oder in mehrere dieser Möglichkeiten gleichzeitig investieren könnte. Dieses Startguthaben könnte durch eine geringe Besteuerung des Reichtums unserer absolut reichsten Mitbürger finanziert werden.[9]

SICHERSTELLUNG VON BETREUUNG UND ZUWENDUNG FÜR DIEJENIGEN, DIE SIE AM MEISTEN BRAUCHEN. Wie können wir garantieren, daß Kinder, ältere und behinderte Menschen die Zuwendung und Pflege erhalten, die sie brauchen? Wie ich bereits ausgeführt habe, verrichten Menschen, die dafür bezahlt werden, daß sie solche Zuwendung und Pflege leisten – Krankenpfleger, Mitarbeiter bei ambulanten Pflegediensten, Altenpfleger, Kinderbetreuer, Lehrer und Sozialarbeiter –, eine der wichtigsten und menschlichsten Tätigkeiten in unserer Gesellschaft. Dafür könnte sie die Gesellschaft als Ganzes erheblich besser bezahlen, vorausgesetzt, sie erfüllen angemessene Qualitätsstandards. Neben einem besseren Entgelt verdienen diese Arbeitnehmer auch höheres gesellschaftliches

Ansehen und mehr Achtung. Mehr Lohn und ein höherer Sozialstatus würden diesen Arbeitsbereich wieder attraktiver für ausgebildetes Personal machen und somit Menschen wieder mehr Anreiz geben, sich hierfür ausbilden zu lassen.

Darüber hinaus könnte man da weitermachen, wo progressive Reformer vor 100 Jahren aufhörten, als sie die Kindergärten ins Leben riefen. Angesichts der Belastungen der Familien durch die neue Wirtschaft erscheint es vernünftig, das Schulsystem nach unten hin auszuweiten und bereits drei- oder vierjährige Kinder in sichere und motivierende Vorschulprogramme einzubinden. Ebenso sinnvoll erscheint es, die Schulzeiten für Schulkinder jeden Alters auszuweiten, indem man betreute Spiel- und Lernnachmittage anbietet, bis die meisten Eltern abends von der Arbeit nach Hause kommen.

Unternehmen sollten ermutigt, vielleicht sogar dazu aufgefordert werden, Mitarbeitern mit Kindern flexible Dienstzeiten sowie bezahlte Auszeiten zu gestatten, damit sie sich um ihre kleinen Kinder oder älteren Verwandten kümmern können. Viele Firmen bieten dies bereits ihren hochbezahlten kreativen Mitarbeitern, doch kaum Arbeitern weiter unten in der Unternehmenshierarchie an. Zudem verwandeln sich Unternehmen, wie ich ebenfalls gezeigt habe, rasch in vertraglich aneinandergekoppelte Netzwerke, in denen immer weniger Mitarbeiter »Beschäftigte« im alten Sinn sind. Aus diesem Grund könnten derartige Arbeitgeberverpflichtungen langfristig weniger bringen als eine direkte Unterstützung für Arbeitnehmer durch die öffentliche Hand. Eine derartige Hilfe könnte ebenfalls durch Steuergesetze ermöglicht werden. Da die Kosten für Kinderbetreuung (und oft für die Betreuung und Pflege von älteren Verwandten) im wahrsten Sinne des Wortes »Geschäftsausgaben« sind, die nicht unter bezahlten Urlaub fallen, könnten sie von der Einkommensteuer vollständig absetzbar werden.

Eine Gesellschaft, die Wert darauf legt, ihren jüngsten Mitbürgern Zuwendung und Betreuung zu geben, würde darüber hinaus anerkennen, daß Elternschaft nicht nur eine private Funktion ist, sondern auch eine wichtige soziale Verantwortung beinhaltet. Jeder Elternteil, der sich dafür entscheidet, bei einem Kind, das jünger als drei Jahre ist, zu Hause zu bleiben, hätte Anspruch auf eine finanzielle Unterstützung in Höhe der Hälfte des nationalen Durchschnittseinkommens. So eine Unterstützung könnte in Form einer erstattungsfähigen Steuergutschrift erfolgen.

DEN AUSLESEMECHANISMUS UMKEHREN. Den größten Schaden richtet der Auslesemechanismus im Bereich der Schulen an, deren Qualität heutzutage größtenteils vom Einkommen der Familien abhängt, die im Schulbezirk wohnen. Da Familien sich je nach Einkommen auf verschiedene Wohnviertel verteilen und da die Hälfte der Geldmittel für Schulen immer noch aus der Grundsteuer bestritten wird, können Familien, deren Kinder am gefährdetsten sind, in der neuen Wirtschaft auf der Strecke zu bleiben, diese eben gerade nicht auf die für sie besten Schulen schicken. Will eine Gesellschaft wirklich die Vorteile der wirtschaftlichen Dynamik genießen und zugleich soziale Ungerechtigkeit lindern, würde sie die Schulfinanzierung von der lokalen Grundsteuer abkoppeln. Ein Weg wäre, die Grundsteuer durch einen landesweiten Treuhandfonds für Ausbildung zu ersetzen, der durch eine kleine Steuer auf das Nettoeinkommen aller Bürger gespeist würde.

Schulberechtigungsscheine würden vielleicht den Standard der Schulen heben, doch wir müßten dafür sorgen, daß die ärmsten Kinder mit den größten Lernschwierigkeiten und Verhaltensauffälligkeiten eben nicht wieder in die unbeliebtesten Schulen kämen. Um dies zu verhindern, böte sich an, die Berechtigungsscheine nach den Bedürfnissen der Familien auszurichten. Somit würden Kinder aus den ärmsten Familien die größten und wertvollsten Berechtigungsscheine haben, so daß sie für gute Schulen so attraktiv würden, daß diese sich um sie bemühen.

Ein Weg, die hohe Konzentration an Armut aufzubrechen, wäre, allen bedürftigen Familien Hilfen bei der Wohnungssuche zu geben, mit denen sie sich auch Wohnungen oder Häuser in den Vierteln der Besserverdienenden leisten könnten. Diesbezügliche Studien haben bereits gezeigt, daß arme

Kinder von Familien, die in »bessere« Viertel umziehen konnten, insgesamt schneller vorankommen als Kinder, die weiterhin in den ärmeren Gegenden bleiben.[10] Zusätzlich könnte man verlangen, daß Städteplaner und Wohnungsbauer in ihren Konzepten für Wohnviertel der Oberklasse einen gewissen Anteil an erschwinglicheren Wohnungen mitplanen. Derartige »Mischwohnflächenaufteilungen« haben sich an bestimmten Orten in ganz Amerika mit beträchtlichem Erfolg bewährt. Wir könnten auch den privaten Versicherungsgesellschaften untersagen, von manchen Menschen aufgrund eines erhöhten Versicherungsrisikos wegen ihrer Lebensumgebung, des Gehaltskontos oder der genetischen Abstammung höhere Prämien zu verlangen.

Wir könnten noch weitere Möglichkeiten für verschiedene Rassen-, Einkommens- und Altersgemeinschaften finden, damit sie miteinander leben können. Solche Brückenschläge könnten zu einem kooperativen Ziel aller gemeinnützigen Organisationen werden, die in Kommunen angesiedelt sind. Glaubensinstitutionen könnten als prädestiniert gelten, solche Brücken zu schlagen. Universitäten könnten sich mit bedürftigen High-Schools und Grundschulen in ihrer Region zusammentun, und jüngere Hochschulsemester könnten in solchen Schulen Nachhilfeprogramme leiten. Auch Universitätsdozenten könnten gelegentlich Kurse abhalten, die die Lehrerschaft über neue Forschungsergebnisse auf dem laufenden halten, und vielversprechenden High-School-Schülern sogar Universitätsstipendien anbieten.

ALL DIESE VORSCHLÄGE sind eher Ausgangspunkte als bereits vollständige Bestandteile einer Reformenliste. Sie stellen nur eine Ansammlung dessen dar, was machbar wäre; sie sind Futter für Diskussionen darüber, was getan werden sollte. Ihnen allen liegt folgende Vorstellung zugrunde: Anstatt am alten System festzuhalten und es zu bewahren oder komplett ins andere Extrem umzuschlagen und in der neuen Wirtschaft richtig Gas zu geben, würde eine ausgewogene Gesellschaft wirtschaftliche Übergangsphasen erleichtern. Kein Bürger bliebe dabei auf der Strecke, und das Leben aller würde sich in materieller Hinsicht verbessern. Ferner würden ein stärkerer Zusammenhalt entstehen, eine größere Gerechtigkeit herrschen, und jeder einzelne wäre psychisch weniger beansprucht. Obwohl dieser Weg nicht ohne finanziellen Aufwand zu verwirklichen wäre, könnte eine dynamische Wirtschaft die entstehenden Kosten durchaus tragen. Außerdem glaube ich, daß sich diese zugunsten des sozialen und persönlichen Friedens lohnen.

Einige werden nun argumentieren, daß die Mitglieder der Gesellschaft, denen es besser geht, nicht verpflichtet werden sollten, den Großteil der Kosten für solche Vorschläge zu übernehmen, und daß sie sich auch weigern werden, dies zu tun. Wenn es eng wird, verziehen sie sich samt ihrem Reichtum auf die Niederländischen Antillen oder auf irgendeinen anderen angenehmen Fleck der Welt. Doch ich halte diese Einschätzung für zu zynisch. Zweifellos ist der Auslesemechanismus mächtig, doch die überwiegende Mehrheit der bessergestellten Mitbürger fühlt sich ihrer Gesellschaft verpflichtet und will dazu beitragen, daß sie sich nicht noch mehr sozial aufsplittert und schichtet. Der Auslesemechanismus mag tatsächlich einige Menschen entmutigt haben, eine aktivere Rolle zu übernehmen. Jedes Opfer von ihrer Seite – wie zum Beispiel ein Umzug in eine ärmere Gegend, als sie sich leisten könnten, oder die Einschulung ihrer Kinder in eine etwas schlechtere Schule – würde ihnen ja größere Lasten aufbürden, als es der Fall wäre, wenn Reich und Arm von vornherein näher zusammen leben würden.

Die »Auslese« hat Wohlhabende vielleicht auch unempfänglicher und blinder hinsichtlich der tatsächlichen Lebensbedingungen der weniger vom Glück begünstigten Menschen gemacht und dazu geführt, daß Bessergestellte behaupten können, daß fast jeder so lebt wie »sie«. Den Auslesemechanismus umzukehren würde mithelfen, das Gefühl wiederherzustellen, daß alle an einem Strang ziehen. Ferner wären die Bessergestellten eher bereit, ihren Beitrag zu leisten, wenn sie einsehen würden, daß die wahrscheinlichste Alternative am Ende ein Rückschlag in der wirtschaftlichen Dynamik sein könnte – einschließlich Handelsschutzgesetzen und neoludditischer Beschränkungen der Technologie –, die sie, langfristig gesehen, wesentlich teurer zu stehen käme. Die große Kluft zwischen Arm und Reich gefährdet den Frieden und die Stabilität einer Gesellschaft einschließlich seiner bessergestellten Mitglieder. Schließlich ist es wahrscheinlich, daß einige der Wohlhabenderen in ihrem Leben durchaus eine größere wirtschaftliche Sicherheit und ein geringeres Risiko, daß sie oder ihre Familien plötzlich wirtschaftlichen Boden unter den Füßen verlieren, bevorzugen würden.

DIE DREI GESPRÄCHE

Wir stehen am Beginn einer neuen Ära. Die wirtschaftlichen und technologischen Kräfte, die im Laufe von mehr als 20 Jahren gewachsen sind, haben ihren Zenit fast erreicht. Sie verändern unser individuelles und gesellschaftliches Leben weit tiefgreifender als bislang. Eine Umkehr zu den alten Jobs, der alten Sicherheit, den alten Familienstrukturen und den alten Gemeinschaften ist nicht mehr möglich. Wohin sollen wir also gehen? Wir jubeln über die hervorragenden Geschäfte der neuen Wirtschaft. Wir stehen staunend vor ihrer technologischen Kühnheit. Wir sind verzückt über die augenblicklichen Chancen auf immensen Reichtum, die uns die Wirtschaft bietet. Doch wo ist der moralische Anker? Wo ist unser Ort, woran binden wir unsere Loyalität und unsere Leidenschaften? Wo kommen unsere Freunde, Familien und Gemeinschaften ins Spiel? Worin investieren wir unsere Integrität? Wonach sollen wir denn am Ende Erfolg messen – unseren eigenen wie auch den der Gesellschaft im ganzen?

Ein erfolgreiches Leben zu leben geht mit Sicherheit über alles hinaus, was wir käuflich erwerben können, oder über die Höhe unseres Nettoeinkommens. Die Qualität einer erfolgreichen Gesellschaft hört nicht bei ihrem Bruttosozialprodukt auf. Erfolg hängt von unseren spirituellen Grundlagen, vom Reichtum unserer Beziehungen, von der Robustheit unserer

Familien und vom Charakter unserer Gemeinschaften ab. Dennoch rasen die meisten von uns in diese neue Ära mit einer bemerkenswerten Unbekümmertheit – vielleicht sogar einer Blindheit – hinsichtlich dessen, was diese Ära für unser Leben jenseits unserer Funktion als Konsumenten und Investoren bedeutet.

Statt uns den Kopf über die größeren Vor- und Nachteile zu zerbrechen, führen wir im Augenblick vielmehr drei verschiedene Gespräche. Das erste ist ein atemloses Gespräch voller Enthusiasmus über die Wunder der neuen Wirtschaft. Es handelt davon, daß die tollen Geschäfte dieser Wirtschaft sehr real sind und all die Aspekte unseres Lebens erheblich verbessern werden, die durch Materielles aufgewertet werden können. In wenigen Jahren werden die hervorragenden Geschäfte von heute durch Breitband- und drahtlose Internet-Verbindung sowie durch Fortschritte in der Molekular- und Genforschung von noch weit besseren in den Schatten gestellt werden. Viele Produkte und Dienstleistungen werden billiger, schneller und leistungsfähiger sein. Einige werden unser Leben verlängern oder uns immer bereitwilliger unterhalten, beleben, stimulieren und mit anderen Menschen verbinden. Der schwindelerregende Überfluß der neuen Wirtschaft ist berechtigt. Die tollen Geschäfte allein sind jedoch noch kein Beweis dafür, daß sie den Preis rechtfertigen, den wir mit unserem übrigen Leben dafür bezahlen.

Das zweite Gespräch ist ein sorgenvolles, das die Gefahren und den Raubbau eines ungebremsten Kapitalismus zum Thema hat und sich um die Macht und die Habgier der globalen Konzerne und des Weltkapitalismus dreht. Manchmal thematisiert es auch die Bedrängung durch Einwanderer, Fremde und ethnische Minderheiten. Derartige Befürchtungen hört man mit zunehmender Vehemenz sowohl aus dem linken als auch aus dem rechten politischen Lager – in den USA und weltweit. Angesichts des Ausmaßes der durch die neue Wirtschaft ausgelösten Erschütterungen, also Umbrüche und Umwälzungen, die sich momentan noch im Anfangsstadium befinden, ist es vollkommen verständlich, daß viele Menschen Angst bekommen oder die Orientierung verlieren werden. Andere werden das Gefühl bekommen, zu Unrecht große Lasten auf ihren Schultern zu tragen. Seit einigen Jahrzehnten kennen Fabrikarbeiter in den entwickelten Wirtschaftsnationen das Gefühl der Arbeitslosigkeit und sinkender Einkommen. Was geschieht, wenn viele Beamte, Freiberufler und Beschäftigte im Dienstleistungssektor die gleiche Erfahrung machen? Doch dieses sorgenvolle Gespräch gibt den Falschen die Schuld. Es geht davon aus, daß die Gründe für all diese Umbrüche bei den multinationalen Konzernen, der Globalisierung, dem Fluß des Weltkapitals oder dem Zustrom an Einwanderern und ethnischen Minderheiten liegen. Damit verwechselt es Ursache und Wirkung. Konzerne, Kapitalfluß und Einwanderer sind Reaktionen auf die sich ausweitende Palette an Auswahlmöglichkeiten, die sich Konsumenten und Investoren überall auf der Welt bietet. Sie sind Reaktionen auf die zunehmende Leichtigkeit, mit der jeder zu besseren Angeboten wechseln kann, sowie auf den dadurch ausgelösten verbissenen Wettbewerb. Einige derjenigen, die darüber am lautesten schreien, schöpfen zugleich die größten Vorteile der neuen Wirtschaft ab.

Das dritte Gespräch findet im Privaten statt und spricht die Schwierigkeit an, in dieser neuen Zeit ein ausgewogenes Leben zu führen. Da wir immer härter arbeiten, uns eifriger verkaufen und den marktgesteuerten Ethos dieser Zeit annehmen (»den Mut haben, reich zu sein!«), sind viele von uns verängstigt, was aus Familien, Freundschaften, zwischenmenschlichen Kontakten und sogar aus uns selbst wird. Dennoch weisen wir unsere Besorgnis gerne ausschließlich der persönlichen Ebene zu. Haben wir das Gefühl, daß wir in dem einen oder anderen Lebensbereich versagen, tadeln wir uns selbst für unsere »Unzulänglichkeiten« als Eltern, Partner, Arbeitnehmer, Freund oder Bürger. Dabei übersehen wir aber die größeren Kräfte, die all diese persönlichen Anstrengungen für eine »bessere Ausgewogenheit« im Leben hemmen und erschweren.

Diese drei separaten Gespräche sind unterschiedliche Reaktionen auf die gleiche Konstellation von Phänomenen. Einige von uns führen vielleicht sogar alle drei Gespräche gleichzeitig, ohne die Zusammenhänge zwischen ihnen zu bemerken. Wir können durchaus über die tollen Angebote jubeln, die uns zur Verfügung stehen. Zugleich können wir uns auch über die scheinbaren Übergriffe der Weltkonzerne, des Welthandels und der Einwanderer ärgern und uns gleichzeitig auch Sorgen machen über die Anforderungen, die die Arbeit an uns stellt und uns so die Energie für unser übriges Leben abzieht. Wollen wir uns jedoch mit den wichtigeren Entscheidungen vor unserer Nase effektiv auseinandersetzen, müssen wir die Zusammenhänge zwischen den drei Gesprächen erkennen.

Es ist an der Zeit, eine umfassendere Diskussion über die Art und Weise der Verknüpfung von wirtschaftlicher Dynamik und sozialem Frieden zu beginnen, wie wir sie für uns, unsere Familien und unsere Gesellschaft wünschen. Außerdem steht es an, über die gesellschaftlichen Entscheidungen zu sprechen, die wir treffen müssen, um diese Ausgewogenheit zu erreichen. Welches ist das geeignete Maß an Erfolg im Zeitalter der guten Geschäfte? Die neue Wirtschaft bietet uns ungeheure Vorteile, doch sie erzeugt auch soziale Umwälzungen und persönlichen Streß. All diese Faktoren nehmen zu. In Kürze werden wir noch weitaus bessere Geschäfte und größere Möglichkeiten zur Verfügung haben. Dennoch müssen wir und jede andere Gesellschaft mit einem viel höheren Ausmaß an sozialer Unruhe kämpfen und uns immer verzweifelter abmühen, die ebenfalls steigenden Arbeitsbelastungen mit unserem übrigen Leben zu vereinbaren.

Das kann und darf nicht nur ein wirtschaftliches Thema sein. Es ist, was viel wesentlicher ist, ein moralisches Thema. Wir sind nicht bloße Instrumente der neuen Wirtschaft. Wir sind nicht die Sklaven ihrer technologischen Entwicklungen. Und wir sollten nicht die Schuld für all ihre weniger wünschenswerten und eher beunruhigenden Konsequenzen an die falschen Adressen richten. Als Bürger haben wir die Macht, die neue Wirtschaft so zu gestalten, daß sie unseren Bedürfnissen entspricht, und indem wir dies tun, auch die Gestalt unserer entstehenden Zivilisation festzulegen. Jede Gesellschaft vermag – und ist in der Tat sogar dazu verpflichtet – entsprechende Entscheidungen zu treffen. Durch sie werden Märkte strukturiert. Auf ihrer Grundlage funktionieren Familien und Gemeinschaften. Innerhalb dieser Entscheidungen gestaltet jeder einzelne sein Leben. Darüber definiert sich eine Gesellschaft. Die Entscheidungen werden getroffen, irgendwie. Man kann ihnen nicht ausweichen. Die Frage ist nur, ob wir die wichtigsten dieser Entscheidungen gemeinsam in der Öffentlichkeit treffen oder ob wir uns mit ihnen allein im stillen Kämmerlein abmühen.

Danksagung

Ich bin mehreren Kollegen und Freunden – und vielen, die beides sind – zu Dank verpflichtet, daß sie frühere Versionen dieses Buches gelesen und wertvolle Anregungen gegeben haben. Besonderer Dank gilt Katherine G. Abraham, John D. Donahue, Janet Giele, Claudia Goldin, Christopher Jencks, Lawrence Katz, Alan Krueger, Lisa Lynch, Martha Minow, Katherine Newman, Richard Parker, Robert Putnam, Michael Sandel, Julia Schor, Jack Shonkoff, Barbara Dafoe Whitehead und Ralph Whitehead für ihre wertvollen Vorschläge. Bedanken möchte ich mich auch bei Emily Axelrod, Douglas Dworkin, John Heilemann, John Isaacson, Rafe Sagalyn und meinem unerschütterlichen Lektor Jonathan Segal für wichtige Anregungen, die Inhalte besser zu formulieren. Einige meiner Studenten haben mitgeholfen, diffizile Informationen zu beschaffen und auf ihre Exaktheit zu überprüfen. Besonderer Dank für ihre Hilfe und Unterstützung geht an Roblyn Anderson-Brigham, Lauren Brown, Julia Gittelman, Valerie Leiter, John Lippitt, Debbie Osnowitz, Susan Schantz und Andrew Sokatch, alles Studenten der Heller School der Brandeis University. Meiner Assistentin Mary Del Grosso gebührt Dank für ihre seelische Unterstützung und ihre ständig gute Laune. Ich danke der Nathan Cummings Foundation und dem Center for National Policy für die finanzielle Unterstützung meiner Recherche. Und schließlich möchte ich Clare Dalton meine ganz besondere Anerkennung aussprechen, einer hingebungsvollen Lehrerin, Wissenschaftlerin und Führungspersönlichkeit im öffentlichen Leben sowie Mutter meiner Kinder und meine Ehefrau seit 30 Jahren. Clare besprach und diskutierte mit mir jede einzelne Seite dieses Buches. All diesen Menschen verdanke ich die Stärken dieses Buches; seine Schwächen nehme ich ganz allein auf mich.

ANMERKUNGEN

EINLEITUNG

1 Auf die in dieser Einleitung erwähnten Statistiken und die relevanten Zitate wird in den folgenden Kapiteln genauer eingegangen.

KAPITEL 1: DAS ZEITALTER DER GUTEN GESCHÄFTE

1 Eine Quelle, auf die ich mich in diesem Abschnitt stütze, ist ein Werk des renommierten Politik- und Wirtschaftswissenschaftlers Albert Hirschman: *Abwanderung und Widerspruch. Reaktionen auf Leistungsabfall bei Unternehmen, Organisationen und Staaten* (Tübingen: Mohr 1974). Darin beschreibt er die »Abwanderung« als eine von drei rationalen Reaktionen auf den Niedergang von Firmen, Organisationen oder Regierungen. Unter »Abwanderung« versteht er das Verlassen einer erfolglosen Firma, Organisation oder Regierung mit dem Ziel, sich anderswo eine bessere Stelle zu suchen. Die anderen beiden Reaktionen sind »Widerspruch« und »Loyalität«. Statt einen schwierigen Posten aufzugeben, bringt der Mitarbeiter seine Sorge zum Ausdruck und versucht durch Verhandlungen, konstruktive Vorschläge und Kompromisse Verbesserungen zu erreichen, oder er bleibt einfach aus Loyalität. Die meisten Amerikaner entscheiden sich in so einer Situation für die Abwanderung. Amerika wurde von Menschen gegründet, die andere Länder verließen, weil die Suche nach etwas Besserem sich dort als schwierig erwies. Mein Argument lautet, daß in der neuen

Wirtschaft nicht nur erfolglose oder auf eine Krise zusteuernde Unternehmen Mitarbeiter oder Kunden verlieren werden. Schon jetzt geben immer mehr Leute selbst gute Geschäftsbeziehungen schnell auf, wenn ihnen von anderer Seite ein besseres Angebot gemacht wird.

2 Diese Zahlen zeigen, daß die Amerikaner nach wie vor rastlos sind, wenn auch nicht unbedingt rastloser als vor 30 Jahren. Siehe *Statistical Abstract of the United States*, 1999, Abschnitt I, Tabelle 30. Siehe auch Sally Ann Schumaker und Daniel Stokols, *Residential Mobility as a Social and Research Topic*, in: *Journal of Social Issues*, Bd. 38, Nr. 3 (1982), S. 1–19, sowie die im *Economist* vom 20. September 1997 auf S. 27 genannten Zahlen.

3 Der Titel von Frederick Jackson Turners denkwürdigem Aufsatz aus dem Jahr 1893 lautet: *The Significance of the Frontier in American History*; nachgedruckt in: Turner, *The Frontier in American History* (New York: Henry Holt 1920), S. 38.

4 Horace Greeley machte den Satz »Gehen Sie nach Westen, junger Mann« bekannt, doch er stammt nicht von ihm, sondern aus einem Artikel von John Babsone Lane Soule, der zum ersten Mal 1851 im *Terre Haute (Indiana) Express* veröffentlicht wurde. Außerdem drängte Greeley nicht alle jungen Männer, nach Westen zu gehen, sondern nur die, die nichts Besseres zu tun hatten. »Das beste Geschäft, in das Sie einsteigen können, finden Sie auf der Farm oder in der Werkstatt Ihres Vaters«, riet er. »Wenn Sie weder eine Farm noch Freunde haben, die Ihnen helfen können, und sich Ihnen hier keine Perspektive eröffnet, richten Sie Ihren Blick auf den großen Westen, und bauen Sie sich dort ein Heim und ein Vermögen auf.« In *To Aspiring Young Man,* zitiert in: James Parton, *The Life of Horace Greeley* (New York: Mason 1855).

5 Die Grundelemente des Planungssystems für die Massenproduktion beschreibt John Kenneth Galbraith in *Die moderne Industriegesellschaft* (München/Zürich: Droemer 1968).

6 Eine detailliertere Beschreibung des Übergangs vom stabilen Massenproduktionssystem des industriellen Zeitalters zum »qualitätsorientierten« System des Informationszeitalters findet der interessierte Leser in meinem Buch *Die neue Weltwirtschaft. Das Ende der nationalen Ökonomie* (Frankfurt/Berlin: Ullstein 1993).

7 Adam Smith, *Der Wohlstand der Nationen* (1776), Buch I, Kapitel III (München: dtv 1996), S. 19.

8 Zahlreiche Belege für die sinkenden Kosten für den Transport von Waren, Dienstleistungen, Menschen und Botschaften liefert Fran-

ces Caincross in *The Death of Distance* (Cambridge: Harvard University Press 1997).

9 Daß selbst Firmen, die Dienstleistungen für Unternehmen anbieten, wie Werbung, Marketing, Rechts-, Finanz- und Unternehmensberatung, ihren Sitz inzwischen oft weit weg von ihren Kunden haben, belegt Jed Kolko in *Can I Get Some Service Here? Information Technology, Service Industries, and the Future of Cities*, unveröffentlichtes Manuskript, Harvard University, November 1999.

10 Das errechnete angeblich der amerikanische Zentralbankchef Alan Greenspan. Siehe David Wessel, *From Greenspan, a (Truly) Weighty Idea*, in: *Wall Street Journal*, 20. Mai 1999, S. B1. Siehe auch Alan Greenspan, *Goods Shrink and Trade Grows*, in: *Wall Street Journal*, 24. Oktober 1988, S. 21.

11 Die Zahl der Webseiten nimmt weiterhin explosionsartig zu. Obwohl die Suchmaschinen immer schneller und leistungsfähiger werden, besteht kein Grund zu der Annahme, daß sie je in der Lage sein werden, mehr als einen kleinen Prozentsatz der Webseiten zu berücksichtigen. Siehe Lisa Guernsey, *Seek – But on the Web, You Might Not Find*, in: *New York Times*, 8. Juli 1999, S. B8.

KAPITEL 2: DER INNOVATIONSGEIST

1 Ein Musterbeispiel neoludditischer Logik ist Jeremy Rifkins Werk *Das Ende der Arbeit und ihre Zukunft* (Frankfurt a. M.: Campus 1995). »Unter dem Druck globaler Konkurrenz einerseits und steigender Lohnkosten andererseits scheinen die Unternehmen entschlossen, den Übergang von der menschlichen zur maschinellen Arbeitskraft noch zu beschleunigen.« (S. 19)

2 Mehr zum Zusammenhang zwischen instabilen Märkten und Veränderungen in der Unternehmensstruktur steht in meinem Buch *The Next American Frontier* (New York: Times Books 1993) sowie in M. Piore / C. Sabel, *Das Ende der Massenproduktion* (New York: Basic Books 1994). Siehe auch Masanao Aoki, *Horizontal and Vertical Information Structure of the Firm*, in: *American Economic Review*, Bd. 76, Nr. 6, S. 971–983, sowie D. Thesmar / M. Thoenig, *Creative Destruction and Firm Organization Choice: A New Look Into the Growth Inequality Relationship*, unveröffentlichtes Manuskript, National Bureau of Economic Research Summer Institute, Cambridge, Mass., 19. Juli 1999.

3 Zu Joseph Schumpeter siehe Robert L. Heilbroners aufschlußreiche Abhandlung über die Lebensläufe hervorragender Wirtschaftswissenschaftler *Wirtschaft und Wissen. Zwei Jahrhunderte Nationalökonomie* (Köln: Bund 1960).

4 Schumpeters düstere Prophezeiungen finden sich in seinem Werk *Kapitalismus, Sozialismus und Demokratie* (München: Francke [3]1972).

5 Die Zahl der Rechtsstreitigkeiten über Patente erhöhte sich nach einer Statistik, die Eugene Quinn jun. vom Franklin Pierce Law Center nach einer Sichtung der Bundesgerichtsakten erstellte, von 800 im Jahr 1980 auf mehr als 2100 im Jahr 1997. Das berichtete Richard Korman in *Lo! Here Come the Technology Patents. Lo! Here Come the Lawsuits!*, in: *New York Times*, 27. Dezember 1998, Teil 3, S. 4.

6 Der Firmenwert wird gewöhnlich als Differenz zwischen dem Ertragswert und dem Wert des Reinvermögens berechnet. Man braucht ihn nur durch die Zahl der Beschäftigten zu teilen, um den Firmenwert pro Beschäftigtem zu erhalten. Bis Sie dieses Buch lesen, haben sich die Zahlen über und unter dem Bruchstrich wahrscheinlich verändert, aber der Wert pro Beschäftigtem wird sich wahrscheinlich noch im selben Bereich bewegen.

7 Zu den kleinen Unternehmen Südkaliforniens siehe Joel Kotkin, *The Rise and Fall of the Big Bureaucratic Organization*, in: *American Enterprise*, 1. Januar 2000, S. 30–33.

8 Siehe Sam Allis, *Harvard Ponders Marketing on the Net*, in: *Boston Globe*, 19. September 1999, S. A1.

9 Microsoft hält natürlich nichts von dem Vorschlag, daß sein Betriebssystem Windows allen Konkurrenten und Produktentwicklern kostenlos zur Verfügung stehen sollte, weil es zu einem Grundstandard geworden ist, ähnlich wie beispielsweise der Markenname Aspirin zu einem allgemein gebräuchlichen Oberbegriff wurde. In diesem Zusammenhang entbehrt es nicht einer gewissen Ironie, daß Microsoft forderte, AOL solle einen einheitlichen Standard für das »instant-messaging« einführen, um Microsoft-Kunden den Zugang zu erleichtern. Die Bedeutung und die innovationsfördernde Wirkung der Einführung von Industrienormen und Standards in den ersten Jahrzehnten des 20. Jahrhunderts wurde bisher nicht gebührend gewürdigt. Die besten Abhandlungen über dieses Thema fand ich in Robert H. Wiebe, *The Search for Order 1877–1920* (New York: Hill and Wang 1967), in Louis Galambos / Joseph Pratt, *The Rise of the Corporate Commonwealth*

(New York: Basic Books 1988) und in Ellis W. Hawley, *The New Deal and the Problem of Monopoly* (Princeton, N.J.: Princeton University Press 1966).

KAPITEL 3: VON TÜFTLERN UND SPÜRNASEN

1 Eine formale Erläuterung, daß ein zunehmendes Angebot an besonderen Fähigkeiten die Nachfrage nach derart fähigen Menschen durch veränderte Forschungs- und Entwicklungsaktivitäten überproportional anhebt, bietet Daron Acemoglu: *Why Do New Technologies Complement Skills? Directed Technical Change and Wage Inequality*, in: *The Quarterly Journal of Economics*, Bd. 113, Nr. 4 (1998), S. 1105.

2 Die Auswirkungen der Informationstechnologie, guten Ideen zu großer Wirkung und extrem schneller Verbreitung in Organisationen zu verhelfen und sie somit auch schneller an Kunden und Konsumenten zu bringen, zeigen T. Bresnahan, E. Brynjolfsson und L. Hitt: *Information Technology, Workplace Organization, and the Demand for Skilled Labor*, National Bureau of Economic Research Working Paper Nr. 7136, Mai 1999. Vgl. auch L. Katz: *Technological Change, Computerization and the Wage Structure*, E. Brynjolfsson / B. Kahin: *Understanding the Digital Economy* (Cambridge: MIT Press 2000).

3 Ellen Langers provokantes Buch trägt den Titel *The Power of Mindful Learning* (Reading: Perseus Books 1997). Das Zitat stammt von S. 114.

4 Diese Passage ist aus Annie Dillards kleinem und wunderbarem Buch über die Kunst des Schreibens entnommen. Annie Dillard, *Ich schreibe* (Salzburg/Wien: Residenz Verlag 1998), S. 68.

5 Zitiert in Nina Munk, *The Eminence of Excess*, in: *New York Times Magazine*, 15. August 1999, S. 47 f.

6 Researchanalysten verbringen mehr Zeit mit Beratung und weniger Zeit mit Informationsbeschaffung, was angesichts ihrer Verlagerung von Informations- zu Wissensmaklern auch nicht verwundert. In einer von Tempest Consultants im Auftrag der Reuters Group Ende der neunziger Jahre durchgeführten Studie über große Investment-Research-Firmen wurden Analysten befragt, auf welche Schwerpunkte sie ihre Zeit verteilen. Das Ergebnis zeigte, daß die Zeit für Grundlagenforschung einschließlich Firmenbesuche

ständig abnahm, wohingegen die Zeit für die Beratung von Unternehmensklienten ständig zunahm. Vgl. dazu Gretchen Morgensohn, *So Many Analysts, So Little Analysis*, in: *New York Times*, 18. Juli 1999, Teil 3, S. 1.

7 *Ink*, in: *The New Yorker*, 6. April 1998, S. 41.

KAPITEL 4: LOYALITÄT – EIN VERALTETER BEGRIFF

1 Zur abnehmenden Bedeutung der Beziehung von Firmenzentralen zu ihren »Heimatstädten« vgl. Charles H. Heying, *Civic Elites and Corporate Delocalization: An Alternative Explanation for Declining Civic Engagement*, in: *American Behavioral Scientist*, Bd. 40, Nr. 5 (1997), S. 657–668.

2 Zitiert in *Fortune*, Oktober 1951, S. 98.

3 Zitiert in Ian Somerville / D. Quinn Mills, *Leading in a Leaderless World*, in: *Leader to Leader*, Sommer 1999, S. 32.

4 Daten über Extrazahlungen an Führungskräfte sind in den Stimmrechtsvollmachten der Bundesbörsenaufsichtsbehörde zu finden. Graef Crystal hat diese Daten gesammelt, ausgewertet und seine Erkenntnisse jahrelang in einer Reihe namens *Crystal Reports* veröffentlicht. Nun sind Crystals Daten bei *Bloomberg Business News* zu finden. Vgl. z. B. Graef Crystal / Brian Rooney, *CEO Pay Soars, Supercharged by Options: Bloomberg Pay Survey*, in: *Bloomberg Business News*, unter bloomberg.com, 19. April 2000.

5 Eine Untersuchung von 1300 Fällen, in denen leitende Führungskräfte Unternehmen der 500 größten Unternehmen in den Jahren 1980–96 verließen, ergab, daß ein Drittel dies unfreiwillig tat. Da die Leistungen der Führungskräfte inzwischen stärker kontrolliert werden, waren Führungskräfte, die nach 1985 eingestellt wurden, dreimal mehr von Entlassungen bedroht als diejenigen, die vorher eingestellt worden waren. Vgl. dazu Rakesh Khurana, *Transitions at the Top: CEO Positions as Open and Closed to Competition*, Sloan School of Management, Massachusetts Institute of Technology, Working Paper, 2000. Vgl. auch Jay Lorsch / Rakesh Khurana, *Changing Leaders: The Board's Role in CEO Succession*, in: *Harvard Business Review*, Bd. 77, Nr. 3 (1999), S. 96.

6 Zitiert in Steve Lohr, *Compaq Computer Ousts Chief Executive*, in: *New York Times*, 19. April 1999, S. A17.

7 Zitiert in Ellen Schultz / Susan Warren, *Pension System Ousts*

Company's Board in Big Victory for Institutional Investors, in: *Wall Street Journal*, 29. Mai 1998, S. A2.

8 Marianne Bertrand von der Princeton University und Sendhil Mullainathan vom Massachusetts Institute of Technology haben Beweise dafür gesammelt, daß die zunehmende Gefahr feindlicher Übernahmen zu verstärkter Kostensenkung einschließlich niedrigerer Mitarbeiterlöhne und zu einer größeren Wahrscheinlichkeit von Firmenschließungen geführt hat. Somit wurde zwar die Produktivität gesteigert, jedoch die Verantwortung gegenüber angestellten Managern und Mitarbeitern verletzt. Bertrand und Mullainathan führten hierzu einige Studien durch, wobei sie die staatlichen Antiübernahmegesetze aus den achtziger Jahren als »von außen her wirkende« Maßnahmen für Veränderungen in den Übernahmebedrohungen verwendeten, denen sich Firmen, die in verschiedenen Staaten Niederlassungen hatten, ausgesetzt sahen. Vgl. M. Bertrand / S. Mullainathan, *Micro-evidence of the Effects of Corporate Governance*, Massachusetts Institute of Technology, 1999. Sowie M. Bertrand / S. Mullainathan, *Executive Compensation and Incentives: The Effect of Takeover Legislation*, National Bureau of Economic Research, Nr. 6830, Dezember 1998. Vgl. auch Paul Osterman, *Work Reorganization in an Era of Restructuring: Trends in Diffusion and Effects on Employee Welfare*, in: *Industrial and Labor Relations Review*, Bd. 53, Nr. 2 (Januar 2000), S. 179.

9 Zitiert in *Xerox to Cut 9,000 Jobs, Saving $1 Billion*, in: *New York Times*, 8. April 1998, S. D1–D2.

10 Zitiert in Constance Hays, *Coca-Cola to Cut 20 Percent of Employees in a Big Pullback*, in: *New York Times*, 17. Januar 2000, S. A1.

11 Beschrieben in Marcia Stepanek, *How an Intranet Opened the Door to Profits*, in: *Business Week*, 26. Juli 1999, S. EB32.

12 Beschrieben in Aaron Bernstein, *Welch's March to the South*, in: *Business Week*, 6. Dezember 1999, S. 74.

13 Bericht der Untersuchungskommission über die Zukunft der Arbeiter-Management-Beziehungen, *Fact Finding Report*, US-Arbeitsministerium, Washington, D.C., Mai 1994.

14 Beweise über die Zunahme von nicht gewerkschaftlich organisierten Wirtschaftsbereichen finden sich in Henry Farber / Bruce Westera, *Round Up the Usual Suspects: The Decline of Unions in the Private Sector, 1973–1998*, Industrial Relations Section, Princeton University, Working Paper Nr. 437, April 2000.

15 Vgl. die Analysen des Verbandes der Börsenmakler und Emissionshäuser, Washington, D.C., die größtenteils dem Bericht *Owner-*

ship of Long-Term Securities Benchmark Survey der US-Zentralbank entnommen sind. Die jüngsten Daten stammen aus dem Jahre 1999.

16 Pohle und Chirac werden zitiert in Greg Steinmetz / Michael Sesit, *Tighter Ship: U.S. Investors Bring More than Cash on European Tour*, in: *Wall Street Journal Europe*, 4. August 1999, S. A1.

17 Ebd.

18 Aus Alan Friedman, *Executives in Europe Demand Reforms*, in: *International Herald Tribune*, 2. August 1999, S. 1.

19 Die Zahlen zu Entlassungen bei Nissan, NEC und Sony stammen aus Unternehmensberichten sowie Briefings.

20 Zitiert in Annalee Saxenian, *Beyond Boundaries: Open Labour Markets and Learning in Silicon Valley*, in: Michael Arthur / Denise Rousseau (Hrsg.), *The Boundaryless Career* (New York: Oxford University Press 1996), S. 28.

21 Heath Row, *This Virtual Company Is Real*, in: *Fast Company*, Dezember 1997 / Januar 1998, S. 48.

KAPITEL 5: DAS ENDE DER BESCHÄFTIGUNG, WIE WIR SIE KANNTEN

1 Laurence Zuckerman, *Agent to the Software Stars*, in: *New York Times*, 8. September 1997, S. D1.

2 Orestes Brownson, *The Laboring Classes* (1840), nachgedruckt in: Joseph L. Blau (Hrsg.), *Social Theories of Jacksonian Democracy* (Indianapolis: Bobbs-Merrill 1954), S. 306 f., 309 f.

3 Abraham Lincoln, *Speech at Kalamazoo, Michigan* (27. August 1856), in: Roy. P. Basler (Hrsg.), *The Collected Works of Abraham Lincoln*, Bd. II (New Brunswick, N.J.: Rutgers University Press 1953), S. 364.

4 Die »Knights of Labor« wurden 1869 gegründet und schufen über 200 Verbraucher- und Erzeugergemeinschaften. Der Großmeister der Ordensritter, Terence Powderly, sprach sich in seiner *Rede vor der Generalversammlung der Knights of Labor* im Jahre 1880 offen für eine Abschaffung des Lohnsystems aus. Diese Rede ist abgedruckt in Terence Powderly, *The Path I Trod* (New York: Columbia University Press 1940), S. 268.

5 *Historical Statistics of the United States, Colonial Times to 1970, Bd. I* (Washington, D.C.: U.S. Government Printing Office, U.S. Bureau of the Census 1975).

6 *Testimony Before the Industrial Commission*, 18. April 1899, Washington, D.C.; abgedruckt in Samuel Gompers, *Labor and the Employer* (New York: E. P. Dutton 1920), S. 291.
7 *Labor and Its Attitude Toward Trusts*, in: *American Federationist*, Bd. 14 (1907), S. 881.
8 E. Leuchtenberg (Hrsg.), *Woodrow Wilson: The New Freedom* (Englewood Cliffs, N.J.: Prentice-Hall 1961), S. 26 f.
9 Gerichtsaktennummer 198 US 45, 61 (1905).
10 Gerichtsaktennummer 108 US 412, 418 (1908).
11 Nationale Konferenz über Sozialhilfe: *The Report of the Committee on Economic Security of 1935*, Jubiläumsausgabe zum 50. Jahrestag, Washington, D.C. (1985), S. 56.
12 *U.S. Office of Management and Budget, Special Analysis of the Budget of the U.S. Government*, Washington, D.C.; verschiedene Ausgaben.
13 William H. Whyte jun. war ein Herausgeber der Zeitschrift *Fortune*, als sein Buch über den Konformismus der aufkommenden Angestelltenklasse in Amerika mit dem Titel *Herr und Opfer der Organisation* (Düsseldorf: Econ Verlag 1958) erschien.
14 Die Erhebung von 1952 ist enthalten in einem von der Zeitschrift *Fortune* veröffentlichten Buch mit dem Titel *The Executive Life* (Garden City, N.Y.: Doubleday 1956), S. 30.
15 Whyte, a.a.O., S. 134, S. 136.
16 Ebd., S. 136.
17 Sloan Wilson, *Der Mann im grauen Anzug* (Hamburg: Wolfgang Krüger Verlag 1961), S. 286 f.
18 E. P. Thompson, *Time, Work Discipline, and Industrial Capitalism*, *Past & Present. A Journal of Historical Studies*, Nr. 38 (Dezember 1967), S. 56–97.
19 Zitiert in *Norman Vincent Peale Answers Your Questions*, in: *Look*, 6. März 1955. Sowie zitiert in Whyte, a.a.O., S. 358.
20 *Sales Management*, 15. Januar 1952. Zitiert in Whyte, a.a.O., S. 263; Fußnote, S. 356.
21 J. Kahl, *The American Class Structure* (New York: Holt, Rinehart 1956), S. 109 f.
22 Berichte zeigen, daß Einkommen instabiler geworden sind, jedoch nicht automatisch die Arbeitsplätze. Forscher konzentrieren sich in der Regel auf mehrere Variablen. Der Begriff »Arbeitsplatzstabilität« bezeichnet daher die Zeitspanne, in der man eine Arbeit innehat, und die Wahrscheinlichkeit, eine neue Arbeitsstelle aufzunehmen oder eine alte zu verlassen. Mit »Arbeitsplatzsicherheit«

ist die Wahrscheinlichkeit von nicht selbstverschuldeten Kündigungen gemeint. »Verdienststabilität« schließlich bezeichnet die Schwankungen im Verdienst von einer Zeitspanne zur nächsten. In der industriellen Wirtschaft der Lohnarbeit überlappten sich diese drei Bereiche im allgemeinen, doch heute ist das immer seltener der Fall. Auswertungen jüngster Studien finden sich bei Daniel Aaronson / Daniel G. Sullivan, *The Decline of Job Security in the 1990s: Displacement, Anxiety, and Their Effect on Wage Growth*, in: *Economic Prospectives*, 1. Quartal 1998, S. 17–43, und Henry Faber, *Trends in Long Term Employment in the United States, 1979-1996*, in: *Industrial Relations Section Working Paper* Nr. 384 (Princeton, N.J.: Princeton University, 17. Juli 1997). Vgl. auch U.S. Bureau of Labor Statistics, *Employee Tenure in the Mid-1990s*, 30. Januar 1997, sowie Peter Gottschalk / Robert Moffitt, *The Growth of Earnings Instability in the US Labor Market*, in: *Brookings Papers on Economic Activity*, Nr. 2 (1994). Einen Versuch, verschiedene sich scheinbar widersprechende Beweisstränge zu vereinen, unternimmt David Neumark, *Changes in Job Stability and Job Security: A Collective Effort to Untangle, Reconcile, and Interpret the Evidence*, in: *National Bureau of Economic Research Working Paper*, Nr. 7472 (Januar 2000).

23 Schätzwerte unterscheiden sich erheblich, je nachdem, wie solche Arbeit definiert wird. Laut Einschätzungen des Amtes für Arbeitsstatistik des Arbeitsministeriums der USA können nur höchstens 8 bis 10 Prozent aller Arbeitnehmer zu diesen Kategorien gezählt werden. Im Gegensatz dazu sprechen andere Schätzungen von bis zu 30 Prozent. Vgl. Barry Bluestone / Stephen Rose, *Overworked and Underemployed*, in: *The American Prospect*, März/April 1997, S. 60.

24 Variable Lohnpläne werden immer rascher die Regel. In einer Befragung von fast 3000 amerikanischen und kanadischen Arbeitgebern, die vom Verband der amerikanischen Gehaltszahler mit Sitz in Scottsdale (Arizona) im August 1998 durchgeführt wurde, bestätigten 86 Prozent bereits die Existenz von variablen Lohnplänen. 35 Prozent sagten, daß sich derartige Pläne mehr auf variablen Lohn als auf leistungsbezogenen Lohn konzentrieren. In einer Studie von 1069 Arbeitgebern, die die Hewitt Association aus Lincolnshire (Illinois) im Sommer 1998 durchführte, bestätigten 72 Prozent der Arbeitgeber, daß sie mindestens einen variablen Lohnplan anbieten (gegenüber 61 Prozent im Jahre 1996), 63 Prozent boten Aktien und Aktienoptionspläne an, und 55 Pro-

zent planten, die Aktienoptionen 1999 auch in die unteren Abteilungen ihrer Organisationen auszudehnen. Vgl. dazu generell: *Pay Is Rising, Thanks to Sweeteners in a Tight Labor Market*, in: *New York Times*, 30. August 1998, S. B11.

25 Dale Belman / Erica Goshen, *Small Consolation: The Dubious Benefits of Small Business for Job Growth and Wages*, Economic Policy Institute, Washington, D.C., 30. Juni 1998.

26 Barry Bearak, *Behind the Wheel: Long Hours and Hard Feelings*, in: *New York Times*, 15. Mai 1998, S. A1.

27 Die ansteigende Zahl von Amerikanern ohne Krankenversicherung hat große politische und journalistische Aufmerksamkeit erregt; die Zahl derjenigen, die höhere Prämien, Zusatzbeiträge und Eigenbeteiligungen für ihre Krankenversicherung bezahlen müssen, dagegen kaum. Infolge der höheren Beiträge nehmen Amerikaner oft seltener medizinische Versorgung in Anspruch. Zu den sinkenden Arbeitgeberbeiträgen zur Gesundheitsvorsorge vgl. Lawrence Mishel / Jared Bernstein / John Schmitt, *The State of Working America, 1998–1999* (Ithaca, N.Y.: Cornell University Press 1999), S. 146 f.

28 Bezüglich der Zahlen über den Anstieg der Zeitverträge zwischen Universitäten und Dozenten vgl. Michael S. McPherson / Morton Owen Shapiro, *Tenure Issues in Higher Education*, in: *Journal of Economic Perspectives*, Winter 1999.

29 David Marcotte, *Evidence of a Fall in the Wage Premium of Job Security*, Center for Governmental Studies, Northern Illinois University, 1994. Vgl. auch Barry Bluestone / Stephen Rose, *Overworked and Underemployed*, in: *The American Prospect*, März/April 1997.

30 Eine von der National Science Foundation und dem US-Bundesamt für Statistik durchgeführte Studie zeigt ein hohes Maß an Verschleiß bei Software-Ingenieuren. Normal Matloft zitiert die Studie *Now Hiring! If You're Young*, in: *New York Times*, 26. Januar 1998, S. A23.

31 Ein Grund dafür, warum ältere Menschen oder Menschen mittleren Alters, die ihre Arbeit verlieren, schwerer neue Arbeitsstellen finden, die genauso gut bezahlt sind wie ihre alten, liegt darin, daß Unternehmen nur zögerlich in Schulungen investieren, die ältere Arbeitnehmer auf den Umgang mit den neuen Technologien vorbereiten. Diese Arbeitnehmer bleiben nicht mehr so lange in den Firmen, daß sich die Schulungskosten amortisieren würden. Entsprechende Zahlen liefern William J. Baumol / Edward

N. Wolff, *Speed of Technical Progress and Length of the Average Interjob Period*, Jerome Levy Economics Institute, Working Paper Nr. 237, Mai 1998, Annandale-on-Hudson, N.Y. Vgl. auch eine Studie des Exec-U-Net Outplacement Service, Norwalk, Conn., von 400 Führungskräften, die eine neue Arbeitsstelle suchten. Je älter der Bewerber war, desto weniger Bewerbungsgespräche hatte er, und desto länger dauerte seine Suche. Bewerber zwischen 41 und 45 Jahren benötigen 18 Prozent mehr Zeit, eine neue Arbeit zu finden, als Bewerber zwischen 35 und 40 Jahren. Jobsuchende zwischen 46 und 50 Jahren benötigen 24 Prozent mehr Zeit, die 51- bis 55jährigen 44 Prozent und diejenigen zwischen 56 und 60 volle 66 Prozent mehr Zeit. Diese Studie wird angeführt in Daniel M. Gold, *In Executive Job Hunts, Experience Doesn't Matter*, in: *New York Times*, 25. Oktober 1998, Wirtschaftsteil, S. 10.

32 Jeden März führt das US-Bundesamt für Statistik eine großangelegte Befragung zum Einkommen der Amerikaner durch. Der sogenannte »Current Population Survey« setzt hier bei einer sehr breiten Definition von Einkommen an, die Sozialhilfe und andere Bargeldleistungen sowie Löhne und Gehälter umfaßt. Er berücksichtigt jedoch nicht Kapitalgewinne oder die finanziellen Vorzüge des eigenen Hausbesitzes. Einkommen werden so gemessen, daß sehr hohes Einkommen zu niedrig bewertet wird. Daher sind die Daten des CPS nur ein sehr zurückhaltender Anhaltspunkt für soziale Ungleichheit. Die Daten werden erhoben bei »Familien« (zwei oder mehr miteinander verwandte zusammenlebende Personen) und bei »Haushalten« (nicht nur Familien, sondern auch Menschen, die allein leben, oder nicht miteinander verwandte zusammenlebende Menschen). Das Durchschnittseinkommen für Familien steigt im Gegensatz zu den Haushalten quer über das Spektrum an, da ja alleinlebende Menschen die Zahlen für die Haushalte nach unten korrigieren, zudem Ungleichheit bei Haushalten gleichfalls deutlicher ausgeprägt ist.

33 Betrachtet man die Daten genauer, fällt auf, daß die Zunahme im Ungleichgewicht bei Löhnen und Einkommen in den achtziger Jahren leicht größer war als in den neunziger Jahren. Das erscheint angesichts des Einsetzens der starken Wirtschaftsexpansion ab 1991 und seiner Dauer über die gesamten neunziger Jahre hinweg sinnvoll, mit der Folge einer beträchtliche Nachfrage nach Arbeit und somit einer sinkenden Arbeitslosenrate. Infolgedessen erhielten Arbeitskräfte auf den unteren Sprossen der wirtschaftlichen Leiter mehr Geld als in Zeiten geringerer Nachfrage nach Beschäf-

tigten und konnten zudem auch Überstunden leisten. Die Vergleiche aus den neunziger Jahren werden von der Restrukturierung des Current Population Survey im Jahre 1994 ein bißchen verzerrt (diese Umgestaltung trat erstmals bei den Einkommen aus dem Jahre 1993 in Kraft), so daß 1993 ein einmaliger sprunghafter Anstieg in der Einkommensungleichheit festgestellt wurde.

34 U.S. Department of Commerce, Bureau of the Census, *Historical Data from the Current Population Survey*; überarbeitete Version vom September 1990 plus Ergänzung.

35 Die Analyse über die Gewinner des Booms am Wertpapiermarkt der neunziger Jahre stammt von Professor Edward N. Wolff von der New York University. Er analysiert regelmäßig Daten der Studien des Zentralbankrats über die Finanzkraft der Konsumenten. Edward Wolff, *Recent Trends in the Size Distribution of Household Wealth*, in: *The Journal of Economic Perspectives*, Bd. 12, Nr. 3 (1998), S. 131.

36 *Report of the 1994–96 Advisory Council on Social Security*, Bd. 2 (Washington, D.C., 1997), S. 30.

37 Diejenigen, die bestreiten, daß das Ungleichgewicht ein Problem darstelle, begründen dies damit, daß die Daten des Current Population Survey, der aktuellen Volkszählung, die beachtlichen Auswirkungen von Steuer- und Transferprogrammen nicht mit einbeziehen. Es zeigt sich jedoch, daß das Ungleichgewicht zwischen 1980 und 1998 bei Zugrundelegung des Nettoeinkommens und der Miteinbeziehung von Transfers sogar weitaus stärker zunahm. Vgl. Die Internet-Seite des Census unter www.census.gov/hhes/income.html, Tabelle RDI-5.

38 Studien, die unveränderte Personengruppen über einen längeren Zeitraum beobachten, finden bei ihnen nur begrenzte Mobilität vor. Nur relativ wenige Familien verlassen die unteren Lohnklassen. Etwa sechs von zehn Kindern, die ihr Leben in den frühen siebziger Jahren in Familien im unteren Einkommensfünftel begonnen haben, befanden sich zehn Jahre später immer noch dort. Vgl. Peter Gottschalk, *Inequality, Income Growth, and Mobility: The Basic Facts*, in: *Journal of Economic Perspectives*, Bd. 11, Nr. 2 (Frühjahr 1997).

39 Scott Thurm faßt einen Bericht des *Joint Venture: Silicon Valley Network* vom Januar 2000 zusammen, in: *Silicon Valley #3 Reveals Signs of Growing Disparity*, in: *Wall Street Journal Europe*, 11. Januar 2000, S. 6.

40 Zitiert in *The Economist*, 26. Februar 2000, S. 43.

KAPITEL 6: DER REIZ DER HARTEN ARBEIT

1 Der Schätzwert von knapp unter 2000 Stunden bezahlter Arbeit pro Jahr für einen erwachsenen amerikanischen Durchschnittsarbeitnehmer ergibt sich aus den Dividenden der insgesamt im Jahr gearbeiteten Stunden der gesamten Wirtschaft und dem durchschnittlichen Beschäftigungsniveau im selben Jahr. Da einige Arbeitnehmer die Arbeitnehmerschaft während des Jahres verlassen und neue hinzukommen, ist die tatsächliche Zahl der arbeitenden Menschen jedoch größer als das durchschnittliche Beschäftigungsniveau. Das bedeutet, daß die durchschnittlichen Jahresarbeitsstunden für jeden Menschen mit Arbeitserfahrung (während des Jahres) entsprechend niedriger sind. Ganz gleich, wie man diese Rechnung aufstellt, wird ein beträchtlicher Zuwachs an gearbeiteten Stunden in beiden Fällen sichtbar. Nach der ersten Berechnungsmethode steigen die durchschnittlichen jährlichen Arbeitsstunden von 1905 im Jahre 1979 auf 1976 im Jahre 1999 an – was einen Zuwachs von fast zwei Wochen ergibt. Nach der zweiten Berechnungsmethode steigen sie von 1638 im Jahre 1979 auf 1776 im Jahre 1999 an, was eine Zunahme von fast dreieinhalb Wochen ausmacht. Vgl. dazu *Report on the American Workforce* (Washington, D.C.: U.S. Department of Labor 1999).

2 Verschiedene Länder verwenden unterschiedliche Verfahren zur Ermittlung von Arbeitszeit. In den USA wird die subjektive Einschätzung der Befragten, wieviel Zeit sie bei der Arbeit zubringen, als Ausgangspunkt genommen. Viele europäische Länder messen nur die »offiziellen Arbeitsstunden« laut der Arbeitgeberangaben. Da sich jedoch die Verfahren aller Länder über einen gewissen Zeitraum als beständig erweisen, besteht wenig Grund, die festgestellten Entwicklungen anzuzweifeln. Vgl. *Key Indicators of the Labor Market, 1999* (Genf: Internationale Organisation für Arbeit, September 1999).

3 Die Daten stammen aus dem Jahre 1997. Das waren die jüngsten Daten, die mir zur Recherche zur Verfügung standen. Von 1969 bis 1997 stieg der Anteil der Ehepaare, in denen beide Partner berufstätig waren, von 36 Prozent auf 68 Prozent. Diese und andere damit zusammenhängende Daten sind zusammengefaßt in: *Families and the Labor Market, 1969–1999: Analyzing the »Time Crunch«*, in: *Report of the President's Council on Economic Advisors*, Washington, D.C., Mai 1999.

4 Juliet Schor wies in ihrem Buch *The Overworked American* (New

York: Basic Books 1991) als einer der ersten Forscher auf den inzwischen aktuellen Trend zu mehr bezahlten Arbeitsstunden hin. John Robinson und Geoffrey Godbey haben ihre Erkenntnisse in ihrem Buch *Time for Life* (State College: Pennsylvania State University Press 1997) diskutiert. Doch die Expertendiskussionen darüber, wie viele Stunden die Amerikaner exakt gegen Bezahlung arbeiten und wessen Arbeitsstunden am schnellsten oder am deutlichsten zunehmen, reichen über Schor, Robinson und Godbey hinaus.

5 Robinson/Godbey, a.a.O.

6 Alice Walker, *Auf der Suche nach den Gärten unserer Mütter* (München: Weismann Verlag und Frauenbuchverlag 1987), S. 21.

7 Lawrence L. Knutson, *Oldest U.S. Worker, at 102, Says His Job Still a »Pleasure«*, in: *Boston Globe*, 13. März 1998, S. A3.

8 Ellen Langer, *The Power of Mindful Learning* (Reading, Mass.: Perseus Books 1997), S. 58.

9 Arlie Russell Hochschild, *The Time Bind: When Work Becomes Home and Home Becomes Work* (New York: Henry Holt 1997).

10 Zitiert nach Roger Highfield / Paul Carter, *Die geheimen Leben des Albert Einstein. Eine Biographie* (München: DTV 1996), S. 194.

11 Zitiert in Henry David Thoreau, *Leben. Ein unversuchtes Experiment* (Wien/München: Manutiuspresse 1961), »Endbetrachtung«, S. 265, 267.

12 Die Angaben aus dem Jahre 1997 stammen aus Julia Lawlor, *Minding the Children While on the Road*, in: *New York Times*, 12. September 1998, Wirtschaftsteil, S. 10.

13 Die Angaben stammen von Ed Griffin, Geschäftsführer von Meeting Planners International, und sind angeführt in Edwin McDowell, *The Many Amenities of Corporate Retreats*, in: *New York Times*, 12. September 1999, Wirtschaftsteil, S. 16.

14 *DDB Needham Life Style Survey* (DDB Needham, Inc.,) und National Opinion Research Center, *General Social Survey*; verschiedene Jahrgänge.

15 Vgl. Norman Nie / Lutz Erbring, *Internet and Society: A Preliminary Report*, Stanford Institute for the Quantitative Study of Society, Stanford University, Stanford, Cal., vom 17. Februar 2000. Die Studie wurde im Dezember 1999 durchgeführt und basierte auf 4113 zufällig ausgewählten Erwachsenen aus ganz Amerika, die älter als 18 Jahre waren.

16 Christine Termin, *People Who Live in Glass Houses*, in: *Boston Globe*, 19. August 1999, S. F1.

17 S. Bianchi / G. Weathers / L. Sayer / J. Robinson, *Are Parents Inve-*

sting Less in Children? Trends in Mothers' and Fathers' Time with Children, Center on Population, Gender, and Social Inequality, University of Maryland, Working Paper, 2000, unveröffentlichtes Manuskript.

18 Bei dieser Berechnung müssen die Dollars an die Inflationsrate angepaßt werden. Doch möchte ich alle Leser informieren, daß Einkommensvergleiche über einen längeren Zeitraum sehr schwierig sind. In einer Zeit großer Innovationen, in der wir uns gerade befinden, besitzt ein Dollareinkommen oft eine größere Kaufkraft für mehr und qualitativ bessere Produkte und Dienstleistungen als früher. Standardverfahren zur Ermittlung der Inflationsrate übersehen diese Steigerungen gerne.

19 U.S. Department of Commerce, Bureau of the Census, Current Population Survey, *Households by Type and Selected Characteristics*; verschiedene Ausgaben.

20 Daten zeigen, daß die Ehefrauen von Männern mit weniger stabilem Einkommen, die in Arbeitsbereichen mit höheren Arbeitslosenraten tätig sind, eher eine Arbeit aufnahmen und Überstunden leisteten als Frauen, deren Ehemänner ein stabileres Einkommen haben und in Berufen mit geringerer Arbeitslosenrate arbeiteten. Vgl. z. B. J. B. Cullen / J. Bruber, *Spousal Labor Supply as Insurance: Does Unemployment Insurance Crowd Out the Added Worker Effect?*, in: *National Bureau of Economic Research Working Paper*, Nr. 5068 (Juni 1996).

21 Ein weiterer Faktor, der zum Teil erklärt, warum mehr Arbeitskräfte freiwillig Überstunden machen, ist, daß heutzutage weniger berufstätige Männer verheiratet sind. Daher haben sie vielleicht heute weniger Grund als früher, abends nach Hause zu kommen.

22 Vgl. Phillip L. Jones / Jennifer M. Gardner / Randy Ilg, *Trends in Hours of Work Since the Mid 1970s*, in: *Monthly Labor Review*, Bd. 120, Nr. 4 (April 1997).

23 Jerry Jacobs / Kathleen Gerson, *Who Are the Overworked Americans?*, in: *Review of Social Economy*, Bd. 56, Nr. 4 (1998), S. 442.

24 Interview in *Fast Company*, August 1998, S. 158.

25 Forscher haben die Karriereentwicklungen von 523 vollzeitbeschäftigten Managern in einem großen Finanzdienstleistungsunternehmen, die in den frühen neunziger Jahren eine Pause einlegten, mit den Karrieren ihrer Kollegen verglichen, die dies nicht taten. Unter Berücksichtigung von Alter, Geschlecht und Ausbildung stellte man fest, daß diejenigen, die eine Pause eingelegt hatten, um 18 Prozent seltener in verantwortungsvollere Positionen befördert

wurden und auch niedrigere Leistungseinschätzungen und kleinere Gehaltserhöhungen erhielten. Die Forscher stellten auch fest, daß die Manager, die früh befördert wurden, meist eine besonders steile Karriere machten und rascher in der Verantwortungshierarchie aufstiegen. Vgl. M. Judiesch / K. Lyness, *Left Behind? The Impact of Absence on Manager Career Success*, in: *Academy of Management Journal*, Bd. 42, Nr. 6 (1999), S. 641.

26 Wägt man die Geschwindigkeit ab, mit der die Ehefrauen von Männern mit hohem Einkommen auf den Arbeitsmarkt drängten, müssen dabei auch die Veränderungen in der Besteuerung einbezogen werden. Es entbehrt nicht ganz der Ironie, daß die gleichen konservativen Sozialforscher und -politiker, die sich dafür aussprachen, daß Frauen zu Hause bleiben sollten, zugleich auch die erbittertsten Verfechter einer Senkung der Grenzsteuersätze in den achtziger Jahren waren. Diese Senkung hat sich auf die reichen Frauen ausgewirkt, die zu Hause waren, so daß sie ihre Häuser verließen und noch stärker als früher auf den Arbeitsmarkt drängten.

27 *Report of the President's Council of Economic Advisers*, a.a.O.

28 *A Nation Prepared: Teachers for the 21st Century*, in: *Carnegie Forum on Education and the Economy* (New York: The Carnegie Corporation 1986), sowie Studien der Folgejahre.

29 *Report of the President's Council of Economic Advisers*, a.a.O.

30 Diese und andere Zahlen wurden errechnet aus Daten des Current Population Survey. Für diese Angaben bin ich Professor John D. Donahue von der John F. Kennedy School of Government in Harvard zu Dank verpflichtet.

31 Linda J. Sax et al., *The American Freshman: National Year Trends, 1966–1995*, sowie für die Folgejahre: *The American Freshman: National Norms* (Los Angeles: Cooperative Institutional Research Program Survey of American Freshmen, Higher Education Research Institute, University of California in Los Angeles).

32 Linda Bell / Richard Freeman, *Working Hard*. Vortrag zur Conference on Changes in Work Time in Canada and the United States, Ottawa, Juni 1996.

33 International Social Science Programme Study. Zit. ebd., S. 3.

34 John Maynard Keynes, *Economic Possibilities for Our Grandchildren*, in: *Saturday Evening Post*, Bd. 203 (11. Oktober 1930), S. 27.

35 Bell/Freeman, a.a.O.

KAPITEL 7: SICH SELBST VERMARKTEN

1 William H. Whyte jun., *Herr und Opfer der Organisation* (Düsseldorf: Econ Verlag 1958), S. 138.

2 David Riesman, *Die einsame Masse: Eine Untersuchung der Wandlungen des amerikanischen Charakters* (Darmstadt/Berlin: Hermann Luchterhand Verlag 1956), S. 139 f.

3 Whyte, a.a.O., S. 403 f.

4 Arthur Miller, *Tod eines Handlungsreisenden*, in: ders., *Dramen I, 1947–1955* (Frankfurt a.M.: S. Fischer Verlag 1966), S. 205.

5 1997 gab das US-Ministerium für Erziehung Daten einer Studie über junge Vollzeitarbeitnehmer heraus. Diese Arbeitnehmer hatten ihren Collegeabschluß 1992 und 1993 gemacht und waren befragt worden, wie sie ihre Arbeitsplätze bekommen hatten. Persönliche Kontakte hatten dreimal häufiger zur Vermittlung von Arbeitsstellen geführt als »Arbeitsvermittlungsbüros« im College oder Personalwerber, und doppelt so oft wie Stellenanzeigen oder offizielle Ausschreibungen. Vgl. *Early Labor Force Experiences and Debt Burdens*, Department of Education, National Center for Education, Statistics Report Nr. 97–286, Juli 1997. Vgl. auch Barber/Daly/Giannatonio/Phillips, *Job Search Activities: An Examination of Changes over Times*, in: Personnel Psychology, Bd. 747, Nr. 4 (1994), S. 739.

6 Die Behauptung, daß finanzieller Erfolg in der neuen Wirtschaft mehr mit Motivation und Kreativität zusammenhängt als mit ausgezeichneten Noten, deckt sich mit den Erkenntnissen von Alan Krueger und Stacy Dale. Sie verglichen die Einkommen von Studenten, die in bestimmten Elitecolleges studienberechtigt gewesen wären, aber abgelehnt haben (Colleges, deren Durchschnittsstudenten relativ hoch bei den Eignungstests abschnitten) mit Studenten, die solche Colleges besuchten. Einige Jahre nach ihrem Abschluß waren die Durchschnittseinkommen beider Gruppen in etwa gleich. Vgl. A. Krueger / S. Dale, *Estimating the Payoff to Attending a More Selective College: An Application of Selection on Observables and Unobservables*, Industrial Relations Section Working Paper, Nr. 409, Princeton University (Juli 1999).

7 In derselben Studie stellten Krueger und Dale fest, daß Studenten aus einkommensschwachen Familien, und somit vermutlich mit weniger Verbindungen als ihre Kommilitonen aus den besser verdienenden Familien, substantieller davon profitierten, an diesen

Eliteuniversitäten zu studieren, als ihre Kommilitonen aus den besser verdienenden Familien.

8 Stanley Milgram faßt sein berühmtes Experiment in dem Artikel *The Small-World Problem*, in: *Psychology Today*, Bd. 2 (1967), S. 60–67, zusammen.

9 Zur Bedeutung von »Fürsprechern« mit hohem Sozialstatus vgl. P. Marsden / J. Hurlbert, *Social Resources and Mobility Outcomes*, in: *Social Forces*, Bd. 66 (1988), S. 1038–59. Vgl. auch Mark S. Granovetter, *Getting a Job* (Cambridge: Harvard University Press 1975).

10 Charles Babcock, *Clinton Friend Referred Lewinsky for Internship*, in: *Washington Post*, 1. Januar 1998, S. A12.

11 Eric Eckholm, *China's Colleges: A Rush to Party, as in Communist*, in: *New York Times*, 31. Januar 1998, S. A1.

12 Jill Abramson, *The Business of Persuasion Thrives in Nation's Capital*, in: *New York Times*, 29. September 1998, S. A22.

13 Ebd.

14 Im Augenblick findet man Rundgrens Musik unter www.tr-i.com.

15 John Cassidy zeichnet Mary Meekers Karriere nach in *The Woman in the Bubble*, in: *New York Times*, 26. April und 3. Mai 1999, S. 48.

16 Das angegebene Jahresgehalt von Mary Meeker im Jahre 1999 und der von Morgan Stanley angegebene Verdienst sind nachzulesen in Charles Gasparino / Randall Smith, *Wall Street Scores in '99. Now for the Big Bonus Round*, in: *Wall Street Journal*, 9. Dezember 1999, S. C1.

17 Zitiert in Bernard Weinraub, *Hollywood Raises Curtain on 2000*, in: *New York Times*, 20. Februar 1999, S. A7.

18 Vgl. Alison Leigh Cowan, *Lessons: Questions in a Change of Heart*, in: *New York Times*, 23. Februar 2000, S. A23.

19 Interview mit John Isaacson, Präsident von Isaacson, Miller in Boston, vom 23. September 1999.

20 Zit. in: *Boston Globe*, 12. November 1998, S. C1.

21 Die Barro-Episode (einschließlich der entsprechenden Zitate in diesem Buch) beschreibt Sylvia Nasar, *New Breed of College All-Star*, in: *New York Times*, 8. April 1998, S. C1, C3.

22 Sehr anschaulich erklären Robert Frank und Philip Cook diese These in ihrem Buch *The Winner-Take-All Society* (New York: Free Press 1995).

23 Zitiert in Kyle Pope, *For TV's Hottest Item, Let's Make a Deal*, in: *Wall Street Journal*, 5. April 1999, S. B1.

24 Dale Carnegie, *Wie man Freunde gewinnt* (München usw.: Scherz Verlag 1971).
25 Miller, a.a.O., S. 167, 205.
26 Riesman, a.a.O., S. 92.
27 Suze Orman: *The Courage to Be Rich: Creating a Life of Material and Spiritual Abundance* (New York: Doubleday 1999).
28 Tom Peters, *The Brand Called You*, in: *Fast Company*, August/September 1997, S. 83–94.
29 Zitiert in Bryan Miller, *Serving Chef Under Glass*, in: *New York Times*, 10. Oktober 1998, S. B1.
30 Zitiert in Tracie Rozhon, *The Agent as Hot Property*, in: *New York Times*, 19. April 1998, S. C1.
31 Vgl. Ann Jarrell, *Doctors Who Love Publicity*, in: *New York Times*, 2. Juli 2000, S. F1, sowie Abigail Zuger, *Doctors' Offices Turn into Salesrooms*, in: *New York Times*, 30. März 1999, S. F1.
32 Die sich selbst vermarktenden Zahnärzte werden von Rick Marin beschrieben in *Polishing Their Image*, in: *New York Times*, 31. Januar 1999, Teil 9, S. 1.
33 Bruce Orwall, *Wall Street Bets on Entertainment Idol's Earning Power*, in: *Wall Street Journal*, 26. September 1997, S. B1. Martha Stewarts Eintragung als Körperschaft ist öffentlich aufgezeichnet worden.

KAPITEL 8: DER UNGLAUBLICHE SCHWUND DER FAMILIE

1 Alle Daten über die sich verändernde Struktur der amerikanischen Familie stammen, wenn nicht anders vermerkt, aus *The Changing American Family*, in: *Economic Report of the President*, Council of Economic Advisers, Washington, D.C., Februar 2000. Vgl. auch *Families and the Labor Market, 1969–1999*. Zur Analyse des »Zeitdrucks« vgl. den *Report of the President's Council of Economic Advisers*, Washington, D.C., Mai 1999.
2 Über die zunehmende Tendenz von Ehemännern und Ehefrauen, sich die Arbeiten zu Hause und die Kinderbetreuung in Schichten aufzuteilen, vgl. *National Study of the Changing Work Force 1997* (eine Überblicksstudie von mehr als 3500 berufstätigen Männern und Frauen), zit. in: Julia Lawlor, *For Many Blue-Collar Fathers, Child Care Is Shift Work, Too*, in: *New York Times*, 26. April 1998, S. 11. Vgl. auch Jacqueline Salmon, *A Tag-Team Approach to Wrest-*

ling with Child Care, in: *Washington Post Weekly Edition*, 10. April 1998, S. 30.

3 Fakten zu diesem Thema bietet Robert Putnam, *Bowling Alone* (New York: Simon and Schuster 2000), S. 100.

4 Amy Wilson, *All in the Family*, in: *Fast Company*, März 2000, S. 72.

5 Über diesen Zeitraum hat sich keine andere Gruppe von Haushalten so stark verändert. Der Prozentsatz der Haushalte von unverheirateten Paaren mit Kindern stieg von 10 auf 11 Prozent. Der Prozentsatz von Ehepaaren ohne Kinder nahm von knapp unter 30 Prozent auf knapp über 30 Prozent zu. Vgl. U.S. Bureau of the Census, *Current Population Reports*, S. 20–509, sowie frühere Berichte und unveröffentlichte Daten. Vgl. auch *General Social Survey*, zitiert in Tom W. Smith, *The Emerging 21st Century American Family*, National Opinion Research Center, University of Chicago, General Social Survey Report, Nr. 42 vom 24. November 1999.

6 C. Goldin / L. Katz vertreten in *Career and Family in the Age of the Pill*, in: *American Economic Review*, Mai 2000, die Ansicht, daß ein Großteil der Veränderungen in der Familienstruktur auf die Pille zurückzuführen ist.

7 Vgl. Tom W. Smith, a.a.O., Tabelle 3, S. 25.

8 Unter Berücksichtigung der Standardanpassungen an die Inflationsrate hat sich das Durchschnittseinkommen der Männer im unteren Einkommensfünftel von 5818 Dollar im Jahre 1979 auf 3287 Dollar im Jahr 1996 verringert, was einem Verlust von 44 Prozent entspricht. Das Durchschnittseinkommen der Männer im nächsten Fünftel sank um 24 Prozent: von 22 263 Dollar auf 16 949 Dollar. Das mittlere Fünftel büßte 16 Prozent ein, ihr Verdienst sank von 33 133 Dollar auf 27 765 Dollar. Das Einkommen des vorletzten Fünftels nahm nur um 8 Prozent ab: von 44 102 Dollar auf 40 561 Dollar. Allein das Einkommen im obersten Fünftel nahm zu: von 70 350 Dollar im Jahre 1979 auf 72 893 Dollar in den späten neunziger Jahren, was einen Zuwachs von 4 Prozent bedeutete. (Die Zahlen beziehen sich auf nicht institutionalisierte männliche amerikanische Arbeitnehmer im Alter von 25 bis 59 Jahren.) Die Berechnungen stammen aus den Dokumenten des Current Population Survey zwischen März 1980 und März 1997. Die Zahlen über Löhne und Einkommen sind in den Dollarwert von 1996 umgerechnet worden. Vgl. Gary Burtless, *Effects of Growing Wage Disparities and Changing Family Composition on the U.S. Income*

Distribution, in: *Center on Social and Economic Dynamics Working Paper*, Nr. 4 (Juli 1999), Tabelle 2.

9 Vgl. Burtless, a.a.O.

10 Für eine Analyse vgl. Barbara H. Wootton, *Gender Differences in Occupational Employment*, in: *Monthly Labor Review*, Bd. 20, Nr. 4 (1997), S. 15.

11 Current Population Survey, a.a.O.

12 Goldin/Katz, a.a.O.

13 Der Richter und Mr. Youngs Aussage sind zitiert in Melody Petersen, *The Short End of Long Hours*, in: *New York Times*, 18. Juli 1998, S. B1, sowie in Margaret Jacobs, *Fathers Winning More Child-Custody Cases*, in: *Orange County Register*, 19. Juli 1998, S. A25.

14 Entsprechende Daten findet man in Tom W. Smith, a.a.O., Tabelle 15, S. 38.

15 Vgl. *Births, Marriages, Divorces, and Deaths*, historische Daten, National Vital Statistics Report, National Center for Health Statistics, Washington, D.C. Man muß hierbei auch diejenigen Menschen bedenken, die gerne Kinder möchten, jedoch keine bekommen können und für die eine Adoption nicht in Frage kommt. Die Tatsache, daß Frauen mit der Geburt des ersten Kindes immer länger warten, hat die Unfruchtbarkeitsrate ebenfalls nach oben gesetzt.

16 General Social Survey, zit. in Tom W. Smith, a.a.O.

17 Ebd.

18 Häusliche Gewalt ist nur eine der vielen Folgen des wirtschaftlichen Stresses. Es ist auch noch nicht ganz klar, ob eine Kausalverknüpfung von wirtschaftlicher Belastung bis zu Gewalt und anderen Formen sozialer Devianz reicht. Der Verlust einer Arbeitsstelle und die soziale Devianz können vielleicht gemeinsamen Ursprungs sein. Es gibt einige, jedoch keine absolut zwingenden Anhaltspunkte dafür, daß das Auftreten von häuslicher Gewalt in der Folge von ansteigender Arbeitslosigkeit ebenfalls zunimmt. Vgl. dazu Richard Gelles / Murray Straus, *Intimate Violence: The Causes and Consequences of Abuse in the American Family* (New York: Simon & Schuster 1988), sowie Robert Burgess / Patricia Draper, *The Explanation of Family Violence: The Role of Biological, Behavioral, and Cultural Selection*, in: Lloyd Ohlin / Michael Tonry (Hrsg.): *Family Violence* (Chicago: University of Chicago Press 1989), S. 59–116.

19 Kathryn Edin, *Few Good Men*, in: *The American Prospect*, 3. Januar 2000, S. 26.

20 Zahlen zu unehelichen Kindern in Großbritannien findet man in *Key Population and Vital Statistics*, Her Majesty's Office for National Statistics, London (Dezember 1997 und weitere Ausgaben).
21 Tom W. Smith, a.a.O.
22 National Center for Health Statistics, a.a.O. Einige dieser Daten faßt Steven Holmes zusammen in *In Climb up the Ladder, Married Blacks Are Choosing Small Families*, in: *New York Times*, 21. Juli 1998, S. A10.
23 Es ist immer noch ein Rätsel, warum die Geburtenrate angesichts der großen wirtschaftlichen Belastungen, die ein Baby für ledige Frauen bedeutet, bei ledigen Frauen nicht schneller gesunken ist als bei verheirateten Frauen.
24 U.S. Census Bureau, *Educational Attainment in the United States* (Washington, D.C.: U.S. Department of Commerce, Economics and Statistics Administration, März 1998), entnommen aus den Current Population Reports, Population Characteristics, Report P20-513, Tabelle 1.
25 *Twelfth Annual Report on Eating Patterns in America* (Port Washington, N.Y.: NPD Group, August 1997). Weitere Daten in: *The Economist*, 26. September 1998, S. 68 f.
26 *The Economist*, ebd.
27 *New York Magazine*, 28. September 1998.
28 Zitiert in Monee Fields White / Liz Enochs, *Working Women Spur Economy*, in: *Salt Lake Tribune*, 26. Oktober 1999, S. C6.
29 U.S. Bureau of the Census, Current Population Reports, P70-62, November 1997, Tabelle A: »Primary Child Care Arrangements Used for Preschoolers by Families with Employed Mothers: Selected Years«.
30 General Social Survey, zit. in Tom W. Smith, a.a.O., Tabelle 14.

KAPITEL 9: ERKAUFTE ZUWENDUNG

1 René Spitz, *Hospitalism: An Inquiry Into the Genesis of Psychiatric Conditions in Early Childhood* (1945), abgedruckt in R. Emde (Hrsg.), *The Psychoanalytic Study of the Child*, Bd. 12 (New York: International Universities Press 1983), S. 53–74.
2 Mary Carlson et al., *Psychological and Neuroendocrinological Sequelae of Early Social Deprivation in Institutionalized Children in Romania*, in: *Annals of the New York Academy of Sciences*, Bd. 807 (1997), S. 419–428.

3 T. Field et al., *Tactile/Kinesthetic Stimulation Effects on Preterm Neonates*, in: *Pediatrics*, Bd. 77 (1986), S. 654–658. Vgl. auch F. Scafidi et al., *Massage Stimulates Growth in Preterm Infants: A Replication*, in: *Infant Behavior and Development*, Bd. 31 (1990), S. 167–188.
4 Lisa F. Berkman / S. Leonard Syme, *Social Networks, Host Resistance, and Mortality: A Nine-Year Follow-Up Study of Alameda County Residents*, in: *American Journal of Epidemiology*, Bd. 109, Nr. 2 (1979), S. 186–204.
5 Die Studie wird beschrieben in John Rowe / Robert Kahne, *Successful Aging* (New York: Random House 1998), S. 229.
6 Teresa Seeman et al., *Behavioral and Psychological Predictors of Physical Performance: MacArthur Studies of Successful Aging*, in: *Journal of Gerontology*, Bd. 50 (1995), S. 177–183.
7 Robert Kraut et al., *Internet Paradox: A Social Technology That Reduces Social Involvement and Psychological Well-Being*, in: *American Psychologist*, September 1998, S. 1017–31.
8 Sowohl zu Beginn als auch am Ende der Studie mußten die Teilnehmer Standardtests zur Ermittlung ihres psychischen Zustands machen und wurden gebeten, folgende Behauptungen mit »ja« oder »nein« zu beantworten: »Ich habe das Gefühl, daß alles, was ich mache, mit Anstrengung verbunden ist« oder »Ich lebe gern«. Mittels standardisierter Fragebögen wurde versucht, ihr psychisches Wohlbefinden zu erfassen. Diejenigen, die zu Beginn der Studie einsamer oder depressiver waren, verbrachten deshalb nicht mehr Zeit im Internet als diejenigen, die zufriedener und aktiver waren.
9 Zitiert in Amy Harmon, *Sad, Lonely World Discovered in Cyberspace*, in: *New York Times*, 30. August 1998, S. A1.
10 T. Field et al., *Massage Therapy for Infants of Depressed Mothers*, in: *Infant Behavior and Development*, Bd. 19 (1996), S. 109–114.
11 T. E. Seeman et al., *Social Ties and Support as Modifiers of Neuroendocrine Function*, in: *Annals of Behavioral Medicine*, Bd. 16 (1994), S. 95–106.
12 Zitiert in Louis Uchitelle, *Gains in Employment, but Not in Productivity*, in: *New York Times*, 8. März 1999, Wirtschaftsteil, S. 1.
13 Merrill Lynch ist wohl kaum das einzige Finanzdienstleistungsunternehmen, das seinen Topkunden zusätzliche Aufmerksamkeit widmet. Die Discountbroker-Firma Charles Schwab, die als erste die »Do-It-Yourself«-Börsenspekulation im Internet zu einem Geschäft machte, stellt den Kunden, die mehr als 500 000 Dollar Anlagevermögen bei der Firma »parken«, vollzeitarbeitende »per-

sönliche« Makler zur Verfügung, die ihre Konten beobachten und ihnen stets aktuellen Service anbieten. Vgl. Joseph Kahn, *Schwab Lands Feet First on the Net*, in: *New York Times*, 10. Februar 1999, S. C1.

14 Zit. in Charles Gasparino, *Wall Street Has Less and Less Time for Small Investors*, in: *Wall Street Journal*, 5. Oktober 1999, S. C1.

15 Thorstein Veblen, *Theorie der feinen Leute. Eine Untersuchung der Institutionen* (Frankfurt a. M.: Fischer Taschenbuch Verlag 1993).

16 Nancy Keates, *Coffee, Tea or Massage?*, in: *Wall Street Journal*, 6. November 1998, S. W1.

17 Zitiert in Laurence Zuckerman, *Airlines Coddle the High Fliers at Expense of the Coach Class*, in: *New York Times*, 1. April 1998, S. A1.

18 Elizabeth Hayt, *A High Fashion Destination Worth a Detour*, in: *New York Times*, 23. August 1998, Teil 9, S. 3.

19 Thomas J. Leonard, *Coaching Q&A: What Is Coaching All About?*, Coach-U.-Webseite (www.coachu.com/qagrpa.htm), heruntergeladen am 6. Juni 2000.

20 Zitiert in Lynette Lamb, *Team Me*, in: *Utne Reader*, Januar/Februar 1999, S. 82.

21 Zitiert in Todd Purdum, *Where Everyone Drives, Few Deign to Park*, in: *New York Times*, 28. November 1999, S. A1.

22 Natalie Angier, *Among Doctors, Pay for Women Still Lags*, in: *New York Times*, 12. Januar 1999, S. D7.

23 Timothy Diamond, *Making Gray Gold: Narratives of Nursing Home Care* (Chicago: University of Chicago Press 1995). Für eine gewissenhafte Betrachtung des Themas vgl. Deborah A. Stone, *Care As We Give It, Work As We Know It*, Radcliffe Center on Public Policy, Dezember 1988, unveröffentlichtes Manuskript.

24 Die weiteren Konsequenzen dieser Regelung zeigt Deborah A. Stone in *Care and Trembling*, in: *The American Prospect* 43, März/April 1999, S. 61.

25 Einige dieser Studien vermuten, daß die Unterschiede im Ausmaß, der Qualität und der Beständigkeit der Kinderbetreuung für die Kinder in späteren Lebensjahren erhebliche Folgen haben. Vgl. z. B. Ellen Peisner-Feinberg et al., *The Children of the Cost, Quality and Outcomes Study Go to School*, Chapel Hill: University of North Carolina at Chapel Hill, FPG Child Development Center, Juni 1999. Vgl. auch H. Goelman / A. R. Pence, *Effects of Child Care, Family and Individual Characteristics on Children's Language Development: The Victoria Day Care Research Project*, in:

D.A. Phillips (Hrsg.), *Quality in Child Care: What Does Research Tell Us?* (Washington, D.C.: National Association for the Education of Young Children 1987) sowie Cheryl D. Hayes et al. (Hrsg.), *Who Cares for America's Children? Child Care Policy for the 1990s* (Washington, D.C.: National Academy Press 1990). Diese und ähnliche Studien greifen gerne auf zwei Skalierungen zur Ermittlung der Qualität von Kinderbetreuung zurück. Die erste ist die »Arnett Scale of Provider Sensitivity«, mit der gemessen wird, wie warmherzig, aufmerksam und engagiert oder wie kritisch, bedrohlich, bestrafend oder unaufmerksam sich Betreuer verhalten. Vgl. J. Arnett, *Caregivers in Day Care Centers: Does Training Matter?*, in: *Journal of Applied Developmental Psychology*, Bd. 10 (1989), S. 541–552. Die zweite ist die »Adult Involvement Scale«, die das Ausmaß und die Art der Betreuung mißt in einer Skala von Nichtbeachtung des Kindes über Routinebetreuung (z.B. beim Naseputzen helfen, Gespräche zur Zurechtweisung des Kindes und als Antwort auf direkte Bitten um Unterstützung von seiten des Kindes, positive, aber kurze Antworten auf Fragen des Kindes, ausführlichere und erklärende Antworten auf derartige Fragen) bis hin zu langen Gesprächen mit dem Kind, gemeinsamem Spiel sowie Körperkontakt und Umarmungen. Vgl. C. Howes / P. Stewart, *Child's Play with Adults, Toys and Peers: An Examination of Family and Child Care Influences*, in: Developmental Psychology, Bd. 12, Nr. 3 (1987), S. 423–430.

26 Für weitere Informationen zur Studie vgl. *Early Listening, Later Success: The Abecedarian Project*, Chapel Hill: University of North Carolina at Chapel Hill, 28. Februar 2000. Während meiner Recherche war diese Studie noch nicht in einer der Zeitschriften erschienen, die sich mit diesen Themen beschäftigent.

27 Obgleich es zutrifft, daß Ärzte und Professoren lieber mit Einzelpersonen oder in Kleingruppen arbeiten und ihr Honorar immer noch recht ordentlich ist, soll darauf hingewiesen werden, daß viele ihrer Routineaufgaben in zunehmendem Maß von schlechter bezahlten Krankenpflegern, AIPs, Famulanten oder Honorardozenten ohne feste Verträge übernommen werden.

28 Arlie Russell Hochschild beschreibt in ihrem Buch *Das gekaufte Herz. Zur Kommerzialisierung der Gefühle* (Frankfurt a.M. usw.: Campus Verlag 1990), wie sich Betreuung und Zuwendung, beides aus der Tradition heraus Aufgaben der Frauen, zu einer Ware entwickelt haben.

29 U.S. Department of Labor, Bureau of Labor Statistics, *Occu-*

pational Outlook Handbook, Ausgabe 2000/01, Bulletin 2520 (Washington, D.C.: U.S. Government Printing Office, Januar 2000).

30 Leslie Eaton, *Tourism Is Helping Put Some Back on the Job*, in: *New York Times*, 30. August 1998, S. A29.

31 Todd Purdum, a.a.O.

32 Zitiert in James Brooke, *Cry of Wealthy in Vail: Not in Our Playground!*, in: *New York Times*, 5. November 1998, S. A18.

KAPITEL 10: DIE GEMEINSCHAFT ALS WARE

1 Anzeichen dafür, daß Amerikaner immer ungeselliger werden, finden sich in Robert Putnam, *Bowling Alone* (New York: Simon & Schuster 2000).

2 Das Phänomen, daß sich Amerikaner immer stärker nach dem Einkommen aufspalten, wird dargestellt in Paul Jargowsky, *Poverty and Place: Ghettos, Barrios, and the American City* (New York: Russell Sage 1997).

3 James Brooke, *Cry of Wealthy in Vail: Not in Our Playground!*, in: *New York Times*, 5. November 1998, S. A18.

4 Einen Beweis, daß diese Entwicklungen bereits Realität sind, bietet Laurie Flynn in *Georgia City Putting Entire Community Online*, in: *New York Times*, 17. März 2000, S. C4.

5 *Policing for Profit: Welcome to the New World of Private Security*, in: *The Economist*, 19. April 1997, S. 21–24.

6 Zur Situation in Chicago vgl. Bill Dedman, *For Black Home Buyers, a Boomerang*, in: *New York Times*, 13. Februar 1999, S. A15.

7 Xianglei Cheng, *Students' Peer Groups in High School: The Pattern and Relationship to Educational Outcomes*, U.S. Department of Education, Office of Educational Research and Improvement, National Center for Education Statistics, 1997/98. Zur wirtschaftlichen Mobilität in bezug auf die Schulausbildung vgl. George J. Orjas, *Intellectual Capital and Intergenerational Mobility*, in: *Quarterly Journal of Economics*, Bd. 1, 1992, S. 107.

8 D. J. Robertson / J. S. V. Symons, *Do Peer Groups Matter?*, Centre for Economic Performance, London School of Economics, Diskussionspapier, 1996.

9 L. Katz / J. Kling / J. Liebman, *Moving Opportunity in Boston: Early Impacts of a Housing Mobility Program*, in: *Harvard University*, September 1999.

10 Zit. in Tamar Lewin, *In Michigan, School Choice Weeds Out Costlier Students*, in: *New York Times*, 26. Oktober 1999, S. A14.

11 Daten über Schulbezirke, die zum Teil von privaten Stiftungen subventioniert werden, sind einzusehen beim U.S. Department of Education, Office of Educational Research and Improvement, National Center for Education Statistics.

12 *Highlights*, in: *Newton Schools Foundation*, Bd. 13, Nr. 1 (Herbst 1999).

13 Leitartikel vom 24. August 1998, S. A12.

14 Trotz der Bemühungen vieler Staaten um eine ausgewogenere Subventionspolitik für Schulen gibt es noch viele Unterschiede. Die Ausgaben der staatlichen Schulen pro Schüler in Schulbezirken, in denen das Durchschnittseinkommen eines Haushalts geringer als 20 000 Dollar ist, betrugen für das Schuljahr 1992/93 (die jüngsten verfügbaren Daten) 4327 Dollar (Dollarwert von 1996). In Schulbezirken mit einem Durchschnittseinkommen der Haushalte von 35 000 Dollar oder mehr betrugen sie 6661 Dollar und in den reichsten Schulbezirken bis zu 9500 Dollar. Vgl. U.S. Department of Education, Office of Educational Research and Improvement, National Center for Education Statistics, darin die Jahresausgaben des »National Public Education Financial Survey« sowie auch *The Condition of Education*, 1997.

15 Zitiert in Michael Janofsky, *Financial Aid Bargaining Drives Admissions Frenzy*, in: *New York Times*, 5. April 1999, S. A12.

16 Caroline Hoxby / B. Terry, *Explaining Rising Income and Wage Inequality Among the College-Educated*, National Bureau of Economic Research, Working Paper Series, Arbeitspapier Nr. 6873, Cambridge, Mass., 1999.

17 Zit. in Frances Perkins, *The Roosevelt I Knew* (New York: Viking 1946), S. 282 f.

18 Die Studie wurde durchgeführt vom Center for Studying Health System Change. Sie beobachtete zwischen 1996 und 1997 10 881 Ärzte in 60 zufällig ausgewählten Gemeinden. Diejenigen, deren Einkommen zu 85 Prozent oder mehr aus Heil- und Kostenplänen stammte, widmeten sich monatlich 5,2 Stunden bedürftigen Patienten. Ärzte, deren Einnahmen nicht aus diesen Heil- und Kostenplänen stammten, verbrachten monatlich rund 10 Stunden mit solchen Patienten. Die Studie findet sich in Sheryl Gay Stolberg, *Managed Care Squeezes Research Funds and Charity Health Aid, Studies Find*, in: *New York Times*, 24. März 1999, S. A20. Vgl. auch Diane Rowland / Barbara Lyons / Alina Salganicoff / Peter

Long, *A Profile of the Uninsured in America*, in: *Health Affairs*, Bd. 13, Nr. 2, Frühjahr II, 1994.

19 Laurence Zuckerman, *Developer of Notes Programm to Focus on New Venture*, in: *New York Times*, 1. Oktober 1997, S. D2.

20 Zit. in Deborah Solomon, *As Art Museums Thrive, Their Directors Decamp*, in: *New York Times*, 18. August 1998, Teil 3, S. 1.

21 Zit. in David Greenberg, *Small Men on Campus*, in: *The New Republic*, 1. Juni 1998, S. 19.

22 Ebd.

23 Die Durchschnittswerte stammen aus Daten vom U.S. Bureau of the Census, Current Population Survey, Serie P-20, verschiedene Ausgaben.

24 Berechnungen von Nicholas Johnson und Iris Lav vom Center on Budget and Policy Priorities auf der Grundlage von Daten der nationalen Konferenz zur Gesetzgebung der einzelnen Bundesstaaten. Im Internet zu finden unter wwww.cbpp.org/930sttzx.htm.

25 Zit. in Pam Belluck, *Please Stay, We'll Pay You, Nebraska Begs Its Brightest*, in: *New York Times*, 18. Februar 1998, S. A1.

26 Leitartikel vom 30. November 1998, S. A22.

27 Berechnungen des U.S. Bureau of the Census, Annual Survey of Government Finances, a.a.O. Vgl. auch *Digest of Education Statistics for 1999*, National Center for Education Statistics, sowie Angaben in David Minge, *The New War Between the States*, in: *The New Democrat*, Mai/Juni 1999, S. 27.

28 Steve Lopez, *Money for Stadiums but Not for Schools*, in: *Time*, 12. Juni 1999, S. 54.

29 Für einen ähnlichen Vergleich in Cleveland vgl. Melvin Burstein / Arthur Rolnick, *Congress Should End the Economic War for Sports and Other Businesses*, in: *Region*, Federal Reserve Bank of Minneapolis, Juni 1996, S. 5.

30 Emma Lazarus, *The New Colossus: Inscription for the Statue of Liberty*, New York Harbor, 1883.

31 Judith Miller / William Broad, *Iranians, Bioweapons in Mind, Lure Needy Ex-Soviet Scientists*, in: *New York Times*, 8. Dezember 1998, S. A1.

32 Larry Greenberg, *Canadian Professionals' Compensation Trail that of Their U.S. Counterparts*, in: *Wall Street Journal*, 23. Dezember 1998, S. A4.

KAPITEL 11: DIE ENTSCHEIDUNGEN DES EINZELNEN

1 Freuds *Lieben und Arbeiten* wird zitiert in Erik H. Erikson, *Kindheit und Gesellschaft* (Stuttgart: Klett-Cotta 1992), S. 259.
2 Umfrage *New York Times* / CBS vom Oktober 1999. Von den 1038 befragten jungen Menschen antworteten 50 Prozent derjenigen, die aus Haushalten mit einem Einkommen über 75 000 Dollar kamen, daß ihr Leben härter und stressiger sei als das ihrer Eltern. Dies bestätigten nur 38 Prozent der Jugendlichen aus Haushalten mit einem Einkommen von weniger als 30 000 Dollar.
3 General Social Survey zit. in Tom W. Smith, *The Emerging 21st Century American Family*, National Opinion Research Center, *General Social Survey Report*, Nr. 42, 24. November 1999, Tabelle II.
4 Vgl. Arlie Russell Hochschild, *Der 48-Stunden Tag. Wege aus dem Dilemma berufstätiger Eltern* (München: Droemer Knaur 1993).
5 Cecile Andrews, *The Circle of Simplicity: Return to the Good Life* (New York: HarperCollins 1997).
6 Aus Henry David Thoreaus Tagebuch, 11. März 1856.
7 Zit. in Henry David Thoreau, *Leben: Ein unversuchtes Experiment* (Wien/München: Manutiuspresse 1961), »Wo ich lebte und wofür«, S. 80.
8 Zit. in Thoreau, a.a.O., »Ökonomie des Lebens«, S. 18.
9 Diese Umfrage wurde vom 9. bis 12. April 1999 von Roper Starch weltweit durchgeführt und befragte 1096 zufällig ausgewählte Besucher der AOL-Meinungsseite. Abgedruckt in *How Much Is Enough?*, in: *Fast Company*, Nr. 26, Juli/August 1999, S. 108.
10 Der Herausgeber von *Real Simple* erklärte das Ziel der neuen Zeitschrift in der ersten Ausgabe im April 2000.

KAPITEL 12: ENTSCHEIDUNGEN DER GESELLSCHAFT

1 Die wichtigen Entscheidungen der industriellen Ära sind in einer hübschen Chronik zusammengefaßt in Robert H. Wiebe, *The Search for Order 1877–1920* (New York: Hill & Wang 1967). Weitere nützliche geschichtliche Abrisse aus dieser Zeit bieten Morton Keller, *Regulating a New Economy: Public Policy and Economic Change in America, 1900–1913* (Cambridge: Harvard University Press 1990), Samuel P. Hays, *The Response to Industrialism*

1885–1914 (Chicago: University of Chicago Press 1957) sowie Richard Hofstadter, *The Age of Reform: From Bryant to FDR* (New York: Random House 1960) und Steven J. Diner, *A Very Different Age: Americans of the Progressive Era* (New York: Hill & Wang 1997).

2 Frederick Lewis Allen, *Die große Wandlung. Die Vereinigten Staaten von 1900 bis heute* (Zürich/Leipzig/Wien: Almathea Verlag 1954), S. 168 f.

3 Michael Sandel, *Democracy's Discontent* (Cambridge: Harvard University Press 1996).

4 Aus Roosevelts Rede in Osawatomie (Kansas) vom August 1910.

5 Princeton Survey Research Associates, *People and the Press: 1999 Millennium Survey*, Washington, D.C.: Pew Research Center; durchgeführt vom 6. April bis 6. Mai 1999 und veröffentlicht am 24. Oktober 1999. Vgl. auch International Communications Research, *The Nation's Worries*, Washington, D.C., in: *Washington Post*; durchgeführt vom 27. Oktober bis 31. Oktober 1999 und veröffentlicht am 7. November 1999.

6 Die Bezeichnung stammt aus Saskia Sassen, *Globalization and Its Discontent* (New York: New Press 1998).

7 Für eine detaillierte Diskussion der Einkommensversicherung vgl. Gary Burtless / Robert Lawrence / Robert Litan / Robert Shapiro, *Globaphobia: Confronting Fears About Open Trade* (Washington, D.C.: The Brookings Institution Press, Twentieth Century Fund und Progressive Policy Institute, 1998).

8 Die Idee einer kleinen »Transaktionssteuer« auf finanzielle Transaktionen stammt von dem Wirtschaftswissenschaftler James Tobin; vgl. dazu *A Proposal for International Monetary Reform*, in: *Eastern Economic Journal*, Bd. 4, 1978, S. 153–159. Lawrence und Vicki Summers entwickelten diese Idee weiter; vgl. dazu *When Financial Markets Work Too Well: A Cautious Case for a Securities Transactions Tax*, in: *Journal of Financial Services Research*, Bd. 3, 1989, S. 21–68.

9 Eine profunde Analyse des Vorschlags, jeden amerikanischen Staatsbürger ab dem 18. Lebensjahr mit einem »Startguthaben« in weitaus größerer Höhe auszustatten, als ich es vorgeschlagen habe, bieten Bruce Ackerman / Anne Alstott, *The Stakeholders Society* (New Haven: Yale University Press 1999).

10 L. Katz / J. Kling / J. Liebman, *Moving to Opportunity in Boston: Early Impacts of a Housing Mobility Program*, in: *Harvard University*, September 1999.

Namenregister